Uni-Taschenbücher 577

AF130237

UTB

Eine Arbeitsgemeinschaft der Verlage

Birkhäuser Verlag Basel und Stuttgart
Wilhelm Fink Verlag München
Gustav Fischer Verlag Stuttgart
Francke Verlag München
Paul Haupt Verlag Bern und Stuttgart
Dr. Alfred Hüthig Verlag Heidelberg
Leske Verlag + Budrich GmbH Opladen
J.C.B. Mohr (Paul Siebeck) Tübingen
C.F. Müller Juristischer Verlag - R. v. Decker's Verlag Heidelberg
Quelle & Meyer Heidelberg
Ernst Reinhardt Verlag München und Basel
K.G. Saur München . New York . London . Paris
F.K. Schattauer Verlag Stuttgart . New York
Ferdinand Schöningh Verlag Paderborn
Dr. Dietrich Steinkopff Verlag Darmstadt
Eugen Ulmer Verlag Stuttgart
Vandenhoeck & Ruprecht in Göttingen und Zürich

Das Parteiensystem der Bundesrepublik

Das Parteiensystem der Bundesrepublik

Geschichte - Entstehung - Entwicklung
Eine Einführung

Herausgegeben von Dietrich Staritz

2. Auflage

Leske Verlag + Budrich GmbH, Opladen 1980

CIP-Kurztitelaufnahme der Deutschen Bibliothek

Das Parteiensystem der Bundesrepublik:
Geschichte, Entstehung, Entwicklung; e. Einf. / hrsg. von
Dietrich Staritz. – 2. Aufl. – Opladen:
Leske und Budrich, 1980.
(Uni-Taschenbücher; 577)
ISBN 978-3-322-93721-6   ISBN 978-3-322-93720-9 (eBook)
DOI 10.1007/978-3-322-93720-9

NE: Staritz, Dietrich (Hrsg.)

Einbandgestaltung: A. Krugmann, Stuttgart

Inhalt

6

Vorwort des Herausgebers

Dies ist eine Einführung.

Was die Autoren dieses Bandes veranlaßte, sich mit einzelnen Phasen der Entwicklung der westdeutschen Parteien auseinanderzusetzen, war weder die Suche nach neuen Formeln für bekannte Sachverhalte noch die (durchaus legitime) kleine Sehnsucht nach einer großen Entdeckung. Was sie zum Schreiben bewegte, resultiert vielmehr aus der Erfahrung, die alle Beteiligten in ihren Lehrveranstaltungen im Fachbereich 15 Politische Wissenschaft der Freien Universität Berlin gemacht haben: aus der weithin unbefriedigten studentischen Nachfrage nach einer einführenden Überblicksdarstellung des westdeutschen Parteiensystems, einer Darstellung, die sich nicht in detaillistisch-akribischer Bestandsaufnahme oder scientistisch-methodologischer Reflexion erschöpft, sondern vielmehr das zu bieten versucht, was in vielen politikwissenschaftlichen Arbeiten über Parteien und Parteiensystem häufig vorausgesetzt, selten angedeutet, zumeist aber − aufgrund spezifischer Erkenntnisinteressen oder spezieller wissenschaftstheoretischer Hinsichten − vernachlässigt wird: die Einordnung des Parteiensystems und der Parteienentwicklung in den jeweiligen übergreifenden sozioökonomisch-historisch-politischen Kontext, dessen Produkte und Triebkräfte die Parteien sind.

So hilfreich beispielsweise die Arbeit von *Heino Kaack*[1] („Geschichte und Struktur des deutschen Parteiensystems") für Eingeweihte auch ist, und das zumal deshalb, weil sie die gesamte bis 1971 erschienene Parteien-Literatur verarbeitet, so sehr ist sie doch auf das institutionelle Verhältnis von Parteien, Parlamenten und Regierungen sowie auf Probleme der Binnenstruktur der Parteien konzentriert und *verweist* nur auf die Interdependenz von gesellschaftlicher Dynamik und politischem System.

Ähnlich hilfreich im Hinblick auf eine gesamtgesellschaftlichen Sichtweisen verpflichtete Analyse des Parteiensystems ist die von *Dittberner/Ebbighausen* edierte Monographiensammlung „Parteiensystem

---

1 Soweit die Titel in der Auswahl-Bibliografie am Ende des Bandes wiedergegeben sind, wird im folgenden auf ausführliche Nachweise verzichtet.

in der Legitimationskrise". Sie folgt jenem politikwissenschaftlich-soziologischen Ansatz der Parteienforschung, der insbesondere in Berlin im Umkreis von *Otto Stammer* im „Arbeitskreis Parteienforschung" des Instituts für politische Wissenschaften (seit 1970 Zentralinstitut für sozialwissenschaftliche Forschung) an der Freien Universität entwickelt worden ist. Doch ebenso wie der Band des Berliner Instituts „Parteien in der Bundesrepublik" zielt auch die von *Dittberner/Ebbighausen* herausgegebene Arbeit vor allem auf die Analyse von einzelnen Parteien, Nebenorganisationen oder speziellen organisationssoziologischen Aspekten und bietet nur im Beitrag *Jürgen Dittberners* („Entwicklungstendenzen des Parteiensystems der Bundesrepublik") einen Eindruck von den zeitgeschichtlichen und sozialökonomischen Determinanten des Parteien*systems*.

Gleichwohl liegen mit den Arbeiten von *Kaack* und *Dittberner/Ebbighausen* Zusammenfassungen der Resultate politikwissenschaftlich-soziologischer Parteienforschung vor, die die Lücke zu schließen halfen, die andere Überblicksdarstellungen, so z. B. *Olzog/Herzig* („Die politischen Parteien in der Bundesrepublik Deutschland", München/Wien [7]1972) oder der unter dem gleichen Titel erschienene Band *Haseloffs* (Frankfurt/Berlin/Bonn/München 1968) eher erweitert als .überbrückt haben, und die auch durch die historisch breit angelegten Werke *Bergsträssers* („Geschichte der politischen Parteien in Deutschland") oder *Tormins* („Geschichte der deutschen Parteien seit 1848") nicht geschlossen werden konnte.

Im Gegensatz zu den genannten politikwissenschaftlich oder politisch-soziologisch orientierten Einführungen in das Parteiensystem, im Gegensatz aber auch zu den genannten historisch angelegten Werken steht das unlängst erschienene Brevier von *Treue* über die deutschen Parteien („Die deutschen Parteien vom 19. Jahrhundert bis zur Gegenwart") in der Tradition konservativ-deskriptiver Historiographie und referiert – insbesondere die neue Entwicklung – eher parteilich als analytisch.

Reichhaltiges Anschauungsmaterial bieten die neunbändigen von *Flechtheim* u. a. herausgegebenen „Dokumente zur parteipolitischen Entwicklung in Deutschland seit 1945". Sie kennzeichnen aber nur bestimmte Stationen etwa der programmatischen Entwicklung, der innerparteilichen Konflikte, der zwischenparteilichen Beziehungen oder der rechtlichen Grundlagen des Parteiensystems und vermögen deshalb nicht zu verdeutlichen, in welchen gesellschaftlichen Zusammenhängen sich diese Prozesse vollzogen haben, ein Defizit, das auch der von *Flechtheim* 1973 herausgegebene Reader („Die Parteien in der Bundesrepublik Deutschland") nicht voll auszugleichen vermochte.

Dieser allgemeine Mangel an einer einführenden, sowohl sozioökonomisch als auch historisch-politisch vermittelten Darstellung des westdeutschen Parteiensystems bewog die Autoren im Sommersemester 1975, im Otto Suhr-Institut (Fachbereich 15) der Freien Universität eine Gemeinschafts-Vorlesung zu halten, die zugleich einen ersten Überblick vermitteln und mögliche Interpretations-Muster vorstellen sollte. Um den Einführungs-Charakter zu wahren, wurde auf eine durchgängige, intensive Diskussion organisationssoziologischer Fragestellungen verzichtet und auf Probleme etwa der innerparteilichen Willensbildung oder der Nebenorganisationen der Parteien nur insoweit eingegangen, als es für die Darstellung der allgemeinen Entwicklungs-Linien des Parteiensystems unerläßlich schien.

Die studentische Reaktion auf dieses Angebot regte zur Niederschrift der Vorlesungs-Skripte an. Eine vollständige Überarbeitung erschien schon deshalb wenig sinnvoll, weil so womöglich doch Autoren-Ehrgeiz die ursprüngliche didaktische Intention in Frage gestellt hätte. Die vorliegende Zusammenstellung wendet sich jedoch nicht allein an Studenten der Sozial- und Geschichtswissenschaften, sie mag auch für jene nützlich sein, die im Rahmen allgemein-politischer oder gewerkschaftlicher Bildungsarbeit einen „Einstieg" in die Beschäftigung mit den Parteien der Bundesrepublik suchen.

Der allen Autoren — mehr oder weniger — gemeinsame Ansatz, die Entwicklung der Parteien vor dem Hintergrund der sozioökonomischen, staatlichen und außenpolitischen Dynamik der Bundesrepublik zu skizzieren, konnte freilich vor allem aus zwei Gründen nur sehr bedingt eingelöst werden: Denn einerseits suchen die Autoren trotz ihres generellen Konsenses über die Vorgehensweise nach durchaus unterschiedlichen methodischen Zugängen. Andererseits ist dieser Mangel aber auch der Tatsache geschuldet, daß die bisherigen Versuche, einen solchen, gleichsam „materialistischen", d. h. auf die Verbindung von politischer Ökonomie und politischer Soziologie zielenden Zugriff methodisch zu fundieren, noch keineswegs ausgereift sind.

Zwar weisen die (durchaus kontroversen) Arbeiten etwa von *Habermas* („Legitimationsprobleme im Spätkapitalismus", Frankfurt 1973), *Offe* („Strukturprobleme des kapitalistischen Staates", Frankfurt 1972), *Hirsch* („Wissenschaftlich-technischer Fortschritt und politisches System", Frankfurt 1970) sowie *Blanke/Jürgens/Kastendiek* („Kritik der Politischen Wissenschaft", 2 Bde., Frankfurt 1975) über den bürgerlichen Staat wie teilweise schon Fragestellungen der politischen Soziologie der Weimarer Zeit) wieder in eine Richtung, die auch für einen neuen Ansatz in der Parteienforschung insbesondere deshalb nützlich werden könnten, weil sie politisch-soziale Prozesse thematisieren, die für die Parteien im Hinblick auf die Reproduktion der bürgerlichen Gesellschaft zunehmend an Bedeutung gewinnen: die

Legitimation staatlicher Herrschaft und die Sicherung staatlicher Autonomie gegenüber den gesellschaftlichen Antagonismen. Bislang aber haben diese Anregungen in der Parteienforschung kaum Niederschlag gefunden. Daß an dieser Stelle dennoch auf sie verwiesen wird, dient denn auch vor allem der Verdeutlichung künftiger Forschungsbereiche und bedeutet keineswegs, daß es den Autoren dieses Bandes etwa gelungen wäre, diesen Problemzusammenhang in ihren Beiträgen auch nur zu umreißen.

Obwohl die Parteien der Bundesrepublik Thema dieses Bandes sind, schien es unerläßlich, zunächst einen Abriß der deutschen Parteiengeschichte zu geben, der die Herausbildung und Differenzierung der heute noch bestehenden Grundstruktur des Parteiensystems vor seinem zeitgeschichtlichen Hintergrund skizziert. Konnte so die Problematik von Kontinuität und Diskontinuität der Parteien-Entwicklung wenigstens benannt werden, so war zugleich ein zweites Problem zu berücksichtigen, das die Wiedererstehung, respektive Neugründung der Parteien nach 1945 nachhaltig geprägt hat: der Prozeß der Faschisierung der Weimarer Republik, die partielle Tolerierung der faschistischen Bewegung durch das Bürgertum und die Unfähigkeit der gespaltenen Arbeiterbewegung, dem zur Macht drängenden Nationalsozialismus Widerstand zu leisten. Im Hinblick auf die unterschiedlichen Entwicklungsbedingungen der deutschen Parteien nach 1945, die Konsequenzen der Spaltung Deutschlands für das westdeutsche Parteiensystem, aber auch im Hinblick auf die Bedeutung der sozioökonomischen Transformation in der SBZ für die Stabilisierung des traditionellen Antikommunismus war es zudem notwendig, die Entstehung und Entwicklung des Parteiensystems der DDR zu behandeln. Unserem oben angedeuteten Ansatz gemäß schien es richtig, nicht nacheinander auf die Entwicklung der einzelnen Parteien einzugehen, sondern das Parteiensystem in seiner Gesamtheit innerhalb bestimmter Entwicklungs-Phasen darzustellen. Wenn für die „Gründerjahre" der Bundesrepublik Arbeiter- und bürgerliche Parteien dennoch getrennt behandelt wurden, dann einerseits wegen der besonderen Bedeutung, die der Problematik der Aktionseinheit oder der Fusion der Arbeiterparteien in dieser Zeit zukam, andererseits wegen der Bedeutung der Frage nach der Kontinuität der bürgerlichen Parteien. Als zweiter Entwicklungsabschnitt ist der Zeitraum zwischen 1949 und 1961 gewählt worden. Er war durch die sukzessive Konsolidierung des Dreiparteien-Systems , die, mit der Verabschiedung des Godesberger Programms festgeschriebene, Anpassung der SPD und den Verlust der absoluten Mehrheit für CDU/CSU bei den Bundestagswahlen von 1961 geprägt, der das Ende des „CDU-Staates" einläutete. Die dritte Phase (1961–1966) fand ihren Abschluß mit der Bildung der Großen Koalition und stand im Zeichen der Unfähigkeit der CDU, angemessen auf die erste tiefgreifende Rezession zu reagieren, während die vierte, gegenwärtige Phase der Parteien-Entwicklung durch die Bildung und Problematik des sozial-liberalen Regierungsbündnisses gekennzeichnet ist.

Gerade die Große Koalition, aber auch das sozial-liberale Regierungsbündnis haben in der Parteienforschung die Problematik von sozialstruktureller Entwicklung, Binnenstruktur der Parteien und Parteienfunktion zu einem Forschungsschwerpunkt werden lassen. Insbesondere aus Anlaß des tiefgreifenden Wechsels in der sozialen (Wähler- und Mitglieder-)Basis der FDP hat die Diskussion um den analytischen Wert des Volkspartei-Begriffs erneut Aktualität erhalten. Aus diesem Grunde steht am Ende dieser Einführung eine deskriptive Reflexion des Verhältnisses von Sozialstruktur und Parteiensystem in der BRD und seiner Konsequenzen für die Typologie von Parteien.

Die Autoren danken insbesondere Brigitte Fricke-Lettow, Dorothea Fritsch und Rita Koscielski, ohne deren Hilfe das Manuskript kaum so rasch zustande gekommen wäre. Ich danke überdies dem Zentralinstitut für Sozialwissenschaftliche Forschung der FU, dem die meisten Autoren auf die eine oder andere Weise verbunden sind, das mir — auch für die Herausgabe dieses Bandes — Gastfreundschaft gewährte.

Berlin, im Januar 1976   Dietrich Staritz

Vorwort zur zweiten Auflage

Unser Versuch einer Einführung in die Entstehung, Geschichte und Struktur des bundesdeutschen Parteiensystems hat eine überwiegend freundliche Aufnahme gefunden – bei Käufern (und Lesern?) wie bei der Kritik. Eine zweite Auflage stand somit an und vor uns die Frage, was zu ergänzen und zu überarbeiten sei. Wir haben uns dazu entschlossen, nur die Texte durchzusehen, zu deren Themen seit Erscheinen des Bandes Forschungsergebnisse vorgelegt wurden, die unsere Interpretation bzw. Sichtweisen berühren, jene Beiträge fortzuschreiben oder zu ergänzen, die der Aktualisierung drei Jahre nach der ersten Auflage bedürfen, und die Auswahl-Bibliographie zu vervollständigen. Christian Fenner sowie Horst Schmollinger und Richard Stöss haben deshalb versucht, die Veränderungen in der Parteienlandschaft sowohl im Hinblick auf das Mit- und Gegeneinander als auch unter dem Aspekt ihrer sozialstrukturellen Bedingungen auf den gegenwärtigen Stand zu bringen, und Horst Schmollinger und ich haben in unserem Beitrag über die Arbeiterparteien zwischen 1945 und 1949 einige globalisierende Passagen präzisiert. Was west- wie ostdeutsche Rezensenten unterschiedlich akzentuiert anmerkten (Herbert Kühr in der „Neuen Politischen Literatur", Jg. XXIII/3 (1978), S. 292 ff, und Dieter Fricke in der „Zeitschrift für Geschichtswissenschaft", XXV. Jg. (1977), H.9, S. 1098 f), trifft sicherlich die – im übrigen eingestandene – Schwäche des Bandes: unsere nicht hinreichend gelungene „Vermittlung von politischer Ökonomie und politischer Soziologie"(Kühr, a.a.O,. S. 294) bzw. unseren aus unterschiedlichen „methodologischen Auffassungen" resultierenden „Eklektizismus" (Fricke, a.a.O., S. 1098). Ob das „Grundanliegen" des Bandes freilich, wie Fricke meint, darin besteht, mit „marxistischen Begriffen und richtigen Teilerkenntnissen" Kompromisse zu drapieren und zu rechtfertigen, die am „Wesen der in der BRD bestehenden Herrschafts- und Ausbeutungsverhältnisse nichts ändern", dies mögen die Leser entscheiden.

Berlin, im August 1979   Dietrich Staritz

Vorbemerkung

Eine allgemeine Bestimmung des Begriffs „Politische Partei" ist nicht möglich, weil die Sozialwissenschaften gegenwärtig über keine geschlossene Parteientheorie verfügen. Dies ist hauptsächlich darin begründet, daß der Begriff selbst sehr komplexe gesellschaftliche Tatbestände umfaßt, die sich nicht in wenigen verallgemeinernden Sätzen zusammenfassen lassen. Ein kurzer Überblick über die verschiedenen Typologien politischer Parteien mag dies verdeutlichen.

1. Typologien politischer Parteien

In der Parteienforschung spricht man beispielsweise von Arbeiterparteien, bürgerlichen und Mittelstandsparteien oder von Volksparteien, womit Aussagen über die *soziale* (Wähler- oder Mitglieder-)*Basis* getroffen werden, je nachdem, ob eine Partei überwiegend in einer bestimmten Klasse oder Schicht verankert ist oder ob sich ihre Mitglieder und Wähler in ausgewogener Weise aus mehreren oder allen Klassen bzw. Schichten rekrutieren. Durch die unterschiedlich historisch gewachsenen sozioökonomischen und ideologisch-kulturellen Traditionszonen hängt die soziale Basis einer Partei eng mit ihrer *territorialen Basis* zusammen. In den protestantischen und großagrarischen Gebieten des ostelbischen Preußens vermochte sich beispielsweise der bürgerliche Liberalismus nicht gegen den sozialreaktionären Konservatismus durchzusetzen. In den rheinischen Gebieten, die während der napoleonischen Besetzung und durch die enge Nachbarschaft zum bürgerlich-revolutionären Frankreich ökonomisch und politisch stark durch antifeudalistische Elemente geprägt waren, entwickelte sich sehr früh eine liberale Bewegung, die gerade in den Landtagen von Baden und Württemberg – hier besteht noch heute eine Hochburg des Liberalismus – sehr einflußreich war. In mehrheitlich oder stark katholischen Gebieten Deutschlands (Bayern, Baden, Württemberg, Rheinland, Westfalen) stellte und stellt die politische Organisation der Katholiken im Gegensatz etwa zum alten Ostelbien einen gewichtigen Machtfaktor dar.

Parteien lassen sich aber auch nach ideologisch fundierten gesellschaftsgestaltenden Konzeptionen unterscheiden. Die Attribute kom-
munistisch, sozialistisch, sozialdemokratisch, liberal, christlich
deutsch-national oder (neo-)faschistisch charakterisieren *Programm
oder Politik* einer Partei, wobei diese Charakterisierung nicht zwangsläufig an eine bestimmte soziale Basis gebunden ist. Das Zentrum als
katholische Partei hatte von Anfang an einen starken Arbeiterflügel
und die sozialdemokratische Arbeiterpartei SPD hatte schon in ihrer
frühen Entwicklungsphase Anhänger aus dem handwerklichen Mittelstand, aus dem Kleinbürgertum und unter den Intellektuellen. Wenn
bestimmte Ideologien auch bestimmten gesellschaftlichen Klassen
zuzuordnen sind, so bedeutet dies nicht, daß diese Ideologien nicht
auch auf andere Schichten Anziehungskraft ausüben können.
Schließlich lassen sich Parteien auch nach ihrer *inneren Struktur*, nach
organisatorischen Gesichtspunkten unterscheiden. Lockere Zusammenschlüsse von Personen mit gleichgerichteten Interessen oder Konzeptionen, die sich etwa um einen Führungskern oder um eine
Parlamentsfraktion (so beispielsweise die Mitte des vergangenen Jahrhunderts entstandenen bürgerlichen und konservativen Parteien) scha-
ren, werden als Honoratiorenparteien bezeichnet. Dagegen grenzen
sich die mit der Einführung der parlamentarischen Demokratie und
dem damit verbundenen allgemeinen Wahlrecht entstandenen Massenparteien mit durchorganisierten Parteiapparaten ab. Mit der Entstehung des Weimarer Parteiensystems ist der Wandel von Honoratioren-
zu Massen- und Apparatparteien abgeschlossen, wobei gerade die
bürgerlichen und konservativen Parteien, vielfach unter Verwendung
des Begriffs „Volkspartei" (siehe S. 228), bemüht waren, über ihre
traditionelle Basis hinaus Anhänger auch in anderen Schichten bzw.
Klassen zu gewinnen. Die SPD war in diesem Sinne von Anfang an
eine Massen- und Apparatpartei, die über die Beteiligung an Wahlen
und das Streben nach Macht und Einfluß im oder gegenüber dem
Wilhelminischen Staat zur Durchsetzung der von ihr vertretenen
Arbeiterinteressen auch eine Schutzfunktion für ihre Mitglieder und
Wähler ausübte: Die in der aristokratisch-bürgerlichen Gesellschaft
ökonomisch ausgebeuteten und ständig unterprivilegierten, politisch
bekämpften und verfolgten Arbeiter schufen sich neben der politischen Organisation auch Konsumvereine, gründeten Kindergärten,
Sport- und Gesangvereine usw., so daß der Sozialdemokrat, wie häufig
gesagt wurde, „von der Wiege bis zur Bahre" von der Partei begleitet
worden ist. Die damalige SPD wird daher auch als Integrationspartei
bezeichnet, womit ausgedrückt werden soll, daß die Sozialdemokratie
mehr als nur eine Organisation war, nämlich eine Bewegung mit
spezifischen politischen und ideologisch-kulturellen Ausdrucksfor-
men.

Mit dem Begriff „innere Struktur" ist aber auch die innerparteiliche Willensbildung angesprochen, die sowohl nach demokratischen, gruppen- und interessenpluralistischen Gesichtspunkten als auch autoritär (Führer- bzw. Gefolgschaftspartei) erfolgen kann. Das von *Lenin* theoretisch fundierte Prinzip des demokratischen Zentralismus als Entscheidungsstruktur einer (Avantgarde-)„Partei neuen Typs" betont die Notwendigkeit einer straffen inneren Ordnung für eine revolutionäre kommunistische Kampfpartei und versucht, wenigstens dem Anspruch nach, demokratische Auswahl der Parteiführung und unbedingten Gehorsam gegenüber deren Anordnungen miteinander zu verbinden.

2. *Parteiensystem als Teil der gesellschaftlichen Ordnung*

Diese drei analytischen Ebenen, das Verhältnis einer Partei zu den sozialen Schichten und Klassen einer Gesellschaft, ihre innere Organisation und schließlich ihre politische Praxis und Zielsetzung in oder gegenüber den staatlichen Institutionen und gegenüber anderen Parteien oder Organisationen, verweisen darauf, daß Parteien keine gesonderten oder gar autonomen Gebilde sind. Sie sind vielmehr politische Organisationen besonderer gesellschaftlicher Kräfte, ihrer Interessen und Ideologien, die einerseits um Einfluß auf die exekutiven und legislativen Prozesse innerhalb der politischen Ordnung konkurrieren oder für die Beseitigung dieser Ordnung kämpfen und andererseits diese Praxis ihrer gesellschaftlichen (Wähler- und Mitglieder-)Basis gegenüber rechtfertigen, gesellschaftliche Gruppen und Schichten an sich binden und damit in die bestehende gesellschaftliche Ordnung integrieren oder geg n sie mobilisieren.

Politische Parteien sind Teil eines *Parteiensystems,* das wiederum in den größeren Zusammenhang einer *politischen Ordnung* eingebettet ist, die auf den Staat als der politischen Organisation der Gesellschaft ausgerichtet ist und neben Parteien hauptsächlich noch Gewerkschaften und Interessenverbände umfaßt.

Die Form der politischen Ordnung in der Bundesrepublik ist die parlamentarisch-demokratische Republik; das Parteiensystem kann als Mehrparteiensystem bezeichnet werden, wenn auch seit dem Ende der 50er Jahre ein starker Konzentrationsprozeß in Richtung auf ein Drei-(bzw. „Zweieinhalb"-)Parteiensystem zu beobachten ist. Im Gegensatz zum Parteiensystem der Weimarer Republik wird das bestehende Parteiensystem überwiegend von Organisationen beherrscht, die die Form der politischen Ordnung der Bundesrepublik und damit auch ihre *ökonomische Ordnung* bejahen: die durch den Markt regulierte kapitalistische Produktionsweise. Unter Sozialwissenschaftlern ist kaum noch umstritten, daß ein Zusammenhang zwischen ökonomischer und politischer Ordnung besteht. Während marxistische Wissenschaftler allerdings von einer grundsätzlichen Abhängigkeit der politischen von der ökonomischen Ordnung ausgehen (und das Grundsätzliche dieser Abhängigkeit schließt die Veränderung der ökonomischen Ordnung infolge von politischen Handlungen keineswegs aus) und Politik und Ökonomie äis dialektische Einheit betrachten, ist allen Richtungen der nichtmarxistischen Wissenschaft gemein, daß sie der Politik zwar einen, wenn auch unterschiedlichen, Grad an Selbständigkeit zubilligen, eine unmittelbare Abhängigkeit der politischen Ordnung von der ökonomischen aber bestreiten.

3. Einige Bemerkungen zum methodischen Selbstverständnis

Da der Rückgriff auf eine bestehende Parteientheorie nicht möglich ist und die Autoren dieser Einführung keineswegs in allen inhaltlichen und methodischen Fragen übereinstimmen, sind einige Bemerkungen zum Selbstverständnis der hier vorgelegten Einführung unabdingbar. Wir gehen von einem engen Zusammenhang von ökonomischer und politischer Ordnung einerseits und Parteiensystem andererseits aus, einem Zusammenhang, der in der gesellschaftlichen Realität allerdings nicht ohne weiteres sichtbar ist. Als Aufgabe der Parteienforschung, wie überhaupt der Gesellschaftswissenschaften, betrachten wir die Freilegung der sich hinter der verwirrenden Vielfalt von Erscheinungsformen verbergenden grundlegenden Strukturen und Verhältnisse. Auf diese Einführung bezogen, bedeutet dies die Darstellung von Struktur und Geschichte des Parteiensystems in ihren *wesentlichen* Entwicklungslinien. Abstraktion darf nun nicht gleichgesetzt werden mit Simplifizierung oder Undifferenziertheit. Abstraktion ist vielmehr notwendig, um die komplizierte gesellschaftliche Realität in allen ihren Verästelungen und Undurchsichtigkeiten besser zu durchschauen und damit in den Griff zu bekommen. Abstraktion bedeutet auch nicht nur die Reduktion der Erscheinungsvielfalt auf das Wesentliche, sondern zugleich auf das Dynamische und Prozeßhafte. So wie die Geschichte der CDU/CSU nur vor dem Hintergrund der Entwicklung des politischen Katholizismus in Deutschland verständlich ist, so kann auch eine Analyse der ökonomischen und politischen Ordnung der Bundesrepublik und des darin eingebetteten Parteiensystems nur unter Einbeziehung der historischen Erfahrungen aus dem Kaiserreich, der Weimarer Republik und des Nationalsozialismus erfolgen. Gesellschaftswissenschaft hat notwendigerweise eine historische Dimension, weil Gesellschaft selbst nur historisch begreifbar ist.

Wir leiten daher unsere Einführung in das Parteiensystem der Bundesrepublik mit einem Abschnitt über die historischen Grundlagen dieses Systems ein. Dieser Abschnitt dient nicht der Aufzählung geschichtlicher Daten, sondern der Darlegung von Strukturmerkmalen und wesentlichen Entwicklungstendenzen, die zum Verständnis des gegenwärtigen Parteiensystems notwendig sind.

Richard Stöss

I. Einleitung
Das deutsche Parteiensystem vor 1933

1. Richard Stöss

Entstehung und Entwicklung des deutschen Parteiensystems bis 1933

Das erste Kapitel dieser Einführung befaßt sich mit den historischen Grundlagen des Parteiensystems der Bundesrepublik, mit dem deutschen Parteiensystem vor 1933.
Zunächst wird die *Entstehung* des deutschen Parteiensystems behandelt und auf seine wesentlichen *Strukturmerkmale* verwiesen. Anschließend erfolgt eine kurze Darstellung der *Entwicklungsgeschichte*, die in drei Epochen unterteilt ist: die Zeit bis zum Ende des Ersten Weltkriegs, die Weimarer Republik und die Epoche des Nationalsozialismus. Wegen der besonderen Bedeutung der letztgenannten Epoche widmen wir ihr ein besonderes Kapitel.

1. Entstehung und Struktur des deutschen Parteiensystems

Im ersten Abschnitt dieses Beitrags wird dargestellt, wie sich die politischen Parteien einerseits mit der Entfaltung der *Klassenwidersprüche* zwischen Adel, Bürgertum und Arbeiterschaft, andererseits aber auch im Zusammenhang mit dem *konfessionellen Schisma* von preußisch-protestantischer Hegemonie und katholischer Minorität in Deutschland gebildet haben.

1.1 Bürgertum und Feudaladel

Politische Parteien sind in Deutschland in der Mitte des vergangenen Jahrhunderts in der Epoche der beschleunigten Ablösung der feudalistischen durch die bürgerlich-kapitalistische Gesellschaft entstanden. Mit dem raschen, vom absolutistischen Staat geförderten Aufschwung von Handel und Handwerk in den Städten und der Entstehung von Manufakturen und Industriebetrieben ist zwangsläufig ein enormer *ökonomischer* Bedeutungsgewinn des Bürgertums verbunden gewesen, das nun auch an die bislang vom Adel selbstherrlich ausgeübte *politische* Macht drängte, um die gesellschaftlichen Voraussetzungen für die Weiterentwicklung der kapitalistischen Produktionsweise zu schaffen: die Beseitigung der Vielzahl durch Zollgrenzen getrennter

Fürstentümer zugunsten eines einheitlichen Wirtschaftsgebiets, die Schaffung eines Nationalstaats mit einheitlichem Rechtssystem, mit allgemein anerkannten Maßen, Gewichten und Zahlungsmitteln und nicht zuletzt die Aufhebung der feudalen persönlichen Abhängigkeitsverhältnisse. Seit dem Beginn des 19. Jahrhunderts ist in Deutschland eine *liberale Bewegung* entstanden, die auf der ideologischen Ebene die Gedankenwelt des Feudalismus durch Rationalismus und Aufklärung zu destruieren gesucht und für politische Einheit, Gedankenfreiheit und persönliche Freizügigkeit, für Rechtssicherheit und politische Kontrolle der Herrschenden gekämpft hat. Diese Bewegung wurde zunächst hauptsächlich vom *Bildungs*bürgertum getragen, da das *Besitz*bürgertum in seiner Entwicklung anfangs durchaus vom merkantilistischen Absolutismus gefördert worden ist. Als auch die ökonomischen Verhältnisse nach Veränderung drängten, als die Bauernbefreiung als soziale Voraussetzung für die Entstehung einer Industriearbeiterschaft, ein einheitliches Zoll- und Währungssystem usw. unumgänglich wurden, vermochte sich die feudalistische Reaktion den Forderungen der bürgerlichen Klasse nicht länger zu widersetzen. Da die Steuern des Bürgertums die wesentliche Einnahmequelle zur Finanzierung des absolutistischen Heeres und des Beamtenapparats waren, drängte das Bürgertum auf Kontrolle der Einnahmen und Ausgaben des Staates durch eigens dafür zu schaffende Parlamente. Das Budgetrecht der Parlamente erhielt damit einen zentralen Stellenwert im Kampf des Bürgertums um die Beschneidung der Vorrechte des Adels und der Autonomie des Obrigkeitsstaats. Die Entstehung von Verfassungen und Parlamenten in den südwestdeutschen Ländern nach 1815 kann als erster Schritt auf dem erst 1918 endenden Weg zu einer parlamentarisch-republikanischen politischen Ordnung in Deutschland angesehen werden.

1.2 Die Spaltung des Bürgertums

Die liberale Bewegung verzeichnete ihre ersten sichtbaren Erfolge in Deutschland unter dem Ansturm der napoleonischen Heere. Der preußische König sah sich zu einer Reihe von Reformen (*Stein, Hardenberg* usw.) genötigt, um in einem „Volkskrieg" die Truppen des bürgerlichen Frankreich zu schlagen. Mit der endgültigen Niederlage *Napoleons* und dem Wiener Kongreß 1815 siegte aber auch die Reaktion und kämpfte im Zeichen der „Heiligen Allianz" gegen den Feind im Innern, die liberale Bewegung. Mitte des Jahrhunderts gelangten die sozialen Gegensätze angesichts schwerer wirtschaftlicher Krisen, des durch die beginnende industrielle Revolution verursachten unmenschlichen Elends und schließlich angesichts der revolutionären Ereignisse in Frankreich erneut zum Ausbruch. Während der Revolution von 1848 sahen sich die Monarchen zur Gewährung von Verfassungen gezwungen, nachdem das Bürgertum und der verachtete „Pöbel" den absolutistischen Staat und den Adel (in Preußen waren dies im wesentlichen die ostelbischen Junker) bei Straßenkämpfen in arge Bedrängnis gebracht hatten. In der zur Ausarbeitung einer Verfassung einberufenen Versammlung in der Frankfurter Paulskirche kam es zu langwierigen Auseinandersetzungen unter den, überwiegend dem Bildungsbürgertum zuzurechnenden, liberalen Abgeordneten über die in der Verfassung rechtlich zu fixierende gesellschaftsgestaltende Konzeption. Dabei lassen sich zwei, in Ansatzpunkten bereits in der liberalen Bewegung vor 1848 vorhandene, Flügel unterscheiden, die dann prägend für die Entstehung und Entwicklung des Parteiensystems geworden sind: Der rechte Flügel des Bürgertums neigte zum Konstitutionalismus und zum Ausgleich mit dem herrschenden Adel. Er strebte eine schrittweise und kontrollierte Liberalisierung und Demokratisierung aus Furcht davor an, daß es in Deutschland zu ähnlichen Ereignissen wie in der französischen Revolution kommen könnte. Aus Angst vor einer „levée en masse" suchten sie das Bündnis mit denen, die über die für einen solchen Notfall existenzwichtigen Unterdrückungsinstrumente (Polizei, Militär) verfügten. Der linke Flügel des Bürgertums hingegen lehnte ein derartiges Bündnis ab, verfocht ein republikanisches, auf Volkssouveränität beruhendes Verfassungskonzept und trat konsequent gegen den Feudalabsolutismus auf. Dieser *Widerspruch zwischen Demokraten und Konstitutionellen* verlor vorübergehend an Bedeutung, nachdem die revolutionären Aufstände allerorts blutig niedergeschlagen waren und die Herrschenden ihre Macht, allerdings um den Preis der Gewährung von Verfassungen „von oben", wieder gefestigt hatten. Aber auch die liberale Bewegung erholte sich bald von der Niederlage der Revolution — die hauptsächlich deshalb scheiterte, weil das Bürgertum insgesamt nicht bereit gewesen war, mit dem entstehenden Proletariat und den untersten Schichten des Volkes gemeinsam und konsequent gegen den Adel vorzugehen — und nutzte den in den Verfassungen vorhandenen geringen politisch-parlamentarischen Spielraum. Als der preußische König 1861 im Zusammenhang mit einer Militärreform versuchte, die bescheidenen Rechte des Parlaments zu beschneiden, brach der Konflikt zwischen beiden Klassen erneut auf. Diesmal fand er allerdings eine parlamentarische Lösung: Die Liberalen gründeten die *Deutsche Fortschrittspartei* (DFP), um nunmehr organisiert für die Erhaltung der bestehenden politischen Rechte und für deren Ausbau zu kämpfen. Im Zusammenhang mit dem Krieg von 1866, der Entstehung des Norddeutschen Bundes und den Auseinandersetzungen um dessen Verfassung kam es zur Spaltung der Liberalen: teilweise als Sezession von der DFP entstand die *Nationalliberale Partei* (NLP), die auf Ausgleich mit *Bismarck* und dem preußischen Staat bedacht war und im wesentlichen die Interessen der aus dem Besitzbürgertum hervorgegangenen Bourgeoisie vertrat.

1.3 Die Spaltung der preußischen Junker

Im Laufe des langwierigen Prozesses der bürgerlichen Revolution differenzierten sich auch die Interessen der preußischen Junker, die sich erst später als das Bürgertum in Parteien organisierten, weil sie als herrschende Klasse über einen übermächtigen Einfluß im Staat, in der Beamtenschaft und im Offizierscorps verfügten, den größten Teil der agrarischen Produktion kontrollierten und die ländlichen Gebiete vermittels der gutsherrlichen Privilegien fest in ihrer Hand hatten. Die Junker waren mehrheitlich partikularistisch und radikal antiliberal; sie lehnten das politische Zusammengehen mit dem Bürgertum ebenso ab wie den Nationalstaat und die Reichsgründung und standen Kapitalismus und industrieller Revolution ablehnend gegenüber. Mit einem Wort: sie befanden sich ideologisch und politisch in starrem Gegensatz zu den historisch notwendigen gesellschaftlichen Veränderungen.

Eine kleine Gruppe von fortschrittlichen Junkern freilich hatte sich nach 1848 gegen eine Neuauflage der „Heiligen Allianz" und gegen die bedingungslose Zerschlagung der liberalen Bewegung ausgesprochen. Sie plädierte für eine konstitutionelle Monarchie, in der das Schwergewicht der Macht jedoch beim Monarchen verbleiben sollte, verfügte allerdings weder beim Hof über nennenswerten Einfluß noch in ihrer eigenen Klasse, die 1848 mehrheitlich die militärische Niederschlagung des Aufstands forderte und allenfalls bereit war, einer Reaktivierung der alten ständischen Provinziallandtage zuzustimmen, die keine Bedrohung der Junkerherrschaft darstellten. In dem Maße, wie die Einigung der deutschen Teilstaaten unter Preußens Führung voranschritt, wie sich die kapitalistische Produktionsweise ausbreitete und die industrielle Revolution voranschritt, ergaben sich auch Berührungspunkte zwischen der industriellen Produktion und dem Großgrundbesitz (z. B. beim Eisenbahnbau, in der Nutzung von Bodenschätzen usw.), und jene einstmals kleine Gruppe von progressiven Junkern erstarkte zusehends. Sie gewann politisches Gewicht, das sie allerdings zunächst nur über das Parlament geltend machen konnte. Im norddeutschen Reichstag schlossen sich diese Junker zur Freikonservativen Partei (die nach 1871 im Deutschen Reichstag als *Deutsche Reichspartei* (DRP) auftrat) zusammen und unterstützten, gemeinsam mit den Nationalliberalen, die Bismarcksche Einigungspolitik. Ihr partikularistischer Flügel hingegen verlor alsbald zunehmend an Einfluß und blieb im Reich bis zu seinem politischen Comeback 1876 nahezu bedeutungslos. Lediglich in Preußen sicherte ihnen das Drei-klassenwahlrecht eine solide Machtbasis.

1.4 Die Organisation der Arbeiterklasse

Mit der Herausbildung der kapitalistischen Produktionsweise im Schoße der feudalistischen Gesellschaft erfolgten zwangsläufig tief-greifende soziale Umwälzungen: Die mit der industriellen Revolution einhergehende Bevölkerungsexplosion, die Bauernbefreiung und die Aufhebung des Zunftzwangs erzeugten eine riesige, von der industriel-len Produktion erst nach 1850 schrittweise absorbierte Arbeitslosen-„Reservearmee" aus ehemaligen Bauern und Handwerkern, unermeß-liches Elend und eine für das bestehende System bedrohliche soziale Unzufriedenheit.

Der politisch herrschende Feudaladel glaubte, sich dieses „Pöbels" zunächst durch Organisationsverbote und politische Verfolgung er-wehren zu können. Nur in Ausnahmefällen wurde die Notwendigkeit einer sozialen Integration erkannt. Die Stellung des Bürgertums zu dem entstehenden Proletariat war ambivalent: einerseits sah es in ihm einen Bündnispartner gegen den Adel, andererseits erkannte es auch den drohenden Konflikt zwischen Bourgeoisie und Arbeiterklasse und fürchtete daher deren Emanzipation. Die Liberalen, insbesondere ihr demokratischer, um die Fortschrittspartei gruppierter Flügel, nahmen sich dieser sozialen Frage in doppelter Weise an: Sie setzten sich einerseits für die ökonomische Besserstellung der Arbeiter ein, versuchten aber andererseits, ihre autonome Organisation zu verhin-dern und statt dessen ihre Anbindung an die liberale Bewegung − also ihre Integration in die sich herausbildende bürgerliche Gesellschaft − durch die Gründung von Arbeiterbildungsvereinen zu erreichen.

Aus derartigen Bildungsvereinen heraus entstand 1863 der von *Las-salle* gegründete Allgemeine Deutsche Arbeiterverein (ADAV), der, in bewußter Emanzipation von den integrationistischen Absichten der Liberalen, die Interessen der Arbeiter eigenständig durch eine natio-nal und sozial orientierte realistische Politik innerhalb der bestehen-den politischen Ordnung zu vertreten beabsichtigte. Neben dieser eher reformistischen Wurzel für die Organisierung der Arbeiterklasse be-stand eine revolutionäre, auf *Marx* und *Engels* rekurrierende Strö-mung, die 1869 unter *August Bebel* und *Wilhelm Liebknecht* zur Gründung der Sozialdemokratischen Arbeiterpartei schritt. Die organi-satorische Spaltung wurde 1875 in Gotha mit der Gründung der Sozialistischen Arbeiterpartei Deutschlands (ab 1891 *Sozialdemokra-tische Partei Deutschlands* (SPD)) aufgehoben.

1.5 Das konfessionelle Schisma und die Entstehung des Zentrums

Für die bisher erwähnten Parteigründungen waren die Widersprüche und die daraus folgenden politischen Auseinandersetzungen zwischen den Junkern, dem Bürgertum und der Arbeiterklasse maßgeblich. Neben diesem Klassenwiderspruch hat aber noch ein weiterer Widerspruch[1] das Parteiensystem in Deutschland geprägt: der Widerspruch zwischen Katholiken und Protestanten. Die Vormachtstellung des protestantischen Preußen in Deutschland wurde von den Katholiken zugleich als Herrschaft des Protestantismus über den Katholizismus angesehen, die Gründung des Norddeutschen Bundes und des Deutschen Reichs als Annexion der west- und süddeutschen überwiegend katholischen Gebiete abgelehnt. Die Katholiken strebten ein „Großdeutsches Reich" unter Führung der (katholischen) österreichischen Monarchie an und verfochten nach 1871 ein streng föderalistisches Konzept, das einer zu engen Einbindung der katholischen Fürstentümer in das „preußische" Deutsche Reich entgegenwirken sollte. Da der Katholizismus in den Augen Preußens eine Bedrohung des eigenen Hegemonie-Anspruchs darstellte, war *Bismarck* fest entschlossen, den klerikalen bzw. politischen Katholizismus − notfalls gewaltsam − in den Reichsverband zu integrieren. Neben diesem machtpolitischen Gesichtspunkt waren aber auch die Gegensätze zwischen den (vorwiegend protestantischen) Liberalen und den Katholiken für die Bildung einer katholischen Partei von Bedeutung. Die Liberalen traten für eine Trennung von Staat und Kirche ein und plädierten für eine Übertragung der Schulaufsicht von der katholischen Kirche auf den Staat. Dies trug dem Liberalismus den päpstlichen Vorwurf absoluter Kirchenfeindlichkeit ein und verschärfte die Auseinandersetzungen in Deutschland zusätzlich. In dem Maße, in dem der Einfluß des Liberalismus und Preußens in Deutschland wuchs, organisierte sich die katholische Minderheit. Bereits in der Frankfurter Nationalversammlung hatte eine katholische Fraktion bestanden. Im preußischen Abgeordnetenhaus schlossen sich die katholischen Vertreter 1870 schließlich zu einer Fraktion zusammen. Dieser Zusammenschluß wird

---

1 Da wir uns hier nur auf die wesentlichen Strukturmerkmale beschränken, bleiben weniger bedeutende Widersprüche unberücksichtigt, so etwa die zwischen Deutschen und nationalen Minderheiten, die wie im Falle etwa der Dänen, Polen, Welfen und Elsaß-Lothringer, ebenfalls zu Parteigründungen geführt haben. Vergleichbare Widersprüche finden sich auch im Parteiensystem der Bundesrepublik: der *Südschleswigsche Wählerverband* (SSW) in Schleswig-Holstein als Vertretung der Dänen oder die *Niedersächsische Landespartei* (NLP) als Repräsentantin der Welfen in Niedersachsen. Auch die *Bayernpartei* (BP) als föderalistische Landespartei ist in den Einzugsbereich dieses Widerspruchs einzuordnen.

allgemein als Geburtsstunde des *Zentrums* (Deutsche Zentrumspartei) bezeichnet. Die ersten Jahre des Bestehens des Deutschen Reichs waren innenpolitisch durch die Auseinandersetzungen zwischen *Bismarck* und den Liberalen einerseits und dem Zentrum andererseits geprägt (Kulturkampf). Die Regelung der Aufsicht über die Schulen, das Verbot kirchlicher Stellungnahmen zur Politik, die Streichung staatlicher Gelder für die katholische Kirche und viele andere repressive Maßnahmen trugen zwar zur Stärkung des Zentrums bei, zwangen den klerikalen und politischen Katholizismus aber zur Anerkennung der Ausweitung der Staatsfunktionen gerade auch im schulischen und kulturellen Bereich.

Im Gegensatz zu allen bisher erwähnten Parteien war das Zentrum durch eine ausgesprochen heterogene Zusammensetzung seiner sozialen Basis charakterisiert. Es umfaßte Großgrundbesitzer ebenso wie den handwerklichen und bäuerlichen Mittelstand, Unternehmer und Arbeiter. Insofern kann das Zentrum unter sozialstrukturellen Gesichtspunkten nicht als eine an eine bestimmte Klasse gebundene Partei bezeichnet werden.

2. Die Entwicklung des Parteiensystems bis 1918

Wurde die *Struktur* des deutschen Parteiensystems in seiner Entstehungsphase durch die Widersprüche zwischen den gesellschaftlichen Klassen einerseits und durch konfessionelle und damit auch territoriale Widersprüche andererseits gekennzeichnet, so war die *Entwicklung* des Parteiensystems in der militaristisch-monarchistischen Ordnung geprägt durch die explosionsartige Entwicklung des Kapitalismus nach 1871, durch die wenige Jahre darauf einsetzende große Wirtschafts- und Agrarkrise, die sich nach dem Sturz *Bismarcks* im Jahre 1890 zu einer gesellschaftlichen Krise ausweitete, und schließlich durch die Epoche des aggressiven und annexionistischen Imperialismus, der die gesellschaftliche Krise zwar vorübergehend löste, Deutschland aber in den Ersten Weltkrieg (1914—1918) und damit in die militärische Niederlage hineintrieb und zum Zusammenbruch der bestehenden politischen Ordnung führte.

2.1 Kurzer Überblick über die Gesamtentwicklung

Die Entstehung des Deutschen Reichs nach dem Deutsch-Französischen Krieg (1870/71) war politisch das Ergebnis der preußischen Großmachtpolitik, ökonomisch und sozial aber Ausdruck der rasch voranschreitenden Entwicklung des Kapitalismus in Deutschland, die zu einer Symbiose von ökonomisch mächtiger Bourgeoisie und politisch herrschendem Junkertum führte. Die historische Leistung dieses Machtkartells ist einerseits in der beschleunigten Industrialisierung Deutschlands, in der Verhinderung einer in diesem Sinne dysfunktionalen Demokratisierung und in der gewaltsamen Unterdrückung der Arbeiterbewegung als potentiellem Störfaktor und andererseits in der wirtschaftlichen Integration der Arbeiter als Lohnabhängige in die kapitalistische Produktionsweise zu sehen. Unter den gegebenen nationalen und internationalen, wirtschaftlichen und politischen Voraussetzungen führte dies unmittelbar zum deutschen Imperialismus.

Auslösendes Moment der beschleunigten Wandlung Deutschlands von einem Agrar- zu einem Industriestaat waren die von Frankreich nach seiner Niederlage 1871 zu zahlenden Kriegskontributionen, die ein wahres Akkumulationsfieber („Gründerjahre") entfachten. Mit dem kurz darauf folgenden „Gründerkrach" trat an die Stelle liberaler Wirtschafts- und Außenhandelspolitik (Freihandel) staatlicher Protektionismus und Schutzzollpolitik (1879), wodurch die Inlandspreise zu Lasten der Masse der Verbraucher, hauptsächlich der Arbeiter, hochgehalten, deutsche Exportwaren auf dem Weltmarkt aber zu Dumpingpreisen angeboten werden konnten. Die trotz konjunktureller Aufschwünge bis zum Ende des Jahrhunderts anhaltende große Depression förderte einen gewaltigen Prozeß der Konzentration und Zentralisation des Kapitals. Das Produktionsvolumen der deutschen von Kartellen und Monopolen geprägten und vom Finanzkapital beherrschten Wirtschaft erreichte bald eine führende Position auf dem Weltmarkt und drängte wegen der unzureichenden Rohstoffsituation in Deutschland und wegen der Überproduktion, notfalls auch mit militärischen Mitteln, nach neuen Märkten. Die Überwindung der Depression auf dem Wege einer durch gewaltige Rüstungsanstrengungen (Flottenbau, Heeresvermehrungen usw.) begleiteten und als Streben nach einem deutschen „Platz an der Sonne" verniedlichten aggressiven imperialistischen Politik führte etwa seit dem Beginn unseres Jahrhunderts zu einer Neuauflage der „Gründerjahre" und schließlich in den Weltkrieg.

Die parteipolitische Situation in dieser Epoche läßt sich in drei Abschnitte einteilen:

1871–78/79 trugen die Nationalliberalen und die linkskonservative Deutsche Reichspartei als soziale Basis die *Bismarcksche* Politik des Reichsausbaus, des den wirtschaftlichen Interessen von Großindustrie und Großgrundbesitz durchaus entsprechenden Wirtschaftsliberalismus und des Kulturkampfs. Zentrum, Linksliberale und Sozialdemokratie einerseits, Altkonservative andererseits, standen dieser Politik distanziert bis ablehnend gegenüber.

Infolge der seit 1873 einsetzenden Depression bahnte sich seit Mitte

der 70er Jahre ein schutzzöllnerisches, fürsorgestaatliches und anti-
sozialistisches Kartell von Roggen, Eisen und Garn an, das in der
Beendigung des Kulturkampfes und mit dem Erlaß der Sozialistengesetze (1878) sowie der Zoll- und Finanzreform (1879) parteipolitisch
Gestalt annahm im Zusammengehen von politischem Katholizismus,
beiden konservativen Richtungen und den — durch Sezession des
exportorientierten Flügels dezimierten — Nationalliberalen. Insbesondere die Spannungen zwischen Landwirtschaft und Industrie führten
seit etwa Mitte der 80er Jahre zur Erosion dieses Kartells, dessen
endgültiges Auseinanderbrechen durch den Sturz *Bismarcks* (1890)
signalisiert wurde.
Nach einer kurzen außenwirtschaftlich gemäßigt liberalen, sozialin-
tegrationistischen (die Sozialistengesetze wurden nach 1890 nicht
verlängert) und auf herbe Kritik der Agrarier treffenden Übergangs-
phase, die die divergierenden politischen Kräfte kaum zu einigen in
der Lage war, begann Mitte der 90er Jahre die Epoche der deutschen
„Weltpolitik". Sie vermochte die Gegensätze im Parteiensystem jedoch nur zeitweilig zu mildern. Da diese expansionistische Außenpolitik von einer vaterländisch-nationalistischen Massenbewegung (All-
deutscher Verband, Flottenverein, Kolonialgesellschaft) getragen war,
gerieten die einzelnen Parteien so stark in den Sog dieser Strömung,
daß 1914 schließlich auch die Linksliberalen und die Sozialdemokraten
dem Kaiser innenpolitischen Burgfrieden buchstäblich in die Hand
gelobten.

2.2 Nationalliberale und Reichskonservative als Kern des Machtkartells

Die parteipolitische Basis der preußischen Reichsgründung waren die
Nationalliberalen (NLP) und die Reichs- bzw. Freikonservativen
(DRP). Beide Parteien unterstützten *Bismarck* in seinem Kampf gegen
Katholizismus (Kulturkampf) und Sozialdemokratie (Sozialistengesetze 1878—90) sowie in der Schutzzoll-Politik. Die Nationalliberalen,
die Partei der Bourgeoisie mit Anhängern auch unter den Gutsbe-
sitzern, Akademikern, Kaufleuten und Verwaltungsbeamten, vertraten
zunächst, nicht zuletzt wegen der noch gleichgerichteten Interessen
von alten (Schwerindustrie) und neuen Industrien (Elektro- und
Chemie-Industrie), eine liberale Wirtschafts- und Außenhandelspolitik.
Ihr strategisches Ziel war die Schaffung der juristischen und wirtschaftlichen Voraussetzungen für eine ungehinderte Entwicklung des
Kapitalismus in Deutschland. Sie beabsichtigten, so wurde ihnen
vorgeworfen, Deutschland in ein großes „Wirtschaftsetablissement" zu
verwandeln. Mit der 1873 beginnenden Wirtschafts- und Agrarkrise
(das Einströmen ausländischer Waren auf den deutschen Markt und

die sich verschlechternde Konkurrenzsituation deutscher Produzenten auf dem Weltmarkt brachte insbesondere die Landwirtschaft, die Textil- und die Schwerindustrie in arge Bedrängnis) machten sich Teile der Nationalliberalen und die Reichs- und Freikonservativen, wie im übrigen auch die Altkonservativen und das Zentrum, zu Fürsprechern einer Schutzzollpolitik, die den Importdruck vermindern und das inländische Preisniveau „künstlich" hochhalten sollte. Diese Politik wurde insbesondere von der Sozialdemokratie scharf bekämpft, weil diese Form der Krisenlösung hauptsächlich zu Lasten der Arbeiter erfolgte. Aber auch exportfähige Branchen der Industrie lehnten diese Abschirmung gegenüber dem Weltmarkt ab, was eine Ursache dafür war, daß sie später (1884) mit dem freihändlerischen linksliberalen Fortschritt zur *Deutschen Freisinnigen Partei* (DFP) fusionierten. Die verbleibenden Nationalliberalen konsolidierten sich und traten später als besonders aktive Verfechter einer imperialistischen Flotten-, Aufrüstungs- und Annexionspolitik auf, die Teile der Partei mit einer sozialreformerischen Politik verbunden wissen wollten. Auch die linkskonservative Deutsche Reichspartei − eine Vereinigung von Offizieren ohne Soldaten, eine Partei ohne Organisation und Programm − machte sich zum Vorkämpfer der Schutzzollpolitik. Aufgrund der hier dominierenden schwerindustriellen und großagrarischen Interessen und der ausgezeichneten Verbindungen zur hohen Beamtenschaft, zum diplomatischen und zum Offizierkorps bildete diese Partei einen Kristallisationskern der sozialreaktionären imperialistischen Kräfte in Deutschland.

2.3 Die Integration der Linksliberalen

Die Linksliberalen, seit 1884 in der Deutschen Freisinnigen Partei organisiert, waren mehrheitlich konsequente Verfechter des ökonomischen und politischen Liberalismus und haben sich neben der SPD am längsten gegen die staatsinterventionistisch-protektionistische Wirtschaftspolitik des Imperialismus gewehrt. Die erste (dauerhafte) Aussöhnung mit der Reichspolitik erfolgte während der Kanzlerschaft des gemäßigt konservativen Bismarck-Nachfolgers *Caprivi* (1890−94), der neben verschiedenen sozialpolitischen Maßnahmen auch eine Handelsvertragspolitik betrieb, der die Sozialdemokraten zustimmten. Anläßlich der Abstimmung über eine Heeresvorlage spaltete sich der die Vorlage befürwortende Flügel 1893 von der DFP ab.
Als sich in den 90er Jahren zur Überwindung der gesellschaftlichen Krise eine Politik der planmäßig betriebenen Aufrüstung, insbesondere der Flottenvermehrung, abzeichnete, reihten sich gerade auch aus dieser Gruppe Vertreter der Elektro-, Chemie- und Maschinenbau-Industrie, die mit diesen Zweigen verbundenen Banken und Vertreter

der großen Handelsgesellschaften in die Front der Rüstungslobby ein, weil sie sich davon zusätzliche Aufträge, aber auch eine Stärkung des deutschen Welthandels versprachen. Auch die Linksliberalen stützten in gewissem Maße die Flotten- und Kolonialpolitik der Regierung, lehnten aber zugleich die antisozialistische Stoßrichtung der „Weltpolitik" ab. Diese ambivalente Haltung führte dazu, daß sie sich 1906 dem die imperialistische Außenpolitik propagierenden Bülow-Block (bestehend aus den liberalen und konservativen Parteien) anschlossen. Nach dem Zusammenschluß der beiden linksliberalen Flügel und der radikaldemokratischen und sozialen Süddeutschen Volkspartei im Jahre 1910 in der *Fortschrittlichen Volkspartei* (FVP), an dem sich die oben genannte Unternehmer-Gruppe nicht beteiligte, rückte diese näher an die Sozialdemokratie heran und übernahm sogar einige sozialpolitische Forderungen aus deren Programm. Ein beiderseitiges Stichwahlabkommen führte überdies dazu, daß die Sozialdemokratie 1912 zur stärksten Fraktion im Reichstag wurde. Diese Verbindung zwischen beiden Parteien war möglich geworden, weil die Sozialdemokratie sich dem allgemeinen Kolonial- und Seetaumel nicht zu entziehen vermochte und auch im Reichstag ihre vaterländische Gesinnung (Zustimmung zur Heeresvermehrung 1912 usw.) unter Beweis stellte.

Nach anfänglicher Opposition gegen die Regierungspolitik hatte sich also auch das demokratische Bürgertum voll hinter die politische Ordnung des Kaiserreichs gestellt. Dieser Integrationsprozeß war freilich begleitet von einem Bedeutungsverlust des politischen Liberalismus.

Nicht nur der Stimmen- und Mandatsrückgang für die beiden durch Sezessionen belasteten liberalen Parteien, die im Gegensatz zu den Konservativen und dem Zentrum den Status von Honoratiorenparteien durchaus überwunden hatten, charakterisiert diese Entwicklung. Auch die schwindende Aktualität der liberalen Ideologie für das Bürgertum trug zu diesem Prozeß bei. Wirtschaftlich wurde der Liberalismus seit dem Ende der 70er Jahre durch Staatsinterventionismus und Protektionismus abgelöst. Politisch fand er nur wenige kämpferische Fürsprecher in linksliberalen Kreisen. Das Bürgertum war zur Entfaltung eines eigenständigen ideologisch-kulturellen Klimas nicht in der Lage. In dem Maße, wie es sich ökonomisch und politisch in die militaristisch-obrigkeitsstaatliche Wilhelminische Gesellschaft integrierte, übernahm es auch weitgehend deren ideologisch-kulturelle Orientierungen.

2.4 Die Integration der Sozialdemokratie und die Spaltung der Arbeiterbewegung

Die Entwicklung der Sozialdemokratie bis 1918 ist verkürzt durch zwei Momente zu kennzeichnen: durch ihre politische Verfolgung und Diskriminierung als „Rotte von Menschen, nicht wert, den Namen Deutscher zu tragen" (*Wilhelm II.*, Sept. 1895) einerseits, und ihre Zustimmung zum innenpolitischen Burgfrieden im Jahre 1914 andererseits.

Die Herauslösung der Arbeiterbewegung aus dem schützenden und zugleich kalmierenden Schoß des demokratischen Bürgertums und ihre autonome Organisation in der SPD führten angesichts des mit der explosionsartigen Entwicklung der Industrie rapide anwachsenden Proletariats zur offenen Reaktion des herrschenden Machtkartells gegen die „Umsturzpartei". Die zwischen 1878 und 1890 gültigen Sozialistengesetze konnten zwar die Ausbreitung der sozialdemokratischen Bewegung nicht verhindern, waren aber noch lange Zeit Ursache ihrer traumatischen Furcht vor der völligen politischen Zerschlagung durch die Herrschenden (als innenpolitische Voraussetzung für die außenpolitische Expansion). Nach 1890 taktierte die zur Massen- und Apparatpartei angewachsene SPD (1913: 983 000 Mitglieder) deshalb vorsichtig und ängstlich gegenüber der sich herausbildenden imperialistischen Bewegung. Die Strategie der SPD zielte auf die offizielle Anerkennung der Partei als vaterlandstreuer Kraft in der politischen Ordnung und auf die Verhinderung des Zustandekommens einer junkerlich-bürgerlichen, antisozialistischen Einheitsfront. Das Zusammengehen mit den Linksliberalen hatte so einerseits in den Augen der SPD eine Schutzfunktion, führte andererseits aber auch zur schrittweisen Identifikation mit der bürgerlichen Demokratie und war überdies verbunden mit dem Verzicht auf die offene Konfrontation mit den ökonomisch und politisch Herrschenden. Die Ablehnung des Massenstreiks als offensiven und – mit Einschränkung – defensiven Kampfmittels (1906) und die Zustimmung zu den Kriegskrediten (1914) sind nur hervorstechende Merkmale der politischen Integration der Arbeiterklasse, die parallel zur ökonomischen Integration verlief. Die wirtschaftliche Aufwärtsentwicklung, die relativ geringen Arbeitslosenziffern, das leichte Ansteigen der Löhne (bei allerdings geringem Lohnniveau) und die Leistungen der Sozialversicherungen seit 1890 förderten in der SPD die Vorstellung, der Sozialismus ließe sich auch auf dem Wege schrittweiser Verbesserungen der sozialen Lage der Arbeiter und fortschreitender Demokratisierung von Staat und Gesellschaft erreichen. Dieses reformistische Konzept beherrschte die Praxis der Gewerkschaften und speziell der süddeutschen Sozialdemokratie, die im dortigen liberaleren Klima schon eher integriert worden war. Die revolutionäre Linke innerhalb der Partei – im wesentlichen Parteimitglieder, die unter dem Eindruck der preußischen Repressions-Politik weiterhin radikale Konzepte vertraten – blieb zunächst noch einflußlos und artikulierte sich, beispielsweise in der Massenstreikdebatte, als intellektuelle Kritik am Revisionismus/ Reformismus. Erst im Laufe des Weltkriegs verbreitete sich ihre innerparteiliche Basis, und damit wuchs die Bereitschaft zur Spaltung der Partei; der 1916 gegründete Spartakusbund bildete die Keimzelle der durch die revolutionäre Arbeiterbewegung im Laufe der Novemberrevolution gegründeten *Kommunistischen Partei Deutschlands* (KPD), die am Ziel der sozialistischen Revolution festhielt.

2.5 Der Wandel der Altkonservativen vom Partikularismus zum Expansionismus

Die altkonservativen und partikularistischen preußischen Junker befanden sich bis 1876 in starrer Opposition zu *Bismarck* und den staatstragenden Parteien DRP und NLP, wobei die Freihandelspolitik zunächst auch ihren Interessen entsprach. Als sie ebenfalls in den Strudel der Agrarkrise gezogen wurden, erkannten sie, daß sie ihre Belange nur wirksam vertreten konnten, wenn sie sich organisierten, und gründeten die *Deutsche Konservative Partei* (DKP), die sowohl die Sozialistenverfolgung als auch die Schutzzollpolitik unterstützte. Die Gründung dieser extrem antisozialistischen, vorübergehend aber durchaus sozial-integrativen, ihrem Wesen nach junkerlichen Partei gerade in Frankfurt am Main verweist auf die Intention, auch nicht-junkerliche Großgrundbesitzer und Bauern für diese agrarische Interessenpartei zu gewinnen, die bis 1918 keine feste organisatorische Gestalt anzunehmen vermochte. Zwar verfügten die Altkonservativen in Preußen über eine solide Machtbasis, im Reich aber vermochten sie parlamentarischen Einfluß nur mit einer Massenbasis zu erringen. In Reaktion auf die Handelsvertrags-Politik *Caprivis* riefen sie 1893 den Bund der Landwirte (1913: 330 000 Mitglieder!) zur Unterstützung ihrer Hochzollpolitik ins Leben, der als bürokratischer Massenverband die Agitation für die DKP besorgte und die Partei zusehends in seine Abhängigkeit brachte. Gleichzeitig wurde die ultrakonservative Ideologie der Partei mit völkischen und antisemitischen Elementen durchsetzt. Gegenüber der Flottenpolitik zeigte sie sich zunächst reserviert und plädierte für eine Expansion des deutschen „Herrenvolks" nach Osten. Während des Weltkriegs traten die Altkonservativen auch dann noch für eine maximalistische Kriegszielpolitik ein, als die militärische Niederlage bereits vollendet war.

2.6 Der Bedeutungsverlust des konfessionellen Schismas und die Integration des Zentrums

Das Zentrum unterschied sich von den bisher genannten Parteien, wie gesagt, durch die Besonderheit des seine Existenz konstituierenden Widerspruchs, des konfessionellen Schismas. Seine so geprägte soziale Basis spiegelte die soziale Zusammensetzung des katholischen Bevölkerungsteils wider, wobei die die bürgerliche Gesellschaft des vergangenen Jahrhunderts charakterisierenden sozialen Elemente stark unterrepräsentiert waren. Die Anhängerschaft des Zentrums war folglich, wie die Gesellschaft insgesamt, von den grundlegenden Interessengegensätzen zwischen Arbeiterschaft, Mittelstand und Unternehmern geprägt, von Gegensätzen, die zunächst allerdings, insbesondere bis zum Ende des Kulturkampfs 1878 und der Aussöhnung mit *Bismarck*, durch die Frontstellung zur Hegemonialpolitik des protestantischen Preußen überlagert worden waren. In dem Maße, wie dieser Hauptwiderspruch an Brisanz verlor, machten sich die Gegensätze zwischen dem katholischen Arbeiterflügel und dem Flügel bemerkbar, der das Kleinbürgertum, den Mittelstand, die Unternehmer und die Großagrarier repräsentierte. Dieser dominierte die Partei eindeutig bis zum Beginn des Weltkriegs, und seine protektionistischen Interessen führten die Partei infolge der Agrarkrise (seit 1873) aus der Oppositionshaltung zum Bündnis zwischen den − zwar protestantischen, nunmehr aber mehrheitlich von einer freihändlerischen auf eine protektionistische Außenwirtschaftspolitik umschwenkenden − Nationalliberalen und Reichskonservativen heraus. Der seit 1878 von *Bismarck* verfolgte Kurs sozialpolitischer Maßnahmen, gepaart mit der Unterdrückung der organisierten Arbeiterbewegung einerseits und Abkehr vom Wirtschaftsliberalismus andererseits, entsprach durchaus dem in der katholischen Soziallehre niedergelegten antisozialistischen und antiliberalen Konzept des Zentrums, das auch nach 1879 eine Honoratiorenpartei blieb, im 1890 gegründeten Volksverein für das katholische Deutschland aber über eine Massenorganisation (1914: 805 000 Mitglieder) verfügte.
Der nun beginnende Assimilierungsprozeß, der in der Zustimmung zum Flottengesetz (1898) und damit zur expansionistischen Außenpolitik kulminierte, entzog dem katholischen Minderheitenbewußtsein langsam seine reale Basis: wählten 1881 noch über 80 % aller Katholiken das Zentrum, so waren es 1919 nur noch etwa 60 %. Gleichwohl führte dieser Prozeß aber nicht zu einer umfassenden Identifikation mit dem Kaiserreich. Der linke Flügel der Partei unter *Erzberger* befand sich vielmehr gerade in sozialen Fragen häufig in Übereinstimmung mit den Linksliberalen und den Sozialdemokraten, und er drängte die Partei seit der Mitte des Ersten Weltkriegs zu einem

Zusammengehen mit der SPD und der FVP in Fragen der parlamentarischen Kontrolle der Reichsregierung und des Friedensschlusses. Damit waren die parteipolitischen Grundlagen für die „Weimarer Koalition" gelegt.

3. Vom Kaiserreich zur Weimarer Republik

Vergleicht man die gesellschaftliche Entwicklung in Deutschland seit der Mitte des vorigen Jahrhunderts mit der in England oder Frankreich, dann zeigt sich, daß in Deutschland die nationale Einheit, die Demokratisierung der politischen Ordnung und die Industrialisierung vergleichsweise spät erfolgten. Insbesondere erzeugte der Prozeß von gleichzeitiger Industrialisierung und nationaler Einigung derartig tiefgreifende gesellschaftliche Spannungen, daß eine autoritäre Form der politischen Ordnung als „Zwangsjacke" für die gleichsam treibhausmäßig geförderte Angleichung der deutschen Entwicklung an die der anderen großen Industrienationen historisch geradezu notwendig gewesen ist. Diese übereilte Überwindung der relativen Unterentwicklung Deutschlands wurde im Vergleich zu England oder Frankreich mit dem Überspringen einer zugleich politisch und ökonomisch liberalen Phase bezahlt. Diese Ungleichzeitigkeit von ökonomisch fortschrittlicher, politisch aber rückständiger Entwicklung war dadurch gekennzeichnet, daß das Bürgertum sich gegenüber dem Feudaladel nicht als autonome politische und ideologisch-kulturelle Kraft zu profilieren vermochte. Der rasche Aufstieg der Arbeiterklasse wurde von dem sich gerade auch erst konsolidierenden Bürgertum als Existenzbedrohung angesehen und trieb es zum Kompromiß mit den herrschenden junkerlich-militaristischen Kräften, die im Staat, im Militär und in der Polizei über die zur Unterdrückung der Arbeiterbewegung notwendigen exekutiven Mittel verfügten.
Das Fehlen des Liberalismus als historische Epoche in Deutschland hatte den raschen Bedeutungsverlust des Liberalismus als ideologische, politische und ökonomische Plattform des Bürgertums im Kampf gegen die feudal-absolutistische Gesellschaft zur Folge. Der Liberalismus als *politisches* Ordnungsprinzip verlor damit weitgehend seine parteibildende Kraft, und der von dem Vertrauen auf die Selbststeuerungskräfte der Wirtschaft getragene und staatlichen Eingriffen ablehnend gegenüberstehende *Wirtschafts*liberalismus erwies sich nicht nur zunehmend zur Krisenlösung unfähig, er stieß zudem wegen seiner „Mittelstandsfeindlichkeit" bei großen Teilen der Mittelschichten auf rigide Ablehnung. Die sozialdemokratische Arbeiterbewegung schließlich strebte mit ihren reformistischen Forderungen staatliche Eingriffe in den Wirtschaftsablauf im Sinne einer gerechteren Verteilung des

Nationaleinkommens und einer verstärkten Mitsprache der Arbeiter
im Produktionsprozeß an.

4. *Die Entwicklung des Parteiensystems bis 1933*

Die wesentlichen Merkmale des Wandels der politischen Ordnung in
Deutschland während der ersten beiden Jahrzehnte unseres Jahrhunderts waren
- die Vollendung der bürgerlichen Revolution durch die Sozialdemokratie und
- der rasche Bedeutungsverlust des Liberalismus als gesellschaftsgestaltende Konzeption des Bürgertums und als politische Kraft. Nur
  in den Jahren von etwa 1917 bis 1922 erhielt er angesichts der
  drohenden sozialistischen Revolution vorübergehend eine Funktion
  im Kampf um die Erhaltung der bürgerlichen Gesellschaft.
Das dritte Jahrzehnt schließlich war politisch geprägt durch
- den Verlust der Sozialdemokratie an Integrationskraft für die
  Arbeiterklasse, da sie die bürgerliche Demokratie verabsolutierte
  und gleichzeitig davor zurückschreckte, vermeintlich undemokrati-
  sche (außerparlamentarische) Mittel zur Bewahrung der Demokratie einzusetzen und
- den endgültigen Zusammenbruch des Liberalismus und die Hinwendung der Bourgeoisie und der Mittelschichten zu den Deutschnationalen und dann zu den Nationalsozialisten, womit das ‚Ende der
  Parteien' besiegelt war.

4.1 Kurzer Überblick über die Gesamtentwicklung

Die revolutionären Ereignisse von 1917/19, der Zusammenbruch des
Wilhelminischen Staates und die Entstehung einer parlamentarisch-
republikanischen Ordnung veränderten das bestehende politische
Kräfteverhältnis nicht grundlegend und tasteten die ökonomische
Ordnung keineswegs an. So blieb auch die Struktur des Parteiensystems in seinen Grundzügen unverändert: die Arbeiterbewegung spal-
tete sich in einen kommunistischen und einen sozialdemokratischen
Flügel; der Versuch der organisatorischen Zusammenfassung der bei-
den liberalen Parteien mißlang, der um einen Teil der ehemaligen NLP
erweiterte demokratische Flügel organisierte sich in der *Deutschen
Demokratischen Partei* (DDP), die das Erbe der FVP antrat; die
Nationalliberalen fanden sich größtenteils in der von *Stresemann*
geprägten *Deutschen Volkspartei* (DVP), die wohl zu Recht als die
„Partei der Schlotbarone" bezeichnet worden ist, zusammen; die
Konservativen vereinigten sich in der *Deutschnationalen Volkspartei*

(DNVP), die auch Anklang bei einigen ehemaligen Nationalliberalen
fand; das Zentrum blieb in seiner Substanz bestehen, wenn sich auch
der größte Teil der Großagrarier der DNVP zuwandte. Diese Entwicklung läßt sich vereinfacht wie folgt darstellen:

1914	Zentrum	SPD	FVP	NLP	DRP	DKP
1919	Zentrum	KPD	SPD	DDP	DVP	DNVP

Die Entwicklung der Weimarer Republik und damit das Weimarer
Parteiensystem ist durch drei Etappen gekennzeichnet:
Die Jahre von 1918 bis 1923 standen im Zeichen der „Weimarer
Koalition" (DDP, SPD, Zentrum), teilweise unter Einschluß der DVP,
die die Entstehung der parlamentarischen Republik während einer 6
Jahre dauernden schweren ökonomischen und politischen Krise trug,
einer Krise, aus der zwar das Kapital, nicht aber die Demokratie
gestärkt hervorging.
Die Epoche zwischen 1924 und 1928 brachte, hauptsächlich infolge
der Währungsreform und der vorläufigen Regelung der Reparations-
zahlungen, einen bis dahin in Deutschland unbekannten wirtschaftlichen Aufschwung („Golden Twenties"), der dem deutschen Kapital seine mächtige Stellung auf dem Weltmarkt zurückgab. Parlamentarisch war dieser Zeitabschnitt von Mitte-Rechts-Koalitionen,
teilweise unter Einbeziehung der reaktionären DNVP, getragen.
Mit der Weltwirtschaftskrise begann die Auflösung der Weimarer
Republik. Die Jahre zwischen 1928 und 1933 waren bestimmt vom
Scheitern eines demokratischen Versuchs der Krisenlösung in einer
von der SPD geführten großen Koalition (1928—1930) und von
mehreren autoritären Ansätzen in Präsidialkabinetten, von *Brüning*
über *Papen* (beide Zentrum) bis *Schleicher* (1930—1932). Am 30.
Januar 1933 schließlich wurde *Hitler* zum Reichskanzler ernannt.
Ein Gesamtüberblick über die Entwicklung der Wahlergebnisse zum
Reichstag zeigt, daß die Arbeiterparteien zwischen 1919 und 1932
(November) einen Stimmenrückgang von 45,5 % auf 37,3 % erlitten. Dabei sank allerdings der Anteil der Sozialdemokratie auf
20,4 % ab, während die Kommunisten im November 1932 16,9 % der
Stimmen erhielten. Das Zentrum mußte in dieser Periode Einbußen
von 19,7 % auf 15 % (einschl. Bayerischer Volkspartei) hinnehmen.
Innerhalb der bürgerlich-protestantischen Parteien vollzogen sich hingegen erhebliche Verschiebungen: die beiden liberalen Parteien wurden zerrieben. Ihr Stimmenanteil sank von 23 % auf 2,9 %, wobei die
DDP am härtesten betroffen war: sie wurde von 18,6 % auf 1,0 %
reduziert. Die Deutschnationalen vermochten ihre Ausgangsposition
(1919: 10,3 %) knapp zu halten. Zwar konnten sie zwischenzeitlich
(Dezember 1924) ihren Stimmenanteil auf über 20 % steigern, doch

im November 1932 waren sie wieder auf 8,9 % zurückgefallen. Die
außergewöhnlichen Erfolge der Nationalsozialisten zwischen 1930
und 1933 sind so in erster Linie ein Ergebnis der Auflösung des
Liberalismus. Einbrüche in das Wählerreservoir der Arbeiter und der
Katholiken hat es dagegen nur gelegentlich gegeben. Die Skizze auf
S. 67 zeigt, daß der Abstieg der Liberalen zunächst hauptsächlich
zugunsten der Deutschnationalen und sonstiger, zumeist mittelständischer, Parteien erfolgte. Seit 1928 (Weltwirtschaftskrise) absorbierte
die NSDAP sowohl die liberale Wählerbasis als auch die der kleineren,
in der Kategorie „Sonstige" geführten Parteien und verwies die DNVP
im großen und ganzen auf ihre ursprüngliche Wählerbasis.

4.2 Die Weimarer Koalition und die Sozialdemokratie

Die Weimarer Koalition hatte ihren Ursprung in der Zusammenarbeit
der Sozialdemokraten, des Zentrums und der Linksliberalen während
der zweiten Hälfte des Weltkriegs, wobei es den drei Parteien unter
dem Eindruck der sich abzeichnenden militärischen Niederlage gelungen war, der Reichsregierung und der Obersten Heeresleitung Zuge-
ständnisse, u. a. in der Frage der parlamentarischen Kontrolle der
Regierung, abzutrotzen. Mit dem Zusammenbruch des Kaiserreichs,
der ausschließlich auf die militärische Niederlage zurückzuführen ist,
entfaltete sich in Deutschland eine breite demokratische und republikanische Bewegung, die im wesentlichen von Arbeitern getragen
war und die Beseitigung der alten politischen Ordnung zum Ziele
hatte. Da freilich auch Teile des demokratischen Bürgertums zu dieser
Bewegung zählten und weil überdies den Machteliten des Kaiserreichs
die exekutiven Mittel zur Unterdrückung von Aufständen (starker
Staatsapparat, Polizei, Militär) nicht oder nur in reduziertem Um-
fang zur Verfügung standen, war eine gewaltsame Zerschlagung der
Aufstände wohl nicht möglich. Während die nationalliberale Bourgeoisie von der Notwendigkeit eines Kompromisses mit der demokratisch-
republikanischen Bewegung überzeugt war, um die Transformation
der demokratischen in eine sozialistische Revolution zu verhindern,
lehnten die junkerlich-reaktionären und monarchistischen Kräfte die
Republik radikal ab. Aus Kreisen der Großindustrie (*Stinnes, Borsig,
Schacht*) kam 1918 der Vorschlag, beide liberalen Parteien zu vereinigen, um gemeinsam mit der Sozialdemokratie die Revolution zu
beenden und eine demokratisch-republikanische Ordnung zu errich-
ten. Auch der linke Flügel des Zentrums unter *Erzberger*, dessen
innerparteilicher Einfluß durch das Ausscheiden des Großgrundbesitzes angewachsen war, drängte die Partei zur Annahme einer liberalen, auf dem Prinzip der Volkssouveränität beruhenden Verfassung,
um der Gefahr einer Entwicklung zum Sozialismus zu begegnen.

Wie sich die bürgerlichen und grundbesitzenden Kräfte durch eine sozialistische Revolution bedroht sahen – die russische Oktoberrevolution stand ihnen unmittelbar vor Augen – so fürchtete die Sozialdemokratie bei einem Fortdauern der revolutionären Kämpfe das Wiederaufleben des imperialistischen Machtkartells aus der Vorkriegszeit. Und in einem möglichen Zusammengehen von Junkern, Bourgeoisie, Mittelstand und Militär erkannte sie nicht nur eine Gefährdung der demokratischen Revolution, sondern auch eine Existenzbedrohung für die SPD und die freien Gewerkschaften. Deshalb entschied sich die Sozialdemokratie für ein gemeinsames Vorgehen mit den bürgerlich-republikanischen Kräften und dem Militär gegen die revolutionäre Linke[2]. Dahinter verbarg sich die sozialdemokratische Einschätzung, daß in der damaligen Situation grundsätzliche Veränderungen nur im Bereich der politischen, nicht aber der ökonomischen Ordnung möglich seien und daß die SPD bei einer parlamentarischen Lösung der Revolution über ausschlaggebenden Einfluß auf die künftige Gestaltung der zu errichtenden Republik verfügen werde. Dieser Einschätzung lag allerdings der Verzicht auf Sozialisierungspläne und die Beseitigung der als Chaos empfundenen revolutionären Aktionen zugrunde. Die Verbindung zur Reichswehr (,,Ebert-Groener-Pakt") im November 1918 und die Niederschlagung des Spartakisten-Aufstands verschärften aber nicht nur die Spaltung der Arbeiterklasse, sondern sie setzten überdies, wenige Monate nach der Niederlage des obrigkeitsstaatlichen Preußen-Deutschland, das reaktionäre Militär als Wächter über Ruhe und Ordnung wieder ein.

Die Sozialdemokratie verfolgte also ihren spätestens seit 1890 eingeschlagenen Kurs der Demokratisierung und der reformistischen Veränderung der Gesellschaft aus den bestehenden Institutionen sowie der Ablehnung spontaner Massenaktionen konsequent weiter. Den vermeintlich zunächst notwendigen Verzicht auf ihre Sozialisierungspläne versuchte die SPD dadurch positiv zu wenden, daß sie diese nur für vertagt erklärte und zwar bis zu jenem Zeitpunkt, an dem der geordnete Ablauf wirtschaftlicher und politischer Prozesse wieder

2 Hierzu zählte nicht nur die KPD, sondern auch die 1917 gegründete *Unabhängige Sozialdemokratische Partei* (USPD). Anläßlich der innerparteilichen Auseinandersetzungen um die Zustimmung der SPD zu den Kriegskrediten spaltete sich der linke Flügel (*Kautsky, Bernstein* u. a.) von der Partei ab und gründete zusammen mit dem Spartakusbund (siehe S. 33) die USPD. Spartakusbund und linke USPD bildeten im Dezember 1918 die KPD. Die so dezimierte USPD bestand bis 1922 und vereinigte sich dann mit der SPD. In der Novemberrevolution kämpfte sie für eine Räterepublik und für die sofortige Sozialisierung. Sie wandte sich gegen den KPD-Putschismus (von links) und verurteilte den Reformismus der Mehrheitssozialdemokratie und deren Bündnispolitik mit den bürgerlichen Parteien.

gewährleistet sei. Als sich diese Politik als irreal erwiesen hatte, entwickelten Sozialdemokraten und Gewerkschaften seit Mitte der zwanziger Jahre das Konzept der Wirtschaftsdemokratie. Dieses Konzept zielte darauf ab, sozialistische Elemente nicht mehr nur durch Sozialisierung, sondern hauptsächlich durch Formen der Mitbestimmung zu etablieren. Aber auch die Wirtschaftsdemokratie war niemals mehr als ein programmatischer Anspruch, der in eklatantem Widerspruch zur Praxis der Partei stand.

Der historische Irrtum lag nun nicht nur darin, daß die Sozialdemokratie glaubte, sie könne ihr strategisches Fernziel — die sozialistische Gesellschaftsordnung — schrittweise (oder gradualistisch) aus den Institutionen der bürgerlich-demokratischen Gesellschaft heraus erreichen, sondern auch darin, daß sie ihre aktive Mitarbeit im Staat als Garantie dafür betrachtete, daß dessen exekutive Machtmittel (Militär, Polizei, Verwaltung, Justiz) nicht mehr repressiv gegen die reformistische Arbeiterbewegung gerichtet werden könnten. Tatsächlich ist es ihr aber nicht gelungen, diese Machtmittel unter demokratische Kontrolle zu bringen. Vielmehr wurde der Weimarer Staat in seinen wichtigsten Apparaten von Republikfeinden beherrscht, die diese Apparate schließlich nicht nur gegen die revolutionären, sondern auch gegen die demokratisch-reformistischen Kräfte in der Arbeiterbewegung einsetzten.

4.3 Die bürgerlichen Parteien in der Weimarer Koalition

Mit der Niederschlagung der Revolution waren auch die Grundlagen für ein Zusammengehen der beiden liberalen Flügel des Bürgertums entfallen. Die wegen ihrer annexionistischen Haltung während des Weltkriegs von den Demokraten kritisierte Gruppe um *Stresemann* lehnte die Mitarbeit in der am 20.11.1918 konstituierten DDP ab und gründete ihrerseits am 15.12.1918 die DVP. Die Demokraten, neben SPD und Zentrum drittstärkste Partei in der Nationalversammlung, wünschten ein dauerhaftes Bündnis zwischen Bürgertum und Arbeiterschaft. Sie verfügten allerdings über einen finanzkräftigen großbürgerlichen Flügel, der zunehmend die Nähe zur DVP suchte. Die Flügelkämpfe und die Ereignisse der Krisenjahre 1920 und 1923 führten zu einem erheblichen Wählerverlust der DDP, teilweise an die SPD, hauptsächlich aber an die DVP, ein Verlust, der sich auch mit der wirtschaftlichen Stabilisierung (1924—28) weiter fortsetzte. Dem Versuch, mit der Gründung der *Deutschen Staatspartei* im Juli 1930 die Partei nach rechts zu öffnen, um so ihre Basis zu erweitern, war kein Erfolg beschieden. Eine Reihe von Mitgliedern verließ vielmehr vorher die Partei und schloß sich der SPD an. Auch die nationalliberale DVP unterlag angesichts der Faschisierungstendenz im protestantischen Bürgertum einem immensen Schrumpfungsprozeß und sah sich 1932 zu einem Industriellen-Club dezimiert, der sich an die DNVP anlehnte und die gesellschaftliche Krise durch eine Instrumentalisierung der Nationalsozialisten für die Interessen des Großkapitals und des Großgrundbesitzes zu lösen beabsichtigte.

Das Zentrum als dritte Partei der Weimarer Koalition wird häufig als „Mittelpartei" bezeichnet. Von 1919 bis 1932 war diese Partei an allen Kabinetten beteiligt und stellte damit ein Element der Kontinuität zwischen den 19 Regierungen dar. Die durch das gemeinsame Band der Konfession zusammengehaltene vielschichtige Anhängerschaft bot die sozialen Voraussetzungen für die Koalitionsfähigkeit des Zentrums mit allen Parteien, von der SPD bis zur NSDAP. Nach seinem Selbstverständnis wollte und konnte das Zentrum keine ideologisch oder sozialstrukturell festgelegte Partei sein. Es strebte nach Ausgleich zwischen den Klassen und politischen Kräften, lehnte den Obrigkeitsstaat ebenso ab wie den klassenkämpferischen Sozialismus und zielte auf die Transformation der interessenorientierten, konkurrenzhaften und zersplitterten liberalistischen Gesellschaft in eine Volksgemeinschaft. Die Zustimmung zum Burgfrieden 1914 ist ebenso Ergebnis dieser Haltung wie die Zustimmung zum Ermächtigungsgesetz 1933, wobei das Zentrum später den Totalitätsanspruch der Nationalsozialisten dadurch eingeschränkt sah, daß jene dem Katholizismus nach 1933 eine Reihe von „Bestandsgarantien" einräumten.

Die konfessionelle Klammer vermochte die innerparteilichen, sozial bedingten Widersprüche aber keineswegs zu verhindern. Der Konflikt zwischen dem linken Arbeiterflügel und dem besitzbürgerlichen und mittelständischen rechten Flügel währte seit 1918 und führte zehn Jahre später fast zur Parteispaltung. Damals kritisierte die Rechte beispielsweise die Zustimmung des Zentrums zur Verfassung, und als Ergebnis dieser Divergenzen hat die Partei bis zum Ende der Weimarer Republik niemals ein klares Bekenntnis zu dieser Verfassung abgelegt; sie hat sie akzeptiert, weil sie vorhanden und in absehbarer Zeit nicht zu verändern war. Der linke Flügel unter dem zeitweiligen Reichskanzler *Wirth* dagegen sprach sich für eine deutliche Bejahung der politischen Ordnung und für ein enges Zusammengehen mit SPD und DDP aus. Der rechte Flügel wiederum tendierte eher zur DNVP und zielte entsprechend seiner konservativen und antiliberalen Grundhaltung auf eine Verbindung von parlamentarischer Demokratie und starkem Nationalstaat ab. Auf dem Parteitag von 1928 wurde mit der erstmaligen Wahl eines Geistlichen (Prälat *Kaas*) zum Parteivorsitzenden die drohende politische Aufsplitterung verhindert. Und fünf Jahre später stimmte auch der linke Flügel des Zentrums dem Ermächtigungsgesetz zu.

4.4 Entstehung und Scheitern der Harzburger Front

Bereits in den Anfangsjahren der Weimarer Republik hatte sich gezeigt, daß die reaktionären Kräfte – Teile der Konservativen, des Militärs, der Bürokratie sowie die Freikorps – die Republik durch eine Militärdiktatur ersetzen wollten. Infolge des Kapp-Putsches (März 1920) sah sich die SPD erstmals – halbherzig – gezwungen, die Arbeitermassen zum Generalstreik aufzurufen. Im Jahre 1923 (Höhepunkt der Inflation; Ruhrbesetzung) erfolgte ein Aufstand der Schwarzen Reichswehr in Küstrin; in Bayern inszenierten neofaschistische Gruppen mit *Hitler* und *Ludendorff* an der Spitze den Marsch auf die Feldherrnhalle; in Sachsen und Thüringen organisierten die Parteien der antifaschistischen Einheitsfront-Regierungen (SPD und KPD) „proletarische Hundertschaften" zur Verteidigung der Republik; im Rheinland strebten separatistische Bewegungen eine Trennung dieses Gebiets von Deutschland an. Der sozialdemokratische Reichspräsident *Ebert* – der durch rechtsradikale Angriffe auf seine Person physisch und psychisch zugrundegerichtet im Jahr 1925 starb – ließ zwar in Sachsen und Thüringen die Reichswehr einmarschieren, die sächsische Regierung absetzen und in Thüringen die Kommunisten aus der Regierung entfernen, verhielt sich gegenüber dem Putsch in Bayern aber passiv. Die Angriffe auf die Republik von rechts, denen gegenüber sich die Sozialdemokratie ängstlich und teilweise auch opportunistisch verhielt, wurden begünstigt und wohl langfristig auch verursacht durch die ökonomische Krise. Zwar ging die Inflation wegen gleichzeitig sinkender Löhne und steigender Preise in erster Linie zu Lasten der Lohnabhängigen. Doch war mit der „Gesundschrumpfung" der Wirtschaft (Erhöhung der Produktivität, Konzentration und Zentralisation des Kapitals) auch eine „kalte" Enteignung großer Teile des Mittelstands verbunden, der so die soziale Basis für Rechtsradikalismus und Faschismus bildete (vgl. S. 48). Die als „Wunder der Rentenmark" bezeichnete Währungsreform nutzte hauptsächlich wiederum der Industrie und den Sachwertbesitzern, leitete aber eine bis zur Weltwirtschaftskrise dauernde Stabilisierung der deutschen Wirtschaft ein. Vor diesem Hintergrund gab die DNVP zwischen 1924 und 1928 ihre grundsätzliche Oppositionshaltung gegenüber der Regierung, der die SPD seit 1923 nicht mehr angehörte, auf und beteiligte sich an verschiedenen Kabinetten, um angesichts der wirtschaftlichen Prosperität ihre vornehmlich schwerindustriellen und großagrarischen Interessen effektiver zur Geltung bringen zu können. Gleichzeitig verstärkte sie ihre Kooperation mit außerparlamentarischen rechtsradikalen Verbänden. Bei den Reichspräsidentenwahlen 1925 trat das antirepublikanische Rechtskartell erstmals geschlossen als *Reichsblock* (DNVP, BVP[3], DVP, NSDAP und weitere kleine Gruppen) in Erscheinung und stellte dem Zentrums-Kandidaten des *Volksblocks* (Weimarer Koalition), *Wilhelm Marx, Hindenburg* als ihren Vertreter gegenüber, der dann mit knapper Mehrheit zum Reichskanzler gewählt wurde.

Die *Nationalsozialistische Deutsche Arbeiterpartei* (NSDAP) geht auf die im Januar 1919 gegründete Deutsche Arbeiterpartei zurück, die sich seit 1922 mit verschiedenen völkischen, antisemitischen und konservativen Gruppen zusammengeschlossen hatte. Die soziale Basis der Partei bestand zunächst hauptsächlich aus arbeitslosen und deklassierten Kriegsteilnehmern. Ihren eigentlichen Aufschwung erlebten die Nationalsozialisten erst während der Weltwirtschaftskrise, infolge derer sie zu einer Massenpartei der Mittelschichten anwuchsen und in West- und Norddeutschland wohl auch Erfolge unter der Arbeiterschaft hatten erzielen können. Bei den Reichstagswahlen 1928 erhielten sie nur 2,6 %, zwei Jahre später bereits 18,2 % und im Juli 1932 37,8 % der Stimmen. *Sigmund Neumann* hat den Nationalsozialismus als Protestbewegung bezeichnet, was in bezug auf seine soziale Basis sicherlich zutrifft. Denn im Gegensatz zu den bisher behandelten Parteien war die NSDAP in der Phase der Faschisierung der Weimarer Republik nicht Produkt eines grundlegenden gesellschaftlichen Klassenwiderspruchs. Sie war vielmehr der organisatorische Ausdruck der tiefen ideologischen, ökonomischen und politischen Krise der deutschen Gesellschaft und vereinigte so die Mehrzahl der nicht-kommunistischen Republik-Gegner.

Angesichts des Anwachsens der kommunistischen Arbeiterbewegung trafen sich die Interessen der Bourgeoisie mit der Konzeption des Nationalsozialismus, der anfänglich entsprechend seiner Frontstellung zur bürgerlichen Gesellschaft allerdings antikapitalistische Züge getragen hatte. Während die Bewegung nach außen gegen Finanzkapital und Zinsknechtschaft agitierte, entledigte sich *Hitler* bis 1928 des linken norddeutschen Parteiflügels und schaffte so die Voraussetzungen für Verhandlungen mit der Industrie und den Banken, die sich seit 1929 zunehmend von den besitzbürgerlichen Parteien ab- und dem Nationalsozialismus zuwandten. Im Oktober 1931 trafen sich in Bad Harzburg Vertreter der ‚nationalen Opposition' (DNVP, Stahlhelm, NSDAP sowie weitere kleine Gruppen) und bildeten die „Harzburger Front", die Ausdruck des Bestrebens der nationalkonservativen, schwerindustriellen und großagrarischen Kräfte war, den Nationalsozialismus vor ihren Karren zu spannen. Die Harzburger Front bestand allerdings nur kurze Zeit, da *Hitler* seinen alleinigen Führungsanspruch immer wieder betonte. Im Winter 1931/32 gelang den

---

3 Bayerischer Flügel des politischen Katholizismus in Deutschland, der sich 1920 als *Bayerische Volkspartei* vom Zentrum gelöst hatte.

Nationalsozialisten der endgültige Durchbruch bei der Industrie, die
sich angesichts des Scheiterns anderer Krisenstrategien nun zunehmend
auf den Faschismus verwiesen sah und die deshalb *Hitler* seit
dieser Zeit in wachsendem Ausmaß finanziell unterstützte und politisch
protegierte.

5. Das Ende der Parteien

Betrachtet man die Auflösung der Weimarer Republik aus dem
Blickwinkel des Parteiensystems, so ist sie gekennzeichnet durch den
Zerfall der Weimarer Koalition: Die SPD hatte zugunsten der Kommunisten
erheblich an Einfluß in der Arbeiterbewegung verloren und
damit ihre Funktion als integrierendes Element eingebüßt; die
DDP/DSP repräsentierte in ihrer inneren Auszehrung und in ihrer
schließlichen Rechtswendung den Bedeutungsverlust demokratischer
Positionen für das Bürgertum, das Zentrum war in bezug auf seine
Wählerbasis zwar relativ stabil geblieben, hatte sich aber gerade
angesichts der Weltwirtschaftskrise zunehmend von der SPD distanziert
und sich für autoritäre, „volksgemeinschaftliche" Lösungsmöglichkeiten
der gesellschaftlichen Krise geöffnet.
Die Faschisierung der Weimarer Republik (vgl. S. 50) drückte sich
nun nicht nur, immer noch aus dem Blickwinkel des Parteiensystems
gesehen, im Zerfall der Weimarer Koalition aus, sondern auch im
Scheitern des Versuchs, die Krise durch autoritäre, der Wilhelminischen
Ära vergleichbare, politische Strukturen (Präsidialkabinette
1930–1932) zu lösen. Insgesamt verhielten sich die verschiedenen
politischen Richtungen des Bürgertums der NSDAP gegenüber tolerant
bis kooperativ. Mit dem Fortschreiten der ökonomischen und politischen
Krise veränderte sich dabei ihre Haltung zur politischen Funktion
der faschistischen Bewegung in folgenden Stufen:
— Sie begrüßten sie als Wählerkonkurrenz für die Arbeiterparteien: Die
	NSDAP wurde als eine nicht nur für Arbeiter, sondern auch für
	SPD- bzw. KPD-orientierte Mittelschichten wählbare Partei gesehen;
— sie unterstützten die Nationalsozialisten als anti-marxistische
	Kampfpartei, deren Erfolge zugleich von der SPD politisches
	Wohlverhalten im Sinne einer kapitalistischen Krisenlösung erzwingen
	sollten: Die NSDAP wurde als Drohgröße gesehen, um die
	reformistische Tolerierung des „kleineren Übels" der Präsidialkabinette
	zu erzwingen;
— sie befriedigte ihr Bedürfnis nach Absicherung autoritärer Regierungsformen:
	Die NSDAP wurde als stiller Teilhaber und passive
	Massenbasis der Präsidialkabinette gesehen;

— und sie unterbreiteten ihr schließlich das Angebot, sich in unterge-
ordneter Form an den bürgerlich geführten Präsidialkabinetten zu
beteiligen: Die NSDAP wurde als Juniorpartner einer Krisenstrategie gesehen, dem die Führung zu überlassen noch als zu riskant
erschien.
Alle diese Versuche, die faschistische Bewegung zu benutzen, ohne
zur faschistischen Diktatur schon bereit zu sein, scheiterten freilich
am Willen der Nationalsozialisten zur Übernahme der gesamten Macht,
auf die sie objektiv angewiesen waren.
Der *Faschismus an der Macht* unterscheidet sich, was die hier zu
behandelnde Problematik angeht, grundsätzlich von der autoritären
Herrschaftsform im Kaiserreich und von der der Präsidialkabinette am
Ende der Weimarer Republik: Die Arbeiterparteien wurden zerschla-
gen, ihre Führer in Konzentrationslager verschleppt oder zur Emigration gezwungen, die bürgerlichen Parteien zur Selbstauflösung gedrängt, die Verfassung de facto suspendiert und das Parlament
stillgelegt. Opposition war nur noch in der Form des Widerstands
möglich.

6. Literatur

Eine übersichtliche Einführung in allgemeine Probleme der Parteienforschung
geben:

Stammer, Otto, Peter Weingart: Politische Soziologie (Grundfragen der Soziologie, Bd. 14, hrsg. v. Dieter Claessens), München 1972, S. 162—182.

Folgende Arbeit bietet einen ausgezeichneten Überblick über die Entwicklung
der Parteien bis zum Ende der Weimarer Republik:

Neumann, Sigmund: Die deutschen Parteien. Wesen und Wandel nach dem
Kriege, Berlin 1932. Eine Neuauflage ist 1965 in Stuttgart erschienen unter
dem Titel: Die Parteien der Weimarer Republik.
Als weiterführende Lektüre ist zu empfehlen:

Das Ende der Parteien, hrsg. v. Erich Matthias und Rudolf Morsey, Düsseldorf
1960.

Bei intensiver Beschäftigung mit einzelnen Aspekten der Entwicklung des
Parteiensystems vor 1945 sollte auch herangezogen werden:

Die bürgerlichen Parteien in Deutschland. Handbuch der Geschichte der bürgerlichen Parteien und anderer bürgerlicher Interessenorganisationen vom
Vormärz bis zum Jahre 1945 in zwei Bänden, hrsg. v. einem Redaktionskol-
lektiv unter der Leitung von Dieter Fricke, Bd. 1: Berlin 1968, Bd. 2: Berlin
1970.

Daneben liegen folgende Überblicksdarstellungen vor:

Grebing, Helga: Geschichte der deutschen Parteien, Wiesbaden 1962.
Tormin, Walter: Geschichte der deutschen Parteien seit 1848, Stuttgart usw.
1968[3].

Bergsträsser, Ludwig: Geschichte der politischen Parteien in Deutschland, 11. Aufl., völlig überarb. und hrsg. v. Wilhelm Mommsen, München — Wien 1965.

Treue, Wolfgang: Die deutschen Parteien. Vom 19. Jahrhundert bis zur Gegenwart (Deutsche Geschichte. Ereignisse und Probleme, Bd. 15, hrsg. v. Walther Hubatsch), Frankfurt/M. usw. 1975.

2. Niels Kadritzke

Faschisierung der Weimarer Republik und NS-Diktatur*

Gegenstand dieses Beitrages ist die Faschisierung der Weimarer Republik. Dieser historische Prozeß hat – nach einer auch wissenschaftlich weit verbreiteten Ansicht – vor allem mit jenen klassischen „politologischen" Problemstellungen zu tun, die seit 1945 mit dem politisch vorgegebenen Ziel diskutiert werden, die „Strukturschwächen" der Republik zu ergründen, die politischen Fehler ihrer „staatstragenden" Parteien zu analysieren und die Gründe dafür zu ermitteln, weshalb die Integration der „radikalen" gesellschaftlichen Kräfte nicht gelang. Demgegenüber gehe ich davon aus, daß die Überführung der Weimarer Republik in die faschistische Diktatur nur sehr vermittelt mit Fragen des Wahlrechts, des Parteiensystems und radikaler Ideologien zu tun hat, daß dieser Prozeß vielmehr nur erklärt werden kann

– aus der Entwicklung der imperialistischen Kräfte nach der „demokratischen Umgestaltung" von 1918;
– dem Verlauf der innerkapitalistischen Klassenauseinandersetzungen und
– den ökonomischen Voraussetzungen für eine politische Integration der Arbeiterklasse in die fortbestehende bürgerliche Gesellschaft.

Daher werden bei der Darstellung der Endkrise der Weimarer Republik die Parteien nicht als die verantwortlichen Subjekte der Staatskrise, sondern „lediglich" als Ausdruck des gesellschaftlichen Prozesses und der politischen Rahmenbedingungen der Faschisierung in Erscheinung treten.

Die Faschisierung der Republik konnte sich nur unter drei ausschlaggebenden Bedingungen bis zum Punkt des Umschlages in die faschistische Diktatur entwickeln. Diese Bedingungen sind

– Entstehung und Anwachsen einer faschistischen Bewegung als Reaktion auf die Kriegsniederlage bzw. die sozialen Wirkungen der ökonomischen Krise;

---

* Dieser Beitrag geht auf ein Seminar-Papier zurück, das der Autor gemeinsam mit Studenten des Fachbereichs 15 der Freien Universität Berlin erarbeitet hat.

— die Bereitschaft der bürgerlichen Kräfte, eine faschistische Diktatur als Ausweg aus der Krise des Kapitalismus allen jenen Alternativen vorzuziehen, die den Kapitalismus in Frage stellten, und diese deshalb zuzulassen oder aktiv herbeizuführen;
— die Unfähigkeit der Arbeiterbewegung, eine politische Einheitsfront gegen die faschistische Gefahr zusammenzubringen.

Ich werde in der Folge untersuchen, wie sich diese drei genannten Bedingungen in der *Endkrise* der Republik entwickelt und gegenseitig beeinflußt haben, um abschließend die politische Funktion und Entwicklungsrichtung der NS-Diktatur bis zum Ausbruch des II. Weltkrieges in ihrem Zusammenhang von Ökonomie und Politik zu charakterisieren.

1. *Die NS-Bewegung als ideologischer Ausdruck ihrer sozialen Basis*

Die nationalsozialistische Bewegung entstand in Deutschland als Reaktion auf die Kriegsniederlage und die Revolution von 1918/19. Aktive Träger der Bewegung waren vor allem ehemalige Kriegsteilnehmer, die sich mit den imperialistischen Kriegszielen des Kaiserreiches identifiziert hatten und sich nach der Niederlage um diese Kriegsziele betrogen fühlten, was sie am eigenen Leibe als Verlust der beruflichen Existenz und als soziale Deklassierung erfuhren. Dies und die aus dem Kriegserlebnis erwachsenen Vorstellungen von unkritischem Gehorsam gegenüber der militärischen Kommandogewalt konnten zu einem Lebensgefühl zusammenwachsen, das sich an den nationalistischen und völkischen Ideologien der Vorkriegszeit orientierte, und das aufgrund der unverarbeiteten Erfahrung der politischen Niederlage seine aggressive Zuspitzung erfuhr. Diese Entwicklung von Lebensgefühl und aggressiv-nationalistischer Ideologie wurde am deutlichsten in der Programmatik und Propaganda der NSDAP von der nationalen Übergeltung Deutschlands, vom arischen Herrenmenschen und der starken Hand des diktatorischen Führers, die allein die Volksgemeinschaft in schwerer Zeit zusammenhalten und zum Kampf gegen die Ergebnisse des Versailler „Schandfriedens" führen könne. Nach dem extrem widersprüchlichen sozialen Programm der NSDAP sollte die nationale Volksgemeinschaft von einer angeblich über den Klassen stehenden Staatsgewalt unter Ausschaltung aller den Klassenkampf organisierenden Kräfte errungen werden. Es war ein Programm, das dem kleinbürgerlichen Privateigentum sowohl den Schutz vor dem mächtigen Großkapital als auch den Kampf gegen „kommunistische Gleichmacherei" und Eigentumsverlust versprach.

In der Propagierung der Juden und Marxisten als „Weltfeind Nr. 1" konnten die verschiedenen Interessen, Aggressionen und Ängste der in

sich uneinheitlichen Mittelschichten zusammengefaßt und auf einen
simplizifierten Sündenbock gelenkt werden. Dabei faßt die Bezeichnung Mittelschichten die sozialen Gruppen, auf deren ökonomische
und soziale Ängste das faschistische Programm reagierte, begrifflich
nur unzureichend zusammen. Denn diese setzten sich aus den verschiedenen Berufsgruppen zusammen, die klassenmäßig zum Teil noch
Relikte der vorkapitalistischen Produktionsweise, zum Teil aber auch
erst aus der reiferen kapitalistischen Entwicklung hervorgegangen
waren. Ihre Interessenlage war damals teilweise objektiv, teilweise
auch nur subjektiv durch eine Zwischenstellung zwischen Großkapital
und Arbeiterklasse bestimmt. Diesen verschiedenen Teilen der Mittelschichten aber war gemein, daß sie im Zuge der kapitalistischen
Entwicklung unter die ökonomischen Gesetzmäßigkeiten unterworfen,
und das heißt in der Krise ökonomisch ruiniert bzw. proletari-
siert wurden. Dies machte sie empfänglich für die faschistische Kritik
am bestehenden Weimarer „System", als deren Hauptdefekte ihnen
die republikanische Verfassung und der angeblich ungezügelte Einfluß der Arbeiterorganisationen erscheinen mußten.
Der kleinbürgerliche Kern dieser Mittelschichten orientierte sich an
frühkapitalistischen Verhältnissen, in denen ihnen ihre ökonomische
Stellung ein stabiles Einkommen und beträchtliches soziales Prestige
garantiert hatte. Ihr kleinbürgerliches, entweder besitzständisches oder
auf persönliche Leistung und individuellen Aufstieg orientiertes Denken wurde unter der Bedrohung durch das Monopolkapital zur
panischen Angst, ins Proletariat abzusinken, und damit in jene Klasse,
deren politische Vertreter den sozialen Niedergang der Mittelschichten
notorisch beschworen hatten.
Durch die Revolution von 1918 aus ihrem traditionellen politischen
Orientierungsrahmen, dem autoritär-bürokratischen Kaiserreich, her-
ausgebrochen, bar jeder Erfahrung in demokratischer und solidarischer Interessendurchsetzung, sowie in zahlreiche Untergruppen zer-
splittert, identifizierten sich große Teile der Mittelschichten mit der
Macht des Führers der Volksgemeinschaft, von dem sie sich eine
„Erlösung" aus ihrer gesellschaftlichen Misere erhofften, und der,
ähnlich wie der übermächtige Vater in der kleinbürgerlichen familialen
Sozialisation, zugleich als Unterdrücker und Beschützer wahrgenom-
men wurde.
Die latente Opposition dieser Schichten gegen das „System" konnte
aber nur wirksam werden, wenn sich die allgemeine Gefährdung ihrer
materiellen Interessen unter dem Monopolkapitalismus aktualisierte,
d. h. wenn große Teile der Mittelschichten im Laufe der ökonomischen Krise in ihrer Existenz bedroht wurden. Diese faschistogene
Situation entwickelte sich – durch den verlorenen Krieg, die Revolution und die inflationäre ökonomische Entwicklung bis 1923 vorberei-

tet – vollends seit Beginn der großen Weltwirtschaftskrise. Es sind also die Entwicklung und Zuspitzung dieser ökonomischen Krise und deren soziale Auswirkungen, die das Anwachsen der aktiven und Wähleranhängerschaft der NSDAP seit 1929 ganz wesentlich erklären.

Den in sich uneinheitlichen Interessen der faschistischen Anhänger entsprachen die ständigen Spannungen zwischen dem „rechten" und dem „linken" Flügel der NSDAP. In den industriell geprägten Gebieten des deutschen Westens und Nordens, wo die NSDAP auf die Stärke der Arbeiterparteien reagieren mußte, hofften ihre Führer auf proletarischen Zustrom zu einer nationalen und antimarxistischen Partei der kleinen Leute, was jedoch an der beharrlichen Orientierung der deutschen Arbeiter an SPD und KPD scheiterte. Schon aus diesem Grund konnte die faschistische Bewegung nicht aus eigener Kraft zum politischen Gegengewicht gegen die potentielle Macht der Arbeiterparteien werden. Um an die politische Macht zu gelangen, mußte ihre Führung zum Zusammengehen mit der politischen Führung der Bourgeoisie entschlossen und – innerparteilich gesehen – in der Lage sein. Bereits vor der Machtübernahme und der faschistischen „Gleichschaltung" der politischen Kräfte der Bourgeoisie war also schon die Notwendigkeit der vollständigen pro-kapitalistischen Gleichschaltung der NSDAP gegeben, und das hieß letztlich die Notwendigkeit einer politischen Ausschaltung jenes Parteiflügels, der an begrenzten antikapitalistischen Forderungen des ursprünglichen Parteiprogramms festgehalten hatte.

Die blutige Liquidierung dieses Widerspruchs zwischen der sozialen Basis und der politischen Funktion des deutschen Faschismus, die in den von der Bourgeoisie uneingeschränkt gebilligten, staatlich sanktionierten Morden des 30. Juni 1934 gipfelt, machte es um so notwendiger, die ideologisch forcierten Erwartungen des eigenen Anhangs in ungefährliche Bahnen zu lenken. Dies erklärt die drastische Welle eines ungehemmt praktizierten Antisemitismus und die zunehmend offene Propagierung des Versprechens, den deutschen Herrenmenschen fremde „minderwertige" Völker zu unterwerfen und dadurch den ihnen zustehenden Lebensraum militärisch zu erweitern.

2. Die Faschisierung der Weimarer Republik

Die Weltwirtschaftskrise zwang mit ihren Auswirkungen auf die Reproduktionsfähigkeit der deutschen Kapitale die Bourgeoisie in eine Offensive, deren innere Dynamik schon 1930 den Rahmen der Politik des minimalen Klassenausgleichs in Form einer „Arbeitsgemeinschaft" zwischen der reformistischen Arbeiterbewegung und den „vernunftrepublikanisch" orientierten Kapitalgruppen und damit auch die politische Form der Weimarer Verfassung aufgesprengt hatte. Zurecht ist daher immer wieder im Scheitern der Großen Koalition unter der Kanzlerschaft des Sozialdemokraten *H. Müller* der Anfang vom Ende der Weimarer Republik fixiert worden. Die Ursachen dieses Scheiterns sind aber nicht auf der Ebene eines subjektiven politischen Versagens zu suchen, sondern nur dann aufzuspüren, wenn von der objektiven ökonomischen Entwicklung ausgegangen wird. Nicht die mangelnde Kompromiß*willigkeit* der Koalitionspartner von 1930, sondern ihre klassenpolitische Konsensus*unfähigkeit* stand am Anfang des Faschisierungsprozesses der Weimarer Republik. Diese Unfähigkeit aber belegte auf der Ebene der Partei- und Regierungspolitik lediglich den objektiv sich ständig verengenden ökonomischen Spielraum für die verteilungspolitische Überbrückung des Klassengegensatzes, wie sie in der relativ günstigen Konjunktur der Jahre 1924—1928 noch möglich gewesen war. Der politische Prozeß der Jahre 1930—1933 ist also nicht zu verstehen ohne die Kenntnis seiner ökonomischen Grundlagen, d. h. der Weltwirtschaftskrise und ihrer besonderen Erscheinungsformen und Folgen.

Die besonders scharfe Wirkung der Weltwirtschaftskrise resultierte für Deutschland aus den im Vergleich mit der Weltmarktkonkurrenz besonders ungünstigen Ausgangsbedingungen des deutschen Kapitals, die auf die Ergebnisse des Weltkrieges zurückzuführen sind (reduzierte Produktionsbasis, Reparationsverpflichtungen bei sinkenden Weltmarktpreisen, verstärkter Exportzwang bei verkleinertem Binnenmarkt etc). Dadurch spitzten sich die in der Krise akut werdenden Widersprüche, insbesondere der zwischen den aufgebauten Produktionskapazitäten und den ständig abnehmenden Absatzmöglichkeiten, in extremer Weise zu..

Die besondere Schärfe der ökonomischen Krisenerscheinungen forderte eine besonders scharfe politische Gegenstrategie der Bourgeoisie heraus, mit der die Krisenfolgen auf die Arbeiterklasse und die Mittelschichten abzuwälzen und günstige Bedingungen für einen neuen Akkumulationsanlauf zu gewinnen waren. Dabei orientierten sich zunächst verschiedene Teile des Großkapitals auf unterschiedliche politische Strategien der Krisenbewältigung. Die Ursache für diese Differenzen lag in den unterschiedlichen Wirkungen der ökonomischen Krise auf die Reproduktionsfähigkeit der Einzelkapitale, die je nach ihrer internationalen Konkurrenzfähigkeit — wie die Schwerindustrie — die ungünstigen Weltmarktbedingungen durch eine erzwungene Erweiterung der Binnennachfrage kompensieren wollten (insbesondere über eine staatliche Rüstungskonjunktur), oder aber — wie die exportorientierten Industriezweige — auf eine kompromißfähige Weltmarktpolitik setzten, die sich keine chauvinistischen Übertreibungen in der imperialistischen Konkurrenz leistete.

Je nach ihrer Zu- bzw. Zwischenordnung zu diesen beiden Polen der Kapitalgruppen war das politische Interesse bürgerlicher Kreise an einer faschistischen Krisenlösung zu Beginn der Krise stärker oder schwächer ausgeprägt. Als dominierende Linie entwickelte sich die faschistische Orientierung der Bourgeoisie erst in dem Maße, in dem die ökonomischen Schwierigkeiten auch bei der exportorientierten Industrie zunahmen, insbesondere also nach dem Bankenkrach vom Sommer 1931, und sich die Bedingungen auf dem Weltmarkt gegen die Möglichkeit einer vom Export getragenen Konjunkturbelebung entwickelten.

Allen, auch den nichtfaschistischen Krisenlösungsversuchen, lag der ökonomische Zwang zugrunde, die politische Offensive gegen die für die Arbeiterklasse wichtigen Errungenschaften der November-Revolution richten zu müssen. Die ökonomische Notwendigkeit des Angriffs auf das System sozialpolitischer Konzessionen an die Arbeiter, das erst die politische Konsolidierung des deutschen Kapitalismus auf der Linie eines Klassenkompromisses zwischen Sozialdemokratie und „vernunftrepublikanischer" Bourgeoisie ermöglicht hatte, begründete also den Zusammenhang von ökonomischer und politischer Krisenentwicklung. Die Krise des politischen Systems zur Rettung der bürgerlichen Herrschaft ging auf die Verwertungskrise der kapitalistischen Reproduktion zurück.

In dieser Krise des Systems schlug die Stunde des Faschismus aber nur, weil der Verankerung der bürgerlichen Herrschaft in der Arbeiterklasse *mit Hilfe des Reformismus* durch die Krise die ökonomische Grundlage entzogen war, und nur ein neuer „Grenzträger" die politische Beherrschung der Klassenbeziehungen sicherstellen konnte. Dieser neue Grenzträger ist von der Bourgeoisie seit Aufkündigung der Arbeitsgemeinschaftspolitik aktiv gesucht worden, ohne daß die faschistische Bewegung von vornherein als der ideale Trommler für eine neue Massenbasis unumstritten gewesen wäre.

Die als Voraussetzung für die faschistische Diktatur zwingend notwendige Annäherung von Bourgeoisie und faschistischer Bewegung vollzog sich schrittweise in den Jahren 1929–1933 und gipfelte in der Auslieferung der zentralen politischen Machtposition an die deutschen Faschisten am 30. Januar 1933. Da sich die Führung der reformistischen Arbeiterbewegung nicht in dem erforderten Maße zum Vollstrecker der Kapitaloffensive machen konnte, ohne die eigene Massenbasis aufs Spiel zu setzen, mußte sich die Bourgeoisie schrittweise der reformistischen Fessel ihrer Krisenstrategie entledigen, die Reformisten aus allen politischen Machtpositionen ausschalten und die Rolle der Exekutivgewalt auf Kosten des Parlamentes steigern. Dies erforderte nicht nur eine Aufkündigung der sozialdemokratischen *Regierungs*beteiligung, sondern auch jenen Umbau der demokratischen

Verfassungsstrukturen, der in der Phase der sogenannten „Präsidial-kabinette" über die Bühne ging.

Der politische Inhalt aller Präsidialkabinette war — in abgestufter Schärfe und Konsequenz — eine autoritär gelenkte Krisenbewältigung auf Kosten der Arbeiterklasse und der Mittelschichten. Dabei konnten die Präsidialkabinette unter Brüning infolge ihrer Tolerierung durch die Sozialdemokratie (gemäß der verhängnisvollen „Politik des kleineren Übels") noch mit parlamentarischer Duldung regieren, während erst die Regierung *v. Papens* den politischen Umschlag forcierte, indem sie die Tolerrierung der NSDAP gewann und gegen die letzten politischen Positionen der SPD in Preußen mit Methoden anging, die einen klaren Verfassungsbruch darstellten. (Absetzung der preußi-schen Landesregierung in rechtswidriger „Anwendung" des ohnehin problematischen Art. 48 der Weimarer Verfassung.)

Als sich jedoch herausstellte, daß *v. Papen* keinerlei Massenbasis für seine Regierung mobilisieren konnte und die Faschisten trotz Aufhe-bung des SA-Verbotes nicht bereit waren, seiner Regierung ohne Ge-genleistungen in Form von Machtpositionen auf Dauer Rückhalt zu geben, mußte er auf Druck der Reichswehr dem Präsidialkabinett General *v. Schleichers* Platz machen. Dieser versuchte ein letztes Mal, seiner parlamentarisch nicht mehrheitsfähigen Regierung eine auf breite gesellschaftliche Interessen zielende politische Legitimation zu verschaffen, indem er eine erneute Klassenzusammenarbeit zwischen Gewerkschaften und Teilen des Kapitals unter Einschluß des „linken" NSDAP-Flügels anstrebte. Sein Versuch scheiterte nicht nur an der politischen Schwäche der vorgesehenen Bündnispartner, sondern vor allem an der klaren Verweigerung und Obstruktion aller wesentlichen Kapitalgruppierungen unter Einschluß der Großagrarier. Diese setzten jetzt endgültig auf ein radikales ökonomisches Kontrastprogramm zu Schleichers Arbeitsbeschaffungskonzept, das nur noch das Programm der faschistischen Diktatur sein konnte.

Im Laufe der Krisenentwicklung hatten sich damit die traditionellen Methoden bürgerlich-autoritärer Krisenbewältigung auch in den Augen der Bourgeoisie verschlissen, weil sie die Kapitaloffensive nicht konse-quent genug durchführten. Die lediglich autoritären Regierungsformen mußten in dieser Aufgabe versagen, weil sie die bürgerliche Herrschaft nicht rücksichtslos genug gegen die Arbeiterklasse durchsetzen konn-ten. Sie konnten dies nicht, weil sie weder zur radikalen Liquidierung der Arbeiterorganisationen in der Lage, noch zur Verankerung der bürgerlichen Herrschaft in der Bevölkerung fähig waren, deren klein-bürgerliche Teile sich gleichzeitig immer mehr der NSDAP zuwandten. Parallel und komplementär zu diesem Prozeß, der sich in der Wähler-attraktion der faschistischen Partei niederschlug, vollzog sich die Annäherung immer größerer Teile der Großbourgeoisie an den Faschismus, und zwar zunächst als Versuch, die NSDAP mit Hilfe immer größerer Konzessionen in die jeweiligen Krisenlösungsversuche einzubauen. Dieser Weg scheiterte aber bis 1932 am faschistischen Anspruch auf die ungeteilte politische Macht. Die Annäherung drückte sich darüber hinaus aus in der finanziellen Unterstützung der Faschisten durch das Kapital, in den personellen Kontakten zwischen faschistischer Führung und maßgeblichen Repräsentanten der Bourgeoisie, sowie der zunehmenden Passivität des Staatsapparates gegenüber dem faschistischen Terror, die immer häufiger in offene Kollaboration umschlug.

Die Faschisierung ist mithin als ein Prozeß der Transformation der bürgerlichen Demokratie in den Faschismus zu verstehen, in dessen Verlauf sich die Bourgeoisie zunehmend auf die faschistische Diktatur als *ihrer* politischen Methode verwiesen sah. Denn allein diese Form der Diktatur ermöglichte es, das System von Konzessionen an die Arbeiterklasse und schließlich deren Organisationen selbst in dem erforderlichen vollständigen Maße zu liquidieren. Diese Dienstbarkeit der faschistischen Diktatur für die Politik des Kapitals setzte voraus, daß schon vor 1933 die faschistische Partei sich eindeutig auf das Klasseninteresse der Bourgeoisie hin entwickelt, ihre Führung sich voll mit der Krisenstrategie des Kapitals abgestimmt hatte. Die politische Symbiose von Bourgeosie und NSDAP, als die sich die faschistische Diktatur auf der materiellen Grundlage der Krisenentwicklung darstellt, implizierte also von vornherein die Einigung auf eine Krisenlösung, deren zentrale Stoßrichtung gegen die Arbeiterbewegung von den maßgeblichen Kapitalvertretern nicht etwa nur in Kauf genommen, sondern als Sinn und Zweck des ganzen Unternehmens betrachtet wurde.

Faschismus ist also die Herrschaftsform der Bourgeoisie, wenn diese gezwungen ist, mit der Politik der Konzessionen an die Arbeiterklasse Schluß zu machen. Mit anderen Worten: Faschismus ist eine die Politik der „Arbeitsgemeinschaft", der Klassenkooperation, liquidierende Form bürgerlicher Herrschaft, die die Arbeiterbewegung ihrer legalen Existenz beraubt und ihre Kader in letzter Konsequenz physisch vernichtet. Darin liegt die qualitative Differenz zwischen der politischen Reaktion im Rahmen bürgerlicher Demokratie und der faschistischen Form bürgerlicher Herrschaft, die nach wie vor den 30. Januar 1933 zum entscheidenden Wendepunkt der jüngeren deutschen Geschichte macht.

3. Die Klassenstruktur der Opposition gegen die Faschisierung in Deutschland.

Im historischen Prozeß der Faschisierung — als Annäherung immer größerer Teile der Bourgeoisie an die faschistische Partei und der gleichzeitigen Identifizierung der faschistischen Führung mit den Interessen des Großkapitals — haben notwendigerweise das antifaschistische Potential und die antifaschistische Kampfbereitschaft bürgerlicher Kräfte ständig abgenommen. Dieser wichtige Sachverhalt wird verdrängt, wenn man die „Gleichschaltung" der bürgerlichen politischen Parteien und Kräfte im Jahre 1933 als repräsentatives Verhältnis von bürgerlicher Politik und faschistischer Diktatur ausgibt. Daß die Auslieferung der politischen Macht an die Faschisten die Faschisierung weiter politischer Kreise *außerhalb* der NSDAP schon *voraussetzt*, gilt ganz besonders für die industrielle und agrarische Großbourgeoisie, deren antifaschistische Opposition sich im Laufe der Krise des „Weimarer Systems" ebenso relativierte wie ihr Bekenntnis zur parlamentarischen Demokratie. Ihre durch die „revolutionäre" Bedrohung von 1918 erzwungene politische Orientierung an „demokratischen" Ideen und Verhaltensweisen und damit an der Weimarer Verfassung wurde für die politischen Gruppierungen und Organe der Bourgeoisie in dem Maße hinfällig, wie eine systemimmanente Lösung der ökonomischen und sozialen Probleme schwieriger wurde. Dies läßt sich für die Zeit vor 1933 von allen maßgeblichen bürgerlichen Gruppierungen in je spezifischer Weise zeigen.
Mit zunehmender Klarheit über die möglichen Leistungen der faschistischen Diktatur für Privateigentum und kapitalistische Produktionsweise und zunehmendem Verschleiß der beschriebenen vorfaschistischen Formen politischer Krisensteuerung erlosch diese Skepsis bürgerlicher Kreise zugunsten der Bereitschaft, die aufgestaute ökonomische und politische Krise mit Hilfe des letzten Mittels, der faschistischen Diktatur, radikal zu überwinden.
Die Schwäche und Folgenlosigkeit der bürgerlichen „Opposition" gegen den heraufziehenden Faschismus rechtfertigt die These, daß der einzig mögliche massenhafte Widerstand gegen NS-Bewegung und Faschisierung von der Arbeiterbewegung bzw. unter ihrer Führung organisiert werden konnte. Denn zu dieser verhielt sich der Faschismus nicht wie zu einem politischen Konkurrenten, sondern wie zu einem existentiellen, d. h. zu vernichtenden Feind. Für den Erfolg des antifaschistischen Kampfes der Arbeiterbewegung kam es darauf an, dem Faschisierungsprozeß den vereinten Widerstand, d. h. die Aktionseinheit der gesamten Arbeiterklasse, entgegenzustellen. Das Zustandekommen einer solchen Aktionseinheit hing weitgehend davon ab, wie Führung und Mitgliedschaft der beiden Parteien, die die

Arbeiterklasse empirisch repräsentierten, die faschistische Gefahr ein-
schätzten, und zwar nicht absolut, sondern auch im Verhältnis zu den
politischen Gegensätzen, die zwischen den Arbeiterparteien selbst
bestanden. Damit wird zum wesentlichen Kriterium für antifaschistische Kampfbereitschaft und Erfolgsaussichten die Frage, wie sich die
Organisationen der Arbeiter angesichts der faschistischen Gefahr
zueinander verhielten.
Die SPD der Weimarer Zeit hat weder die Voraussetzungen und
Verlaufsformen der ökonomischen Krise richtig eingeschätzt, noch
der Arbeiterklasse als ganzer eine politische Strategie vorgeschlagen,
die dem Zusammenhang von ökonomischer und politischer Krise
gerecht wurde. In der Zeit der ökonomischen relativen Stabilisierung
(1924—1928) hatte die SPD die Theorie der Wirtschaftsdemokratie
entwickelt, die von einer konstant krisenfreien Wirtschaftsentwick-
lung ausging, und den Arbeitern vermittels demokratischer Mitwirkungsrechte in Betrieb und Gesellschaft eine langfristige Transformation der kapitalistischen in die sozialistische Produktionsweise und
Wirtschaftsorganisation versprach. Da ökonomische Krisen in diesem
Konzept nicht vorgesehen waren, hatte die Sozialdemokratie die
Tragweite und Bedeutung der Krise zunächst verharmlost. Als die
Krise in ihrer prinzipiellen Qualität nicht mehr zu leugnen war, suchte
die Partei — weniger als Arzt denn als Kurpfuscher am Krankenbett
des Kapitalismus — ihr Heil darin, die konjunkturfördernden Wirkun-
gen genereller Lohnerhöhungen zu beschwören. Als dieser fromme
Wunsch bei den Unternehmern keine Wirkung erzielte, begann sich die
politische und gewerkschaftliche Strategie darauf einzurichten, den
Forderungen der Kapitalseite durch einen Verzicht auf Teilhabe an
den materiellen Errungenschaften der Konjunkturperiode entgegenzu-
kommen: Materielle Erfolge für die Arbeiterklasse waren — aus
SPD-Sicht — nur in Zeiten „gesunder" Konjunktur zu erringen.
Die Unfähigkeit der SPD-Führung, die politische Krise der Republik
konsequent auf die ökonomische Krise und die dadurch verschärften
sozialen Gegensätze zurückzuführen, ging u. a. auf die Annahme einer
neutralen Staatsgewalt zurück, die vermeintlich allen Klassen gleichermaßen als Instrument politischer Zielverwirklichung zur Verfügung
stehe. Für die SPD ging es also lediglich darum, die politische Form
der parlamentarischen Republik über die Krise hinwegzuretten, um
dann im Falle eines Erfolges den Kampf um die parlamentarische
Mehrheit für die Interessen der Arbeiter zu Ende zu führen. Die
Schuld an der Zuspitzung der politischen Krise mußte aus diesem
verkürzten Blickwinkel allen „Feinden der Demokratie" zugesprochen
werden, ohne daß zu unterscheiden war, welche sozialen Interessen
hinter dem Abbau der demokratischen und sozialen Inhalte der
Weimarer Verfassung standen.

Der objektiv vorliegende Zusammenhang von Politik und Ökonomie in der Systemkrise der Weimarer Republik hatte somit keine Konsequenzen für die sozialdemokratische Einschätzung des politischen Krisenverlaufs und vor allem keinen Einfluß auf die Bündniskonzeption für den antifaschistischen Kampf. Wenn die politische Krise lediglich als Zerstörung der Voraussetzungen für eine parlamentarische Mehrheitsbildung analysiert wurde, waren für den Verfall der Demokratie die „anti-demokratischen Kräfte" von rechts und links gleichermaßen verantwortlich zu machen. Der Antikommunismus, der in der Gleichsetzung von „Nazis" und „Kozis" (der Kommunisten) in der sozialdemokratischen Propaganda zum Ausdruck kam, war aber auch Ergebnis der Auseinandersetzungen zwischen den Arbeiterparteien um das Verhältnis von Demokratie und Sozialismus in der Revolution von 1918/19. Die seitdem verstärkte Fixierung der SPD auf die durch die gesellschaftlichen Machtverhältnisse schon verzerrten Spielregeln der parlamentarischen Demokratie hat diesen Antikommunismus nicht nur ideologisch, sondern auch praktisch-empirisch verstärkt. Denn wenn der Krise nur durch eine funktionierende Koalition demokratischer Kräfte beizukommen war, mußte die SPD der kommunistischen Konkurrenzpartei genügend Arbeiterstimmen abjagen, was einen scharf akzentuierten politischen Kampf gegen die KPD forderte.

Die NSDAP wurde von der SPD zwar als Gefahr für die Republik und insbesondere für die Positionen der Arbeiter und die Existenz ihrer Organisationen erkannt, ihre Erfolgsmöglichkeiten aber nicht richtig eingeschätzt und der antifaschistische Abwehrkampf nicht effektiv organisiert. Die Führung der Partei lehnte so trotz wachsender Einsicht der sozialdemokratischen Mitgliederbasis in den wirklichen Zusammenhang von faschistishher Gefahr und kapitalistischer Krisenlösung die einzige realistische Abwehrstrategie, eine proletarische Aktionseinheit mit den Kommunisten, beharrlich ab und verzichtete auf alle Formen außerparlamentarischen Kampfes gegen die faschistische Gefahr — und zwar entgegen ihrer großspurigen Ankündigung auch dann, als der politische Gegner sich zuerst illegaler Methoden bediente. Diese Scheu vor dem politischen Kampf ist nur mit der fundamentalen Angst zu erklären, die Aktionseinheit mit Kommunisten und die Erfahrungen des antifaschistischen Kampfes könnten die Arbeiterklasse langfristig radikalisieren und damit der eigenen Führung entfremden.

Die Abwehr-Front des Faschismus dachte man sich deshalb als eine Koalition mit bürgerlich-demokratischen Kräften, deren Substanz von der NSDAP und ihren Bündnispartnern allerdings weithin aufgezehrt war. Im übrigen wurde diese Praxisscheu durch die Annahme gestützt, eine faschistische Diktatur sei — im Unterschied zu Italien — in Deutschland nicht möglich, weil die Arbeiterklasse stark und die

Bereitschaft der Bourgeoisie zu schwach sei, einer vermeintlich „kleinbürgerlichen Bewegung" die Macht zu überantworten.
Im Gegensatz zu dieser reformistischen Position basierte die kommunistische Krisenstrategie auf der Annahme, wirtschaftliche Krisen
seien besonders günstige Zeiten für die Mobilisierung des Proletariats.
Daraus wurde schon auf dem VI. Weltkongreß der Kommunistischen
Internationale (1928) gefolgert, in der kommenden Krise werde sich
das relative Gleichgewicht zwischen Proletariat und Bourgeoisie klar
zugunsten der Arbeiter verschieben und damit – quasi naturgesetzlich
– eine revolutionäre Offensive ermöglichen. In diesem Zusammenhang
gingen die Kommunisten davon aus, daß das Versagen reformistischer
Politik in der Krise besonders offensichtlich hervortreten würde. Im
Sinne einer revolutionären Offensive werde es daher verstärkt notwendig, die systemimmanenten Grenzen sozialdemokratischer Arbeiterpolitik aufzuzeigen und die reformistisch orientierten Arbeiter für die
revolutionäre Partei zu gewinnen. Im Rahmen dieser Strategie schätz-
te die KPD die faschistische Bewegung allerdings zunächst nur als
einen untergeordneten Faktor ein, der den Verlauf der revolutionären
Krise des deutschen Kapitalismus nicht wesentlich beeinflussen könne. Erst nach den spektakulären Wahlerfolgen der NSDAP, besonders
aber nach Bildung der Harzburger Front, begann sie, die faschistische
Gefahr realistischer einzuschätzen, ohne allerdings die Erfolgsbedin-
gungen und die besondere Funktion des Faschismus in Deutschland
klar genug zu analysieren. So hat die KPD viel zu spät die faschistische
Diktatur als eine nicht nur besonders krasse, sondern qualitativ neue
Form bürgerlicher Herrschaft erkannt und übersehen, daß deren
grundsätzlicher und militanter Anti-Marxismus auch gegen den reformistischen Flügel der Arbeiterbewegung gerichtet war. Vor allem
aber wurde aufgrund der Überschätzung der Differenz zwischen
demokratischer und faschistischer Herrschaft vorschnell *jeder* Form
antikommunistischer Politik faschistischer Charakter zugeschrieben.
Da die SPD-Spitze antikommunistisch fixiert war und deshalb die
Einigung der Arbeiterklasse im Sinne eines antifaschistischen Kampfes
zu verhindern versuchte, wurde sie von der KPD noch in der Zeit
zunehmender faschistischer Gefahr verhängnisvollerweise als Haupt-
feind und Träger des „Sozialfaschismus" bekämpft. In der tendenziel-
len Gleichsetzung von SPD und NSDAP als politische „Zwillingsbrü-
der", die die unterschiedliche Funktion von Reformismus und Faschismus unterschlug, wurde der Faschismus-Begriff inhaltlich nivel-
liert und diente zur Kennzeichnung jeglicher arbeiterfeindlichen Maßnahmen und darüber hinaus jeglicher nicht parlamentarisch-demokra-
tisch getragener Form bürgerlicher Herrschaft.
Dieser falschen theoretischen Bestimmung von Faschismus und Reformismus entsprach in der Praxis die Politik der Parteiführung – eine

Politik, die schon deshalb von der innerparteilichen Opposition nicht korrigiert werden konnte, weil sie von großen Teilen der während der Krise rasch anwachsenden Mitgliedschaft getragen wurde, die neu und ungeschult, aber in radikaler Stimmung zur KPD gestoßen waren. Überdies hatte die Bindung der KPD-Führung an die Komintern zu innerparteilichen Willensbildungs-Prozessen geführt, die Korrekturen der Parteilinie von der Basis aus erschwerten. Allerdings verstärkte sich die Unzufriedenheit dieser Parteibasis in dem Maße, in dem die faschistische Gefahr anwuchs und äußerte sich auf lokaler Ebene häufig in spontaner Aktionseinheit mit sozialdemokratischen Arbeitern, die oft auch gegen den Druck ihrer eigenen Führung mit Kommunisten und Anhängern der kleinen Arbeiterparteien KPD-O und SAP zusammenarbeiteten. Die Politik der antifaschistischen Einheitsfront mit den nichtkommunistischen Arbeiterparteien konnte sich in der KPD letztlich doch nicht durchsetzen, weil die Parteiführung ihre Politik gegenüber der Sozialdemokratie und die diese Politik rechtfertigende Sozialfaschismustheorie trotz einiger Modifizierungen nicht grundsätzlich geändert hat. Unter dem Vorzeichen dieser falschen „Theorie" konnte die KPD keine sozialdemokratischen Arbeiter für ihren antifaschistischen Kampf gewinnen, obwohl sie diesen seit Frühjahr 1932 — in Korrektur ihrer früheren Linie — zur politisch vordringlichsten Aufgabe erklärt hatte.
Die falsche antifaschistische Strategie der KPD-Führung hat damit wie die prinzipiell antikommunistische Politik der SPD-Führung, wenn auch in unterschiedlicher Weise, dazu beigetragen, einen geschlossenen Kampf der Arbeiterbewegung gegen den drohenden Faschismus praktisch zu verhindern und die faschistische Diktatur in Deutschland, damit aber auch die Liquidierung aller selbständigen Arbeiterorganisationen zu ermöglichen.

4. Die NS-Diktatur 1933—1939

Der Klassencharakter der nationalsozialistischen Diktatur enthüllte sich in den wesentlichen Momenten ihrer Politik gegenüber den in jeder bürgerlichen Gesellschaft vertretenen Klasseninteressen. So gesehen war ihre Herrschaft geprägt durch die terroristische Ausschaltung der organisierten Arbeiterklasse, die Negation der programmatischen Versprechungen gegenüber ihrem radikalen kleinbürgerlichen Anhang und die wirtschaftspolitischen Grundentscheidungen zugunsten der großen Monopole und Kapitalgruppen, die zugleich die Weichen in Richtung einer imperialistischen Kriegskonzeption stellten.
In der Zerschlagung der Arbeiterbewegung, ihrer politischen und

gewerkschaftlichen Organisationen, durch staatlichen Terror fielen die
Interessen des Großkapitals mit denen der faschistischen Führung
ganz augenfällig zusammen. Denn sie bedeutete
- die Bereinigung des Kräfteverhältnisses zwischen den Klassen zugunsten des Kapitals durch „Verstaatlichung" der Arbeitskraft bei
  prinzipieller Aufrechterhaltung der privaten Profitwirtschaft unter
  beispiellos unbeschränkten Ausbeutungsbedingungen sowie
- die Vernichtung des einzig möglichen wirksamen Widerstands-
  potentials gegen die faschistische Diktatur.
Die Politik des Faschismus an der Macht erforderte aber auch die
Liquidierung des national*sozialistischen* Potentials in der eigenen
Partei und die Eindämmung des Spielraums der para-militärischen
Verbände ihrer „alten Kämpfer", um die Partner in der neuen
politischen Symbiose zu beruhigen. Dies wurde im wesentlichen mit
der Liquidierung der SA-Spitze und der Beseitigung ihrer selbständigen Stellung erreicht. Der Schlag gegen die SA am 30. Juni 1934
diente dabei mehreren Zielen: Er sollte:
- das Vertrauen zwischen Parteiführung und Reichswehr auf einer
  Grundlage stabilisieren, die dieser das Waffenmonopol garantierte,
  aber zugleich zum zuverlässigen Instrument nationalsozialistischer
  Kriegspolitik machte;
- der Bourgeoisie die Angst vor einer „zweiten Revolution" nehmen,
  von der sie eine gegen die Interessen des Großkapitals gerichtete
  „populistische" Wendung des Regimes befürchtete;
- die konservativen Ängste der vom Weimarer „System" übernom-
  menen, für das Funktionieren des Regimes zunächst unentbehrli-
  chen Amtsträger in den staatlichen Bürokratien vor einer Radikali-
  sierung des NS-„Pöbels" einigermaßen beschwichtigen.
Die terroristischen Methoden, die zur Durchführung dieser Politik
notwendig waren, erforderten eine Verstärkung spezieller Gewaltappa-
rate und repressiver Staatsorgane, wie SS und Gestapo, die insgesamt
das Machtinstrumentarium der politischen Führung der faschistischen
Diktatur weiter verstärkten.
Die wirtschaftspolitischen Grundentscheidungen des Regimes basier-
ten auf einer durch die Zerschlagung der Gewerkschaften und den
Aufbau der Deutschen Arbeitsfront (DAF) auch organisatorisch be-
siegelten Herrschaft der Unternehmer über die Arbeiter. Diese Grundentscheidungen entsprachen sowohl dem kurzfristigen Krisenüberwin-
dungsprogramm der durch die Krise am härtesten betroffenen Kapitale als auch den langfristigen Zielen einer imperialistischen Großraum-
politik.
Die Deutsche Arbeitsfront, die Arbeiter und Unternehmer in ein und
derselben Organisation unter dem Schein der Volksgemeinschaft
zusammenfaßte, entsprach der Unterordnung der Arbeiterschaft unter

den „Unternehmensführer" auf der Ebene der Einzelbetriebe. Angeblich klassenlose Betriebsgemeinschaft, „Schönheit der Arbeit"- und „Kraft durch Freude"-Programm dienten als Ersatz für selbständige Organisationen gewerkschaftlicher Arbeiter-Solidarität. In Wirklichkeit liefen sie auf eine bare Kosmetik der Arbeitsplatz- und Freizeitbedingungen der Arbeiterklasse im Interesse einer Intensivierung ihrer Leistungen für das Kapital hinaus. Das wird ganz deutlich in der faschistischen Lohnpolitik, die ihre Klassenqualität in dem Resultat demonstrierte, daß sie es vermochte, die Lohnkosten für das Kapital auf dem tiefsten Krisenniveau festzuhalten und damit die Bedingungen der Kapitalakkumulation bei wieder steigender Auslastung der Kapazitäten schlagartig zu verbessern.

Das Konjunkturprogramm der faschistischen Diktatur bestand seiner stofflichen Seite nach nahezu ausschließlich aus direkten und indirekten Rüstungsaufträgen an die von den Monopolen dominierten Zwangskartelle. Damit wurde zugleich eine militärische Aufrüstung realisiert, deren politisches Ziel in den wirtschaftlichen Expansions- und Markterweiterungsplänen des vorfaschistischen deutschen Imperialismus zu einem guten Teil vorgegeben war. Mit Beginn des Vierjahresplanes von 1936 wurden auch die zunächst vernachlässigten exportorientierten Industriebranchen durch Aufträge im technologischen und Ersatzstoffbereich (Ersatz für teuer importierte Rohstoffe) in die zunehmend autarkistisch orientierte Rüstungskonjunktur eingespannt.

Faschistische Konjunkturpolitik und imperialistische Kriegsvorbereitung sind deshalb zwei Seiten derselben Medaille und verbieten es von vornherein, die „positiven und konstruktiven" Leistungen des faschistischen Regimes (wie die noch heute vom Volksmund gefeierte Arbeitsbeschaffung oder die berühmten Autobahnen) von ihren extrem destruktiven Ergebnissen zu trennen. An der Ausarbeitung und Durchführung dieser einheitlichen und von vornherein ohne die kriegerische Expansion konsistent gar nicht denkbaren faschistischen Politik waren führende Vertreter der verschiedenen Industriebranchen und Kapitalfraktionen maßgeblich beteiligt. In der ersten Phase des Regimes — etwa bis 1936 — garantierte die Besetzung der wichtigsten Entscheidungspositionen mit persönlichen Vertretern von Kapitalinteressen eine direkte Entscheidungsgewalt der Kapitalseite. Mit zunehmend sich verstärkender Kriegsvorbereitung verschärfte sich die Konkurrenz auch zwischen den Kapitalvertretern um den Einfluß auf *Einzel*entscheidungen staatlicher Wirtschaftspolitik, während ihre expansionistische Gesamtrichtung schon deshalb nicht mehr in Frage gestellt oder revidiert werden konnte, weil sich eine Rückkehr zu den Bedingungen der Weltmarktkonkurrenz, die sich ohnehin seit 1933 noch erheblich verschärft hatten, ohne eine noch tiefere ökonomische Krise gar nicht mehr vorstellen ließ.

Um ihre Legitimationsschwäche zu überbrücken, mußte die NS-Diktatur mit terroristischen und propagandistischen Mitteln zunächst eine rigorose Gleichschaltung der gesellschaftlichen Kräfte durchsetzen, die auch die politischen Organisationen der Bourgeoisie betraf. Daß diese organisatorische „Gleichschaltung" von der Bourgeoisie ohne breite Opposition hingenommen wurde, erklärt sich aus der vorausgegangenen inhaltlichen „Gleichschaltung" der gesamtgesellschaftlichen Reproduktionsbedingungen mit den Interessen der ökonomisch Herrschenden und der seit Ende der Weimarer Republik absehbaren Richtung einer expansiv-imperialistischen Krisenlösung auf längere Sicht. Die politisch-organisatorische Gleichschaltung verschaffte aber dem Regime zugleich den Handlungsspielraum, den es auch gegenüber abweichenden Einzelvorstellungen bürgerlicher Kräfte nutzen konnte, solange die soziale Herrschaft der Bourgeoisie in ihren ökonomischen Grundlagen nicht betroffen war.

Die Machtfülle der politischen Führung in der NS-Diktatur war damit in ihrer politischen Unentbehrlichkeit für die gewaltsame Garantie des gesellschaftlichen status quo begründet, ihr expandierendes Machtinstrumentarium beruhte in der Qualität des potentiellen Widerstandes und in der Aufgabe der Militarisierung der Gesellschaft. Der Notwendigkeit, der faschistischen Führung diese Machtfülle auszuliefern, entsprach nach der „Gleichschaltung" der Zwang, diese bei Strafe des Zusammenbruchs jeder kapitalistischen Krisenlösung auch dann gewähren zu lassen, wenn sie gegen überkommene ethische oder ästhetische Normen des Bürgertums verstoßen sollte.

Solche Verstöße wurden dann entweder verdrängt oder durch die „schwierige Situation", den „äußeren Feind" u. ä. gerechtfertigt.

Weil die Machtmittel der Diktatur gewaltig angewachsen waren, konnte Opposition gegen das Regime nur dann erfolgreich sein, wenn sie vor diesem Machtpotential nicht von vornherein zurückschreckte, sondern – im Gegenteil – nur dann, wenn sie einen Teil des staatlichen Machtapparates als oppositionelles Potential zu gewinnen imstande war. Die Bereitschaft zum Widerstand gegen die faschistische Diktatur war in diesem Sinne erst gegeben, als die drohende Niederlage im Weltkrieg alle Erfolge zu verspielen drohte, die der Faschismus der Bourgoisie zuvor verschafft bzw. noch in Aussicht gestellt hatte. Unterhalb dieses Punktes, an dem faschistische Politik und bürgerliches Interesse an der Realität eines *erfolglosen* politischen Unternehmens in Widerspruch geraten mußten, hat die Bourgeoisie in ihrer großen Mehrheit alle Erscheinungsformen barbarischer und menschenfeindlicher NS-Verbrechen – wie die Vernichtung der Juden – in Kauf genommen bzw. eindeutig auf den ökonomischen und politischen Nutzen dieser verbrecherischen Politik, wie auf den einer militärischen Expansion des deutschen „Lebensraumes", spekuliert. Eines der Merkmale, nach denen der angebliche Neubeginn der bürgerlichen Parteien nach 1945 zu beurteilen ist, ist mithin die Frage nach der historischen Kontinuität der diese Parteien tragenden Kräfte. Diese drückt sich nicht nur in der Kontinuität des personellen Einflusses auf das öffentliche Leben und die politischen Entscheidungen der Nachkriegszeit aus, sondern läßt sich auch weitgehend an der Art und Weise ablesen, in der das hier skizzierte Verhältnis von Kapitalismus und Faschismus in den innerparteilichen Diskussionen und programmatischen Aussagen der bürgerlichen Parteien verarbeitet oder verdrängt worden ist.

Literatur

Bettelheim, Charles: Die deutsche Wirtschaft unter dem Nationalsozialismus, München 1974

Bracher, Karl Dietrich: Die Auflösung der Weimarer Republik, Eine Studie zum Problem des Machtverfalls in der Demokratie, 3. Aufl. Villingen 1960

Czichon, Eberhard: Wer verhalf Hitler zur Macht? Zum Anteil der deutschen Industrie an der Zerstörung der Weimarer Republik, Köln 1967

Das *Ende* der Parteien 1933, hrsg. v. Erich Matthiaus u. Rudolf Morsey, Düsseldorf 1960

Erbe, René: Die nationalsozialistische Wirtschaftspolitik 1933–1939 im Lichte der modernen Theorie, Zürich 1958

Der *Faschismus* in Deutschland, Analysen der KPD-Opposition aus den Jahren 1928–1933, eingel. u. hrsg. von der Gruppe Arbeiterpolitik, Frankfurt/M. 1973

Industrielles System und politische Entwicklung der Weimarer Republik, Verhandlungen des Internationalen Symposiums in Bochum vom 12.–17. Juni 1973, hrsg. von Hans Mommsen, Dietmar Petzina und Bernd Weisbrod, Düsseldorf 1974

Sohn-Rethel, Alfred: Ökonomie und Klassenstruktur des deutschen Faschismus, Aufzeichnungen und Analysen, hrsg. u. eingel. von Johannes Agnoli, Bernhard Blanke u. Niels Kadritzke

3. Richard Stöss

Von der Weimarer Republik zur Bundesrepublik: Bruch und Kontinuität im deutschen Parteiensystem

Die Skizze auf S. 67 zeigt den prozentualen Stimmenanteil der großen deutschen Parteien bei Reichstags- bzw. Bundestagswahlen im Zeitverlauf zwischen 1871 und 1972. Während die strukturellen Zusammenhänge zwischen dem Parteiensystem des Kaiserreichs und dem der Weimarer Republik deutlich sichtbar sind, scheint sich zwischen 1933 und 1945 eine tiefe Kluft aufzutun. Bezieht man in die Betrachtung allerdings die grundlegenden gesellschaftlichen Veränderungen zwischen 1933 und 1945 ein, dann werden auch die Verbindungslinien deutlich:

1933	Zentrum BVP	KPD SPD	DDP/DSP DVP	DNVP NSDAP
1945	CDU/CSU	KPD SPD	FDP	DRP–NPD[1]

Zu den grundlegenden gesellschaftlichen Veränderungen zählt in erster Linie die Teilung Deutschlands, als deren Folge zum einen die schwergewichtig ostelbische explizit reaktionäre DNVP als Repräsentantin des mittelständischen und großagrarischen preußischen Protestantismus aus dem Parteiensystem verschwand, und zum anderen der traditionell in Süd- und Westdeutschland beheimatete politische Katholizismus nicht nur seinen Minderheitencharakter verlor[2], sondern vielmehr neben der Sozialdemokratie zur beherrschenden Kraft des Parteiensystems wurde.

1 Die *Deutsche Reichspartei* war als Zusammenfassung sowohl nationalistischer als auch neofaschistischer Kräfte eine kleine Partei, der es lediglich gelang, vorübergehend Landtagsmandate zu erhalten. Sie schloß sich 1964 mit noch kleineren rechten Gruppen zur NPD zusammen. Neben der DRP-NPD bestand noch eine Reihe weiterer nationalistischer bzw. neofaschistischer Parteien, die die Sperrklauseln der Landeswahigesetze nur selten zu überspringen vermochten.

2 Das Verhältnis von Katholiken und Protestanten betrug:
  im Deutschen Reich   1925   32,4 : 64,1
  in der Bundesrepublik   1950   45,8 : 50,5

Daß sich der politische Katholizismus in Westdeutschland zur prägenden Kraft entwickelte, ist auf verschiedene Ursachen zurückzuführen. Aus den Weimarer Erfahrungen hatten die politischen Repräsentanten des Bürgertums den Schluß gezogen, eine organisatorische Aufsplitterung in viele kleine Parteien bedeute eine Schwächung gegenüber der Arbeiterbewegung. Sie hatten sich deshalb um die Gründung einer *einheitlichen antimarxistischen Sammlungspartei* bemüht. Trotz vielversprechender Ansätze — etwa in Schleswig-Holstein oder in Bremen — diese Bemühungen jedoch scheiterten. Was dagegen gelang war eine *Konzentration der bürgerlichen Kräfte* um den politischen Katholizismus (CDU/CSU) und den Liberalismus (FDP). Das aber setzte einerseits eine Überwindung der klassischen Spaltung des Liberalismus voraus und war andererseits nur möglich, weil sich im Lager des politischen Katholizismus die Anhänger einer überkonfessionellen Erweiterung des Zentrumsgedankens zu einer christlichen Sammlungsbewegung (Union) durchgesetzt hatten, denen es in der Folge auch gelang, Teile des liberalen, deutsch-nationalen und nationalsozialistischen Wählerpotentials für sich zu gewinnen.

Daß sich nun innerhalb dieses bipolaren bürgerlichen Kräftefeldes eine Hegemonie des zur christlich-demokratischen bzw. christlich-sozialen Union erweiterten politischen Katholizismus herausbilden konnte, hatte im wesentlichen folgende Ursachen:

— Das Zentrum verfügte sowohl aufgrund der heterogenen Sozialstruktur seiner Anhängerschaft als auch seiner auf Integration und Volksgemeinschaft abzielenden ideologischen Grundposition über ausgezeichnete Voraussetzungen für eine Sammlungsbewegung gegen die traditionellen Arbeiterparteien. Die in Kreisen der katholischen Arbeiterbewegung anfangs vorhandenen Bemühungen zur Gründung einer „Partei der Arbeit" unter Einbeziehung der Sozialdemokratie nach dem Vorbild der englischen Labour Party scheiterten nicht zuletzt am Widerstand der Mehrheit des überwiegend antimarxistischen politischen Katholizismus, führten aber nicht zu einer Abspaltung des Arbeiterflügels von der Union.

— Als eine der wichtigsten Leistungen dieser christlichen Sammlungsbewegung kann die, letztendlich durch das „Wirtschaftswunder" ermöglichte, Integration von handwerklichem und agrarischem Mittelstand einerseits und kapitalistischem Unternehmertum andererseits angesehen werden, obwohl Konzentration und Zentralisation des Kapitals die Existenzbedingungen des „alten" Mittelstandes (vgl. dazu S. 219) zunehmend vernichteten. Das wirtschaftspolitische Konzept der Union, die „soziale Marktwirtschaft", garantierte nämlich einerseits dem Kapital die ungehinderte Bewegungsfreiheit, während sie andererseits den Mittelstand durch umfangreiche Subventionen (z. B. die Grünen Pläne für die Land-

Tabelle: Wahlergebnisse (i v. H. d. abgegebenen gültigen Stimmen) wichtiger Parteien bei Reichstags- und Bundestagswahlen zwischen 1871 und 1972

WAHLEN

PARTEIEN

REICHSTAG	SPD	DFP/FVP	NLP	DRP	DKP	Zentrum	Sonstige
1871	3,2	8,8	30,0	8,9	14,1	18,6	16,4
1890	19,7	16,0	16,3	6,7	12,4	18,6	10,3
1893	23,3	12,1	13,0	5,7	13,5	19,0	13,4
1898	27,2	9,7	12,5	4,4	11,0	18,9	16,3
1907	29,0	9,7	14,4	4,2	9,4	19,4	13,9
1912	34,8	12,3	13,7	3,0	9,2	16,4	10,6

REICHSTAG	KPD	USPD	SPD	DDP/DSP	DVP	NSDAP	DNVP	Zentrum u. BVP	Sonstige
1919	–	7,6	37,9	18,6	4,4		10,3	19,7	1,5
1920	2,1	17,9	21,7	8,3	13,9		15,1	17,8	3,2
1924 (Dez.)	9,0	–	26,0	6,3	10,1		20,5	17,4	10,7
1928	10,6	–	29,8	4,9	8,7	2,6	14,2	15,2	14,0
1930	13,1	–	24,5	3,8	4,5	18,3	7,0	14,8	14,0
1932 (Juli)	14,3	–	21,6	1,0	1,2	37,4	5,9	15,7	2,9
1932 (Nov.)	16,9	–	20,4	1,0	1,9	33,1	8,9	15,0	2,8
1933	12,3	–	18,3	0,9	1,1	43,9	8,0	13,9	1,6

BUNDESTAG	KPD/ADF/DKP	SPD	FDP	DRP/DKP DRP DG NPD	CDU/CSU	Sonstige
1949	5,7	29,2	11,9	1,8	31,0	20,4
1953	2,2	28,8	9,5	1,4	45,2	12,9
1957	–	31,8	7,7	1,1	50,2	9,2
1961	–	36,2	12,8	0,9	45,4	4,7
1965		39,3	9,5	2,0	47,6	1,6
1969	0,6	42,7	5,8	4,3	46,1	0,5
1972	0,3	45,8	8,4	0,6	44,9	0,0
1976	0,3	42,6	7,9	0,3	48,6	0,3

Skizze: Die Entwicklung des prozentualen Stimmanteils wichtiger Parteien bei Reichstags- und Bundestagswahlen zwischen 1871 und 1972

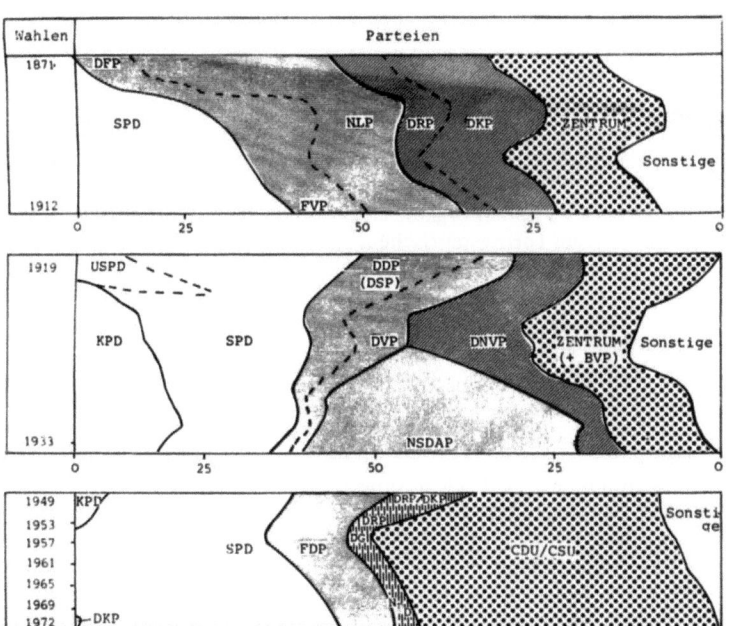

Anmerkungen zur Skizze:
Hier werden in grob vereinfachter Form die Schwerpunktverlagerungen im (west-) deutschen Parteiensystem dargestellt. Bestimmungen des Wahlrechts vor dem Ersten Weltkrieg führten zu erheblichen Abweichungen zwischen dem Stimmanteil einer Partei (hier verzeichnet) und den erworbenen Reichstagsmandaten. Aus Gründen der Übersichtlichkeit sind nicht alle Reichstagswahlen aufgeführt. Die der Skizze zugrundeliegenden Zahlen sind entnommen aus: *Kaack*, Parteiensystem (s. Auswahlbibliografie).

wirtschaft) künstlich vor dem Zugriff des Kapitals und vor ausländischer Konkurrenz abschirmte und für eine im großen und ganzen
kalkulierte Auflösung mittelständischer Existenzen sorgte.

— Der Einfluß der katholischen Arbeiterbewegung innerhalb des
   politischen Katholizismus war nach anfänglichen Zugeständnissen
   des mittelständischen und großbürgerlichen Flügels (Ahlener Programm 1947) zunehmend reduziert worden. Spätestens mit den
   Düsseldorfer Leitsätzen vom Juli 1949 hatte sich dieser Flügel mit
   seiner prokapitalistischen Linie voll durchgesetzt.

— Mit dem Ende der preußischen Vorherrschaft in Deutschland verlor
   auch das konfessionelle Schisma an Bedeutung, wodurch wiederum
   die Grenze zwischen organisiertem politischem Katholizismus und
   organisiertem (protestantischem) Liberalismus aufgelockert wurde.
   Das konfessionelle Schisma lebt in dem Gegensatz „christlich" —
   „nicht christlich" fort, wobei der Vorwurf, „nicht christlich" zu
   sein, sowohl den Sozialismus als auch jede Form konsequenter
   Demokratisierung von Staat und Gesellschaft trifft.

— Die Sammlungsbewegung auf christlicher Grundlage wurde nicht
   nur von der in ihrem Einfluß auf die Bevölkerung nicht zu
   unterschätzenden katholischen Kirche unterstützt, sondern auch
   von einem großen Teil der damaligen Wirtschaft in den drei
   Westzonen nach Kräften gefördert.

Zudem ist zu bedenken, daß der Liberalismus an parteibildender Kraft
verloren hat: Der *politische Liberalismus* hat zusätzlich — wenn auch
mit unterschiedlichen Akzentuierungen und den veränderten gesellschaftlichen Bedingungen angepaßt — in der Sozialdemokratie und in
den Unionsparteien Träger gefunden. Der *Wirtschaftsliberalismus*
in seiner klassischen Form war angesichts der Stärke der reformistischen Arbeiterbewegung, der Erfahrungen aus der Weltwirtschaftskrise und angesichts der Konzentrationstendenzen in der westdeutschen Wirtschaft keine aktuelle politische Strategie. Die Notwendigkeit staatlicher Einkommensumverteilung und „aktiver Wirtschaftspolitik" wurde als Prinzip von allen Parteien anerkannt, wenn auch
damit sehr verschiedene Intentionen und Interessen verbunden waren.
Die hegemonialen Bestrebungen der christlichen Sammlungsbewegung
waren darüber hinaus nicht zuletzt deshalb erfolgreich, weil mit der
Niederlage des Faschismus und dem Fehlen der unmittelbaren politischen und ökonomischen Ursachen für eine Faschisierung der Gesellschaft nach 1945 auch die Voraussetzungen für die Entstehung einer
faschistischen Massenbewegung entfallen waren. Kleinere organisatorische Versuche versandeten nach anfänglichen Erfolgen sehr schnell,
obwohl die Spaltung Deutschlands, deren wirtschaftliche und soziale
Folgen und die Einbindung der beiden Teilstaaten in die von den
Supermächten beherrschten Lager mit antagonistischen Gesellschafts-

ordnungen genügend Ansatzpunkte für eine nationalistische oder neofaschistische Agitation boten und noch bieten. Hier hat der Antikommunismus der bürgerlichen Parteien und der Sozialdemokratie entscheidend zur weitgehenden Integration potentiell nationalistischer Gruppen in die drei staatstragenden Parteien beigetragen.

Auch für die organisierte Arbeiterbewegung haben sich durch die deutsche Teilung einschneidende Veränderungen ergeben: Etwa die Hälfte der Parteimitglieder und Wähler von SPD und KPD lebte vor 1933 in Gebieten, die heute nicht zur Bundesrepublik zählen. Diese Halbierung der Parteibasis bedeutete gerade für die SPD den Verlust der traditionell linken Arbeiterbezirke (Sachsen, Thüringen) und eine erhebliche Stärkung des Einflusses der südwestdeutschen Sozialdemokratie (Baden, Bayern, Württemberg), die, bedingt durch die wirtschaftliche und soziale Struktur dieser Länder und das im Vergleich zum preußischen Absolutismus liberale Klima, schon um die Jahrhundertwende weithin in die dortige politische Ordnung integriert war und in Theorie und Praxis schon sehr früh ein reformistisches Konzept vertreten hatte.

Darüber hinaus ist die Zerschlagung der Parteien und Gewerkschaften durch den Faschismus und die weitgehend brutale Integration der Arbeiter in das nationalsozialistische Herrschaftssystem für das Verständnis der Nachkriegsgeschichte der deutschen Arbeiterbewegung von entscheidender Bedeutung. Der massive Antikommunismus und Antisozialismus, die Unterdrückung aller proletarischen Lebensäußerungen (Organisation, Ideologie, Kunst, Kultur usw.) durch die faschistische Diktatur und die Unfähigkeit zur Selbstbefreiung trotz der absehbaren militärischen Niederlage in den letzten Kriegsjahren haben notwendigerweise zu einer tiefgreifenden Zerstörung des Selbstbewußtseins der Arbeiterbewegung geführt.

Damit fehlten die wichtigsten Voraussetzungen einer (ohnehin nur begrenzt möglichen) autonomen nationalen und sozialistischen Politik gegenüber den vier Besatzungsmächten und dem deutschen Besitzbürgertum, und es bildete sich ein Basiskonsens zwischen der Bourgeoisie, den Mittelschichten und der Arbeiterbewegung als Grundlage für die folgende relativ stabile wirtschaftliche und politische Entwicklung in der Bundesrepublik heraus.

II. Die Wiederentstehung der Parteien in Deutschland (1945–1949)

1. Alf Mintzel

Besatzungspolitik und Entwicklung der bürgerlichen Parteien in den Westzonen (1945–1949)

Die häufig genannte „Stunde Null" des Jahres 1945 hat es nicht gegeben. Denn noch während der rapiden Auflösung der alten vollzog sich in Deutschland der Aufbau neuer politischer und bedingt auch neuer ökonomischer Strukturen und wurden zugleich jene Daten gesetzt, die für die spätere Teilung Deutschlands von Bedeutung waren.

In den vier Besatzungszonen übernahmen die Siegermächte die oberste Regierungsgewalt und arbeiteten dort mit jenen politischen Kräften zusammen, die ihre Vorstellungen von der künftigen Entwicklung des besetzten Landes akzeptierten oder tolerierten. Stützte sich die sowjetische Besatzungsmacht auf kommunistische Kader, die entweder mit der Roten Armee nach Deutschland gekommen oder aus der Sowjetunion eingeflogen worden waren, so bedienten sich die amerikanischen Okkupationstruppen einer, freilich kleineren, Gruppe zumeist sozialistischer Gewerkschafter, die mit Hilfe des damaligen US-Geheimdienstes Organization of Strategic Services (OSS) nach Deutschland gekommen war. Zugleich aber hatten sich die sowjetischen und amerikanischen Militärbehörden ebenso wie die britischen und französischen mit spontan entstandenen, oft aus Resten von Widerstandsgruppen hervorgegangenen „Antifa"-Ausschüssen auseinanderzusetzen, die überall sofort mit der Gründung von politischen oder gewerkschaftlichen Organisationen zum Zwecke des raschen nachfaschistischen Wiederaufbaus beginnen wollten.

In dieser Situation war von ausschlaggebender Bedeutung für die Entstehung eines neuen politischen Systems in Deutschland, auf welche politischen Kräfte sich die Siegermächte bei der Verwirklichung ihrer Ziele in Deutschland stützten und welchen Aktionsradius sie diesen Initiativgruppen einräumten.

Es soll daher zunächst die Haltung der Siegermächte zur Zulassung deutscher Parteien, auf die in Berlin und den vier Besatzungszonen deutsche Gruppen hindrängten, skizziert werden. Damit sollen zugleich die Umrisse des besatzungspolitischen Bezugsrahmens für Parteigründungen nach 1945 gezeichnet und auch die Bedeutung der

Berliner Gründungen für die Entwicklung des deutschen Parteiensystems vorgestellt werden.

1. Die Haltung der vier Besatzungsmächte zur Wiederzulassung deutscher Parteien am Ende des Zweiten Weltkrieges

Bis zur Potsdamer Konferenz (17. Juli bis 2. August 1945) hatten die Regierungen der USA, Großbritanniens und der UdSSR keine gemeinsamen Abmachungen darüber getroffen, wie sie sich nach Beendigung des Krieges gegenüber möglichen Partei-Initiativen in Deutschland verhalten sollten. Zum Zeitpunkt der vollständigen Besetzung scheinen die Regierungen der Siegermächte – Frankreich inbegriffen – jedoch in zwei Punkten übereingestimmt zu haben: Erstens war es ihr Ziel, die NSDAP und ihre Nebenorganisationen restlos zu beseitigen und zu verhindern, daß Nationalsozialisten – auf welche Art auch immer – erneut politischen Einfluß gewinnen könnten. Zweitens beabsichtigte keine der Siegermächte unmittelbar bei Beendigung des Krieges politische Parteien in Deutschland zuzulassen. War die Beseitigung der NSDAP und ihrer Nebenorganisationen ein selbstverständliches Ziel des gemeinsamen Kampfes gegen das nationalsozialistische Deutschland gewesen, so hatte die Absicht, nach der Besetzung Parteigründungen vorläufig zu untersagen, mehrere Gründe. Einer dieser Gründe lag in der Furcht, in Deutschland werde noch eine Zeitlang Werwolf-Widerstand geleistet werden, also in der Annahme, der Nationalsozialismus habe so starke Nachwirkungen, daß zunächst eine Periode der „Umerziehung" notwendig sei, ehe parteipolitische Betätigung zugelassen werden könne. Das, was die Anti-Hitler-Koalition in den Formeln: Demokratisierung, Entmilitarisierung, Entnazifizierung und Schwächung des ökonomischen Potentials Deutschlands als vieldeutige Ziele ihrer Besatzungspolitik umrissen hatte, sollte folglich bis auf weiteres ohne Mitwirkung deutscher politischer Parteien geschehen. Neben dieser Furcht der Besatzungsmächte, eine frühzeitige Zulassung von Parteien könnte nationalsozialistischen Kräften die Möglichkeit bieten, diese zu unterwandern oder gar zu Organisationen eines NS-faschistischen Widerstandes zu instrumentalisieren, spielten bei dieser restriktiven Haltung aber andere Motive mit – Überlegungen, die aus der jeweiligen Beurteilung der politischen Geschichte Deutschlands, aus den spezifischen Nachkriegsinteressen der Siegermächte resultierten und mit ihrem jeweiligen ideologisch-politischen Verhältnis zum Problem des deutschen Faschismus und der Demokratisierung Deutschlands in Zusammenhang standen. So schienen die Planer in Washington durch eine restriktive Lizenzierung von Parteien die Gefahr einer Zersplitterung der politischen Kräfte in Deutschland und damit die Wiederholung jener Krise verhindern zu wollen, die ihrer Ansicht nach eine der Ursachen für den Sieg der Hitler-Bewegung gewesen war. Darüber hinaus zielten sie – gemeinsam mit ihren britischen Partnern – darauf ab, extrem nationalistische Bewegungen zu verhindern, kommunistische Parteiarbeit zu erschweren und die traditionelle Produktionsweise in Deutschland zu erhalten.

Die sowjetische Strategie dagegen zielte – langfristig – auf die Überwindung dieser Produktionsverhältnisse, und die sowjetische Politik ging deshalb vom Plan einer „antifaschistisch-demokratischen Ordnung" und einem ihr gemäßen Parteienbündnis aus. Sie verhielt sich aber gleichfalls aus Furcht vor faschistischem Widerstand möglichen Parteigründungen gegenüber zunächst zurückhaltend.

Die provisorische Regierung der französischen Republik unter General *de Gaulle* war aus nationalen (Ruhrkontrolle und Saar-Problem), aber auch aus ökonomischen (Kohle-Versorgung) Gründen darauf bedacht, eine einheitliche und rasche Neuordnung des politischen Lebens in Deutschland zu erschweren. Länger als alle anderen Besatzungsmächte verhinderte sie deshalb in ihrer Zone den Aufbau von Parteien und kapselte die dann gegründeten Organisationen von ihren Schwesterparteien der anderen Okkupations-Gebiete ab.

Die anfangs ablehnende Haltung der sowjetischen Besatzungsmacht sofortigen Parteigründungen gegenüber schwand, nachdem Widerstand in dem besetzten Gebiet nicht aufgetreten war, rasch. Mit dem Befehl Nr. 2 des Obersten Chefs der Sowjetischen Militärverwaltung in Deutschland vom 10. Juni 1945, der die Gründung von Parteien (und Gewerkschaften) ermöglichte, sollte der Aufbau einer „antifaschistisch-demokratischen Ordnung" in ganz Deutschland eingeleitet werden. Wenn dieser Befehl seinem Wortlaut nach auch nur für die SBZ zutraf, so stand er doch im Zusammenhang mit der genannten strategischen Konzeption. Seine taktische Bedeutung lag darin, daß er bereits einen Monat nach der deutschen•Kapitulation, fünf Wochen vor Beginn der Potsdamer Konferenz und überdies in der ehemaligen Reichshauptstadt erlassen wurde.

Während in dieser Zeit in den westlichen Besatzungszonen noch alle parteipolitischen Initiativen in die Illegalität gedrängt waren, schuf die sowjetische Besatzungsmacht durch diesen Vorgriff auf gemeinsame Abmachungen den vier in der SBZ rasch entstehenden Parteien (KPD, SPD, CDU, LDP) eine günstige politische Ausgangsposition und damit hervorragende organisatorische Voraussetzungen für ihre Arbeit über die Zonengrenzen hinaus. Denn es war die Absicht der SMAD, durch die von ihr frühzeitig initiierte Entwicklung der Parteien und deren Einbau in einen „Block der antifaschistisch-demokratischen Parteien" (vgl. S. 98 f.) die Entwicklung eines gesamtdeutschen Parteiwesens zu präjudizieren, um über ein Organisationsgefüge vom Charakter des Blocks den politischen Willensbildungsprozeß in allen Besatzungszonen im Hinblick auf eine antifaschistisch-demokratische Umwälzung in ganz Deutschland zu beeinflussen. Den Berliner Parteizentralen, die sich auch prompt als „Reichs"-Leitungen begriffen, war hierbei eine wesentliche Funktion zugedacht.

Eine interalliierte Abmachung über die Entwicklung und Tätigkeit deutscher Parteien erfolgte erst auf der Potsdamer Konferenz der „Großen Drei" (17. Juli–2. August 1945). Dort wurden folgende allgemeine Gesichtspunkte fixiert:

„A. Politische Grundsätze . . . 9. Die Verwaltung Deutschlands muß in Richtung auf eine Dezentralisierung der politischen Struktur und der Entwicklung einer örtlichen Selbstverantwortung durchgeführt werden . . . II. In ganz Deutschland sind alle demokratischen Parteien zu erlauben und zu fördern mit der Einräumung des Rechtes, Versammlungen einzuberufen und öffentliche Diskussionen durchzuführen."

Auch nach der Potsdamer Konferenz aber reagierten die westlichen Siegermächte nur zögernd und mit großen Beschränkungen auf deutsche Parteiinitiativen. Am frühesten erfolgte die Lizenzierung der Parteien in der amerikanischen Besatzungszone. Dort wurden sie im August 1945 zunächst auf Kreisebene zugelassen. Seit November 1945 erlaubten die US-Behörden den organisatorisch-politischen Zusammenschluß auf Länderebene und gestatteten schließlich im Februar 1946 Fusionen im Zonenbereich.

In der britischen Zone wurden die schon zuvor gegründeten Parteien im September 1945 legalisiert. Im angloamerikanischen Besatzungsbereich konnte somit seit dem Spätsommer 1945 der organisatorische Aufbau der Parteien im großen und ganzen in Angriff genommen werden. Das zeigt, daß sich diese Besatzungsbehörden erst relativ spät, d. h. in der Zeit, in der die Weichen für die sozio-ökonomische Kontinuität privatwirtschaftlicher Produktionsverhältnisse gestellt wurden, zur Etablierung eines Parteiensystems entschlossen, das ihrem politischen Verständnis von Parteien-Konkurrenz und politischer Machtausübung entsprach.

In der französischen Besatzungszone hingegen war es erst vom Dezember 1945 an offiziell möglich, Parteien zu gründen, und erst im Jahre 1946 begann sich dort ein parteipolitisches Leben unter erschwerenden Bestimmungen und Verordnungen zu entfalten.

2. Das „Vier-Parteien-Modell" mit seinen Varianten und Ergänzungen in den drei westlichen Besatzungszonen

Das Berliner und sowjetzonale Vier-Parteien-Modell in Gestalt von KPD, SPD, CDU und LDP hat sich im wesentlichen, wenngleich mit charakteristischen regionalspezifischen Abweichungen von Zone zu Zone, auch in den drei westlichen Besatzungszonen durchgesetzt. Denn mit diesen vier Parteien oder — angesichts des zum Teil diffusen und langsamen Formierungsprozesses bei den bürgerlichen Parteien — Parteiformierungstypen wurden die politischen Hauptströmungen und sozialen Bewegungen Deutschlands gewissermaßen erneut organisatorisch-politisch kanalisiert. Im Falle der bürgerlichen Parteien geschah dies mit neuen Etiketten: CDU und LDP bzw. FDP. Die vier Siegermächte waren sich bei allem Dissens über die gesellschaftlich-politische Neugestaltung Deutschlands in bezug auf deutsche Parteigründungsinitiativen seit Ende 1945 zumindest in dem Punkte einig, eine Parteienauffächerung ähnlich der Weimarer Konstellation zu verhindern und eine Konzentration der politischen Kräfte Deutschlands auf wenige Großparteien zu fördern. Über diesen Grundkonsens der Alliierten darf auch nicht die anfängliche Vielfalt von Parteigründungen auf Gemeinde- und Kreisebene und die unterschiedlichen Namengebungen bei im Grunde ähnlichen ideologischen Parteiformierungen in den drei Westzonen hinwegtäuschen.

Dieser Grundkonsens der Siegermächte, die deutschen Parteigründungsinitiativen auf vier große Parteiformierungen zu beschränken, auf die zwei Parteien der Arbeiterbewegung und auf zwei bürgerliche Hauptformationen, einer christlich-konservativen und einer liberalen, wurde besonders auch darin sichtbar, daß sie die Bildung von interessenspezifischen und ideologischen Sonderparteien, wie etwa Flüchtlingsparteien oder monarchistisch-partikularistischen und selbstverständlich nationalistischen oder gar rechtsradikalen Parteien, nicht zuließen und — soweit sich solche Parteien gebildet hatten, bald wieder verboten oder in ihrer Entwicklung beeinträchtigten.

Einen Sonderfall bildete aber auch hier die *französische* Besatzungsmacht, die Parteigründungen mit separatistischen Tendenzen förderte und andere, die interzonale Zusammenschlüsse anstrebten und sich als Teile von Reichsorganisationen in nascendi verstanden, nicht förderte und in ihrem politischen Aktionsradius weitgehend einschränkte, nicht zuließ oder verbot. Doch auch diese extrem restriktive, im wesentlichen von französischen Sicherheitsbedürfnissen bestimmte Besatzungspolitik vermochte im Hinblick auf Parteigründungen im französisch besetzten Gebiet das sogenannte Vier-Parteien-Modell nicht zu verhindern, sondern nur entsprechend der französischen Deutschlandpolitik zu modifizieren. So entsprachen zum Beispiel im

Saarland die CVP (Christliche Volkspartei [Saar]), die DVS (Demokratische Vereinigung des Saarlands), die KP (Kommunistische Partei Saar-Nahe) und die SPS (Sozialdemokratische Partei des Saarlandes) diesem Modell, nur daß die französische Besatzungsmacht im Saarland wie in jedem anderen Teil ihres Besatzungsgebietes nur pro-französische und partikularistische deutsche Kräfte unterstützte. So hieß der Vorläufer der Unionsgründung im badischen Gebiet der französischen Besatzungszone „Badische Christlich-Soziale Volkspartei" (BCSV). Sie wurde noch 1945 als separatistische Partei in Baden gegründet, am 8.2.1946 zugelassen, aber erst nach einem hier nicht näher zu beschreibenden Fusionsprozeß in CDU umbenannt.

In der *amerikanischen Besatzungszone*, die ganz Bayern (ohne Lindau und die ehemalige Rheinpfalz), Hessen und einen Teil Württembergs und Badens einschloß, wurde ebenfalls das Vier-Parteien-Modell mit charakteristischen regionalspezifischen Besonderheiten bzw. Ergänzungen durchgesetzt. In Bayern als dem der Fläche nach größten Land innerhalb der drei Westzonen wurde die „Union" als bürgerlich-interkonfessionelle Sammlungsbewegung unter dem Parteinamen „Christlich-Soziale Union" (CSU) vorangetrieben. Liberale Gruppen, in Bayern traditionsgemäß im protestantischen Franken beheimatet, organisierten sich zunächst in der LDP entsprechend dem Berliner und sowjetzonalen Muster. Die LDP wurde dann in FDP umbenannt. Die amerikanische Besatzungsmacht verbot in Bayern alsbald wieder die zunächst als Kreispartei in München zugelassene „Bayerische Heimat- und Königspartei" (BHKP) wegen ihrer antidemokratischen und monarchistischen Bestrebungen. Die amerikanische Besatzungsmacht lizenzierte jedoch 1946 auf Kreisebene die „Bayernpartei" (BP) als eine vor allem im altbayerischen Raum verankerte radikal-föderalistische Partei mit partikularistischen Tendenzen. Mit dieser Lizenzierung (28.10.1946) trug die amerikanische Militärregierung zwar einer im katholischen Altbayern virulenten „bayerisch-patriotischen" Bewegung Rechnung, versuchte aber, diese Bewegung durch eine Verzögerung der Lizenzierung auf Landesebene einzudämmen. Die Verzögerung der Lizenzierung der Bayernpartei auf Landesebene bis zum März 1948 kann als eine besatzungspolitische Hilfestellung zur Durchsetzung der interkonfessionellen Unionsidee angesehen werden. Eine weitere regionalspezifische Abweichung vom Vier-Parteien-Modell bzw. dessen Ergänzung war die Gründung und Zulassung der „Wirtschaftlichen Aufbau Vereinigung" (WAV) in Bayern als einer stark mittelständisch geprägten „Führerpartei" unter dem Vorsitz von *Alfred Loritz.* Doch alles in allem blieb die WAV eine Ausnahmeerscheinung in den ersten Nachkriegsjahren. Es ist bezeichnend, daß aus dieser mittelständischen Rechtspartei heraus im Oktober 1947 die Gründung des neofaschistischen „Deutschen Blocks" (DB) erfolgte.

In der *britischen Besatzungszone* mit den Ländern Schleswig-Holstein, Hamburg, Niedersachsen und Nordrhein-Westfalen konzentrierten sich die politischen Kräfte im Rahmen der kanalisierenden Besatzungspolitik ebenfalls auf die vier Hauptströmungen in Gestalt von CDU und FDP einerseits und SPD und KPD andererseits. Doch auch im britischen Besatzungsgebiet gab es regionalspezifische Abweichungen mit historischen Traditionslinien. In Schleswig-Holstein wurde die „Südschleswigsche-Vereinigung" (SSV) als Organisation der dänischen Minderheit gegründet. Nach der Landtagswahl von 1947 wurde die SSV verboten. 1948 ging aus der nunmehr als kulturelle Vereinigung auftretenden „Südschleswigschen-Vereinigung" der „Südschleswigsche Wählerverband" als neue Partei hervor. Im Lande Niedersachsen ließ die britische Besatzungsmacht die „Niedersächsische Landespartei" (NLP) zu, die auf die Welfen-Partei zurückging, die in der Weimarer Zeit den Namen „Deutsch-Hannoversche Partei" (DHP) getragen hatte. Die NLP hatte im Hannoverschen Raum eine ähnlich tiefe historische Verankerung wie die BP in Altbayern. Hinzuweisen ist ferner auf die Wiedergründung der Zentrumspartei in Nordrhein-Westfalen als der einzigen unter den Zentrums-Wiedergründungen nach 1945, die nicht von der CDU absorbiert werden konnte.

Die Gründungsvorgänge und vielfältig verketteten Entwicklungsverläufe bei den bürgerlichen Parteien können in dieser Überblicksdarstellung nur gestreift werden. Das Grundschema, nach dem die Entstehung des Parteiensystems der Westzonen und der späteren Bundesrepublik im wesentlichen verlief, ist klar geworden: Die historischen und politischen Hauptströmungen Deutschlands wurden in den vier „Lizenzparteien" KPD, SPD, CDU und LDP bzw. FDP kanalisiert. So traten die „Unionsparteien" als christlich-demokratische, interkonfessionelle Sammlungsbewegung in den Besatzungszonen zunächst unter verschiedenen Parteinamen in Erscheinung, bis sie auf ihrem sogenannten Godesberger Reichstreffen im Dezember 1945 beschlossen, die Namensgebung zu vereinheitlichen. In dieser neuen CDU als einer ideologischen Parteiformation, die sich erst 1950 zu einer Bundesorganisation zusammenschloß, fanden die Relikte vor allem der Zentrumspartei, aber auch der DNVP, der DDP bzw. Deutschen Staatspartei, der DVP, des CSVD und anderer zusammen. In den neuen „Unionsparteien" wurden somit auch Teile der früheren liberalen Parteien, der DVP und der DDP bzw. Deutschen Staatspartei integriert. In der neuen LDP bzw. FDP als liberaler Parteiformation nach 1945 dagegen dominierten die zwei großen Richtungen des deutschen Liberalismus, die national-liberale und die linksliberale (früher DVP bzw. DDP), wobei in dem mehrjährigen konfliktreichen organisatorisch-politischen Integrationsprozeß zur liberalen Bundes-

partei, zur FDP, die alten Konfliktkonstellationen innerhalb des
deutschen Liberalismus wieder zum Vorschein kamen.
Wenn angesichts der kanalisierenden Besatzungspolitik die *vier* „Lizenzparteien" als besatzungspolitisch verordnete Integrationsparteien
bezeichnet werden können, so darf jedoch nicht übersehen werden,
daß diese Kanalisierung weitgehend im Einklang mit den deutschen
politischen Sammlungsbestrebungen stand. Nach der nationalsozialistischen Diktatur und angesichts der katastrophalen Nachkriegssituation gab es auch in weiten Kreisen des Bürgertums den Willen zur
politischen Sammlung in wenigen großen Parteien. Nach der gewaltsamen Zäsur in der deutschen Parteiengeschichte im Jahre 1933,
gekennzeichnet durch die Vernichtung der Weimarer Parteien und der
Etablierung des nationalsozialistischen Einparteienstaats, bedeutete
die Neu- und Wiedergründung deutscher Parteien eine zweite tiefge-
hende Zäsur in der Parteientwicklung.
In der Retrospektive auf die Parteientwicklung in der Bundesrepublik
in den letzten dreißig Jahren ist unschwer zu erkennen, daß diese
Konzentration der politischen Kräfte auf wenige Parteien nach einer
Zwischenperiode mit Ausdifferenzierungen und Neugründungen politisch strukturbestimmend geblieben ist und institutionell, etwa durch
die Wahlgesetzgebung, durch Formen staatlicher Parteienfinanzierung
und anderer Mittel, von den „etablierten" Parteien abgesichert worden ist. Von den vier großen „Lizenz-Parteien" der ersten Nachkriegsjahre wurde die KPD, nachdem sie schon bedeutungslos geworden war
— die Gründe hierfür können an dieser Stelle nicht erörtert werden —
durch das Verbot des Bundesverfassungsgerichtes 1956 illegalisiert.
Diese Gesamtentwicklung trifft aber im wesentlichen nur für die
parlamentarische Bundesebene zu. Auf der Länderebene entwickelte
sich schon seit 1946, im größeren Maße aber erst seit 1947/48 eine
Vielfalt von kleineren Parteien, sogenannten Splitterparteien, darunter
meistens bürgerliche Parteien. Einige davon, wie die Parteigruppen,
aus denen 1950 der Gesamtdeutsche Block/Block der Heimatvertriebenen und Entrechteten (GB/BHE) hervorging, gewannen Anfang der
fünfziger Jahre, wenn auch nur vorübergehend, größere Bedeutung.
Diese zeitweise „Blüte" meist bürgerlicher Splitterparteien entfaltete
sich mit der Lockerung der Lizenzierungspolitik seitens der westlichen
Okkupationsmächte seit 1947. Nachdem mit Gründung der Bundesrepublik jeglicher Lizenzierungszwang aufgehört hatte, zeigten die
besatzungspolitisch verordneten bürgerlichen Integrationsparteien vorübergehend bezeichnende gesellschaftlich-politische Integrations-
schwächen, die unter der Besatzungspolitik der ersten Nachkriegsjahre
nicht so augenscheinlich geworden waren. So waren insbesondere die
Vertriebenengruppen, die sich schon nach Landsmannschaften in sogenannten Selbsthilfeorganisationen formiert hatten, faktisch nicht inte-

griert worden. Als Vertriebenenorganisationen die Aussicht hatten, als Parteien zugelassen zu werden, setzte sofort – etwa seit 1948 – ein verwickelter Gründungsprozeß von Vertriebenenparteien ein, da und dort gekoppelt mit Gründungen von kleinen bürgerlichen Rechtsparteien und neofaschistischen Organisationen. Erinnert sei hier lediglich an die „Deutsche Partei" (DP; Gründung 1947), an die „Deutsche Rechtspartei" in der britischen Besatzungszone.

Auf die verwickelte, durch Spaltungen und Umbenennungen gekennzeichnete Wiederentstehung national-konservativer und nationalistisch radikaler bzw. neofaschistischer Parteigruppierungen Ende der vierziger Jahre kann hier nur verwiesen werden.

Die Aufmerksamkeit muß vielmehr auf die Integrationsvorgänge bei den liberalen und christlich-demokratischen Parteien in den Westzonen gelenkt werden, weil sie für die Bundesrepublik auf Dauer gesellschaftlich-politisch strukturbestimmend wurden.

3. Die zonalen und interzonalen Integrationsvorgänge und die Konstituierung von Bundesorganisationen bei den liberalen Parteigruppen und „Unionsparteien" in den Westzonen.

Diese Entwicklung stand im engsten Zusammenhang mit der Entstehung des westdeutschen Staates im Rahmen des West-Ost-Konfliktes und der Teilung Deutschlands im Kalten Krieg. In diesem komplexen Zusammenhang sind die bürgerlichen Parteien der Westzonen, insbesondere die liberalen Parteien und die „Unionsparteien" im anglo-amerikanischen Besatzungsraum, selbst Faktoren des Teilungsprozesses. Ihre inneren Konflikte, programmatischen Wendungen und Richtungskämpfe, ihre politischen Allianzen sowie ihr organisationspolitischer Formierungsprozeß zu westdeutschen Bundesparteien sind geprägt von den Etappen des Teilungsprozesses und der Entstehung der zwei deutschen Staaten mit unterschiedlichen Gesellschaftsordnungen.

Die Reorganisation der liberalen Parteigruppen im Rahmen der entstehenden Bundesrepublik erfolgte erst Ende 1948. Bis dahin existierten in den Westzonen praktisch nur einzelne organisatorisch unverbundene Parteien auf Landes- und Zonenebene. Ihre Zusammenarbeit war in erster Linie durch Ähnlichkeiten des politischen Selbstverständnisses und des gesellschaftlich-politischen Gestaltungswillens motiviert und ging nicht in organisatorisch geregelten Formen vor sich. Die wichtigsten Kooperationszentren waren der Wirtschaftsrat in Frankfurt am Main und der Parlamentarische Rat. Die Entwicklung staatlicher Organe der späteren Bundesrepublik verfestigte zunehmend die Zusammenarbeit und war Katalysator des Zusammenschlusses der liberalen Parteien der Westzonen unter Einbeziehung der LDP West-Berlins. Im Laufe des Jahres 1948 wurden die Koordinierungsbestrebungen innerhalb der liberalen Parteien Westdeutschlands intensiviert. Die Initiativen zu einem Zusammenschluß der liberalen Parteien gingen insbesondere von der Stuttgarter Zentrale der Deutschen Volks-Partei (DVP) und ihrem Geschäftsführer *Ernst Mayer* aus. *Ernst Mayer*, ein enger Mitarbeiter von *Theodor Heuss*, war ein erklärter Gegner des Berliner Führungsanspruches der sowjetzonalen LDP und einer zentralistisch orientierten liberalen Politik.

Am 11. und 12. Dezember 1948 versammelten sich in Heppenheim an der Bergstraße 89 Delegierte der liberalen Parteien Westdeutschlands und West-Berlins und gründeten die „Freie Demokratische Partei". Der Name FDP war heiß umstritten. 64 Delegierte entschieden sich für „FDP", 25 Delegierte sprachen sich für den Namen „Liberal-demokratische Partei" aus. Im Juni 1949, kurz vor Gründung der Bundesrepublik und inmitten der Wahlkampfvorbereitungen zur ersten Bundestagswahl fand in Bremen der erste Gesamtparteitag der FDP statt.

Die Unionsparteien in den drei Westzonen und in Berlin (West) konstituierten die CDU als Bundesorganisation erst auf ihrem ersten Bundesparteitag in Goslar 1950. Mit dieser späten Konstituierung der Bundesorganisation der CDU fand wie bei den liberalen Parteien ein langwieriger und konfliktreicher Formierungsprozeß im Rahmen des gesellschaftlich-politischen und staatlichen Teilungsprozesses und globaler Vorgänge seinen Abschluß.

Die auf dem ersten „Reichstreffen der Union" am 14.–18. Dezember 1945 in Bad Godesberg versammelten Unionsgründer aus drei Besatzungszonen hatten proklamiert: „Alle Teilnehmer bekundeten den Willen, jeder Art von Zersplitterung in überlebten parteipolitischen Formen oder Sondergruppen vorzubeugen und dafür . . . eine starke Einheitspartei zu schaffen." In dieser Absicht hatten die Versammelten beschlossen, zur Koordinierung der einzelnen bereits gegründeten oder in Gründung begriffenen Unionsparteien in den vier Besatzungszonen einen „Zonenverbindungsausschuß" mit Sitz in Frankfurt am Main ins Leben zu rufen. Dieser „Zonenverbindungsausschuß", als dessen Leiter *Bruno Dörpinghaus* eingesetzt worden war, hatte ein zweites „Reichstreffen" vorbereiten wollen, das ursprünglich für den 28.–30. Mai 1946 geplant gewesen war. Doch die heterogenen besatzungspolitischen Entwicklungen, vor allem aber die innerparteilichen Konflikte insbesondere um den in Hessen, Berlin und in Westfalen vertretenen christlichen Sozialismus hatten solche Bemühungen inzwischen fast illusionär werden lassen. „Die Berliner Tagung" vom 15. bis 17. Juni 1946, die unter das zonenverbindende Motto „Deutschland und die Union" gestellt worden war, hatte nur unverbindlichen Kundgebungscharakter. Auch die Besprechungen am 28./29. August 1946 in Königstein im Taunus zeigten, welch hohe Barrieren gegen einen Zusammenschluß der christlich-demokratischen Zonen- und Landesparteien zu einer „Arbeitsgemeinschaft" noch zu überwinden waren. Der Plan einer „Reichsorganisation" der Unionsparteien der vier Besatzungszonen, etwa gar mit einer Berliner Spitze und „Reichsgeschäftsstelle", entbehrte im Sommer 1946 längst jeder realen Grundlage. Der Beschluß auf dem ersten Königsteiner Treffen, eine „Arbeitsgemeinschaft" der Unionsparteien zu gründen, wurde erst auf dem zweiten Königsteiner Treffen am 5./6. Februar 1947 verwirklicht.

Die am 5./6. Februar 1947 in Königstein im Taunus versammelten Unionspolitiker aus den vier Besatzungszonen gaben der konstituierten „Arbeitsgemeinschaft der CDU/CSU Deutschlands" eine bereits auf der ersten Königsteiner Tagung vorgelegte Geschäftsordnung und einen Vorstand, in den *Konrad Adenauer* (Köln), *Friedrich Holzapfel* (Herford i. W.), *Hugo Hickmann* (Dresden), *Jakob Kaiser* (Berlin), *Erich Köhler* (Wiesbaden), *Ernst Lemmer* (Berlin), *Josef Müller* (München) und *Ulrich Steiner* (Schloß Laupheim, Wttbg.) gewählt wurden. Die neue Institution der Unionsparteien, die „Arbeitsgemeinschaft der CDU/CSU Deutschlands", konnte wegen der heterogenen und gegensätzlichen Deutschlandpolitik der vier Siegermächte und wegen der starken politischen Divergenzen unter den Führungsgruppen der Unionsparteien ihre zonenverbindende Funktion nur in einem geringen Maße erfüllen. Ihr Generalsekretär, *Bruno Dörpinghaus*, erklärte 1950 in einer Art Rechenschaftsbericht, daß seit 1948 „die aktive Arbeit, auf alle Zonen bezogen", zum „Erliegen kam". Mit Gründung des westdeutschen Bundesverbandes der CDU im Jahre 1950 hörte das bisherige zonenverbindende *Partei*organ, die „Arbeitsgemeinschaft der CDU/CSU Deutschlands", zu existieren auf.

Die Sonderentwicklung der CSU als einer autonomen bayerischen Landespartei neben der CDU als dem Bundesverband aller christlichdemokratischen Unionsparteien in den drei westlichen Besatzungszonen (unter Einschluß von West-Berlin) wurde erst zur institutionellen Tatsache des westdeutschen Parteiensystems, als am 20. Oktober 1950 auf dem ersten Parteitag der CDU alle Landesvorsitzenden der christlich-demokratischen Unionsparteien Westdeutschlands, West-Berlins und der Exil-CDU das „Statut der Christlich-Demokratischen Union Deutschlands" unterschrieben und damit offiziell den Bundesverband der CDU konstituiert hatten. Von diesem Moment an blieb die CSU parteiorganisatorisch nur noch über einzelne Arbeitsgemeinschaften mit der CDU verbunden. In Anlehnung an das historische Muster der zeitweisen Fraktionsgemeinschaft der BVP mit dem Zentrum hatte die CSU nach Bildung des bizonalen Wirtschaftsrates in

Frankfurt/Main eine *Fraktionsgemeinschaft* mit der CDU gebildet, die formal genauso wie die parteiorganisatorische „Arbeitsgemeinschaft der CDU/CSU Deutschlands" nur ein parlamentarisches Bündnis aller bizonalen Landesorganisationen „der Union" war. Doch dokumentierte sich in der Bezeichnung „Fraktionsgemeinschaft" schon das spätere besondere Bündnisverhältnis und der institutionelle Doppelcharakter der CSU im Parteiensystem der Bundesrepublik. Das Modell der Fraktionsgemeinschaft wurde von der CSU auch im Parlamentarischen Rat durchgesetzt und dann, nach Gründung der Bundesrepublik und nach der Wahl zum ersten Deutschen Bundestag, bei Konstituierung der Bonner Fraktionsgemeinschaft am 1. September 1949 durch die Bildung einer eigenen Landesgruppe der CSU als ein Bündnisverhältnis zweier autonomer Parteien besonders gekennzeichnet.

4. Antisozialistischer „bürgerlicher Block" gegen SPD und KPD

Die Skizze des parteipolitischen Formierungsprozesses in den ersten Nachkriegsjahren nach dem „Vier-Parteien-Modell" läßt unschwer die großen gesellschaftlichen Kräfte erkennen: Einerseits die zwei politischen Hauptströme der bürgerlichen Schichten und Gruppen, andererseits die Organisationen der Arbeiterschaft. Obschon bereits damals an den sozialstrukturellen Profilen der lizenzierten Parteien sowohl in Hinsicht auf ihre Mitgliederschaft wie auf ihre Wählerschaft deutlich wurde, daß zumindest die beiden Großparteien, CDU und SPD, konfessionelle und klassenmäßige Schranken durchbrochen hatten und sich zu „Volksparteien" zu entwickeln begannen, so bildete sich doch, zumal in ideologisch-programmatischer und in bündnispolitischer Hinsicht, in kurzer Zeit eine Parteienkonstellation heraus, in der eine bürgerliche Front gegen SPD und KPD erkennbar wurde. Bestrebungen der „Sammlung aller bürgerlichen Kräfte" rechts der Sozialdemokratie wurden gleichsam naturwüchsig in der Politik Wirklichkeit. Im globalen und damit unvermeidlich gegebenen innerdeutschen gesellschaftlich-politischen Polarisierungs- und Teilungsprozeß entstand in Westdeutschland, oftmals wider Willen von beteiligten deutschen Politikern, ein antisozialistischer „bürgerlicher Block" gegen die SPD und KPD. Dieser Entwicklungsprozeß ging über jene bürgerlichen Kräfte hinweg, die in der Gründungs- und Aufbauzeit einen „dritten Weg" zwischen Kapitalismus und Sozialismus östlicher Prägung einzuschlagen versucht hatten und mit entsprechenden gesellschaftspolitischen Programmen und verfassungspolitischen Vorschlägen an die Öffentlichkeit getreten waren. Der parteipolitische Formierungsprozeß in den Westzonen war, wie anfangs auch die breite antikapitalistische Grundströmung in bürgerlichen Schichten gezeigt hatte, nicht schlechthin Ausdruck und Konsequenz einer ursprünglich getroffenen Entscheidung für ein Gesellschafts- und Staatssystem westlicher und gegen eines östlicher Prägung gewesen. Die gesellschaftliche und staatliche Neugestaltung Deutschlands war ein im Rahmen des Potsdamer Abkommens heiß umstrittenes Problem gewesen, auf deutscher wie auf alliierter Seite. So spiegelte sich in diesem westdeutschen Formierungsprozeß und in der Ablösung der Berliner CDU und LDP von den jeweiligen sowjetzonalen Parteiverbänden der verwickelte Streit um die Neugestaltung Deutschlands und die Etappen der verschiedenen Wege, die von deutscher und alliierter Seite eingeschlagen wurden.

Programmatisch dokumentierte sich eine anfangs breite antikapitalistische Grundströmung bei den Unionsparteien in der laut *Hüttenberger* (S. 73) von *Adenauer* verfaßten Erklärung zur „Neuordnung unserer Wirtschaft", die der Zonenausschuß der CDU in der britischen Besatzungszone vom 1. bis 3. Februar 1947 in Ahlen beraten und einstimmig verkündet hatte, ebenso wie in den weniger bekannten programmatischen Äußerungen des Frankfurter Kreises christlicher Demokraten um *Walter Dirks, Eugen Kogon* u. a. Einen Höhepunkt erreichte die Diskussion um eine neue Wirtschafts- und Sozialverfassung Deutschlands mit *Jakob Kaiser*s Konzept eines „Sozialismus aus christlicher Verantwortung" im Rahmen einer „Synthese von Ost und West im Leben Europas". Im sogenannten Ahlener Programm wurde eine „Neuordnung von Grund auf" gefordert: „Die neue Struktur der deutschen Wirtschaft muß davon ausgehen, daß die Zeit der unumschränkten Herrschaft des privaten Kapitalismus vorbei ist. Es muß aber ebenso vermieden werden, daß der private Kapitalismus durch den Staatskapitalismus ersetzt wird ...". *Jakob Kaiser* erklärte 1947 „die alte bürgerliche Gesellschaftsordnung für überlebt". Kräfte aus der christlichen Gewerkschaftsbewegung der Weimarer Zeit wie *Adam Stegerwald* und *Jakob Kaiser* drängten anfangs zu einem gesellschaftspolitischen Ausgleich mit einer Reform-SPD.

In den liberalen Parteien wurde zwar an privatwirtschaftlichen Grundsätzen festgehalten, doch gab es auch in ihnen unter nationalpolitischen Gesichtspunkten Bestrebungen, verfassungspolitisch alle gesellschaftlichen Kräfte zu beteiligen.

Im Verlauf des rasch fortschreitenden Teilungsprozesses Deutschlands im beginnenden Kalten Krieg, in dem die beiden Hegemonialmächte, die USA und die UdSSR, ihre Einflußsphären in Europa ökonomisch, bündnispolitisch und militärisch absicherten, zeichnete sich aber im Bereich der Westzonen bald eine antisozialistische Formierung der bürgerlichen Parteien gegen SPD und KPD im Zeichen eines verschärften Antikommunismus ab. Am 12. März 1947, vor Beginn der Moskauer Konferenz, hatte der amerikanische Präsident *Truman* auf

Rat *George Marshalls*, der im Januar 1947 die Leitung der amerikanischen Außenpolitik übernommen hatte, eine „policy of containment"
gegen die vermeintliche sowjetische Machtausdehnung angekündigt
(Truman-Doktrin). Nach dem Scheitern der Moskauer Konferenz
hatten die amerikanische und die britische Besatzungsmacht sich
entschlossen, den bereits mit der Bildung der Bizone (Dez. 1946)
beschrittenen Weg fortzusetzen und am 29. Mai 1947 den Bizonen-
Wirtschaftsrat geschaffen. Auf der Londoner Sechs-Mächte-Konferenz
vom März 1948, die die Bildung eines separaten westdeutschen
Staates beschloß, entschloß sich auch Frankreich zum Anschluß seiner
Zone: Aus der Bizone wurde im April 1948 die Trizone. Am 20. Juni
1948 führten die Westmächte die Währungsreform durch, die die
Belebung der westdeutschen Wirtschaft erreichte. Zug um Zug hatte
sich mit dieser Entwicklung unter amerikanischer Führung in Westdeutschland der Unternehmer-Kapitalismus neu entfalten können, der
zwar durch das System der zentralen Wirtschaftsverwaltung zunächst
behindert und durch die Entnazifizierung kurzfristig geschwächt, aber
in seiner Existenz niemals wirklich getroffen worden war.

Diese Entwicklung schlug sich bei den Unionsparteien programmatisch in der Wendung zur „Sozialen Marktwirtschaft" nieder und in
der Ablösung des sogenannten Ahlener Programms durch die „Düsseldorfer Leitsätze" (15. Juni 1949). Sie reduzierten ihre bisherigen
gesellschaftspolitischen und wirtschaftsverfassungspolitischen Neuord-
nungsvorschläge auf soziale Rücksichtnahmen des Privatkapitalismus.
Später, auf dem 7. Bundesparteitag der CDU in Hamburg, wurde die
Funktion des Ahlener Programms so interpretiert: „Das Ahlener
Programm war ein Programm, dazu ausersehen, den Sozialismus zu
verhindern".

Der Kurs des SPD-Vorsitzenden *Kurt Schumacher* erleichterte es den
bürgerlichen Parteien unter propagandistischer Nutzung des verschärften Antikommunismus die sozialdemokratische Politik eines deutschen demokratischen Sozialismus als illusionäre hinzustellen. Die
KPD konnte aufgrund der Entwicklung in der SBZ und in Berlin
(Blockade 1948/49) von den bürgerlichen Parteien als Instrument
sowjetisch-kommunistischer Machtpolitik diskreditiert werden. Die
Westintegration des entstehenden westdeutschen Staatsgebildes in
Frontstellung gegen die UdSSR und ihre „Satellitenstaaten" förderte
die Politik der bürgerlichen Parteien.

Der antisozialistische „bürgerliche Block" gegen SPD und KPD kam
auch in der Wahlstärke der Parteien von 1946/47 bis 1949 und in
ihrem Wirken in den interzonalen parlamentarischen Körperschaften
zum Ausdruck.

Der am 25. Juni 1947 gebildete Wirtschaftsrat für die Bizone mit Sitz in Frankfurt a. M. setzte sich aus 52 Abgeordneten zusammen, die sich folgendermaßen auf die Parteien verteilten:

KPD	SPD	Zentrum	CDU/CSU	FDP/DVP/ DemP	NLP (DP)	WAV
3	20	2	20	4	2	1

Arbeiterparteien	bürgerliche Parteien
23	29

Mit der Besetzung der Direktorenposten im Wirtschaftsrat fiel die erste Vorentscheidung über die zukünftige Wirtschaftsverfassung in Westdeutschland. Hier bildete sich ein bürgerlicher Block gegen die Sozialdemokraten und die Kommunisten, wie das auch in der Weimarer Republik mehrfach der Fall gewesen war. Mit der Berufung *Ludwig Erhards* zum Direktor für Wirtschaft (2. März 1948) wurden von dem sich festigenden Block der bürgerlichen Parteien die Weichen in der Wirtschaftspolitik in Richtung auf die „Soziale Marktwirtschaft" gestellt. Nach der Wahl *Ludwig Erhards* trugen die Mehrheit der CDU, die FDP und die DP gemeinsam die vom Wirtschaftsrat betriebene Politik.

Die Sitzverteilung im „Parlamentarischen Rat", der von dem Länderparlament beschickt worden war und am 1. September 1948 zum ersten Mal zusammentrat, war folgende:

KPD	SPD	Zentrum	CDU/CSU	FDP/LDP/DVP	DP
2	27	2	27	5	2

Arbeiterparteien	bürgerliche Parteien
29	36

Die CDU stellte mit dem Zonenvorsitzenden der CDU in der britischen Besatzungszone, *Konrad Adenauer*, den Präsidenten des Parlamentarischen Rates, der von einer Mehrheit aus CDU/CSU, Liberalen, DP und Zentrum gewählt worden war.

Bei der ersten einheitlichen Wahl in den Westzonen, der zum 1. Deutschen Bundestag am 14. August 1949, ergaben sich gegenüber den Wahlen von 1946/47 erhebliche Verschiebungen zugunsten der kleineren Parteien rechts von CDU und CSU. Zehn Parteien hatten Abgeordnete in den Bundestag entsandt; drei Unabhängige traten hinzu. Die Sitzverteilung ergab folgendes Bild:

KPD	SPD	Zentrum	CDU/CSU	FDP	DP	WAV	BP	DRP	SSW	Unabh.
15	131	10	139	52	17	12	17	5	1	3
	(+ 5 Berl.)		(+ 2 Berl.)							
Arbeiter-		bürgerliche Parteien								
parteien										
146		256 (+ 2 Berliner)								
(+ 5 Berl.)										

Die Entwicklung der Westzonen zum „CDU-Staat" war bei allen
politisch-situativen, innerdeutschen und internationalen Wechselbezie-
hungen gewissermaßen historisch vorgeprägt. Das Verhältnis von
Katholiken und Protestanten hatte im Deutschen Reich (1925)
32,4 : 64,1 Prozent betragen. In der Bundesrepublik Deutschland
betrug das Verhältnis 1950 45,8 : 50,5 Prozent. Durch die Teilung
Deutschlands war die bei weitem überwiegend protestantische SBZ
mit ihren traditionellen sozialdemokratischen und kommunistischen
Hochburgen „abgeschnitten" worden. Die politische Geographie Westdeutschlands war einer Entwicklung der Bundesrepublik unter konservativen Vorzeichen besonders günstig – und das vor allem unter den
Bedingungen der Besatzungspolitik von Mächten, die eine gesellschaftspolitisch alternative Entwicklung bremsten.

Literatur

Conze, Werner: Jakob Kaiser, Politiker zwischen Ost und West 1945–1949,
    Stuttgart, Berlin, Köln, Mainz 1969.
Deuerlein, Ernst: CDU/CSU 1945–1957. Beiträge zur Zeitgeschichte. Köln
    1957.
Gutscher, Jörg Michael: Die Entwicklung der FDP von ihren Anfängen bis 1961.
    Meisenheim am Glan 1967.
Heidenheimer, Arnold J.: Adenauer and the CDU. The Rise of the Leader and
    the Integration of the Party. Den Haag 1960 .
Hüttenberger, Peter: Nordrhein-Westfalen und die Entstehung seiner parlamen-
    tarischen Demokratie. Siegburg 1973.
Mintzel, Alf: „Gründung, Ostentflechtung und Westintegration der Berliner
    Parteien und Gewerkschaften", zusammen mit Jürgen Fijalkowski, in:
    Jürgen Fijalkowski, Peter Hauck, Axel Holst, Gerd-Heinrich Kemper, Alf
    Mintzel: Berlin – Hauptstadtanspruch und Westintegration. Köln und
    Opladen 1967 (Schriften des Instituts f. polit. Wissenschaft, Bd. 20, S. 3 ff.).
ders.: Die CSU, Anatomie einer konservativen Partei 1945–1972. Mit einem
    Vorwort von Otto Stammer (Schriften des Zentralinstituts f. sozialwissen-
    schaftl. Forschung, ehem. Schriften des Instituts f. polit. Wissenschaft,
    Bd. 26) Opladen 1975.

Schulz, Gerhard: Die CDU – Merkmale ihres Aufbaus, in: Parteien in der Bundesrepublik. Studien zur Entwicklung der deutschen Parteien bis zur Bundestagswahl 1953. Mit Beiträgen von Max Gustav Lange, Gerhard Schulz, Klaus Schütz, Arnold Bauer, Rudolf Holzgräber, Martin Virchov. Mit einer Einleitung von Sigmund Neumann (Schriften des Instituts f. polit. Wissenschaft, Bd. 6), Stuttgart, Düsseldorf 1955.

Schwering, Leo: Frühgeschichte der Christlich-Demokratischen Union. Recklinghausen 1963.

Wieck, Hans-Georg: Christliche und Freie Demokraten in Hessen, Rheinland-Pfalz, Baden und Württemberg 1945/46 (Beiträge zur Geschichte d. Parlamentarismus und der politischen Parteien, Bd. 10), Düsseldorf 1958.

ders.: Die Entstehung der CDU und die Wiedergründung des Zentrums im Jahre 1945 (Beiträge zur Geschichte des Parlamentarismus und der politischen Parteien, H. 2), Düsseldorf 1953.

Zur Entstehung des Parteiensystems der DDR

Zur Entstehung des Parteiensystems der DDR

Wenn im Kontext einer Einführung in das Parteiensystem der Bundesrepublik eine Skizze der Entstehung des ganz anders strukturierten Parteiensystems der DDR versucht wird, dann vor allem aus zwei Gründen:

Einerseits vollzog sich die Entwicklung der ost- und westdeutschen Parteien, ihre aktive oder passive Integration in die Sozialordnungen der beiden deutschen Staaten, weder geradlinig noch unabhängig voneinander. Ihre Beziehungen zueinander waren vielmehr — analog der sukzessiven Spaltung des Landes — anfangs durchaus geprägt von der Suche der bürgerlichen wie der Arbeiterparteien nach politisch-organisatorischen Gemeinsamkeiten über die Zonengrenzen hinweg und erst seit 1948/49 bestimmt durch die Abgrenzung der nunmehr unterschiedliche Gesellschaftsordnungen und feindliche Staaten tragenden Parteien. Die Entwicklung des jeweils anderen Staates war mithin eine Determinante oder doch ein Legitimations-Moment der Entwicklung der Staaten und damit auch der Parteiensysteme.

Andererseits mag ein solcher Überblick auch deshalb nützlich sein, weil so der Spielraum verdeutlicht werden kann, der im Osten Deutschlands jenen Kräften blieb, die, wie die Gründer und Wiederbegründer der Parteien im Westen, sich politisch zu entscheiden hatten zwischen einem nur nachfaschistischen oder — darüber hinaus — antikapitalistischen Neubeginn, der Einheit oder der Spaltung der Arbeiterbewegung, der Konfrontation oder Kooperation der Parteien. Wie groß dieser Spielraum war, welche Programmatik die in der SBZ entstehenden Parteien vertraten und wie sich schließlich das ostdeutsche Parteiensystem in ein von der SED gesteuertes System von Massenorganisationen mit Transmissions-Auftrag wandelte, soll im folgenden dargestellt werden.

1. Der rechtlich-politische Rahmen

Wie bereits erwähnt (S. 75) war die SMAD die erste Okkupationsbehörde, die in ihrer Besatzungszone die Gründung politischer Parteien

und Gewerkschaften gestattete. Mit dem Befehl Nr. 2 vom 10. Juni 1945 erlaubte die Militär-Administration die Bildung und Tätigkeit aller jener Parteien, die sich „die endgültige Ausrottung der Überreste des Faschismus und die Festigung der Grundlagen der Demokratie und der bürgerlichen Freiheiten in Deutschland und die Entwicklung der Initiative und Selbstbetätigung der breiten Massen der Bevölkerung in dieser Richtung zum Ziel setzen." (*Flechtheim. I, S.* 108) War auf diese Weise der in der SBZ zuzulassende Parteityp, die demokratisch-antifaschistische Partei, charakterisiert, so umriß die zweite wesentliche Bestimmung der SMAD-Order deren Aktions-Radius. Die Besatzungsmacht stellte die Parteien „für die Dauer des Okkupationsregimes" unter die Kontrolle der Besatzungs-Behörden und verfügte zudem, daß ihre Tätigkeit „entsprechend den von ihr gegebenen Instruktionen" zu erfolgen habe. (ebda, S. 109)
Zwar galt diese Bestimmung vor allem der Verhinderung eines immerhin möglichen Einflusses faschistischer Kräfte auf die neuen Parteien. Sie war jedoch darüber hinaus dazu geeignet, weiterreichende Intentionen der Besatzungsmacht zu unterstützen. So konnten einerseits die Gründung der Parteien von oben nach unten durchgesetzt und wesentliche Momente der Organisations-Struktur der Parteien präjudiziert werden. Und andererseits bot sich — angesichts des Vorprellens der UdSSR bei der Zulassung politischer Parteien — die Chance, daß die in der SBZ sich bildenden Parteien Modell-Charakter für Gründungsbestrebungen in den Westzonen erlangen und sich womöglich zu Reichsorganisationen entwickeln könnten.
Was die SMAD als allgemeinen Rahmen künftiger Parteipolitik definiert hatte, präzisierte tags darauf das aus der Emigration zurückgekehrte Rest-ZK im Gründungsaufruf der KPD. Die Parteiführer entwarfen in ihrem Aktionsprogramm die mögliche Struktur einer zwischenparteilichen Kooperation und nannten überdies die Adressaten ihres Kooperations-Angebots: „Das Zentralkomitee der Kommunistischen Partei Deutschlands ist der Auffassung, daß das ... Aktionsprogramm als Grundlage zur Schaffung eines Blocks der antifaschistischen, demokratischen Parteien (der Kommunistischen Partei, der Sozialdemokratischen Partei, der Zentrumspartei und anderer) dienen kann. Wir sind der Auffassung, daß ein solcher Block die feste Grundlage im Kampf für die völlige Liquidierung der Überreste des Hitlerregimes und für die Aufrichtung eines demokratischen Regimes bilden kann." (*Flechtheim. III, S.* 313 ff.)
Ziel der KPD war mithin nicht eine lockere Parteien-Koalition, sondern ein Parteiensystem neuen Typs, ein zumindest mittelfristiges Bündnis verschiedener antifaschistischer Parteien in einem Parteienblock auf der Grundlage eines — wenn möglich gemeinsamen — von der KPD vorformulierten politischen Minimal-Programms.

2. Der theoretische Kontext

Diese von der KPD offerierte Kooperations-Weise war der organisatorische Ausdruck ihrer im Gründungsaufruf formulierten Politik für die
nachfaschistische Entwicklungs-Phase in ganz Deutschland. Die Parteiführung nannte als ihr Nahziel die Errichtung eines „antifaschistisch-
demokratischen Regimes, einer parlamentarisch-demokratischen Republik mit allen demokratischen Rechten und Freiheiten für das
Volk", forderte die Enteignung der Naziaktivisten und Kriegsverbrecher sowie die Zerschlagung des Großgrundbesitzes, trat für die
Kommunalisierung aller jener Betriebe ein, die von ihren Besitzern
verlassen worden waren oder lebenswichtigen Bedürfnissen dienten
(Gas-, Wasser-, Elektrizitätswerke). Zugleich aber enthielt der Gründungsaufruf Plädoyers für die Freiheit privater Unternehmer-Initiative
und die ungehinderte Entfaltung des Handels.
Die Parteiführung hatte mithin ein Programm vorgelegt, das einerseits
auf die Entmachtung der Großeigentümer zielte, und andererseits,
Klein- und Mittelbauern sowie das nicht ns-belastete Mittel- und
Kleinbürgertum als Bündnispartner gewinnen helfen sollte. Und gerade im Hinblick auf diese Partner vermied sie es, die politische
Perspektive des antifaschistisch-demokratischen Regimes – die Überleitung der antifaschistisch-demokratischen in die sozialistische Ordnung – zu benennen. Sie charakterisierte ihr Aktions-Programm
vielmehr als Maßnahmen-Katalog für die „Vollendung der bürgerlich-
demokratischen Revolution von 1848" und stellte sich schließlich mit
ihrer Aussage, es sei falsch, dem „deutschen Volk das Sowjetsystem
aufzuzwingen", weil dieser Weg den gegenwärtigen Entwicklungsbedingungen in Deutschland nicht entspreche, als eine scheinbar gewandelte,
als eine kommunistische Partei neuen Typs vor, die ihr Fernziel, den
Sozialismus, auf einem besonderen „deutschen Weg" erreichen wollte.
Tatsächlich aber reflektierte das KPD-Programm weder eine Abkehr
von revolutionären Zielsetzungen noch allein die KPD-Interpretation
der Lage im nachfaschistischen Deutschland. Zwar verwiesen die
Kommunisten in ihrem Aufruf wie in den folgenden Darlegungen
ihrer Programmatik immer wieder auf jene Momente, die ihrer
Meinung nach eine antifaschistisch-demokratische Umwälzung statt
des Beginns einer sozialistischen Revolution erforderlich machten: auf
die starke Zerstörung Deutschlands, die unterschiedliche Politik unterschiedlicher Besatzungsmächte und vor allem auf die politisch-ideologischen Nachwirkungen des deutschen Faschismus innerhalb der
Arbeiterklasse. Den Ausgangspunkt des Programms aber bildete die
Einheits- und Volksfront-Politik, die von den kommunistischen Parteien seit 1934/35 entwickelt worden war, und fortan die Basis der
strategischen Überlegungen aller kommunistischen Parteien bildete.

1935, auf ihrem VII. Weltkongreß, hatte die Komintern – angesichts des Sieges des Faschismus in Deutschland und des Vordringens faschistischer Bewegungen in Österreich und Frankreich – die bereits zuvor in Frankreich experimentierte Taktik der Einheits- und Volksfront sanktioniert. Die Komintern-Parteien verständigten sich darauf, dem Vormarsch des Faschismus durch die Bildung proletarischer Einheitsfronten von Kommunisten und Sozialdemokraten sowie durch Bündnisse dieser Einheitsfronten mit klein- bis mittelbürgerlichen Schichten und Organisationen zu begegnen. Ziel dieser Volksfronten war es freilich nicht allein, die bürgerliche Demokratie zu verteidigen. Sie sollten vielmehr zugleich die bündnispolitischen Voraussetzungen für den Beginn einer sozialistischen Revolution schaffen, die – nach Komintern-Sicht – zumindest in ihrem Anfangs-Stadium auch von Bauern und Kleinbürgertum getragen werden mußte.

Eine Voraussetzung dieser Politik war daher die Zurücknahme der Denunziation der Sozialdemokratie als sozialfaschistische Bewegung, als „Zwillingsbruder" des Faschismus. Eine andere die Abkehr von der tradierten Vorstellung eines gleichsam stufenlosen Übergangs von der bürgerlich-demokratischen Republik zur revolutionären Diktatur des Proletariats.

Die KPD hatte auf ihrer „Brüsseler" Konferenz (1935) die Leitlinien der Komintern-Politik übernommen, seither in der Emigration – unterschiedlich intensiv, doch fast immer erfolglos – für die Einheitsfront mit der SPD oder für die Einheitspartei geworben und mit dem Begriff der demokratischen Republik den politisch-ökonomischen Gehalt jener Entwicklungs-Etappe zu beschreiben versucht, die nach der seit 1935 verbindlichen Komintern-Interpretation nun zwischen der kapitalistischen, bürgerlichen Republik und der sozialistischen Diktatur des Proletariats lag. Die Funktion dieser .demokratischen Übergangs-Republik wurde erstmals 1937 von *Anton Ackermann*, dem zwischen 1945 und 1948 maßgebenden KPD/SED-Theoretiker, skizziert. Er sah ihre Aufgabe darin, „die allgemeinen demokratischen Aufgaben so weit zu lösen, daß die Vorrechte des Großkapitals praktisch beseitigt werden..." (Internationale, 3/4, 1937)

Was *Ackermann* 1937 noch allgemein formuliert hatte, wurde von der KPD und den anderen kommunistischen Parteien später theoretisch-ideologisch abgestützt. Die Komintern-Parteien beriefen sich auf die von *Lenin*, 1905 (ausdrücklich im Hinblick auf das unterentwickelte Rußland) propagierte Vorstellung von der Überleitung der bürgerlich-demokratischen in die sozialistische Revolution im Zeichen der „revolutionär-demokratischen Diktatur der Arbeiter und Bauern". Seither gingen (und gehen) die kommunistischen Parteien des Komintern-Typs von der Möglichkeit und Notwendigkeit eines sich in zwei eng miteinander verbundenen Phasen vollziehenden revolutionären

Prozesses aus, der unter Führung der Arbeiterklasse, d. h. im KP-Verständnis: unter Führung der Kommunistischen Partei, steht.
Diese Konzeption bestimmte denn auch die Beschlüsse der Berner KPD-Konferenz (1939), fand ihren Niederschlag im Manifest des (Moskauer) Nationalkomitees „Freies Deutschland" (1943), prägte die in Moskau 1943/44 begonnenen Arbeiten für das Programm eines im Nach-Hitler-Deutschland zu bildenden „Blocks der kämpferischen Demokratie" und bildete schließlich das Fundament des Gründungsaufrufs der KPD vom 11. Juni 1945.

3. Die Gründung der Parteien

Um nun die diesem Transformations-Konzept gemäße Bündnispolitik zu realisieren, mußte die KPD-Führung zunächst vier Probleme lösen. Sie hatte
— ihr neues Konzept des Übergangs zum Sozialismus in der eigenen Partei durchzusetzen;
— zugleich die Einheitsfront mit der Sozialdemokratie zu bilden;
— dafür zu sorgen, daß die entstehenden nichtsozialistischen Parteien das Bündnis-Angebot so akzeptierten, daß der Block zumindest die erste Phase der Transformation politisch trug und — last, not least — das Tempo der sozialökonomischen Umwälzung in der SBZ so zu bestimmen, daß die — angesichts der unterschiedlichen Intentionen der Besatzungsmächte — ohnehin nur geringe Chance gewahrt blieb, im Osten Deutschlands das Modell einer in ganz Deutschland nachvollziehbaren Transformation zu schaffen und damit die sowjetische Europa-Politik zu unterstützen.

3.1 Die KPD

Als besonders dringlich erwies sich die Durchsetzung der Konzeption zunächst in der KPD selbst. Die Mitglieder des zurückgekehrten ZK wurden mit der Tatsache konfrontiert, daß viele der in der Illegalität, in Zuchthäusern und KZs überlebenden Parteimitglieder entweder nur unzureichend über den taktischen Schwenk der Komintern und ihres ZK informiert waren, in illegalen Zirkeln von der ZK-Linie zumindest partiell abweichende Transformations-Strategien entwickelt hatten oder aber an jener Programmatik festhalten wollten, die für sie bis 1933 verbindlich gewesen war. Das ZK hatte sich sowohl mit eher rätedemokratischen Übergangs-Konzeptionen auseinanderzusetzen, in der Illegalität oder nach der Befreiung entstandene, politisch heterogene, zumeist aber von Kommunisten initiierte „Antifa-Komitees" aufzulösen als auch die in der Partei weit verbreitete Stimmung zu

bekämpfen, daß in Deutschland oder doch wenigstens im Osten Deutschlands, im Schutze der sozialistischen Okkupationsmacht, unverzüglich mit der sozialistischen Revolution zu beginnen sei.
Bereits im Mai 1945 hatte *Walter Ulbricht* in einem Brief an *Wilhelm Pieck*, damals noch in Moskau, diese Probleme benannt und angedeutet, wie die Remigranten den Konflikt zwischen ihrem Führungsanspruch und der politischen Orientierung vieler Parteimitglieder zu lösen gedachten: „Wir müssen uns Rechenschaft legen darüber, daß die Mehrheit unserer Genossen sektiererisch eingestellt ist und daß möglichst bald die Zusammensetzung der Partei geändert werden muß durch die Hereinnahme aktiver Antifaschisten, die sich jetzt in der Arbeit bewähren." (*Ulbricht*. 1966, S. 205)
Dieser quantitativen wie qualitativen Erneuerung der Partei galt denn auch die Anstrengung des ZK: Im April 1946 − vor der Verschmelzung mit der SPD − hatte sich die Zahl der KPD-Mitglieder im Gebiet der SBZ mit 610 000 gegenüber etwa 50 000 im Mai 1945 verzwölffacht, und war damit gegenüber 1933 (100 000 Mitglieder) auf das Sechsfache gestiegen. Die zentral gelenkte Mitgliederschulung konzentrierte sich auf die Vermittlung des ZK-Konzepts.
Wesentliche Voraussetzungen für diesen Erfolg des ZK waren die Anerkennung der Remigranten als allein legitimierte Parteiführer durch die SMAD, deren materielle Hilfe beim Aufbau der zentralen und regionalen Partei-Apparate und damit die Wiederdurchsetzung des demokratischen Zentralismus in der Parteiorganisation. Und als wesentlich erwiesen sich zudem die Gründe, die einen Teil der neuen KPD-Anhänger zum Eintritt in die Partei veranlaßt hatten. Wenn sich über diese präzise Aussagen auch kaum formulieren lassen, so wurde doch später offenkundig, daß ein großer Teil der 1945/46 neu geworbenen Mitglieder eher karrieristisch als politisch motiviert war, sich schon deshalb der Reetablierung zentralistischer Strukturen nicht widersetzte und das Programm der Führung anerkannte.
Die rasche Reorganisation der Partei, ihre ideologische Vereinheitlichung und die parteiinterne Anerkennung der Richtlinien-Kompetenz der Führung war 1945 um so notwendiger, als sich die KPD noch vor ihrer formellen Wiedergründung einem Fusions-Angebot von Repräsentanten der sich in Berlin bildenden SPD gegenübersah.

3.2 Die SPD

Der im Mai 1945 in Berlin um *Otto Grotewohl, Max Fechner* und *Gustav Dahrendorf* entstandene Kreis ehedem zumindest regional prominenter Sozialdemokraten − der spätere Zentralausschuß der SPD für die SBZ − stand vom Beginn seiner Arbeit an vor der Notwendigkeit, sein Verhältnis zu den Kommunisten zu bestimmen:

einerseits wegen der engen Kooperation der Besatzungsmacht mit der damals so genannten Gruppe *Ulbricht*, anderseits aufgrund seiner politischen Zielsetzung. Denn anders als die *Schumacher*-Gruppe in Hannover oder der aus London noch nicht zurückgekehrte SPD-Exil-vorstand orientierte sich der Berliner SPD-Kreis eher an jener Möglich-keit sozialdemokratischer Politik, die nach dem Sieg des Faschismus etwa im Prager SPD-Manifest von 1935 zeitweilig SPD-Programm geworden war: an der selbstkritischen Rückbesinnung auf den revolu-tionären Marxismus und am Verlangen nach der politischen Einheit der Arbeiterbewegung.

Beide Einsichten, das Erkennen des Versagens der Arbeiterbewegung in der Weimarer Republik und die daraus abgeleitete Einheitsfor-derung, veranlaßten *Max Fechner*, noch in den letzten Kriegstagen *Walter Ulbricht* Gespräche über „die ersehnte Einheitsorganisation der deutschen Arbeiterklasse" vorzuschlagen und mithin statt für die Gründung zweier, womöglich konkurrierender Parteien für die Bildung einer Einheitspartei zu plädieren. Daß die KPD-Führung aufgrund der politischen Differenzen innerhalb der eigenen Partei weder auf dieses noch auf spätere Fusions-Angebote einging und sich im Juni schließlich auf noch bestehende ideologische Differenzen zwischen den Parteien berief, die vorerst nur eine Einheitsfront, nicht aber die Vereinigung gestatteten, hat das Verhältnis vieler SPD-Mitglieder zur KPD und damit den Verschmelzungs-Prozeß ebenso belastet wie die Weigerung der Westzonen-SPD unter Schumacher, mit der KPD überhaupt Einheitsfront- oder Fusions-Verhandlungen zu führen.

Gleichwohl vermögen Deutungen, die − wie jene von *Carola Stern* oder *Norbert Mattedi* − davon ausgehen die Vereinigung beider Parteien hätte sich in der unmittelbaren Nachkriegszeit sehr viel „harmonischer" (Stern., S. 18) vollziehen lassen, die Situation beider Parteien nicht voll zu erfassen. Denn ebenso wie die KPD-Führung stand auch der SPD-Zentralausschuß vor dem Problem, seine Program-matik in der gleichfalls rasch wachsenden Partei (1932: 581 000; 1946: 688.000 Mitglieder) durchzusetzen. So waren in verschiedenen Parteibezirken entweder andere Einheits-Konzepte (Thüringen) ent-wickelt worden oder altsozialdemokratische Konzepte dominant (Leipzig), die beide einer raschen und harmonischen Verschmelzung durchaus hinderlich gewesen wären (*Moraw*, S. 13 ff.). Tatsächlich aber förderte die KPD-Weigerung die einheitsfeindliche Politik *Kurt Schumachers*. Denn wie in Berlin, blockierte die KPD-Führung auch in den Westzonen spontane Zusammenschlüsse und bremste so − zusam-men mit dem dort von den Alliierten verfügten zeitweiligen Verbot jeglicher politischer Betätigung − den Trend zur „unmittelbaren proletarischen Einheit" (*Edinger*, S. 194).

Dieser negative Effekt der kommunistischen Einheitspolitik blieb,

obwohl das ZK mit seinem vom SPD-Zentralausschuß akzeptierten
Angebot zur Bildung eines „gemeinsamen Arbeitsausschusses" seinen
Kooperations- und Einheitswillen betonte.
Dieser Ausschuß sollte die „Voraussetzungen für die politische Einheit
des werktätigen Volkes" schaffen. In einer Vereinbarung vom 19.6.45
verständigten sich beide Parteien auf „enge Zusammenarbeit bei der
Durchführung gemeinsam beschlossener Aktionsaufgaben" und for-
mulierten als gemeinsames Nahziel den „Aufbau einer antifaschisti-
schen, demokratisch-parlamentarischen Republik . . ., die die Fehler
und Schwächen der Vergangenheit vermeidet, und dem schaffenden
Volk alle demokratischen Rechte und Freiheiten sichert".
Mit der Unterzeichnung dieses Abkommens hatten die Berliner Sozialdemokraten faktisch das Konzept der antifaschistisch-demokratischen
Umwälzung übernommen. Dies war möglich geworden, weil die
Autoren des SPD-Gründungsaufrufs (15.6.45) bereits unter der Losung „Demokratie in Staat und Gemeinde, Sozialismus in Wirtschaft
und Gesellschaft" die Leitlinien des KPD-Aufrufs „auf das wärmste"
begrüßt und sich wie die Kommunisten für die „Aufrichtung" eines
antifaschistisch-demokratischen Regimes erklärt hatten, obwohl ihre
Forderungen — Verstaatlichung der Banken, Versicherungsunterneh-
men, der Bergwerke und der Energiewirtschaft durch ihre terminologi-
sche Nähe zu traditionell sozialistischen Programm-Punkten durchaus
radikaler erschienen als die der KPD (*Flechtheim*, III, S. 1 ff.).

3.3 Die Vereinigung von KPD und SPD

Diese programmatische Annäherung der Parteispitzen erwies sich
jedoch als nur bedingt tragfähig. Zwar trugen beide Parteien die ersten
wesentlichen Maßnahmen zur Umstrukturierung der SBZ-Gesellschaft,
den ersten Transformations-Schub, — die Bodenreform, die Entnazifizierung und den Beginn der Enteignungen in der Industrie — gemeinsam. Und gemeinsam arbeiteten sie auch — wenngleich keineswegs
widerspruchsfrei — am Wiederaufbau der Gewerkschaften. Als aber im
September 1945 die KPD-Führung nach der Lösung ihrer Kader-
Probleme auf die rasche Vereinigung der Parteien zu drängen begann,
traten die Differenzen zwischen den Parteiverbänden und innerhalb
der SPD deutlicher hervor als ihre Gemeinsamkeiten:
— der von der SMAD geförderte und von der SPD kritisierte Vormachtanspruch der KPD und deren Vordrängen in die neuen
  Verwaltungen;
— die programmatische Vielfalt innerhalb der Ost-SPD und
— die Auseinandersetzungen des Berliner Zentralausschusses mit dem
  sozialdemokratischen Führungskreis um *Kurt Schumacher*.
Doch es waren nicht diese Konflikte allein, die jenes Amalgam von

programmatischer Annäherung und politischer Differenz, von spontaner Einheitsbereitschaft und kalkulierter Pression entstehen ließ, das
den Fusions-Prozeß bestimmte. Und es war auch nicht allein der
politisch-moralische oder physische Druck, den KPD und SMAD auf
die Einheitsgegner ausübten, der die Vereinigung schließlich bewirkte, wie es der in der Bundesrepublik gängige eindimensionale
Begriff der Zwangsvereinigung glauben machen soll. Denn neben allen
Differenzen und trotz des Drucks war die Vereinigung auch getragen
von einem erheblichen Einheitswillen in den unteren Parteirängen,
speziell in den SPD-Betriebsgruppen, und bei Funktionären in den
Parteispitzen der Länder wie im Zentralausschuß. (vgl. *Moraw*,
S. 144 ff.)
Angesichts dieser vielfältigen inneren wie äußeren Pressionen entschloß sich der Zentralausschuß, nachdem auch die von ihm ersonn-
ene Hinhalte-Variante – erst Reichsparteitage (SPD-Begriff), dann
Vereinigung – von der westdeutschen SPD-Führung abgelehnt worden
war, für die Vereinigung zu den von der KPD formulierten Voraussetzungen. Im Februar 1946, nach einer dramatischen Kampfabstim-
mung (acht Ja-, drei Neinstimmen, vier Enthaltungen), stimmte er der
Fusion noch vor dem 1. Mai 1946 zu. Am 21./22. April 1946 – nach
Zonenparteitagen der SPD und KPD – trat in Berlin der Vereinigungs-
parteitag zusammen und beschloß die Verschmelzung beider Parteien
zur Sozialistischen Einheitspartei Deutschlands (SED). Die neue Partei
gab sich ein Statut, das weithin den Maximen sozialdemokratischer
Organisationsarbeit entsprach, und zudem vorsah, alle wesentlichen
Funktionen doppelt, mit je einem Sozialdemokraten und Kommunisten zu besetzen.

3.4 Die Gründung der nichtsozialistischen Parteien

Die Gründung und die erste Entwicklungs-Phase dieser Parteien stand
im Zeichen der Wiedergründung der beiden Arbeiterparteien und ihrer
Kooperation sowie unter dem Einfluß der SMAD-Politik.
So hatte einerseits das Wiedererstehen der Arbeiterparteien jene Pläne
zerstört, die *Jakob Kaiser* und *Ernst Lemmer,* beide später Angehörige
des CDU-Gründerkreises, schon in der Nazizeit diskutiert hatten: die
Schaffung einer deutschen „Labour"-Partei aus Angehörigen der SPD,
des Zentrums und der sozialistischen wie christlichen Gewerkschaften,
aber ohne Kommunisten. Darüber hinaus stellte die Kooperation von
KPD und SPD die Initiatoren der explizit oder de facto nichtsozialistischen Parteien vor die Notwendigkeit, die Vor- und Nachteile der
Bildung zweier, womöglich konkurrierender Parteien zu überdenken.
Doch ebenso wie zuvor Sozialdemokraten das Labour-Konzept abgelehnt hatten, fand *Jakob Kaiser* auch bei den späteren LDP-Gründern

keine Zustimmung für seinen Plan für die Bildung einer gemeinsamen Partei. Andererseits suchten die zurückgekehrten KPD-Führer bereits unmittelbar nach Kriegsende Kontakt zu ehemaligen Repräsentanten bürgerlicher Parteien und warben für eine Zusammenarbeit im Block. Und auch bei den Gesprächen mit der SMAD über die Partei-Programme wurden die CDU- wie LDP-Gründer nachdrücklich auf den Beitritt ihrer Parteien zum Block gedrängt und so schließlich in den Block hineingegründet (*Krippendorff*, S. 84, *Hermes*, S. 15 f.). Wenn auch einige CDU-Gründer diesem Verlangen mit Skepsis begegneten, so waren sie doch − ebenso wie die LDP-Initiatoren aufgrund ihres antifaschistischen Engagements und ihres Glaubens, daß die Bewältigung des Nachkriegs-Chaos Gemeinsamkeit statt Parteienstreits erfordere, zur Mitarbeit im Block bereit. Und das um so mehr, als sich vor allem im Kreise der CDU-Gründer auch Politiker zusammengefunden hatten, die aus der christlichen (*Kaiser*) oder liberalen (*Lemmer*) Gewerkschaftsbewegung kamen und spezifisch christlich-sozialistische Vorstellungen verfochten, die im Gründungsaufruf dieser Partei (26.6.45) ihren Niederschlag fanden.

So bejahte die CDU zwar das Privateigentum, forderte aber dessen Bindung „an die Verantwortung für die Allgemeinheit", strebte in diesem Sinne die Verstaatlichung der Bodenschätze an und verlangte: „Der Bergbau und andere monopolartige Schlüsselunternehmungen . . . müssen klar der Staatsgewalt unterworfen werden". Sie sprach sich für eine „weitgehende Heranziehung des Großgrundbesitzes" für eine „umfassende ländliche und gärtnerische Siedlung" aus und plädierte schließlich angesichts des Nachkriegs-Elends für den „Aufbau in straffer Planung". (*Flechtheim*, II, S. 27 ff.)

Anders die LDP. Sie stellte sich mit ihrem Gründungsaufruf vom 5. Juli gleichsam als Rechtspartei im Parteiengefüge der SBZ vor. Die LDP-Gründer traten für die Wiederherstellung des Berufsbeamtentums ein und sprachen sich für die Beibehaltung des Privateigentums als „Voraussetzung für die Initiative und erfolgreiche wirtschaftliche Betätigung" aus. Einer „Unterstellung" von Industriebetrieben und landwirtschaftlichen Unternehmen „einer übertriebenen Größenordnung" unter öffentliche Kontrolle, wollten sie nur zustimmen, wenn diese dazu „geeignet und reif" wären und ein „überwiegendes Interesse des Gesamtwohls" dies geböte (ebda, S. 269 ff.). Gleichwohl hatte der LDP-Gründerkreis so seine Bereitschaft zu sozialökonomischen Veränderungen angedeutet.

Beide Initiativ-Zirkel begriffen sich als provisorische Leitungen gesamtdeutscher Parteien, bildeten „Reichsgeschäftsstellen" und suchten schon vor ihrer Zulassung durch die SMAD Kontakte zu Gesinnungsfreunden in den Westzonen. Beide hatten sich gegenüber lokalen

Gründungen durchzusetzen und beide Parteien schließlich sammelten
rasch eine bis 1948 stetig wachsende Anhängerschaft. So organisierte
die LDP 1946 113 000 und 1948 197 000 Mitglieder, die CDU-Mit-
gliedschaft wuchs von 1946 bis 1948 von 119 000 auf 231 000
Anhänger.

4. Die Parteien im Blocksystem

Die weitreichende programmatische Annäherung der Parteien, ihr
gemeinsames antifaschistisches Bekenntnis, bildete die wesentliche
Voraussetzung der Parteien-Kooperation. Am 14. Juli 1945 gründeten
die Parteien-Vertreter in Berlin die „Einheitsfront (seit 1948 „Block")
der antifaschistisch-demokratischen Parteien". Sie kamen überein, bei
„gegenseitiger Anerkennung ihrer Selbständigkeit" einen Ausschuß zu
bilden, der sich die Aufgabe stellte, Deutschland „auf antifaschi-
stisch-demokratischer Grundlage" aufzubauen, dabei „Geistes- und
Gewissensfreiheit" zu sichern und in „ehrlicher Bereitschaft" die
„Maßnahmen der Besatzungsbehörden" durchzuführen. Zugleich rief
die Einheitsfront die Regional-Organisationen der Parteien auf, in den
Ländern, Bezirken, Kreisen und Gemeinden in entsprechenden Gremien zusammenzuarbeiten.
Sowohl bei der Namensgebung, Einheitsfront statt Block, als auch bei
der Formulierung der Plattform hatten sich KPD und SPD zunächst
kompromißbereit gezeigt. Und es war wohl auch diese Haltung, die
die nichtsozialistischen Parteien dazu bewog, eine von der SPD
vorgelegte Geschäftsordnung zu akzeptieren, die vorsah, Beschlüsse
allein „auf dem Wege der Vereinbarung" und „somit nicht durch
Abstimmung" zu fassen, durch Vereinbarungen, die als „bindend für
alle Parteien" erklärt wurden (*Hermes*, S. 113). Durch ihre Zustimmung
zu den Prinzipien der Einstimmigkeit und Verbindlichkeit der Einheits-
front-Beschlüsse aber schränkten die nichtsozialistischen Parteien bereits mit ihrem Beitritt zum Block ihren Aktionsradius wesentlich ein.
Sie banden sich an eine — wie die Entwicklung zeigen sollte — unkünd-
bare Koalition, deren politische Richtlinien in Konflikt-Situationen
auch außerhalb des Blocks formuliert werden konnten, und der deshalb
statt einer aktiv-politischen Rolle zunehmend die Bedeutung eines
Akklamations- und Legitimations-Gremiums zukam. Der Spielraum,
der CDU und LDP schließlich blieb, und von ihnen auch genutzt
wurde, beschränkte sich auf die Möglichkeit einer hemmend-modifi-
zierenden Teilnahme an der Blockarbeit, eine Teilnahme freilich, die
weder die Hegemonie der Einheitspartei bedrohen noch den eigenen
Substanz-Verlust verhindern konnte. Die Vormachtstellung von
KPD/SPD, später SED, ergab sich vor allem aus:

- der Abstimmung ihrer Politik mit der SMAD, die in der SBZ die oberste Regierungsgewalt innehatte;
- der Durchdringung der zentralen und regionalen Verwaltungen mit ihren Kadern;
- der sozialökonomischen Transformation der SBZ-Gesellschaft (Bodenreform, Entnazifizierung, Enteignung der Großindustrie), in deren Verlauf das Bürgertum wie das Kleinbürgertum politisch-ökonomisch nachhaltig geschwächt wurden, und schließlich
- aus der politischen Struktur der nichtsozialistischen Parteien selbst, in denen sich – angesichts der sozialstrukturellen Umbrüche im Osten und der Kontinuität der Produktionsverhältnisse im Westen – die ohnehin vorhandenen Widersprüche zwischen sozialreformerischem Impuls und bürgerlichem Traditionalismus, zwischen karrieristischer Anpassung und politischer Beharrung zuspitzten, und von der SED taktisch genutzt werden konnten.

Seine erste Belastungsprobe und mit ihr ein Element künftiger Konflikt-Lösungen erfuhr der Parteienblock mit der Bodenreform. Zwar stimmten nach langen Diskussionen im zentralen Block (Berlin) alle Parteien der „Enteignung der Kriegsverbrecher und aktivistischen Nazis und (der) Aufteilung des Besitzes der Feudalherren" öffentlich zu. Intern aber konnten sie sich weder über den Kreis der Betroffenen noch über etwaige Entschädigungen verständigen. Gleichwohl setzten KPD und SPD in den Ländern Verordnungen zur Bodenreform durch, die die entschädigungslose Enteignung allen landwirtschaftlichen Besitzes von mehr als 100 ha in Gang setzte. In dieser Situation weigerten sich die CDU-Vorsitzenden *Hermes* und *Schreiber*, die sich insbesondere in der Agrarfrage engagiert hatten, einen Blockaufruf für die Unterstützung der Neubauern zu unterschreiben. Ihre Weigerung bewirkte die Kritik einzelner CDU-Organisationen und diese Kritik wiederum bot der SMAD den Anlaß, *Hermes* und *Schreiber* das Vertrauen zu entziehen und sie – de facto – abzusetzen.

Eine weitere Erschütterung erlebte die Einheitsfront durch die Enteignungen im Bereiche der Industrie. Sie waren, formal, durch einen SMAD-Befehl über die Beschlagnahme des Industrie-Besitzes der Kriegsverbrecher und Naziaktivisten eingeleitet worden, betrafen faktisch alle Groß- und Konzernbetriebe und wurden am 30. Juni 1946 durch einen Volksentscheid in Sachsen (77,6 % Ja-Stimmen) nachträglich legalisiert. Auch bei der Diskussion um dieses Plebiszit gelang es der SED, die Widersprüche innerhalb der Blockparteien für ihre Ziele zu nutzen. Sie unterstützte die sozialreformerischen Kräfte in CDU und LDP und veranlaßte so die sächsischen Parteiführungen – auch den widerstrebenden CDU-Vorsitzenden *Hickmann* – gemeinsam mit ihr und dem FDGB einen Aufruf des Landesblocks zum Volksentscheid zu unterzeichnen. Daß bei diesem Erfolg auch die Er-

innerung an das Scheitern der CDU-Opposition gegen die Modalitä-
ten der Bodenreform mitwirkte, wird selbst in der DDR-Literatur
angedeutet: „. . . *Hickmann* mußte, um sich nicht völlig zu isolieren
und vom Schicksal der *Hermes-Schreiber* ereilt zu werden, sich dem
Willen der fortschrittlichen Kräfte beugen . . .“ (*Schröder*, S. 89).
Gleichwohl wandte sich die CDU im zentralen Block — vergebens —
gegen alle Maßnahmen, „die auf eine Änderung des Wirtschafts- und
Sozialgefüges in Sachsen hinauslaufen, was nicht Aufgabe und Angele-
genheit eines deutschen Teilgebietes sein“ könne, setzte aber gemeinsam mit der LDP die Reprivatisierung einiger enteigneter Betriebe
durch.
Im Verlaufe des Wahlkampfes für die Gemeinde- (September 1946)
und Landtagswahlen (Oktober 1946) verstärkten sich diese Spannungen erheblich. Die Behinderung der nichtsozialistischen Parteien durch
die SMAD, die — bei den Gemeindewahlen — nur einen Teil der CDU-
und LDP-Ortsgruppen registrierte und ihnen so in zahlreichen Gemeinden die Chance nahm, überhaupt Kandidaten aufzustellen, und
sie überdies bei der Zuteilung von Papier für die Parteipresse und
Wahlkampfmaterial benachteiligte, spitzte die im Wahlkampf ohnehin
aufbrechenden politisch-weltanschaulichen Gegensätze zu und führte
zu einer Krise, die alle Ebenen der Parteien-Kooperation belastete.
Zwar gewann die SED bei den Gemeindewahlen 57,1 Prozent und bei
den Landtagswahlen 47,5 Prozent der gültigen Stimmen, doch zeigte
gerade diese Differenz das Ausmaß der Behinderungen, denen CDU
und LDP bei den Gemeindewahlen ausgesetzt gewesen waren: Denn
bei den Oktoberwahlen erzielten diese Parteien zusammen (24,6 %
LDP, 24,5 % CDU) einen höheren Stimmenanteil als die SED, die
allein dank des Stimmengewinns ihrer Massenorganisation, die Vereinigung der gegenseitigen Bauernhilfe (VdgB) erreichte 3,4 Prozent,
in drei der fünf Landtage über die absolute Mehrheit verfügen konnte.
Die nichtsozialistischen Parteien hatten sich in dieser Zeit im Bewußtsein der Wähler offenkundig als Oppositions-Parteien etabliert — und
das auch in den einstigen Hochburgen der Arbeiterparteien: In den
Großstädten, aber auch in den industriellen Ballungsräumen Sachsens
und Sachsen-Anhalts erreichten CDU und LDP die absolute Mehrheit
(Großstädte) bzw. überdurchschnittliche Resultate. Umgekehrt lag in
Sachsen und Sachsen-Anhalt die Gesamtzahl der für die SED abgegebenen Stimmen um etwa zehn Prozent unter dem Anteil der
Fabrikarbeiter an der wahlberechtigten Bevölkerung dieser Länder
(*Hoffmann*, S. 50).
Die Wahlen hatten mithin dreierlei verdeutlicht:
— die dem Blockprinzip immanente Widersprüchlichkeit von inten-
   dierter politischer Gemeinsamkeit und realer politischer Konkur-
   renz;

– die Realität des von der SED stets bestrittenen Volkspartei-
Charakters von CDU und LDP, die nicht nur einen großen Teil der
Arbeiterstimmen gewannen, sondern auch (1947) – mit 12,2 Prozent (CDU) bzw. 16,6 Prozent (LDP) ihrer Mitgliedschaft – Arbeiter zu organisieren vermochten, und
– den Prestige-Gewinn, den die Arbeiterpartei auf dem Lande – wohl
vor allem durch die Bodenreform – erreicht hatte. Sie erhielt in
Mecklenburg 49,5 % der Stimmen.
Gestützt auf dieses Wahlergebnis waren CDU und LDP nun um so
weniger bereit, sich der Block-Disziplin widerspruchslos zu beugen.
Und das auch deshalb nicht, weil beide Parteien seit der Bildung von
nterzonalen Dachverbänden von Liberal- (März 1947) und Christdemokraten (Februar 1947) auch im Interesse des Erhalts dieser
ohnehin nur labilen Gemeinsamkeit stärker denn je ihre gesamtdeutsche Orientierung betonten und sich auch aus diesem Grunde der
weiteren Transformation der SBZ-Gesellschaft zu widersetzen begannen.
Und ein weiterer Transformations-Schub zeichnete sich 1947/48 ab.
Die SED drängte angesichts des hohen Anteils der volkseigenen
Wirtschaft an der industriellen Produktion – die Privatwirtschaft
lieferte 1947 nur noch knapp 44 Prozent der Bruttoproduktion – auf
den Übergang zur kurz- und mittelfristigen zentralistischen Wirtschaftsplanung. Sie schickte sich an, ihre Organisations-Struktur den
Prinzipien des demokratischen Zentralismus anzupassen, d. h. sich in
eine marxistisch-leninistische Kaderpartei „neuen Typs" zu transformieren, das Paritäts-Prinzip abzubauen und auch so den noch immer
vorhandenen Einfluß ehemaliger Sozialdemokraten zurückzudrängen.
Zudem begann sie, die bis dahin noch relativ locker gegliederten
Zentralverwaltungen zu straffen und unter dem Dach der Deutschen
Wirtschaftskommission (DWK) zusammenzufassen und baute schließlich – schrittweise – die Gewerkschaften aus Vertretungs- in Transmissions-Organisationen um.
Anlaß dieser Politik war die wachsende Konfrontation der ehemaligen Partner der Anti-Hitler-Koalition, die von der Sowjet-
Union wie den USA forcierte Blockbildung und damit die Einbeziehung der beiden deutschen Besatzungsgebiete in letztlich feindliche Bündnis-Systeme. Diese Entwicklung wurde – für die SBZ
– beschleunigt durch den Konflikt zwischen der KPdSU und der
Kommunistischen Partei Jugoslawiens, in dessen Verlauf die SED wie
die herrschenden Kominform-Parteien von der bis dahin propagierten
Vorstellung eines länderspezifischen Weges zum Sozialismus abrückte,
den sowjetischen Weg zur Richtschnur ihrer Politik erklärte und
schließlich den Transformations-Prozeß beschleunigte und institutionell absicherte.

In dieser — von inneren und äußeren Konflikten geprägten — Situation fanden CDU und LDP zeitweilig zu gemeinsamen Stellungnahmen. So lehnten beide Parteien 1947 im Thüringer Landtag — erfolglos, weil als Minderheit — die Verstaatlichung der Bergwerke und Bodenschätze ab, verzögerten ein entsprechendes Gesetz für Sachsen-Anhalt, wandten sich gegen den Übergang zur zentralen Wirtschaftsplanung, gegen die Aufnahme des FDGB in den Block und kritisierten lebhaft den nun von der SED auch offen formulierten Anspruch auf Führung des Blocks.

Die bislang eher konzessionsbereite LDP-Führung erklärte: „... die Vertreter der LDPD ... denken gar nicht daran, Hilfestellung zur Verwirklichung des Kommunismus zu leisten", und drohte mit dem Austritt aus dem Block. Auch die CDU-Führung kritisierte die Blockpolitik. Sie definierte die Rolle der Christdemokraten als „Wellenbrecher gegen den dogmatischen Marxismus und seine totalitären Tendenzen" und gab zu bedenken, ob nicht auch die Sowjetzone in den Marshall-Plan einbezogen werden sollte.

Die schwerste Erschütterung aber — und damit den Anlaß für die Umstrukturierung des Parteiensystems der SBZ — erfuhr das Parteienbündnis durch die Kontroverse um das Volkskongreß-Konzept der SED. Die Einheitspartei hatte im November 1947 dem Block den Plan für die Wahl einer gesamtdeutschen — gleichsam vorparlamentarischen — Vertretung, des Volkskongresses, vorgelegt und war am Widerspruch der CDU-Führung gescheitert. Die CDU hatte sich gegen eine allein von den SBZ-Parteien getragene nationale Initiative gewendet und damit die SED in eine Situation gebracht, in der sie im Interesse der Durchsetzung ihrer Politik erstmals ohne die Unterstützung der Blockpartner allein initiativ werden mußte. Denn SED und KPdSU standen Ende 1947/Anfang 1948 angesichts der offensiven Strategie der USA (Truman-Doktrin, Marshall-Plan) vor der Aufgabe, das sozialistische Lager gegen diese Politik zu immunisieren und zugleich die Eingliederung der Westzonen in das US-dominierte Bündnis-System zu erschweren. Für die SED bot sich zudem die wohl letzte Chance, ihr Konzept für eine antifaschistisch-demokratische Umwälzung vielleicht doch noch in ganz Deutschland zu realisieren. Und das erforderte zunächst, die bevorstehende Gründung des westdeutschen Separat-Staates zu verhindern. Die Erfolgsaussichten der diesem Ziele dienenden Volkskongreß-Kampagne waren freilich von allem Anfang an gering. Denn einerseits waren bereits zuvor die von LDP und CDU initiierten und von der SED unterstützten Vorstöße zur Bildung eines „Zonenrates" (LDP), einer „nationalen Repräsentation" (CDU) und eines „nationalen Konsultativrates" (ebenfalls CDU) an der Haltung der westdeutschen Parteien und vor allem am Widerstand der SPD gescheitert. Zudem war die Konferenz

der deutschen Ministerpräsidenten in München (Juni 1947) nicht zuletzt aufgrund der Weigerung der westdeutschen Länderchefs, vorrangig
die Frage der nationalen Einheit zu diskutieren, ebenso ergebnislos
geblieben wie die auf gesamtdeutsche Gemeinsamkeit zielenden Inter-
zonenkonferenzen der Gewerkschaften. Andererseits stand — wie die
CDU zurecht angemerkt hatte — der betonte Einheitswille der SED in
Widerspruch zum sozialökonomischen Umwälzungsprozeß in der SBZ.
Gerade deshalb aber bedeutete die Weigerung der CDU, am Volkskongreß als veranstaltende Partei teilzunehmen, eine zusätzliche
Schwächung der Kampagne, die nationale Bedeutung nur dann hätte
erlangen können, wenn wenigstens alle SBZ-Parteien sie unterstützten.
Der Widerstand der CDU-Führung gegen den Volkskongreß und
Kaisers Plädoyer für die Teilnahme der SBZ am Marshall-Plan waren
deshalb die auslösenden Momente für die faktische Absetzung *Kaisers*
und *Lemmers* durch die SMAD, eine Entscheidung, der wiederum eine
Kombination von Basis-Protest und massivem Druck auf die Parteispitze vorausging.
Zwar hatten SED und SMAD so dem außenpolitischen Ziel der
Volkskongreß-Bewegung, die überdies von allen westdeutschen Parteien abgelehnt und von den westlichen Besatzungsmächten schließlich
verboten wurde, kaum gedient, es war ihnen aber gelungen, die oppositionelle Mehrheit in der CDU politisch auszuschalten und den ko-
operationswilligen Kräften den Weg in die CDU-Vorstands-Gremien
zu ebnen.
Eines derart massiven Drucks hatte es bei der LDP — trotz deren
zeitweilig durchaus massiver Kritik an der SED-Politik — nie bedurft.
Die Liberaldemokraten waren unter der Führung von *Wilhelm Külz* (er
starb im April 1948) im Glauben an den modifizierenden Einfluß
ihrer Politik und die Funktion der LDP als nationale Klammer-Organi-
sation stets um Kooperation mit der SED bemüht gewesen. Auch die
Külz-Nachfolger versuchten nicht ernsthaft, die Partei auf einen
Oppositions-Kurs zu verpflichten. Zwar spielten sie mit dem Gedanken, die Partei aufzulösen, doch unter dem Eindruck des Konflikts
zwischen SED und CDU setzten sich auch hier jene Kräfte durch, die
im Interesse des Erhalts liberaler Positionen den Ausgleich mit der
SED anstrebten und so schließlich die Voraussetzungen einer dauerhaften Kooperation schufen.
1948 aber dauerten in LDP wie CDU die innerparteilichen Konflikte
zunächst noch an. Beide Parteien waren noch nicht bereit, den
Vormachtanspruch der SED zu akzeptieren und Teilaufgaben im
System der Transmissions-Organisationen zu übernehmen, und je
deutlicher sie sich als Oppositions-Parteien profilierten, desto rascher
wuchsen ihre Mitgliederzahlen (vgl. S. 100). Die SED begann daher im
Frühjahr 1948 mit dem Aufbau neuer Parteien, der National-Demo-

kratischen Partei Deutschlands (NDPD) und der Demokratischen Bauernpartei Deutschlands (DBD). Sie setzte an ihre Spitzen kooperationswillige Politiker, die häufig der KPD/SED nahestanden (*Lothar Bolz*, NDPD) oder bis zur Gründung der neuen Parteien zur SED gehört hatten (*Ernst Goldenbaum*, DBD), und wies ihnen die Aufgabe zu, Mittel- und Kleinbauern (DBD), städtische Mittelschichten sowie die entnazifizierten ehemaligen nominellen Mitglieder der NSDAP (NDPD) zu organisieren, d. h. dem Einfluß der Christ- und Liberaldemokraten zu entziehen und zudem die nationale Politik der SED zu unterstützen (NDPD). Raschen Erfolg konnten diese Parteien nicht erzielen. Ihre Gründung diente der SED aber zunächst dazu, die 1948 fälligen Kommunalwahlen zu verschieben, und die Aufnahme der Parteien und des FDGB in den Block (August/September 1948) führte zudem zu einer nachhaltigen Schwächung der Positionen von LDP und CDU, weil die neuen Parteien gemeinsam mit dem FDGB den Führungsanspruch der SED unterstützten.

DBD und NDPD demonstrierten mithin jene politische Funktion, zu der sich schließlich auch CDU und LDP bekannten: zur Aufgabe, die Mittelschichten — arbeitsteilig und schichtenspezifisch — zunächst in die antifaschistisch-demokratische, dann in die sozialistische Umwälzung einzubeziehen, diese Gruppen — ebenso wie die Gewerkschaften die Arbeiterklasse — zur Einsicht in die von der Hegemonialpartei definierten Notwendigkeiten zu bewegen und so die Umwälzung zugleich voranzutreiben wie zu legitimieren.

Politisch-programmatisch zeigte sich diese in den 50er Jahren abgeschlossene Funktionalisierung der Parteien

— im Zerfall der gesamtdeutschen Dachverbände der Christlichen- und der Liberal-Demokraten;

— in der Zustimmung aller SBZ-Parteien zu einer gemeinsamen Kandidatenliste (Einheitsliste) für die Wahlen zum 3. Deutschen Volkskongreß (Mai 1949), aus dem im Gefolge der BRD-Gründung die erste provisorische Volkskammer der DDR hervorging;

— in der Hinnahme der Einheitsliste auch für die Wahlen zur Volkskammer (Oktober 1950) sowie schließlich in der

— Zustimmung aller Parteien zum Beschluß der 2. SED-Parteikonferenz (Juli 1952), in der DDR mit der „Schaffung der Grundlagen des Sozialismus" zu beginnen.

Seither haben alle Parteien — seit 1949 im Rahmen der „Nationalen Front" — an der weiteren Transformation der DDR-Gesellschaft mitgewirkt. Sie haben die Kollektivierung der Landwirtschaft und des Handwerks unterstützt, die Umwandlung privater in halbstaatliche Betriebe forciert und schließlich, Anfang der 70er Jahre, zur Enteignung eben dieser Unternehmen, der restlichen Privatindustrie und der industriell produzierenden Handwerker-Genossenschaften (PGH) beigetragen. Zudem haben sie sich der Aufgabe angenommen, an der „politisch-moralischen Einheit" des DDR-Volkes mitzuarbeiten, und werden deshalb wohl noch für einen längeren Zeitraum Bedeutung haben. Organisatorisch drückte sich der neue Charakter dieser Parteien in — unterschiedlich hohen — Mitglieder-Verlusten aus:

	1950	1954	1966	1975	1977
CDU	150 000	136 000	110 000	100 000	–
LDP	171 300	115 000	80 000	70 000	–
NDPD	41 000	172 000	110 000	80 000	85 000
DBD	?	98 000	80 000	90 000	92 000

Die Zahlen für 1954, 1975 und 1977 stammen aus DDR-Quellen, die anderen beruhen auf westlichen Informationen.

Die Zahl der SED-Mitglieder und (seit 1949) -Kandidaten dagegen wuchs von 1946 bis 1975 von knapp 1,3 auf nahezu 2 Millionen. Ihre Entwicklung war allerdings keineswegs kontinuierlich. Denn auf eine Phase der quantitativen Stärkung der Partei zwischen 1946 und 1948 (2 Millionen Mitglieder) folgte — analog der Umstrukturierung der Einheitspartei zur Partei neuen Typus — eine Periode politischer Säuberungen, die sowohl Sozialdemokraten, Linkskommunisten (KPO, KAP, Leninbund) als auch sogenannte klassenfremde Elemente (Karrieristen) trafen, und an deren Schlußpunkt, 1953, die Mitgliedschaft auf etwa 1,2 Millionen geschrumpft war. Von diesem Zeitpunkt an aber wuchs die Mitgliedschaft wieder beständig: 1954 = 1,4; 1966 = 1,7 Millionen Mitglieder und Kandidaten. Dieses Wachstum jedoch war — Folge der Entwicklung der SED zur regierenden Kaderpartei — geprägt vom relativen Rückgang der Mitglieder aus der Arbeiterklasse (1967 = 45,6 %) und dem Zuwachs von Parteimitgliedern aus der Gruppe der Angestellten und der Intelligenz (1967 zusammen 28,4 %).
Auch die Sozialstruktur der Blockparteien veränderte sich durch die Übernahme von Transformations- und Transmissionsaufgaben. Diese Parteien verloren das Sozialprofil von Volksparteien mit starkem Arbeiter-Anteil und rekrutieren ihre Mitglieder heute weithin aus der Gruppe der Angestellten oder (DBD) Bauern. Personell schließlich — im Hinblick auf die Führungs-Gremien der Blockparteien — widerspiegelte sich der Funktionswandel in der Dominanz jener Mitglieder, die stärker vom Nachfaschismus und der antifaschistisch-demokratischen Umwälzung geprägt sind als von der Erinnerung an das Weimarer Parteien-System. Diese Parteiführer sind offenkundig bereit — staats-

positiv und systemloyal –, die ihren Parteien im politischen System
der DDR zugedachten Aufgaben auszufüllen.

Literatur

Conze, Werner: Jakob Kaiser, Politiker zwischen Ost und West 1945-1949,
Stuttgart, Berlin, Köln, Mainz 1969
Edinger, Lewis J.: Sozialdemokratie und Nationalsozialismus. Der Parteivorstand
der SPD im Exil 1933 bis 1945, Hannover/Frankfurt/M. 1960
Flechtheim, Ossip K. (Hrsg.): Dokumente zur parteipolitischen Entwicklung in
Deutschland seit 1945, Bde I, II, III, Berlin 1963
Förtsch, Eckart: Die SED, Stuttgart, Berlin, Köln, Mainz 1969
Hermes, Peter: Die Christlich-Demokratische Union und die Bodenreform in der
Sowjetischen Besatzungszone Deutschlands im Jahre 1945, Saarbrücken
1963
Hofmann, Heinz: Mehrparteiensystem ohne Opposition. Die nichtkommunisti-
schen Parteien in der DDR, der Tschechoslowakei und Bulgarien, Bern/
Frankfurt/M. 1976
Hoffmann, Wolfgang: Versuch und Scheitern einer gesamtdeutschen demokrati-
schen Partei 1945–1948, Berlin (DDR) 1965
Krippendorf, Ekkehart: Die Liberal-Demokratische Partei Deutschlands in der
Sowjetischen Besatzungszone 1945/48, Düsseldorf o. J.
Kuhlbach, Roderich, Weber, Helmut: Parteien im Blocksystem der DDR, Köln
1966
Mattedi, Norbert: Gründung und Entwicklung der Parteien in der Sowjetischen
Besatzungszone Deutschlands 1945–1949, Bonn und Berlin 1966
Moraw, Frank: Die Parole der Einheit und die Sozialdemokratie, Bonn-Bad
Godesberg 1973 (Schriftenreihe des Forschungsinstituts der Friedrich-
Ebert-Stiftung, Bd. 94)
Schröder, Otto: Der Kampf der SED um die Vorbereitung und Durchführung des
Volksentscheides in Sachsen. Februar bis 30. Juni 1946, Berlin (DDR) 1961
Staritz, Dietrich: Die National-Demokratische Partei Deutschlands 1948–1953,
Diss. rer. pol. FUB 1968
Stern, Carola: Porträt einer bolschewistischen Partei, Köln 1957
Sywottek, Arnold: Deutsche Volksdemokratie. Studien zur politischen Konzep-
tion der KPD 1935–1946, Düsseldorf 1971
Ulbricht, Walter: Zur Geschichte der Deutschen Arbeiterbewegung, Bd. II
1933–1946, 5. Aufl., Berlin (DDR) 1963, Zusatzband, Berlin (DDR) 1966

3. Horst W. Schmollinger/Dietrich Staritz

Zur Entwicklung der Arbeiterparteien in den Westzonen (1945—1949)

1. *Die SPD*

1.1 Die Wiedergründung der SPD und die politische Einheit der Arbeiterbewegung

Während sich in der SBZ eine einheitliche sozialdemokratische Parteiorganisation schon seit Juni 1945 zu entwickeln begann, erlaubten die Westmächte zunächst weder einen zonalen Zusammenschluß noch gestatteten sie die Kooperation der verschiedenen sozialdemokratischen Partei-Initiativen innerhalb des westlichen Besatzungsgebietes. Daß es dem Mitte April in Hannover gegründeten „Büro Schumacher" dennoch gelang, noch unter diesen restriktiven Bedingungen eine überregionale Verständigung der Initiativ-Kreise einzuleiten, resultierte vor allem aus der Unterstützung, die *Kurt Schumacher* von der britischen Militär-Regierung erfuhr. Und diese Unterstützung wiederum verdankte er der Tatsache, daß der eng mit der britischen Labour Party liierte Londoner Exil-Parteivorstand (PV) der SPD (damals Sopade) den 1944 aus dem KZ zurückgekehrten und 1945 energisch publizistisch-agitatorisch hervortretenden ehemaligen sozialdemokratischen Reichstagsabgeordneten rasch als Repräsentanten der Sozialdemokratie im Lande anerkannt hatte. Diese doppelte Absicherung seiner Position trug dazu bei, daß *Schumacher* seinen Führungsanspruch schnell durchsetzen konnte.

Sein Erfolg schien zu bestätigen, was der österreichische Sozialist *Otto Bauer* Mitte der 30er Jahre im Pariser Exil über das Schicksal der Emigrations-Führung vorausgesagt hatte: „Der Anspruch der Sopade, die deutsche Sozialdemokratie zu vertreten, kann sich nur darauf stützen, daß es eine organisierte Sozialdemokratie, die eine neue politische Führung aus sich herauszubringen vermöchte, noch nicht gibt" (S. 59).

Bereits im Oktober 1945 hatte *Schumacher* diese Führung gebildet. Eine von ihm ins Kloster Wennigsen bei Hannover einberufene Konferenz von Sozialdemokraten aus allen Besatzungszonen bestätigte ihn — mit Zustimmung des anwesenden PV-Vertreters *Erich Ollenhauer* — als Organisator der wiederzugründenden SPD der Westzonen. Vier Monate später, nach der endgültigen Rückkehr *Ollenhauers* und *Fritz Heines* aus London, benannte sich das „Büro Schumacher" in „Büro der Westzonen" um und baute seine anfangs noch keineswegs gesicherte Führungsstellung aus.

Doch anders als *Bauer* vorausgesehen hatte, setzten sich in Deutschland mit dem Aufstieg der Verfolgten in Führungspositionen der Sozialdemokratie nicht die in der Illegalität wiederbelebten revolutionären Traditionslinien dieser Partei durch. Die von *Schumacher* vorangetriebene Wiedergründung und Entwicklung der SPD folgte vielmehr weithin den Maximen, die bis 1933 die Politik des SPD-Vorstandes bestimmt und Widerstand wie Emigration kaum modifiziert überstanden hatten. Dies galt vor allem für das Problem, vor das sich die Sozialdemokratie noch während ihrer Wiedergründung gestellt sah: für ihre Entscheidung für oder gegen eine Zusammenarbeit (Einheitsfront), für oder gegen eine Verschmelzung (Einheitspartei) mit der zugleich wiederentstehenden Kommunistischen Partei. Und gerade in dieser Frage bekannte sich *Schumacher* zur traditionell einheitsfeindlichen Politik der alten Sozialdemokratie.

Ein Teil der sich überall spontan zusammenfindenden SPD-Mitglieder dagegen trat zunächst durchaus für eine Zusammenarbeit bzw. Verschmelzung mit den Kommunisten ein und konnte sich dabei auf Programmsätze berufen, die der Exil-PV 1934 in seinem „Prager Manifest" umrissen hatte. Damals hatte sich der PV durch die Forderungen von illegalen Gruppen im Lande, die auf eine Strategie-Korrektur drängten, veranlaßt gesehen, ein Integrations-Programm zu formulieren, das vor allem in vier Momenten die in der Weimarer Zeit verbindliche SPD-Programmatik zu revidieren schien: Das Manifest postulierte die Praktikabilität des revolutionären Marxismus, verlangte die Umwandlung der SPD in eine revolutionäre Partei, ging von der Notwendigkeit eines gemeinsamen antifaschistischen Kampfes mit den Kommunisten aus und forderte schließlich die proletarische Einheitspartei.

Ursache dieser programmatischen Wendung war freilich nicht die tatsächliche Rückbesinnung auf die theoretisch-politische Herkunft der deutschen Sozialdemokratie. Das Manifest entsprang vielmehr der Furcht der PV-Mehrheit, die illegalen linken Sozialdemokraten im Lande wie in der Emigration könnten sich womöglich von der Partei trennen oder dem Sog der KPD erliegen. Schon bei den bald darauf (1935) in Prag geführten Gesprächen zwischen Spitzenfunktionären beider Parteien stellte sich heraus, daß die PV-Mehrheit an einer Aktionseinheit mit Kommunisten nicht ernsthaft interessiert war, und das auch deshalb nicht, weil sie in der Volksfront-Politik der KPD ein nur taktisches Manöver sah und deshalb zu Recht der Dauerhaftigkeit des KPD-Bekenntnisses zur parlamentarischen Republik (vgl. S. 93) mißtraute. Einschätzungen wie diese waren es auch, die der Sopade bis 1945 dazu dienten, auf die immer wieder erneuerten Bündnis- und Einheitsfront-Angebote der KPD im Exil negativ zu reagieren und ihren Mitgliedern im Lande von einer Zusammenarbeit mit Kommunisten abzuraten.

Auch bei der Konzipierung des Modells für ein nachfaschistisches Deutschland orientierte sich der PV eher an Ländern wie Großbritannien und Schweden als an der Chance eines sozialistisch-revolutionären Neubeginns, und Sozialdemokraten suchten Kontakt zu den Westmächten, von denen sie sich – wie das Moskauer KPD-ZK im Hinblick auf die Sowjetunion – Hilfe bei der Durchsetzung ihrer Konzeptionen versprachen. Schon zu diesem Zeitpunkt begannen sie, ihre Beziehungen zur amerikanischen Arbeiterbewegung auch mit dem Ziel zu intensivieren, politische und finanzielle Unterstützung für den Kampf gegen den Kommunismus im Nachkriegs-Deutschland zu erhalten. Diese Intention führte schließlich, nach dem deutschen Überfall auf die Sowjetunion und deren Eintritt in die Kriegskoalition, zur engen Kooperation mit dem US-Außenministerium und dem amerikanischen Geheimdienst OSS (vgl. S. 73).

War die sozialdemokratische Auslandsarbeit mithin einerseits von der Hinwendung zur Politik der Westmächte geprägt und andererseits von der Abwehr kommunistischer Bündnisangebote bestimmt, so trug gerade diese Skepsis gegenüber dem kommunistischen Streben nach einer Einheitsfront dazu bei, daß jene sozialdemokratischen Abspaltungen, die diese Skepsis teilten, ihre Aversion gegen den SPD-PV überwanden und bereit waren, sich wieder in die Sozialdemokratie zu integrieren. Im März 1941 wurde in Großbritannien die „Union deutscher sozialistischer Organisationen in Großbritannien" gegründet. Und dieses Bündnis sollte sich bei der Wiedergründung der SPD nach 1945 bewähren.

Entgegen der Exil-Konzeption für ein Bündnis mit den Intellektuellen und dem Mittelstand zur Wiederherstellung der parlamentarischen Demokratie auf der Basis einer Wirtschaftsordnung gemäß dem (Weimarer) Konzept der Wirtschaftsdemokratie und partieller Verstaatlichung, vertraten manche Sozialdemokraten im Lande die Vorstellung von einer sozialrevolutionären Umwälzung. Diese Gruppen beteiligten sich deshalb unmittelbar nach Kriegsende an den spontan entstehenden oder auf Widerstandsgruppen zurückgehenden Antifa-Komitees, in denen sie häufig auch mit Kommunisten zusammenarbeiteten (vgl. *Edinger,* S. 194). Diese Ausschüsse konnten freilich nur kurze Zeit bestehen, weil sie einerseits, wie alle politischen Initiativen, unter das generelle politische Betätigungsverbot der Besatzungsmächte fielen (die in ihnen überdies – wie die US-Behörden – eine „fünfte Kolonne" der Sowjet-Union sahen), und weil sie andererseits sofort mit der zunächst allein auf die Aktionseinheit *selbständiger* Arbeiterparteien zielenden KPD-Taktik (vgl. S. 96) und der Politik der

SPD-Führung kollidierten, die jegliche Gemeinsamkeit mit Kommunisten ablehnte.
Repräsentant der Einheitsfeindlichkeit der Westzonen-SPD war — wie erwähnt — vor allem *Kurt Schumacher,* der auf der kaum legitimierten Wennigser Konferenz nicht allein einen persönlichen Erfolg erzielt, sondern sich darüber hinaus in zwei für die künftige SPD-Politik zentralen Fragen durchgesetzt hatte: Die Eingeladenen akzeptierten ihn als den Führer und sein Büro als die Leitung der Sozialdemokratie der Westzonen, billigten dem Berliner Zentralausschuß, entgegen dessen Ambitionen, Zuständigkeit allein für die SBZ zu und votierten mehrheitlich gegen eine von der Ost-SPD angestrebte Einheitsfront mit der KPD. Mit diesem Votum hatte — wie sich zeigen sollte — *Schumachers* Interpretation der KPD-Politik in der SPD gesiegt. Nach seiner Sicht vertrat die KPD ausschließlich fremde und zwar sowjetische Interessen und war mithin, entgegen ihrem Anspruch, keine nationale Partei. *Schumacher* berief sich damit auf jene Deutungsmuster, die in der SPD schon 1933 vorgeherrscht hatten. Und auch seine Polemik knüpfte an Weimarer Traditionen an: Hatten Sozialdemokraten als Reaktion auf die kommunistische Sozialfaschismus-Denunziation die Kommunisten damals „Kozis" geschimpft, so nannte sie *Schumacher* nun (1946) „rotlackierte Nazis".
Dieser Antikommunismus steigerte sich in dem Maße, in dem, seit Herbst 1945, die Kommunisten in der SBZ auf die rasche Vereinigung mit der Sozialdemokratie zu drängen begannen, einheitsunwillige Sozialdemokraten wachsenden Pressionen aussetzten (vgl. S. 97 f.) und zudem die Kommunisten bei Betriebsrats-Wahlen in den Westzonen sich als durchaus ernstzunehmende Konkurrenten erwiesen. Er wuchs überdies durch die Kontroversen mit dem Zentralausschuß der Ost-SPD, der — langfristig — eine Politik der „Ostorientierung" der Sozialdemokratie anzielte und bei den westdeutschen SPD-Führern deshalb zusätzlich in Verdacht geriet, sich zum Vollstrecker kommunistischer Politik zu entwickeln. Alle diese Momente bewirkten das intensive Bemühen um die Verhinderung oder Auflösung regionaler Zusammenarbeit oder Zusammenschlüsse von Kommunisten und Sozialdemokraten — Bemühungen, die von den westlichen Besatzungsmächten gefördert wurden.
Es bedurfte freilich dieser Interventionen nur in wenigen Fällen; denn die Mehrheit der sozialdemokratischen Mitglieder folgte dem *Schumacher*-Kurs bereitwillig und lehnte eine organisierte Aktionseinheit ab. Daß in dieser Zeit freilich zwischen Kommunisten und Sozialdemokraten — trotz der in der SBZ forcierten Fusion — noch nicht jene Formen der Feindseligkeit herrschten, die die Beziehungen der Parteien später bestimmen sollten, zeigt auch die Urabstimmung unter den Sozialdemokraten West-Berlins. Sie hatten im März 1946 (in

Opposition zum Berliner Zentralausschuß) als einziger Landesverband der Ost-SPD die Chance, sich für oder gegen die „sofortige" Vereinigung auszusprechen und ihr Verhältnis zur KPD zu artikulieren. (In allen anderen Landesverbänden der Ostzone wurden Urabstimmungen verhindert.) Zwar lehnten 82 % der Teilnehmer an der Urabstimmung die „sofortige Vereinigung" mit der KPD ab, knapp zwei Drittel jedoch votierten für ein Bündnis, „welches gemeinsame Arbeit sichert und Bruderkampf ausschließt".

1.2 Programm

Obwohl das Heidelberger Programm der SPD von 1925 erst durch das Godesberger Grundsatzprogramm von 1959 abgelöst worden ist, kann doch der Zeitraum zwischen 1945 und 1949 als die Epoche der Parteigeschichte angesehen werden, in der die fundamentalen programmatischen Grundlagen für die Nachkriegsentwicklung der Partei gelegt und der fast klassische Widerspruch zwischen sozialistischer Programmatik (auch im Heidelberger Programm findet sich die Forderung nach Vergesellschaftung der Produktionsmittel) und sozialreformerischer Praxis beseitigt worden ist.
Am Anfang der von *Schumacher* wesentlich mitbestimmten Nachkriegs-Diskussion stand die feste Überzeugung, daß das postfaschistische Deutschland nur ein im sozialdemokratischen Sinne sozialistisches Deutschland sein könne und daß der Sozialdemokratie bei der Neugestaltung Deutschlands eine führende Rolle zukomme. Die wirtschafts-, gesellschafts- und außenpolitischen Ordnungsvorstellungen der SPD, die gleichfalls wesentlich von *Kurt Schumacher* geprägt worden waren, zielten auf einen nationalen „dritten Weg" zwischen dem Kapitalismus westlicher und dem als Staatskapitalismus denunzierten Sozialismus sowjetischer Prägung ab: In einem von West und Ost unabhängigen Deutschland sollten eine sozialistische Wirtschaftsordnung und eine demokratische politische Ordnung die Restauration der für den Faschismus verantwortlichen „unheilige(n) Allianz von Schwerindustrie, Finanzkapital und Groß-Grundbesitz" (*Schumacher*) verhindern. Die als Demokratischer Sozialismus bezeichnete Konzeption stellte eine organische Verbindung (*Schumacher:* „Die deutsche Demokratie kann nur sozialistisch sein oder sie wird gar nicht sein") von bürgerlicher Demokratie und einem an die Konzeption der Wirtschaftsdemokratie anknüpfenden Sozialismusbegriff dar, der das Sozialisierungspostulat nur noch im Hinblick auf die „Schlüsselindustrien" aufrechterhielt und den angestrebten Mittelweg zwischen Markt und Plan niemals präzise anzugeben vermochte. Während die Neo-Marxisten um *Viktor Agartz,* der kurze Zeit nach dem Kriege als der führende Wirtschaftspolitiker der Partei galt, in der staatlichen

Planung das Hauptinstrument der durch marktwirtschaftliche Elemente nur zu ergänzenden Wirtschaftsregulierung sahen, verwiesen die „freiheitlichen Sozialisten", in deren Tradition der spätere Bundeswirtschaftsminister *Schiller* agierte, auf die ihres Erachtens unverzichtbare Bedeutung des Marktes für die Steuerung des Wirtschaftsablaufs. Indem die „freiheitlichen Sozialisten" staatliche Planung nur als das Setzen globaler gesamtwirtschaftlicher Daten akzeptierten und die betriebliche Mitbestimmung als Äquivalent für die Vergesellschaftung von Produktionsmitteln betrachteten, befanden sie sich in unmittelbarer Nähe der von den Neo-Liberalen konzipierten und von *Ludwig Erhard* politisch vertretenen sozialen Marktwirtschaft, die der Kontinuität kapitalistischer Produktionsverhältnisse in der BRD Vorschub leistete.

Auf dem Düsseldorfer Parteitag im Herbst 1948, an dem der schwerkranke *Schumacher* nicht teilnehmen konnte, sprach sich der antimarxistische bayerische Wirtschaftsminister *Zorn* für ein neues wirtschaftspolitisches Konzept aus, das ganz im Sinne der „freiheitlichen Sozialisten" auf die Befriedigung der aktuellen Bedürfnisse der „Bürger" ausgerichtet war, die nach der Auffassung *Zorns* nicht mehr von alten sozialistischen Idealen, sondern von dem Wunsch nach wirtschaftlicher Sicherheit, Chancengleichheit, gerechtem Lohn, Demokratisierung der wirtschaftlichen Macht etc. bestimmt waren. Die Befriedigung dieser Bedürfnisse setze keineswegs die Vergesellschaftung der Produktionsmittel voraus. Der Düsseldorfer Parteitag brachte zwar keine programmatische Wende in der Wirtschaftspolitik, wohl aber war das, was *Zorn* zum Programm erheben wollte, längst Inhalt sozialdemokratischer Praxis.

Demokratie und Sozialismus im Innern verbanden sich gerade für *Schumacher* mit nationaler Unabhängigkeit nach außen. Jedoch glaubte er, für seine Forderungen nach nationaler Einigung, nach Nichtanerkennung der Oder-Neiße-Linie und nach Wiederangliederung der Saar nur bei den anglo-amerikanischen Besatzungsmächten ein offenes Ohr finden zu können. So deutete sich in der außenpolitischen wie auch in der innenpolitischen Programmatik bereits an, daß der dritte Weg der SPD nur in eine Richtung führen konnte: nach Westen.

1.3 Organisation und Wahlen

Auf dem ersten Nachkriegsparteitag der SPD in Hannover (Mai 1946), auf dem der Neo-Marxist *Viktor Agartz* das wirtschaftspolitische Grundsatzreferat hielt, wurde *Kurt Schumacher* einstimmig zum Parteivorsitzenden, *Erich Ollenhauer* und *Willi Knothe* (Hessen) zu seinen Stellvertretern gewählt. Auf diesem Parteitag wurde zwar ein Organisationsstatut verabschiedet, nicht aber ein Parteiprogramm.

Zwar formulierte die Partei auf dem zweiten Nachkriegsparteitag
(Nürnberg, Juni 1947) anläßlich der Zustimmung zum Marshall-Plan
und zur Schaffung des Wirtschaftsrats der Bizone programmatische
Aussagen zum „Aufbau der Deutschen Republik" und zur Wirtschaftspolitik. Diese Aussagen trugen allerdings niemals den Charakter
einer verbindlichen Richtschnur für sozialdemokratische Praxis.
Gleichwohl hatte sich die SPD im Bewußtsein der Lohnabhängigen als
deren politische Vertretung etabliert und konnte sich personell festi-
gen.
Die Mitgliederentwicklung der SPD vollzog sich in den Westzonen
(ohne Saargebiet) wie folgt:

31.12.1946	701 448
30. 6.1948	896 275
31.12.1949	736 218

Die Mitgliederzahl der SPD in Deutschland war zwischen 1913 und
1931 von 983 000 auf 1 037 000 gestiegen. Obwohl die Partei 1946
in den Westzonen über 700 000 Mitglieder verfügte, kann aus dieser
relativ hohen Mitgliederschaft nicht auf eine breite Eintrittswelle nach
1945 geschlossen werden. Vielmehr werden sozialdemokratische
Flüchtlinge und Vertriebene ihrer alten Partei auch in der neuen
Heimat wieder beigetreten sein. (In der BRD lebten 1949 7,6 Millionen Vertriebene.) Seit 1948 unterlag die SPD einem erheblichen
Mitgliederschwund, der sich vor allem wohl durch die Unzufriedenheit
vieler Parteigenossen mit der Politik der SPD – Währungsreform/
Lastenausgleich – (und es gibt Anzeichen, daß hier die Vertriebenen
eine wichtige Rolle spielten) erklären läßt. Genaue Angaben über die
Sozialstruktur der Mitgliederschaft der SPD vor 1952 liegen nicht vor.
Klaus Schütz (S. 203 ff.) schließt aufgrund verschiedener Indizien auf
eine im Vergleich zum Bevölkerungsdurchschnitt hohe Überalterung.
Auch dürfte sich die Mitgliederschaft der Partei überwiegend aus der
Arbeiterklasse rekrutiert haben. 1952 waren in einem, vermutlich aber
für die Gesamtmitgliederschaft repräsentativen, westdeutschen Partei-
bezirk 45 % der Mitglieder Arbeiter, weitere 17 % Angestellte.
Obwohl es in der Geschichte der SPD viele heftige Debatten um die
Notwendigkeit der Gewinnung der Mittelschichten und die damit
zusammenhängende Gefahr der Verbürgerlichung der Partei gegeben
hatte, war der Einbruch in dieses Reservoir nicht gelungen. Erst mit
der Anpassung der Programmatik und der Agitation an die seit langem
sozialreformerische Praxis (und dieser Prozeß dauerte vom Beginn der
50er Jahre bis zur Annahme des Godesberger Programms) trat hier
eine Änderung ein.
Die Ergebnisse der ersten kommunalen Wahlen (1946) stellten für die
SPD eine herbe Enttäuschung dar: sie hatte weit weniger Stimmen

erhalten als erwartet. Auch bei den Landtagswahlen 1946/47 blieb die
SPD hinter der CDU zurück, obwohl sie nach Berechnungen *Kaacks*
(S. 181) mit zusammen 35 % (ohne Berlin) über ihren Durchschnitts-
Resultaten aus der Weimarer Republik lag. In Berlin, Bremen, Ham-
burg, Hessen, Niedersachsen und zeitweilig auch in Bayern, Schles-
wig-Holstein und (Süd)Württemberg-Hohenzollern stellte die SPD den
Regierungschef.

1.4 Grundlinien sozialdemokratischer Politik

Die politische Praxis der Sozialdemokratie hatte in den ersten Nachkriegsjahren zwei (unter den damaligen Bedingungen widersprüchliche)
Aufgaben zu leisten: Sie mußte ihr Konzept des nationalen und
demokratischen Sozialismus durch konkrete politische Schritte in die
Realität umsetzen und zugleich gegen die Besatzungsmächte und das
deutsche Besitzbürgertum durchsetzen, und sie mußte im Interesse der
notleidenden Bevölkerung sichtbare Erfolge bei der Lösung der
Versorgungs- und Arbeitsbeschaffungsprobleme vorweisen, um ihren
Führungsanspruch beim Neuaufbau durchzusetzen. Die Beseitigung
von Hunger und Armut war freilich nur in Kooperation mit den
Besatzungsmächten und den übrigen politischen Organisationen und
gesellschaftlichen Kräften möglich. So öffnete sich rasch eine tiefe
Kluft zwischen klassenkämpferisch vorgetragenem sozialistischem Anspruch der Gesamtpartei und einer sozialreformerischen Praxis des
Klassenkompromisses auf lokaler und regionaler Ebene. Besonders
deutlich wurde diese Kluft in Hannover, wo der Parteivorsitzende
Schumacher zu immer schärferen Angriffen gegen die gefährlichen
Einflüsse des politischen Katholizismus als Wortführer des Großbe-
sitzes und gegen die Besatzungsmächte als Hauptgegner einer revolutionären Umgestaltung überging, während der niedersächsische Ministerpräsident, der Sozialdemokrat *Hinrich Wilhelm Kopf*, seit August
1946 ständig mit bürgerlichen Parteien koalierte. Dieser innerparteiliche Gegensatz, aber auch die für beide SPD-Lager typische Fixierung
auf demokratische Strukturen, verunmöglichte jeden aktiven, gege-
benenfalls auch außerparlamentarischen Widerstand gegen „legal"
zustandegekommene Entscheidungen, auch wenn sie den Prozeß der
Stabilisierung des Kapitalismus, der Westintegration und damit der
Teilung Deutschlands sichtlich beförderten. Mehr noch: die Partei
akzeptierte gegen ihren Willen erfolgte Entscheidungen und arbeitete
zumeist an deren Ausführungsbestimmungen mit („konstruktive Opposition").
Ihre wirtschaftspolitischen Zielsetzungen trachtete die SPD auf zwei-
erlei Wegen zu erreichen: durch die Schaffung der rechtlichen Voraussetzungen für die Sozialisierung von Schlüsselindustrien und durch die

Besetzung aller Wirtschafts- (und Innen-) Ressorts in den Länderkabinetten. Zwar gelang die gesetzliche bzw. verfassungsmäßige Verankerung von Sozialisierungsvorschriften in einer Reihe von Ländern (Berlin, Bremen, Hessen, Nordrhein-Westfalen, Schleswig-Holstein), aber gegen den Widerspruch der Alliierten (Hessen, Nordrhein-Westfalen) entfalteten weder die Sozialdemokraten noch die Gewerkschaften nennenswerten Widerstand. Auch die Tatsache, daß die SPD alle Wirtschaftsressorts in den Ländern der britischen und amerikanischen Zone (Anfang 1947) besetzen konnte, führte nicht zu einer Wirtschaftspolitik des demokratischen Sozialismus. Im von den bürgerlichen Parteien majorisierten Wirtschaftsrat der seit dem 1.1.1947 bestehenden Bizone unterlag die SPD nämlich bei der Wahl des Wirtschaftsdirektors und der übrigen vier Direktoren für den Exekutivrat der Bizone und beschied sich (gekränkt) mit der Oppositionsrolle in diesem für die weitere Entwicklung der Westzonen so entscheidenden Gremium.

Als der amerikanische Außenminister *Marshall* im Juli 1947 seinen Plan für ein europäisches „Wiederaufbau-Programm" (ERP) verkündete, der nicht nur die Wiederentstehung der kapitalistischen Produktionsweise in den Westzonen besiegelte und den wirtschaftlichen Einfluß des US-Kapitals verstärkte, sondern auch die Integration der Westzonen in das US-dominierte Bündnis-System forcierte, begrüßte *Schumacher* dieses Vorhaben als große Hilfe für die Bevölkerung und als Abwehr einer vermutlich den Kommunismus stärkenden Verelendungskrise. Im Juni 1948 stimmten die Sozialdemokraten schließlich auch der Währungsreform zu, die *Theo Pirker* (1965, S. 80) einen der „rücksichtslosesten Akte des Klassenkampfs von oben in der deutschen Sozialgeschichte" nennt, weil sie stärker der Stabilisierung der Besitzverhältnisse als der Neuordnung des Geldwesens diente.

Die Gründung der Bizone, die Annahme des *Marshall*-Plans und die Währungsreform waren nicht nur konstitutiv für die ökonomische Ordnung der Westzonen. Diese Maßnahmen markierten gleichermaßen den Weg zur Entstehung zweier deutscher Staaten und damit das Scheitern des von der SPD angestrebten nationalen dritten Weges. Aber auch hier reagierte die Partei mit dem Konzept der „konstruktiven Opposition". So war beispielsweise mit der Gründung des Landes Rheinland-Pfalz (Verordnung vom 30.8.1946) die Abtrennung des Saargebiets verbunden. Die Sozialdemokraten widersetzten sich dieser Gründung nicht und arbeiteten auch am Verfassungsentwurf mit. Bei der Volksabstimmung über die Verfassung empfahlen sie der Bevölkerung gleichwohl deren Ablehnung, weil sie — so die dortige SPD damals — weder den wirtschafts-, sozial- und kulturpolitischen Vorstellungen der SPD entsprach noch den nationalen Absichten der Partei Rechnung trug. Doch trotz dieser Kritik beteiligten sich die

Sozialdemokraten am 9.7.1947 an einer Allparteienregierung unter
Peter Altmeier (CDU). Ähnlich kooperativ nahm die SPD, an führender Stelle vertreten durch *Carlo Schmid*, auch an der Ausarbeitung des
Grundgesetzes teil. *Theo Pirker* (1965, S. 87) weist zu Recht darauf
hin, daß hier keineswegs, wie *Schmid* glaubte, eine „Grundnorm für
ein Staatsfragment", sondern eine perfektionistische Verfassung für
den Weststaat ausgearbeitet worden ist. Die Arbeit des seit dem
1.9.1948 tagenden Parlamentarischen Rates war zwar — was seine
Entscheidungsfreiheit betraf — durch Auflagen und eine Vielzahl von
Interventionen der Alliierten stark behindert. Dennoch aber verzichteten die Sozialdemokraten darauf, den gleichwohl verbliebenen
Spielraum etwa in der Frage der künftigen Wirtschaftsverfassung oder
der Festlegung sozialer Grundrechte voll auszunutzen. Die sozialdemokratische Minderheit drängte vielmehr, vor allem aus Sorge um
eine Festschreibung der bestehenden ökonomischen Verhältnisse,
gegenüber der bürgerlichen Mehrheit im Rat darauf, das Grundgesetz
von Bestimmungen über die Wirtschaftsverfassung freizuhalten. Und
sie opferte die Festlegung sozialer Grundrechte einem Kompromiß
mit der FDP zur Abschwächung des von den Besatzungsmächten und
auch von der CDU/CSU geforderten föderalistischen Staatsaufbaus.
Der von der Amputation seines linken Beines leidlich genesene
Schumacher berief zum 20.4.1949 eine gemeinsame Sitzung von Parteivorstand und Parteiausschuß ein und kritisierte die vorliegende Fassung des Grundgesetz-Entwurfs als nicht den Interessen der Arbeiterschaft und der Sozialdemokratie entsprechend. Seine anfängliche
Drohung, dem Grundgesetz die Zustimmung zu verweigern, ließ er
allerdings später fallen, nachdem sich die Militärgouverneure noch im
Laufe des Monats April zu einigen Zugeständnissen im Hinblick auf
die Finanz-Hoheit des Bundes und den Föderalismus bereitgefunden
hatten. *Schumacher* nahm diese Drohung wohl aber auch deshalb
zurück, weil führende SPD-Repräsentanten, so beispielsweise *Ernst
Reuter, Wilhelm Kaisen* und *Carlo Schmid*, zur Annahme des Grundgesetzes drängten. Damit war der Weg für die Errichtung eines
westdeutschen Teilstaates frei.
Charakteristisch für die Entwicklung der SPD bis zur Gründung der
Bundesrepublik war also die mangelnde Übereinstimmung von pro-
grammatischem Anspruch (demokratischer Sozialismus, dritter Weg)
und tatsächlicher Praxis. Das Konzept der konstruktiven Opposition
führte zu einem Nebeneinander von weithin beliebiger Koalitions-
Politik mit den bürgerlichen Parteien in Ländern und Kommunen und
verbalradikaler Verteufelung eben dieser Parteien anderswo. Eine
allgemein akzeptierte bündnispolitische Abgrenzung bestand lediglich
nach links, also gegenüber den Kommunisten. Hier stimmten Programm und Praxis der SPD vollkommen überein.

2. *Die KPD*

2.1 Gründung und Kooperations-Versuche

Die in den Westzonen wiedergegründete KPD verstand sich vom Tage ihrer Gründung an als Teil einer gesamtdeutschen Partei-Organisation. Die im Gründungsaufruf des Berliner Zentralkomitees vom 11.6.1945 formulierte Strategie und Taktik (vgl. S. 91) war für sie verbindlich, und deshalb stießen die KPD-Funktionäre der Westzonen in ihren Landesverbänden auf die gleichen Schwierigkeiten, vor denen das ZK in der Ostzone stand: Auch sie mußten das Programm der antifaschistisch-demokratischen Transformation zunächst gegen den Willen der Partei-Reste durchsetzen, die Prinzipien des demokratischen Zentralismus reetablieren, also statt auf eine Verschmelzung mit vereinigungswilligen Sozialdemokraten zu zielen, die Gründung einer selbständigen kommunistischen Partei-Organisation betreiben. Diese Situation brachte die westdeutsche KPD-Leitung daher – ebenso wie das ZK – in eine prinzipielle Gegnerschaft zu den für die proletarische Einheit werbenden Antifa-Gruppen.

So wurden 1945 im Ruhrgebiet, der Hochburg der KPD in den westlichen Zonen, die dort vorhandenen spontanen Einheitsbestrebungen durch „bewährte leitende Genossen" mit der Bildung einer eigenen Parteibezirks-Leitung (April 1945) gehemmt. Die Begründung dafür war, daß es „in bezug auf die Orientierung, das Tempo und die Formen . . . Fehler" gegeben habe, es zu „überstürzten" Zusammenschlüssen gekommen sei und sich in diesen „Übereilungen" der „mangelnde ideologische und organisatorische Reifegrad einzelner Genossen und Organisationen" widergespiegelt habe (*Mannschatz/ Seider*, S. 46).

Die Lösung dieses Konflikts folgte dem in der SBZ entwickelten Muster: Die KPD bemühte sich um die Aufnahme möglichst vieler neuer Mitglieder, die dann in der Parteischulung mit dem neuen Parteiprogramm vertraut gemacht wurden. Hatte die KPD 1931 im Gebiet der heutigen Bundesrepublik etwa 90 000 Mitglieder, so waren es 1946 300 000.

Konnte so auch in der Westzonen-KPD die Konzeption von der antifaschistisch-demokratischen Umwälzung durchgesetzt werden, so bedeutete dies zugleich, daß das KPD-ZK in Berlin die besonderen Organisations- und Arbeitsbedingungen der westdeutschen Kommunisten zunächst außer acht ließ und sie statt dessen auf eine Politik verpflichtete, die – auch angesichts der Politik der Westmächte – als gesamtdeutsche Politik zum Scheitern verurteilt war.

Dieses Dilemma, unter Bedingungen, die der ZK-Konzeption feindlich waren, mit gesamtdeutschem Anspruch eine Politik realisieren zu wollen, die letztlich nur in einem Teil Deutschlands, in der sowjetischen Zone, zu verwirklichen war, prägte denn auch die Politik der westdeutschen Kommunisten — und das bis zu ihrem Verbot im Jahre 1956. Diese Problematik organisatorisch zu bewältigen, galten immer wieder neue Versuche, Formen einer arbeitsteiligen, jedoch von Ost-Berlin kontrollierten Kooperation von Ost-KPD bzw. -SED und den Kommunisten in den Westzonen zu finden. Bis zum Frühjahr 1947 fungierten die westlichen KPD-Bezirke als Gliederungen der KPD und später der SED. Im März 1947 bildeten KPD und SED eine „Sozialistische Arbeitsgemeinschaft", die sich das Ziel setzte, „die Einheit der deutschen Arbeiterbewegung über die Zonengrenzen hinweg" durch die Schaffung einer gesamtdeutschen SED einzuleiten. Diesem Vorsatz dienten Beschlüsse der KPD-Landesparteitage und einiger Sozialdemokraten, die Partei in SED umzubenennen und mit der Ost-SED zu verschmelzen. Diese Entscheidungen wurden jedoch ebenso von den westlichen Besatzungsmächten anulliert wie die in Herne von einer Konferenz westdeutscher KPD-Delegierter im April 1948 beschlossene Umbenennung der KPD in SVD (Sozialistische Volkspartei Deutschlands). Was von den Herner Beschlüssen blieb, war die Bildung eines eigenen KPD-Vorstandes für die Westzonen. Im Februar 1949 schließlich lösten KPD und SED die Arbeitsgemeinschaft auf, um so den „besonderen Kampfbedingungen" in den Westzonen besser Rechnung zu tragen. Zugleich bekräftigten sie aber ihre „volle Übereinstimmung in den grundsätzlichen Fragen der deutschen Politik", und was seither die Politik der KPD prägte, waren deshalb auch weit stärker die Strategie und Taktik der SED als die besonderen Bedingungen der KPD.

2.2 Strategie und Taktik

Hintergrund aller dieser Bemühungen bildeten zwei Hoffnungen: Einerseits gingen KPD und SED bis etwa 1948 offenbar noch immer davon aus, daß die westlichen Besatzungsmächte sich einer antifaschistisch motivierten Transformations-Politik nicht widersetzen könnten, sofern sie von einem breiten Bündnis getragen war; und andererseits meinten sie noch 1948, wie im übrigen auch KPI und KPF, daß dieses Klassenbündnis allen Widerständen zum Trotz doch noch zu bilden sei. Diese strategisch-taktische Zielrichtung war es auch, die die Politik der Partei in den Westzonen seit 1945 bestimmt hatte. Statt die offenkundig weithin konturlose antifaschistische Nachkriegsstimmung zu strukturieren, d. h. den so bedingten latenten Antikapitalismus zu verdichten, beschränkte sich die Parteiführung wohl auch angesichts ihres nur geringen Einflusses auf die sich formierenden Gewerkschaften bis 1948 darauf, zu Einheitsfrontabkommen mit der SPD zu gelangen (vgl. Müller). Ab 1948, seit der Zuspitzung des sowjetisch-amerikanischen Konflikts (vgl. S. 85 f), bemühte sich die Partei verstärkt um die Bildung eines klassen- und schichtenunspezifischen, antiamerikanischen Bündnisses gegen die Westintegration der Westzonen und der Bundesrepublik: die „Volkskongreßbewegung für Einheit und gerechten Frieden" und (ab 1949) die „Nationale Front des Demokratischen Deutschland". In ihrer parlamentarischen Arbeit konzentrierte sie sich auf die Werbung für Länderverfassungen und Gesetze, durch die jene Eingriffe in die überkommene Sozialordnung im Westen eingeleitet werden sollten (Bodenreform, Enteignung der Großindustrie), die in der SBZ teils bereits abgeschlossen, teils gerade im Gange waren.

Die Politik der limitierten Konfrontation diente mithin dem immer noch angestrebten breiten Bündnis, der Übertragung des in der SBZ experimentierten Sozialmodells auf die Westzonen und der Unterstützung der sowjetischen Westpolitik.

Das Scheitern der KPD erklärt sich freilich nicht allein aus ihrem strategisch-taktischen Kalkül; ihre Niederlage resultierte auch aus der negativen Resonanz, die die antifaschistisch-demokratische Umwälzung in der SBZ in den Westzonen gefunden hatte. Sie wurde begünstigt durch den nie verschütteten, sondern im Gegenteil belebten und zur Staats-Doktrin instrumentalisierten Antikommunismus und beschleunigt durch die Behinderungspolitik der Westmächte und der anderen Parteien. So entzog etwa die amerikanische Besatzungsmacht im Sommer 1947 *Emil Carlebach*, einem der Lizenzträger der „Frankfurter Rundschau", das Recht auf Mitherausgabe dieser Zeitung. Im Sommer 1948 wurden in Nordrhein-Westfalen zwei KPD-Landesminister aus dem Allparteien-Kabinett unter Ministerpräsident *Arnold* entlassen, weil sich ihre Partei gegen den Marshall-Plan und den Frankfurter Wirtschaftsrat ausgesprochen hatte. Und noch im September 1950 beschlagnahmte der britische Landeskommissar für Nordrhein-Westfalen die neue, erst wenige Tage zuvor bezogene Parteizentrale der KPD in Düsseldorf, weil sie als Unterkunft für eine britische Militäreinheit dienen sollte.

Zweifellos haben auch diese Tatsachen zum raschen Prestige- und Bedeutungsverlust der KPD beigetragen. Hatte sie bei den Landtagswahlen in Nordrhein-Westfalen im Jahre 1947 noch 14 % der Stimmen und 28 Mandate erringen können, so waren es 1950 nur noch 5,5 % und 12 Mandate. Auch bei den Bundestagswahlen 1949 konnte die Partei nur 5,7 % und damit 15 Mandate erzielen. Und ihre Mitgliederzahl sank von 300 000 im Jahre 1946 auf 250 000 im

Februar 1947 und war im Januar 1950 bis auf 185 000 zurückgegangen.

3. Gab es eine sozialistische Alternative?

Was die Entwicklung der West-Zonen nach 1945 geprägt hat, ist in der zeitgeschichtlich-politikwissenschaftlichen Literatur sowohl als „erzwungener Kapitalismus" (*Schmidt/Fichter*) als auch als „verhinderte Neuordnung" (*Eberhard Schmidt*) charakterisiert worden. Beide Begriffe könnten die Vorstellung suggerieren, es habe 1945 die Chance eines radikalen Wandels der Produktionsverhältnisse und damit auch der politischen Ordnung Westdeutschlands gegeben. Wenn hier auch nicht auf die ganze Breite der Diskussion um das Für und Wider (vgl. *Lutz Niethammer*) dieser Sichtweisen eingegangen werden kann, soll doch — im Hinblick auf die Aktions-Möglichkeiten der Arbeiterparteien und insbesondere ihrer linken Flügel sowie auf die Problematik der gewerkschaftlichen Arbeit in dieser Zeit — auf einige Momente der Nachkriegssituation verwiesen werden.

Die revolutionär-sozialistischen Kräfte in KPD und SPD hatten sich vor allem mit drei Problemen auseinanderzusetzen, die ihre Erfolgs-Chancen von vornherein begrenzten. Sie

— waren mit der Politik von Besatzungsmächten konfrontiert, die, statt einer sozioökonomischen Alternative zur tradierten Produktionsweise, alle jene Kräfte favorisierten, die für die Kontinuität des Kapitalismus eintraten und, auf die Entwicklung in der SBZ verweisend, den traditionellen Antisozialismus förderten;

— konnten sich nur auf wenige Aktivisten (Antifa- und Betriebsausschüsse) einer Arbeiterklasse stützen, die mehrheitlich durch den Faschismus desorientiert, ihrer kollektiven Erfahrungen beraubt, durch die Notsituation der Nachkriegszeit keineswegs rasch politisiert worden war, gleichwohl aber alternativen Konzepten offen schien;

— sahen sich überdies in ihren Parteien und Gewerkschaften isoliert, die aus vermeintlich realpolitischer Notwendigkeit oder strategischem Kalkül revolutionär-sozialistische Ansätze zurückdrängten.

Innerhalb der KPD mußten die Linken die von der kommunistischen Weltbewegung und ihrem ZK vertretene Konzeption einer antifaschistisch-demokratischen Umwälzung akzeptieren, eine Konzeption, die den Übergang zum Sozialismus im Rahmen der langfristig angelegten Strategie — angesichts der konfliktreichen Beziehungen der Siegermächte auch im Interesse der sowjetischen West-Politik — erst am Ende eines langen bündnispolitisch abgesicherten Transformations-Prozesses für möglich hielt.

Die Linken in der SPD scheiterten an dem tief verwurzelten, legalistischen Demokratie-Verständnis der überwiegenden Parteimehrheit, das auf institutionalisierte Kompromiß-Findung zielte, eine ständige Konflikt-Scheu hervorrief und so auch nach 1945 die klassische Diskrepanz zwischen sozialistischer Programmatik und reformistischer Politik reproduzierte. Was die Linken ernsthaft wollten, war – wie 1918 – Inhalt einer sozialdemokratischen Agitation („Sozialismus als Tagesaufgabe"), die von der sozialdemokratischen Politik zwar nicht eingelöst wurde, gleichwohl aber die sozialistischen Intentionen der Nachkriegs-Aktivisten integrierte und so den unmittelbaren Einfluß der SPD-Linken auf diese Gruppen schwächte.
Eine weitere Ursache ihres Scheiterns lag in der Politik der Gewerkschaften.

4. Zur Entstehung der westdeutschen Gewerkschaftsbewegung

Wie die Parteien, so entstanden auch die Gewerkschaften zunächst als örtlich isolierte Organisationen zumeist in den Betrieben. Einige der Neugründungen hatten aber auch den Charakter von Antifa-Komitees. So bildete sich – noch in der Phase des allgemeinen politischen Betätigungsverbots – in Hamburg die „Sozialistische Freie Gewerkschaft" (SFG), deren Intention sowohl auf die Wiederbelebung von Gewerkschaften gerichtet war, zugleich aber darauf zielte, die Trennung von gewerkschaftlicher und politischer Organisation in der Arbeiterbewegung aufzuheben, und die mithin eine proletarische Einheitsorganisation anstrebte. Sie scheiterte daran, daß die alten Gewerkschaftskader – mit Hilfe der britischen Besatzungsmacht – eine explizit politische Praxis ablehnten. Das war ein für die Gewerkschaften in der Gründungsphase typischer Konflikt, ein Konflikt, der zumeist zwischen den Betriebsräten und den regionalen Gewerkschaftsapparaten ausgetragen wurde. Er wurde aber relativ rasch gelöst, weil die regionalen Gewerkschaftsführungen die Forderungen der Besatzungsmächte nach unpolitischen Gewerkschaften akzeptierten, auf ihr eigenes, nach 1945 formuliertes Prinzip der parteipolitischen Neutralität verwiesen und dieses Selbstverständnis innerhalb ihrer Organisationen durchsetzten.
Dieses Prinzip war ein wesentliches Element der von der Mehrheit der Gewerkschafts-Initiatoren getragenen organisationspolitischen Vorstellung einer zu bildenden zentralen Einheitsgewerkschaft, die einerseits die Richtungsgewerkschaften der Weimarer Republik ablösen, andererseits aber auch nicht das Industrieverbandsprinzip der amerikanischen Gewerkschaften übernehmen sollte. Das Prinzip der parteipolitischen Neutralität wurde in der Folge allerdings vor allem gegen die

Kommunisten angewendet. Und das immer dann, wenn, wie in der Frühphase, die vor allem unter den Betriebsräten im Bergbau und in der Metallindustrie stark vertretenen KPD-Gewerkschafter ihre Forderungen vorbrachten, Forderungen zu Problemen der Demontagen und der Entnazifizierung der Betriebsleitungen.

Zwar wurden diese Probleme auch von den Gewerkschaften selbst vorgetragen, doch dies geschah auf spezifisch sozialdemokratische, d. h. auf eher verhandlungs- denn aktionsbereite Weise, was dadurch noch gefördert wurde, daß sich die Besatzungsmächte nach der Wiederzulassung gewerkschaftlicher Arbeit — auch im Interesse einer Zurückdrängung der oftmals sozial-radikalen Betriebsausschüsse beim Wiederaufbau der Gewerkschaften — auf ADGB-Kader der Weimarer Republik gestützt hatten. Deren traditionelle Orientierung zeigte sich auch sehr rasch in ihren Forderungen nach Mitbestimmung (Wirtschaftsdemokratie) an die existierenden politischen Vertretungsorgane, die Parteien, Gemeinde- und Regionalparlamente. Im überzonalen Rahmen sprachen sich die Gewerkschaften mit unpolitischem Anspruch, aber mit eminent politischen Konsequenzen für die Bildung eines West-Staates, für den Marshall-Plan aus und akzeptierten das Grundgesetz. Auf diese Weise bildete sich die traditionelle Arbeitsteilung zwischen der Sozialdemokratie und der Gewerkschaftsbewegung wieder heraus: Die Gewerkschaften überließen die politische Vertretung — insbesondere im Parlamentarischen Rat und im Wirtschaftsrat — der SPD und verzichteten weitgehend auf die Formulierung eigener Forderungen und auf Aktionen zu deren Durchsetzung, während die Sozialdemokratie die Gewerkschaften als ihre Vertretung in den Betrieben interpretierte.

Hier freilich, in den Betrieben, waren die Gewerkschaften durch die Richtlinien der Okkupationsbehörden erheblich behindert. So konnten Streiks nur dann stattfinden, wenn sicher war, daß sie keine politische Stoßrichtung bekommen würden, und selbst Lohnverhandlungen, die klassische Gewerkschaftsfunktion, konnten unter den Bedingungen des von den Alliierten verfügten Lohnstopps bis 1948 nicht geführt werden.

Diese Restriktionen hatten allerdings nicht nur für die Gewerkschaften als Organisationen erhebliche Auswirkungen. Sie trafen die Arbeiterklasse insgesamt, zumal die Gewerkschaftsführungen den Druck, den die Besatzungsmächte auf sie ausübten, nahezu unvermindert an die wenigen politisierten Gewerkschafts-Aktivisten weitergaben: Warnten die Militärbehörden vor politischen Aktionen, so drohten die Gewerkschaftsführungen den Teilnehmern an „wilden" Streiks mit Ausschlußverfahren.

Dennoch gab es in der unmittelbaren Nachkriegszeit von den Gewerkschaften teils tolerierte, teils selbst organisierte Massenbewegungen

(Vgl. Kleßmann/Friedemann). Sie stützten zahlreiche Ausstände im Hungerwinter 1946/47 — wie überhaupt ein wesentlicher Teil ihrer Politik bis 1949 von der Ernährungssituation bestimmt war. Am 12. November 1948 organisierten sie in der Bizone sogar einen zunächst als Generalstreik geplanten Demonstrationsstreik gegen die Währungsreform, gegen die Aufhebung des Preisstopps bei gleichzeitigem Fortbestehen des Lohnstopps. Der Streik, in dem auch die Forderung nach Sozialisierung der Grundstoff-Industrie eine zentrale Bedeutung hatte, wurde jedoch aufgrund von Anweisungen der Militärregierungen so kanalisiert, daß es zwar zur Arbeitsruhe, nicht aber zu Demonstrationen kam.

So konzentrierten sich die Gewerkschaftsführungen unter dem Einfluß der Besatzungsmächte und infolge ihres eigenen Verzichts auf politische Forderungen in dieser Zeit weithin auf die Lösung der Lebensmittelversorgung und den Aufbau ihrer Organisation. Diese teils oktroyierte, teils selbst gewählte Beschränkung gewerkschaftlicher Aktivität in den ersten Nachkriegsjahren und ihre arbeitsteilige Bindung an die Sozialdemokratie hat die Politik des DGB wie seiner Einzelgewerkschaften über die Jahre der scheinbar permanenten ökonomischen Stabilität hin so nachhaltig geprägt, daß erst die Rezessionen der 60er Jahre Anlaß boten, die politische Rolle und die parteipolitische Bindung der Gewerkschaften neu zu überdenken (vgl. S. 192).

Literatur

Bauer, Otto: Die illegale Partei, Frankfurt/M. 1971

Edinger, Lewis J.: Sozialdemokratie und Nationalsozialismus. Der Parteivorstand der SPD im Exil von 1933–1945, Hannover/Frankfurt a. M. 1960.

Huster Ernst-Ulrich: Die Politik der SPD 1945-1950, Frankfurt/M. 1978

Huster, Ernst-Ulrich, Gerhard Kraiker, Burkhard Scherer, Karl-Friedrich Schlotmann und Marianne Welteke, Determinanten der westdeutschen Restauration 1945–1949, Frankfurt a.M. [3]1975.

Kaden, Albrecht: Einheit oder Freiheit. Die Wiedergründung der SPD 1945/46, Hannover 1964.

Kleßmann, Christoph, Peter Friedemann: Streiks und Hungermärsche im Ruhrgebiet 1946-1948, Frankfurt/New York 1977

Kluth, Hans: Die KPD in der Bundesrepublik. Ihre politische Tätigkeit und Organisation 1945-1956, Köln 1959.

Mannschatz, Gerhard, Josef Seider: Zum Kampf der KPD im Ruhrgebiet für die Einigung der Arbeiterklasse und die Entmachtung der Monopolherren 1945–1947, Berlin 1962.

Müller, Werner: Die KPD und die „Einheit der Arbeiterklasse", Frankfurt/New York 1979

Niethammer, Lutz: Das Scheitern der einheitsgewerkschaftlichen Bewegung nach 1945 in Westeuropa, in: aus politik und zeitgeschichte, B 16/75 v. 19. April 1975, S. 34 ff.

Pirker, Theo: Die blinde Macht. Die Gewerkschaftsbewegung in Westdeutschland, 2 Bde., München 1960.

ders.: Die SPD nach Hitler. Die Geschichte der Sozialdemokratischen Partei Deutschlands 1945–1964, München 1965.

Schmidt, Eberhard: Die verhinderte Neuordnung 1945–1952. Zur Auseinandersetzung um die Demokratisierung der Wirtschaft in den westlichen Besatzungszonen und in der Bundesrepublik Deutschland, Frankfurt a. M. 1970.

Schmidt, Ute, und Tilman Fichter: Der erzwungene Kapitalismus, Klassenkämpfe in den Westzonen 1945–1948, Berlin 1971.

Schütz, Klaus: Die Sozialdemokratie im Nachkriegsdeutschland, in: Parteien in der Bundesrepublik, Studien zur Entwicklung der deutschen Parteien bis zur Bundestagswahl 1953, Stuttgart und Düsseldorf 1955, S. 157–271. (Schriften des Instituts für politische Wissenschaft, Bd. 6.)

Staritz, Dietrich: KPD und Kalter Krieg, in: Die Linke im Rechtsstaat, Bd. 1: Bedingungen sozialistischer Politik 1945-1956, Berlin 1976, S. 195 ff.

Winkler, Heinrich August (Hrsg.): Politische Weichenstellungen im Nachkriegsdeutschland 1945-1953, Göttingen 1979 (Geschichte und Gesellschaft, Sonderheft 5)

III. Die Parteien in der Bundesrepublik

1. Jürgen Dittberner

Zur Entwicklung des Parteiensystems zwischen 1949 und 1961

In der allgemein-politischen Diskussion wird die Zeit von 1949 bis 1961 als die „Ära *Adenauer*" bezeichnet. So problematisch es auch ist, zu behaupten, Personen machten Geschichte, so unübersehbar ist es doch, daß die politische, soziale und wirtschaftliche Entwicklung der Bundesrepublik in den fünfziger Jahren ohne die Politik und die Person *Konrad Adenauers* kaum erklärbar wäre. Dies zu behaupten heißt aber zugleich zu fragen, welches die politisch-soziale Konstellation war, in der die Autorität und das Charisma eines Politikers so dominierend werden konnten. Die Grundstrukturen dieser Konstellation sind deutlich: In der postfaschistischen Ära war im westlichen Teil des alten Reiches eine politisch-psychologische Einstellung verbreitet, in der Privates Priorität vor Öffentlichem hatte, in der Sicherheit im Materiellen und Sozialen der beherrschende Wert war. Im Rahmen der globalen und nationalen Ost-West-Konfrontation transformierte sich diese Werthaltung in einen kräftigen Antikommunismus, dem die politische und wirtschaftliche Westintegration der Bundesrepublik entsprach. Diese Grundkonstellation führte darüber hinaus dazu, daß die politischen Institutionen und die Wirtschaftsordnung der westdeutschen Republik wie in einer Schonung weitgehend ungestört „anwachsen" konnten. Konflikte-negierende Gesellschaftstheorien und -Ideologien − wie *Schelskys* „Nivellierte Mittelstandsgesellschaft" − förderten dieses Wachstum zusätzlich. *Konrad Adenauers* Politik aktualisierte diese Grundstrukturen. Erst als mit der Spiegel-Affäre und der ersten Wirtschaftskrise in den sechziger Jahren das Bild einer heilen Republik einer differenzierteren Betrachtung weichen mußte, als Partizipation zu einem bedeutsamen politischen Wert wurde, war die Schonzeit für die nun fest konstituierte Bundesrepublik vorbei.

Auch die Entwicklung des Parteiensystems in den fünfziger Jahren ist zum großen Teil aus Gefolgschaft oder Konfrontation zu *Konrad Adenauer* zu erklären: Die Staatspartei der fünfziger Jahre entwickelte sich allmählich von einem Machtinstrument des Bundeskanzlers zu einer lose integrierten Partei mit eigenem relativen politischen Gewicht; die frühen Bündnispartner von CDU und CSU wie DP oder

BHE wurden von der *Adenauer*-Partei aufgesogen oder überrollt; die FDP stürzte aufgrund ihrer Konflikte mit *Adenauer* in ihre erste große Krise; die SPD schließlich suchte zunächst nach einer Alternative zur *Adenauer*-Politik und fand dann doch ihr Heil in deren Anerkennung und Kopie. Das Ergebnis dieser Entwicklung ist das heute noch bestehende duale Parteiensystem zweier parteipolitischer Blöcke, das sich organisatorisch in vier Parteien institutionalisiert hat. Der existenzgefährdende Wechsel der FDP vom Unionslager zu den Sozialdemokraten und der damit verbundene Machtwechsel in Bonn ist der bisher einzige entscheidende Wandel des westdeutschen Parteiensystems in der Zeit nach der „Ära *Adenauer*".

1. Wahlen, Koalitionen und Mitgliederbewegung

Wie sehr sich die Grundstrukturen des heutigen Parteiensystems schon in den fünfziger Jahren verfestigt haben, soll zunächst anhand einiger Entwicklungsreihen über Wahlen, Koalitionen und Mitgliederbewegungen verdeutlicht werden. Die politische Konstituierung der Bundesrepublik setzte ein mit der formellen Verkündung des Grundgesetzes im Parlamentarischen Rat am 23. Mai 1949. Die ersten Bundestagswahlen fanden daraufhin am 14. August 1949 statt. Am 13. September 1949 wurde *Theodor Heuss* gegen *Kurt Schumacher* von der Bundesversammlung zum Bundespräsidenten und am 15. September *Konrad Adenauer* wiederum gegen *Kurt Schumacher* vom Bundestag zum Bundeskanzler gewählt. Entsprechend dieser Konstituierung der Bundesrepublik erfolgte dann im Oktober 1949 die „Gründung" der DDR. Die Tab. 1 enthält die Ergebnisse der 1. und der weiteren Bundestagswahlen.

Schon bei der ersten Bundestagswahl ist die spätere Grundstruktur des westdeutschen Parteiensystems im nachhinein zu erkennen: Die heutigen Bundestagsparteien erzielten 72 % der abgegebenen Stimmen, und die kleinste unter ihnen − die FDP − war noch doppelt so stark wie die damals fünft-größte Partei, die KPD. Dennoch stieg der Anteil der Bundestagsparteien von heute in den folgenden Jahren stetig weiter und erreichte 1961 95 %. 1961 sind auch alle kleineren Parteien abgeschlagen; lediglich der FDP ist es gelungen, sich im westdeutschen Parteiendualismus zu behaupten. „Daß sich die FDP in diesem Abschleifungsprozeß hielt, entsprach ihrem größeren Fundus zu Beginn der Entwicklung. Sie war keine große Partei, aber auch keine kleine. Von den kleinen Parteien unterschied sie eine wesentlich größere Spannbreite der Auffassungen und der sozialen Resonanz." (*Fenske*, S. 211)

b. 1: Bundestagswahlergebnisse (in % der Zweitstimmen)

	14.8.1949	6.9.1953	15.9.1957	17.9.1961	9.9.1965	28.9.1969	19.11.1972	3.10.1976
J	25,2	36,4	39,7	35,8	38,1	36,6	35,2	38,0
I	5,8	8,8	10,5	9,5	9,5	9,5	9,7	10,6
U/CSU)	31,0	45,2	50,2	45,3	47,6	46,1	44,9	48,6
	29,2	28,8	31,8	36,2	39,3	42,7	45,9	42,6
	11,9	9,5	7,7	12,8	9,5	5,8	8,4	7,9
(Summe)	41,1	38,3	39,5	49,0				
-Parteien)	72,1	83,5	89,7	94,9	96,4	94,6	99,2	99,1
;	4,0	3,2	3,4	–	–	–	–	–
..	–	5,9	4,6	2,8	–	–	–	–
..	5,7	2,2	–	–	–	0,6	–	–
J	–	–	–	1,9	1,3	0,2	–	–
)	4,2	1,7	0,5	–	–	4,3	0,6	0,3
stige	14,0	3,5	1,8	1,0	2,0	0,3	0,3	0,6
lbet.	78,5	85,8	87,8	87,7	86,8	86,7	91,2	91,0

Nach dem heutigen Wahlrecht mit einer rigiden 5 %-Klausel wären 1949 neben den heutigen Bundestagsparteien lediglich die KPD und 1953 der BHE in den Bundestag gelangt. Aber die Wahlrechtsfrage war vom Parlamentarischen Rat nicht endgültig entschieden worden, und das heute gültige Wahlrecht trat erst 1957 in Kraft. Die Tab. 2 führt diejenigen Parteien, die in den einzelnen Legislaturperioden im Bundestag vertreten waren, nach ihrem Stärkeverhältnis auf. Hierbei ist zu berücksichtigen, daß die DP 1957 nur aufgrund einer Listenverbindung mit der CDU in den Bundestag gelangen konnte.

Die Koalitionspolitik im Deutschen Bundestag war von erheblichem Einfluß auf die Entwicklung des Parteiensystems. Die Auseinandersetzungen in der bürgerlichen Koalition unter *Adenauer* in den ersten beiden Legislaturperioden haben unmittelbar zur Aufreibung der kleineren Parteien und zur Spaltung sowie dem Überwechseln der FDP in die Opposition 1956 geführt. Die jeweiligen Koalitionen in Bonn sind in der Tab. 3 zusammengefaßt. Es entspricht der politischen Struktur der föderativen Bundesrepublik, daß in den Landtagen überwiegend ähnliche Koalitionsbildungen wie im Bundestag erfolgten. Nach der knappen Mehrheitsbildung für *Adenauer* im Jahre 1949 war die Mehrheit für die Unionsparteien in den darauf folgenden Legislaturperioden bis 1961 niemals ernsthaft in Frage gestellt.

Die eingangs angesprochene These von der Priorität des Privaten vor dem Öffentlichen in den 50er Jahren findet eine Bestätigung in der Entwicklung der Mitgliederzahlen. Parteimitgliedschaft wird gerade in neueren Untersuchungen als ein Indikator für politische Partizipation angesehen.

Tab. 2: Zusammensetzung des Bundestages nach Beginn der Legislaturperioden

	1949	1953	1957	1961	1965	1969	1972	1976
CDU/CSU	139	243	270	242	245	242	225	243
SPD	131	151	169	190	202	224	230	214
FDP	52	48	41	67	49	30	41	39
DP	17	15	17					
BHE/GDP		27						
Z	10	3						
BP	17							
KPD	15							
DRP	5							
WAV	12							
Sonstige	4							
	402	487	497	499	496	496	496	496

(Nach: *Fenske*, S. 224)

Tab. 3: Koalitionen

1949	1953	1957	1961
CDU/CSU	CDU/CSU	CDU/CSU	CDU/CSU
FDP	FDP	(DP)	FDP
DP	DP		
	BHE		
Kabinett	Kabinett	Kabinett	Kabinett
7 CDU*	9 CDU*	13 CDU*	13 CDU*
2 CSU	2 CSU	4 CSU	4 CSU
4 FDP	4 FDP	2 DP	5 FDP
2 DP	4 DP/BHE	19	22

*) mit Kanzler

Wenn dies ein zuverlässiges Instrument ist, so zeigt die Mitgliederentwicklung (Tab. 4) der vier heute etablierten Parteien die Tendenz zu
abnehmender Partizipationsbereitschaft in den fünfziger Jahren gegenüber der unmittelbaren Nachkriegszeit und ein Ansteigen dieser
Bereitschaft in den sechziger Jahren.
Der wachsende Einfluß der etablierten Hauptparteien auf die Herr-
schaftsordnung in der Bundesrepublik forderte in den fünfziger Jahren
vor allem infolge der immer aufwendiger geführten Wahlkämpfe bald
einen Preis, den die Mitglieder allein nicht tragen konnten: Die
finanziellen Ausgaben der Parteiorganisationen wuchsen enorm an.
Insbesondere die „bürgerlichen" Parteien waren zum Ausgleich ihrer
Etats auf Spenden angewiesen. Daraus wurde häufig die These
abgeleitet, diese Parteien seien von der Wirtschaft abhängig. Um diese
vermutete Abhängigkeit aufzuheben, hatte die von SPD und BHE
getragene Hessische Landesregierung das Bundesverfassungsgericht
angerufen, das im Jahre 1958 Steuerermäßigungen für Parteispen-
den als verfassungswidrig erklärte (*Kaack*, S. 555). Dieses erste Urteil
zur Parteienfinanzierung leitete die finanzielle Unterstützung der
Parteien durch öffentliche Mittel als Äquivalenz für verlorengegangene
Spenden ein: Der Deutsche Bundestag bewilligte im Jahre 1959
erstmals einen Betrag von fünf Millionen DM zur Wahrnehmung des
„Auftrages, an der politischen Bildung des deutschen Volkes mitzu-
wirken". Später wurde diese direkte Finanzierung der Parteien ebenfalls für verfassungswidrig erklärt; das Verfassungsgericht billigte den
Parteien jedoch zu, ihre Wahlkämpfe durch öffentliche Mittel unterstützen zu lassen, was heute geschieht. Die Entwicklung der staatlichen Parteienfinanzierung — neben der direkten Wahlkampffinanzie-
rung haben sich die Parteien schon in den fünfziger Jahren indirekte
öffentliche Unterstützungen über parteinahe Stiftungen und Publika-

tionen gesichert – verdeutlicht, wie stark die etablierten Hauptparteien nicht nur ihre Macht im Staate ausgebaut haben, sondern sich in gewisser Hinsicht auch zu halbstaatlichen Institutionen mit den damit verbundenen Abhängigkeiten entwickelt haben.

Tab. 4: Mitgliederbewegung in den Parteien 1947–1965

	SPD	CDU u. CSU	FDP
1947	875 479	ca. 650 000	
1948	844 653		ca. 120 000
1949	736 218		
1952	627 817	ca. 210 000	
1955	585 158	245 000	
1965	710 488	377 000	ca. 80 000

(Nach: *Flechtheim* 1973, S. 398)

Das politische Sicherheits- und ökonomische Konsumdenken der fünfziger Jahre fand seine Äquivalenz in dem starken Wirtschaftswachstum während jener Zeit. Diese verklärend als „Wirtschaftswunder" bezeichnete Entwicklung beinhaltete eine merkliche Anhebung des Konsumangebots, der Reallöhne und damit auch der Konsummöglichkeiten der Arbeitnehmerschaft. Im Vergleich zum Elend nach Kriegsende erschien diese Entwicklung den Bürgern tatsächlich millionenfach „wunderbar". Nach den Zeiten der Not und der Entbehrungen wurde der Konsum zum zentralen sozialen Wert. Während das Wirtschaftswachstum in Westdeutschland über staatliche Maßnahmen wie Investitionsförderung mit steigenden Konsumchancen angeregt wurde und zugleich ein Neuentstehen der kapitalistischen Grundstruktur mit sich brachte, war in Ostdeutschland bei der bürokratischen Einführung einer sozialistischen Wirtschaftsordnung eine merkliche Hebung des Konsumniveaus nicht zu verzeichnen. Das führte zu einer Abwanderung qualifizierter Arbeitskräfte in den Westen und hier zu einer weiteren Steigerung des Wirtschaftswachstums.
Der offenbare und allgemeine Erfolg der wirtschaftlichen Entwicklung in der Bundesrepublik entzog allen sozialistischen Vorstellungen, wie sie noch von den meisten Parteien vor 1949 vertreten wurden, nach und nach die Basis. Die Mißerfolge der KPD, vor allem aber das Einschwenken der CDU auf das neoliberale Konzept der „Sozialen Marktwirtschaft" *Ludwig Erhards*, verdeutlichen das. Das Wirtschaftswunder wird auf diese Weise in einer relativ apolitischen Entwicklungsperiode zur soliden Legitimationsgrundlage eines mehr und mehr an Macht gewinnenden, klar umrissenen Parteiensystems. Dabei spielte es im öffentlichen Bewußtsein kaum eine Rolle, daß sich hinter

dem „Wirtschaftswunder" eine beachtliche Umverteilung des Realvermögens zwischen Abhängigen, Selbständigen und Öffentlichen Händen vollzog. Die Tab. 5 wirft ein Schlaglicht auf diesen Umverteilungsvorgang.

Tab. 5: Umverteilung des Realvermögens in der Bundesrepublik (in %)

	Arbeiter und Rentner	Selbständige und Unternehmer	Öffentliche Hände
1950	36	45,7	14,5
1960	18	49,3	32,6

(Nach: *Huffschmid*, S. 28 f.)

Das Wirtschaftswunder hatte zu einer relativen Stärkung des wirtschaftlichen Potentials der staatlichen Einrichtungen gegenüber einer relativen Schwächung der Unselbständigen sowie geringen Stärkung der Unternehmerschaft geführt. Bei dem großen Einfluß der politischen Parteien auf die staatlichen Institutionen ist diese Entwicklung zu sehen als eine der Ursachen für die Machtentfaltung der Parteien, denn hinter dem Staat als handelndem Wirtschaftssubjekt standen zunehmend die Führungsgruppen der Parteien.

2. CDU und FDP gründen Bundesparteienorganisationen

Der erste Deutsche Bundestag war ein Vielparteienparlament mit einer Dominanz von CDU/CSU auf der einen und von SPD auf der anderen Seite. Nach den bisherigen Entwicklungen z. B. im Parlamentarischen Rat bot sich zwar eine große Koalition nicht gerade an, aber wenigstens theoretisch wurde diese Möglichkeit diskutiert. Sie scheiterte an der Unvereinbarkeit der wirtschaftspolitischen Konzeptionen der CDU und CSU, die sich bereits auf ein neoliberales Marktwirtschaftskonzept entschieden hatten, auf der einen — und der SPD auf der anderen Seite, die den wirtschaftlichen Aufbau mit Steuerungsmaßnahmen des Staates erreichen wollte.

Wegen der Besetzung des Wirtschaftsressorts kam es dann auch nicht zu dieser Koalition. Denn sowohl SPD als auch CDU/CSU hatten die Besetzung dieses Ministeriums mit Politikern aus den eigenen Reihen zur Koalitionsbedingung gemacht. 14 Tage nach der Wahl entschied sich die CDU/CSU-Bundestagsfraktion förmlich gegen eine Koalition mit der SPD und argumentierte mit der Unvereinbarkeit der wirtschaftspolitischen Zielsetzungen: 13,9 Millionen Wähler hätten sich für die freie Wirtschaft und 8,5 Millionen für die Planwirtschaft entschieden. Laut *Kaack* stellte die Fraktion in dem gleichen Beschluß fest, daß der Wähler eine kleine Koalition der bürgerlichen Parteien wünsche.

Ursprünglich hatte *Adenauer* geplant, folgende Parteien zu einer bürgerlichen Koalition zusammenzuführen: CDU/CSU, FDP, DP und BP. Wegen ihres Konkurrenzverhältnisses zur CSU konnte sich jedoch die Bayernpartei an dieser Koalition nicht beteiligen, so daß es zu der Koalition zwischen CDU/CSU, FDP und DP kam. Mit 202 von 402 Stimmen wurde *Adenauer* zum Bundeskanzler gewählt. Die Wahl von *Theodor Heuss* zum Bundespräsidenten mit den Stimmen aller bürgerlichen Parteien war ein Zugeständnis der CDU/CSU an ihren größten Bündnispartner, die FDP. (*Kaack*, S. 200 f.)

Die CDU/CSU war damit zur politisch nun auch formell führenden Partei in der Bundesrepublik geworden, ohne daß sie sich organisatorisch als eigene Partei auf nationaler Ebene konstituiert hätte. Seine Machtposition innerhalb dieser nicht konstituierten nationalen Partei leitete *Konrad Adenauer* aus seiner Position als Vorsitzender der CDU der britischen Zone, der „Zonen-CDU", her. Aus dieser Position heraus dominierte *Adenauer* jene Gremien, die die Funktionen einer Bundes-CDU erfüllten: die CDU/CSU-Fraktionen im Wirtschaftsrat, im Parlamentarischen Rat und im Bundestag sowie die Konferenz der Landesvorsitzenden der CDU und der CSU (ohne die CDU der Ostzone).

Am 11. Mai 1950 wurde in Königswinter von den CDU-Landesvorsitzenden (mit Berlin) beschlossen, eine Bundesparteiorganisation zu schaffen. *Adenauer* wurde zum vorläufigen Vorsitzenden gewählt. Ein Ausschuß dieser Konferenz arbeitete ein Parteistatut aus und bereitete den 1. Bundesparteitag der CDU vor. Der Gründungsparteitag tagte vom 20. bis 22. Oktober in Goslar. In seinem Hauptreferat bemühte sich *Adenauer* nicht um eine programmatische Klärung der Parteilinie, sondern sprach lediglich einige ideologische Grundstimmungen an: So angesichts des Koreakrieges und der damit verbundenen Diskussion um Bewaffnung der Bundesrepublik die Furcht vor einer „russischen Aggression" oder das „christliche Gedankengut", das Fundament für den „Kampf gegen den Bolschewismus". Bereits damals sah sich die CDU als Volkspartei, wie das folgende Zitat des Funktionärs *Erich Stier* belegt: „Während andere Parteien . . . sich gern als Vertretung bestimmter Volksschichten ausgeben, umschließt die CDU/CSU ganz bewußt Menschen aller Klassen und Berufe." (*Dittberner*, 1969, S. 68)

Der Goslaer Parteitag bestätigte im übrigen das vom Vorbereitungsausschuß erarbeitete Statut diskussionslos und wählte *Adenauer* zum

CDU-Vorsitzenden, *Friedrich Holzapfel* und *Jakob Kaiser* zu seinen Stellvertretern.

Die nationale Konstituierung der CDU war in erster Linie ein technisch-organisatorischer Vorgang, durch den die bereits eingefahrenen Willensbildungsströme mit den Zentren der Bundestagsfraktion, der Konferenz der Landesvorsitzenden, der Zonenpartei und nicht zuletzt der Bundesregierung unbeeinflußt blieben. Die Hauptfunktion des Gründungsparteitags war es, vor der wiederentstandenen politischen Öffentlichkeit, in der die Frage der deutschen Wiederbewaffnung heftig diskutiert wurde, für die Politik der CDU in der Bundesregierung zu werben.

Während sich die SPD als nationale Parteiorganisation im Mai 1946 in Hannover konstituiert hatte und damals schon zwangsläufig wegen der Ablehnung der Einheitspartei ein programmatisches Feld mit den Stichworten „sozialistische Wirtschaft" und „demokratische Politik" abgesteckt hatte, nahm die FDP auch in dieser Hinsicht eine mittlere Position ein: Ebenfalls erst aus der Arbeit in den vorparlamentarischen Gründungsgremien der Bundesrepublik heraus bildete sich eine Bundesparteiorganisation. Delegierte aus den drei Westzonen und aus West-Berlin trafen sich im Dezember 1948 zu einer Tagung in Heppenheim. Die Einigung auf den Namen „Freie Demokratische Partei" war ein äußerliches Ergebnis dieser Gründung, deren besondere parteiengeschichtliche Bedeutung darin bestand, daß nun das Schisma der Liberalen in Deutschland in eine Parteiorganisation projiziert wurde. „Links-" und „Rechts"-Liberalismus waren nun vor allem regional aufgegliedert: Die demokratische Tradition wurde von den südwestdeutschen und fränkischen Landesverbänden vertreten, die nationale Tradition vor allem in Hessen und in Nordrhein-Westfalen. Gerade hier entwickelte sich die FDP zum Sammelbecken „rechts" von der CDU bis hin zu ehemaligen Nationalsozialisten. In Heppenheim wurde *Theodor Heuss* Vorsitzender und *Franz Blücher* sein Stellvertreter. *Walter Tormin* charakterisiert die politische Linie der damaligen FDP: „Im Zweizonenwirtschaftsrat gaben die Abgeordneten der FDP den Ausschlag für die Wahl von *Ludwig Erhard* zum Direktor für Wirtschaft und damit für den liberalen Wirtschaftskurs. Von der CDU/CSU unterschied sie sich vor allem in der Kulturpolitik, wo sie den aus der Aufklärung stammenden Säkularismus des älteren Liberalismus überwand, sich aber gegen eine Konfessionalisierung der Politik wandte und die christliche Gemeinschaftsschule forderte. Im Parlamentarischen Rat lehnte sie gemeinsam mit der SPD eine zu föderalistische Gestaltung des Grundgesetzes ab. Wo sie allein gegen die beiden großen Parteien stand (Antrag auf Streichung der Artikel über Enteignung und Vergesellschaftung), konnte sie sich jedoch nicht durchsetzen." (*Tormin*, S. 451 f.)

3. Entstehung und Entwicklung der kleinen Parteien

Generell kann die Zeit von 1949 bis 1953 als die wichtigste Periode bei der Formierung des westdeutschen Parteiensystems angesehen werden. Denn einerseits hatten neben der SPD, der CDU/CSU und FDP die im Bundestag vertretenen Parteien DP, Z, BP, KPD, DRP und WAV die Chance der politischen Profilierung auf der parlamentarischen Bühne, andererseits hoben die westlichen Besatzungsmächte am 17. März 1950 den Lizenzzwang für Parteien auf, und es kam daraufhin zur Bildung von über zwanzig neuen Parteien. Während von den 1949er Bundestagsparteien lediglich die DP und das Zentrum 1953 noch einmal den Sprung ins Parlament schafften, fanden von den zahlreichen Neugründungen des Jahres 1950 lediglich 2 größere Wählerresonanz: der „Bund der Heimatvertriebenen und Entrechteten" (BHE) und die neonazistische „Sozialistische Reichspartei" (SRP). Die aus der Tradition der Welfenbewegung in Niedersachsen hervorgegangene Deutsche Partei (DP) hatte lediglich in Niedersachsen ein großes Anhängerreservoir, erzielte hier allerdings bei Wahlen bis zu 19 % der Stimmen. Ihre parlamentarische Repräsentanz im Bundestag bis 1961 sicherte sie sich durch Wahlabkommen mit der FDP, vor allen Dingen aber mit der CDU. Die DP ist deswegen spätestens ab 1957 als Satellit der CDU zu sehen.

Der CDU war es von Anfang an gelungen, denjenigen Politikern die soziale Basis zu nehmen, die sich für eine Wiederbelebung des alten Zentrums (Z) eingesetzt hatten. Zwar war das Zentrum mit *Helene Wessel* als Sprecherin im ersten Bundestag repräsentiert, es stand jedoch in Opposition zur Regierung *Adenauer* und geriet mit seiner stark föderalistisch, sozialistisch und im Bildungsbereich klerikal orientierten Politik sehr schnell in den Sog der großen Parteienblöcke. War das Zentrum nach 1953 noch mit drei Bundestagsabgeordneten parlamentarisch vertreten, so hatte dieser Sog schon die 1953er Wahlen für BP, DRP, WAV und KPD zum eindeutigen Mißerfolg werden lassen.

Das Scheitern der KPD ist besonders bemerkenswert, weil diese Partei schließlich eine der vier Lizenzparteien gewesen und zudem während der Gründungsphase in den Länderregierungen und den vorparlamentarischen Gremien repräsentiert war. Nach dem Scheitern der Vereinigung mit der SPD trat die KPD in Westdeutschland als eine Partei auf, die wie die SED zunächst einen eigenständigen deutschen Weg zum Sozialismus vorschlug. Ihre politischen Aussagen waren nicht revolutionär-klasenkämpferisch, sondern antifaschistisch-demokratisch. Diese politische Linie brachte der Partei in den ersten Landtagswahlen Teil-Erfolge. Als es auf internationaler Ebene zum Bruch zwischen der Sowjetunion und Jugoslawien eben wegen der Frage eines eigenen nationalen Weges zum Sozialismus kam, vollzog die KPD 1948 einen Kurswechsel, in dem die unbedingte Führung der KpdSU anerkannt und schließlich 1952 der revolutionäre Klassenkampf als Weg zum Ziel des Sozialismus in den Mittelpunkt gestellt wurde. Dieser Kurswechsel führte im Jahre 1950 zu Säuberungen in den Reihen der KPD, deren prominentestes Opfer der stellvertretende Vorsitzende *Kurt Müller* wurde. Entsprechend ihrem politischen Kurs lehnte die KPD 1949 das Grundgesetz ab, beteiligte sich aber mit dem bekannt mäßigen Erfolg an den Bundestagswahlen. Das Wahlergebnis verstärkte die Zielsetzung, die politisch-wirtschaftliche Ordnung der Bundesrepublik außerparlamentarisch stürzen zu wollen. Dies sollte vor allem durch politische Massenstreiks erreicht werden. Im April 1956, als der Verbotsantrag gegen die KPD vor dem Verfassungsgericht schon verhandelt wurde, widerrief die KPD ihr revolutionäres Programm und wollte es durch ein Bekenntnis zum parlamentarischen Weg ersetzen. Sie war zu dieser Zeit aber nur noch in Bremen und in Niedersachsen mit insgesamt 6 Abgeordneten parlamentarisch vertreten. Als das Verbot der KPD am 17. August 1956 vom Bundesverfassungsgericht verkündet wurde, war die KPD im Parteiensystem der Bundesrepublik schon zur bedeutungslosen Splittergruppe geworden. Der antikommunistische Grundtenor der westdeutschen Politik in den 50er Jahren war sicherlich die Hauptursache für das Scheitern der stark KpdSU-orientierten Partei: wahrscheinlich hat der Kurswechsel diesen Mißerfolg noch verstärkt.

Die Resonanz der beiden Neugründungen BHE und SRP nach 1950 führt *Manfred Rowold* (S. 26 f.) darauf zurück, daß deren „Wirkungsmöglichkeiten bis dahin durch einen künstlichen Rückstau beschränkt waren: es sind dies die Vertriebenen ... und die neonazistische Rechte." (*Rowold*, S. 26 f.). Der BHE versuchte, die Probleme und Interessen der 12 Millionen Heimatvertriebener politisch zu transformieren. Der BHE wurde 1950 mit *Waldemar Kraft* als Vorsitzenden konstituiert. Bei den Landtagswahlen in Schleswig-Holstein im gleichen Jahr erreichte diese parteipolitische Interessenvertretung über 23 % der Stimmen. Neben sozialpolitischen Eingliederungsproblemen war die Politik des BHE vor allem auf gesamtdeutsche Zielsetzungen hin orientiert; die Wiedergewinnung der verlorenen Ostgebiete war für ihn ein Dogma. Im Nachhinein ist es deutlich, daß diese einzige bedeutende Interessenpartei der Bundesrepublik in dem Maße an Resonanz verlieren mußte, wie die soziale und politische Eingliederung der Vertriebenen in der Bundesrepublik gelang. Unabhängig von den äußerlichen Vorgängen um den Niedergang des BHE nach 1957 ist die eigentliche Ursache für den Niedergang wohl darin zu sehen, daß seine Wählerbasis im Schmelztiegel des Wirtschaftswachstums verlorenging.

Die neofaschistische SRP schließlich erzielte in Landtagswahlen von Niedersachsen (11 %) und Bremen große Wählererfolge. Im November 1951 beschloß die Bundesregierung, beim Verfassungsgericht das Verbot der SRP zu beantragen, am 23. Oktober 1953 verkündete das Gericht die Verfassungswidrigkeit der Partei.

Erwähnenswert ist auch der Versuch der Etablierung einer *bürgerlich-demokratischen Oppositionspartei.* Stark kirchlich engagierte Politiker, wie die ehemalige Vorsitzende des Zentrums, *Helene Wessel,* und der 1950 aus Protest gegen die selbstherrliche Außenpolitik *Konrad Adenauers* zurückgetretene ehemalige CDU-Bundesinnenminister *Gustav Heinemann,* gründeten im November 1952 — wie sie meinten: „auf unüberhörbares Drängen aus dem Volke" (*Rowold,* S. 31) — die „Gesamtdeutsche Volkspartei" (GVP). Ziel der Politik dieser Partei sollte ein unabhängiges, neutrales Gesamtdeutschland sein. In dieser Zielsetzung traf sich die GVP mit dem im Mai 1953 gegründeten „Bund der Deutschen, Partei für Einheit, Frieden und Freiheit" (BdD), zu dessen Gründern die ehemaligen Zentrumspolitiker *Joseph Wirth* (Reichskanzler a. D.) und *Wilhelm Elfes* gehörten. Beide Parteien gingen für die Wahl 1953 unter dem Namen der GVP ein Wahlbündnis ein. Die Partei sah sich wegen ihrer Zielsetzungen massiven Verdächtigungen, eine kommunistische Tarnorganisation zu sein, ausgesetzt. Das war wohl einer der Gründe für das schlechte Wahlergebnis mit 1,1 % der Zweitstimmen. Im Mai 1957 löste sich die Partei wieder auf, ihren Mitgliedern wurde empfohlen, der SPD beizutreten. Das bedeutete für die SPD eine Kontaktanknüpfung zu kirchlichen Kreisen. Eine Reihe ehemaliger GVP-Mitglieder fand sich später auch in der Ende 1960 gegründeten „Deutschen Friedens-Union" (DFU) wieder.

4. Die außenpolitische Grundentscheidung von 1953 und ihre Folgen

Die parteipolitische Vielfalt bei den Landtagswahlen zwischen 1949 und 1953 führte hier und dort zu Verlusten der CDU, deren Integrationskraft gegenüber den rechten bürgerlichen Gruppierungen und den Vertriebenen noch nicht voll entfaltet war. Die „Krise der Union", von der man in den Jahren 1951 und 1952 sprach, hatte aber ihre Ursache auch darin, daß das Ziel der *Adenauerschen* Politik, die Aufrüstung der Bundesrepublik und deren Westintegration, in der Öffentlichkeit stark umstritten war. Die SPD hoffte aufgrund dieser Strömungen, *Adenauer* bald aus der Regierung verdrängen zu können, während man sich in der CDU um eine Stärkung des eigenen politischen Potentials bemühte. So drängte 1951 der damalige Vorsitzende der CDU/CSU-Bundestagsfraktion, *Heinrich von Brentano,* die Partei zu einer eigenständigen politischen Kraft zu entwickeln. Gleichzeitig forderte *Karl Arnold* als Repräsentant der Sozialausschüsse eine stärkere ideologische Profilierung der Union. Er erinnerte an das Ahlener Programm, setzte sich für eine Ausweitung der Mitbestimmung ein und sprach von der „Notwendigkeit einer Vergesellschaftung in Fällen, die diese erheischen." (*Dittberner*, 1966, S. 71). Die Westpolitik *Adenauers* war in jener Zeit vor allem deshalb umstritten, weil trotz aller dekorativen Proklamationen wohl allgemein deutlich war, daß die Westpolitik die Wiedervereinigung ausschloß. So wurde das Angebot von DDR-Politikern, ganz Deutschland zu neutralisieren und in diesem Rahmen eine Vereinigung anzustreben, intensiv diskutiert, von *Adenauer* jedoch schließlich abgelehnt. Hatten die Bundestagswahlen von 1949 eine Grundentscheidung über die Wirtschaftsordnung der Bundesrepublik gebracht, so mußte bei den Wahlen von 1953 die endgültige Entscheidung über die von *Adenauer* angestrebte Westintegration der Bundesrepublik fallen. Wichtigster Widerpart der CDU war hier wiederum die SPD. Deren Position war damals allerdings schon intern nicht unumstritten. Das wurde auf dem Hamburger SPD-Parteitag im Mai 1950 auch der Öffentlichkeit deutlich. Im Mittelpunkt der Beratungen stand die Europapolitik des Parteivorstandes und der Bundestagsfraktion, insbesondere deren ablehnende Haltung gegenüber dem von der Regierung befürworteten Beitritt der Bundesrepublik zum Europarat, dem auf Initiative der französischen Regierung auch das Saarland als assoziiertes Mitglied beitreten sollte.

Kurt Schumacher bezeichnete diese Einladung des Saarlandes als rechtswidrig. Sie widerspräche dem Selbstbestimmungsrecht. Hinzu käme, daß mit dem Europarat der Weg zu einem nichtsozialistischen Europa eingeschlagen würde. Diese Einstellung wurde auf dem Parteitag von den Delegierten *Max Brauer, Paul Löbe, Willy Brandt* und *Heinz-Joachim Heydorn* kritisiert. Sie warnten davor, daß sich die deutsche Politik isolieren könne, und forderten die Partei auf, die sich in Straßburg bietenden Möglichkeiten zu nutzen. (*Dittberner*, 1969, S. 87).

In der 1950er Parteitags-Debatte wurde mithin deutlich, zwischen welchen Positionen sich die innerparteilichen Auseinandersetzungen der SPD bewegten: Die einen sahen in der konsequenten Ablehnung der Realitäten, wie sie unter der Führung der CDU in Westdeutschland geschaffen werden sollten, die Chance, irgendwann selber ein sozialistisches Deutschland realisieren zu können. Die anderen wollten sich mit dem Ziel der Reform diesen Realitäten anpassen. Bis zur Entscheidung für das Godesberger Programm, das Ausdruck der zweiten Position war, verlor die erste Position in der SPD mit jedem Wahlmißerfolg mehr und mehr an Boden. Sie war jedoch noch die offizielle

Partei-Position, als die 1953er Bundestagswahlen anstanden. Vor den Bundestagswahlen war *Kurt Schumacher* am 20. September 1952 gestorben. Zu seinem Nachfolger als Parteivorsitzenden wählte der Dortmunder Parteitag im September 1952 *Erich Ollenhauer*. In seinem Antritts-Referat versuchte *Ollenhauer*, die politische Situation der damaligen SPD zu beschreiben. Die SPD habe den Willen und die Hoffnung, die politische Führung bald zu übernehmen und der Konzeption Adenauers eine eigene, sozialistische entgegenzusetzen. Die SPD werde die „Armen und Bedrückten", die Jugend sowie jene sammeln, die seit dem Zusammenbruch für neue politische Ziele einträten. „Wir sind auf dem Wege zu der bestimmenden deutschen Volkspartei im wahrsten Sinne des Wortes". *Ollenhauer* wollte wie *Schumacher* die Volkspartei in erster Linie aus der sozialistischen Herkunft der SPD heraus entwickeln. Über die konkreten Schritte aber hatte er ebenso wie sein Vorgänger keine genauen Vorstellungen. (*Dittberner*, 1969, S. 89).

Die Bundestagswahlen von 1953 brachten eine weitere Stärkung der CDU/CSU und damit der Politik und Person *Konrad Adenauers*. Die Entscheidung für das Vertragswerk der Westintegration war damit gefallen. So war es naheliegend, die alte Koalition aus CDU/CSU, FDP und DP wieder zu installieren, *Adenauer* nahm jedoch auch den BHE in die Regierung hinein, um die 2/3-Mehrheit für die geplante Verfassungsänderung zur Sicherstellung seiner Wehrpolitik zu garantieren. Blockbildungen wie in Bonn wurden in einigen Bundesländern wiederholt: Hierdurch geriet die SPD in Hamburg und in Berlin erstmals in die Opposition.

Die Viererkoalition war von starken inneren Spannungen geprägt. Hauptstreitpunkte dabei waren die Saarpolitik *Adenauers* und die Wahlrechtsfrage. *Adenauer* hatte einer „Europäisierung" des Saargebietes zugestimmt und stieß hiermit auf heftigen Widerstand bei der FDP und beim BHE. So drohte der FDP-Vorsitzende *Thomas Dehler* im November 1953 wegen der Saarpolitik *Adenauers* mit dem Verlassen der Koalition.

Die Wahlrechtsdebatte kam in der Mitte der zweiten Legislaturperiode in Gang. Der Parlamentarische Rat hatte in dieser Frage viele Einzelheiten einer späteren Regelung vorbehalten und nach einem ohnehin schwierigen Diskussionsprozeß lediglich die Entscheidung für ein mit Elementen des Mehrheitswahlrechts versehenes Verhältniswahlrecht bei einer Sperrklausel für Splitterparteien getroffen. 1953 nun legte eine vom Bundesinnenminister berufene Wahlrechtskommission ihren Bericht vor, und zur gleichen Zeit präsentierten auch die SPD- und die FDP-Fraktionen sowie eine Gruppe von CDU/CSU-Politikern um *Richard Stücklen* und *Paul Lücke* eigene Entwürfe. Die SPD war für Verhältniswahl mit Landeslisten, die FDP für eine Verschärfung der

5-Prozent-Sperrklausel und die genannten CDU/CSU-Politiker für die relative Mehrheitswahl. Die DP wiederum plädierte für die absolute Mehrheitswahl. *Hans Fenske* berichtet über den Verlauf der weiteren Beratungen: „Im Ausschuß beantragten CDU/CSU und DP dann im Dezember 1955, 60 % der Abgeordneten direkt und 40 % über eine Liste wählen zu lassen und die direkt gewählten Abgeordneten nicht mehr in den Verhältnisausgleich mit einzubeziehen. Dieser Vorschlag ist als Grabensystem bekannt geworden, weil zwischen beiden Ermittlungsmodalitäten ein tiefer Graben gezogen werden sollte. Er löste vor allem bei den kleineren Parteien helle Empörung aus. In der FDP brachte er die seit langem latente Unzufriedenheit mit der CDU zum vollen Ausbruch." (*Fenske*, S. 189)

Die Wahlrechtsfrage wurde nun von *Adenauer* mit der Saarfrage in Verbindung gebracht: Im November 1954 drohte der Kanzler der FDP, bei einer Ablehnung des Saarstatuts durch diese Partei müsse sie aus der Koalition ausscheiden, und es werde das Mehrheitswahlrecht eingeführt. Aufgrund dieses Disziplinierungsversuchs machte der FDP-Vorsitzende *Dehler* die Zustimmung seiner Partei zu den Wehrgesetzen von einer befriedigenden Lösung der Wahlrechtsfrage abhängig. Außerdem verwies *Dehler* auf die seit Dezember 1954 in Bayern gegen die CSU regierende Viererkoalition von FDP, BP, BHE und SPD. In noch sechs weiteren Bundesländern, so *Dehler*, ließe sich die CDU mit Hilfe der SPD in die Opposition drängen, wodurch die für die Wahlrechtsänderung notwendige Mehrheit im Bundesrat abgebaut wäre. Diese Intervention bewog *Adenauer*, seinen Wahlrechtsentwurf zurückzuziehen. (*Fenske*, a. a. O.)

Im November 1954 erfolgte die Abstimmung über das Saarabkommen im Bundeskabinett, die 4 FDP-Minister stimmten nicht zu, BHE und DP meldeten Vorbehalte an. Bei der Abstimmung im Bundestag im Februar 1955 stimmte die FDP wieder gegen das Saarabkommen, desgleichen der BHE. Die Bundesminister jedoch zeigten ein anderes Abstimmungsverhalten.

Diese Vorgänge führten dann zum Platzen der Koalition und zu einer Spaltung der kleineren Koalitionspartner der CDU und der CSU: Nach der Saarabstimmung im Bundestag traten die Bundesminister *Oberländer* und *Kraft* aus der BHE-Fraktion aus und hospitierten bei der CDU/CSU, zwei Abgeordnete der Partei wechselten zur FDP. Die Rest-Fraktion des BHE, 18 Abgeordnete, forderte, *Adenauer* solle *Oberländer* und *Kraft* aus dem Kabinett entlassen. Dieser ging jedoch darauf nicht ein, da er den BHE für seine 2/3-Verfassungsänderung nicht mehr benötigte. Der BHE ging daher im Oktober 1955 in die Opposition. Bei den Bundestagswahlen von 1957 erreichte der BHE dann zwar noch 4,6 % der Stimmen, für den Sprung in den Bundestag langte das jedoch nicht mehr.

Die Spannungen zwischen der CDU/CSU und der FDP führten schließlich zum offenen Bruch, als entsprechend der seinerzeitigen Ankündigung durch *Thomas Dehler* im Februar 1956 der CDU-Ministerpräsident von Nordrhein-Westfalen, *Karl Arnold*, durch ein von SPD und FDP getragenes konstruktives Mißtrauensvotum von dem Sozialdemokraten *Steinhoff* abgelöst wurde. Dieser Wechsel im größten Bundesland war herbeigeführt worden von den sogenannten „Jungtürken" der FDP wie *Döring, Mende, Scheel* und *Weyer*. Als Gründe für den Regierungswechsel wurden ausschließlich bundespolitische Erwägungen angeführt: Die CDU wolle ihre Koalitionspartner zerstören, sie wolle das Grabenwahlsystem einführen, und sie wolle in der Saarfrage deutsche Interessen aufgeben. Durch den Regierungswechsel in Düsseldorf verlor die Bundesregierungskoalition im Bundesrat die 2/3-Mehrheit. Drei Tage nach dem Sturz von *Arnold* erklärten 16 Bundestagsabgeordnete ihren Austritt aus der FDP. Unter diesen 16 waren die vier Bundesminister der Partei. Die CDU regierte mit der abgespaltenen Gruppe weiter. Die FDP ging wie der BHE in die Opposition.

Auf dem Würzburger Parteitag der FDP im April 1956 wurde die abgespaltene Gruppe aus der FDP ausgeschlossen und *Thomas Dehler* zum Vorsitzenden gewählt. Die Abgespaltenen gründeten am 24. Juni 1956 die Freie Volkspartei (FVP). Im Januar 1957 fusionierte diese Gruppe mit der DP unter dem Namen „Deutsche Partei". Sie konnte sich im westdeutschen Parteiensystem nicht behaupten.

Heino Kaack bemerkt zu diesen Vorgängen um die FDP und den BHE zu dieser Zeit: „Diese Entwicklung mußte natürlich negative Auswirkungen für die kleineren Parteien haben und führte zu einer Stärkung der CDU, wie die Bundestagswahlen von 1957 zeigen sollten." (*Kaack*, S. 225, S. 222–225).

5. Die SPD auf dem Wege zur Reform

Das Ergebnis der Wahlen von 1953 intensivierte innerhalb der SPD den Diskussionsprozeß um den weiteren Kurs der Partei. Dabei wurde mehr und mehr deutlich, daß der Weg der SPD zur Reformpolitik über die Anpassung an die von *Adenauer* geschaffenen Realitäten hinführte. Das wurde zum Beispiel deutlich auf dem Berliner Parteitag der SPD im Jahre 1954, als die Debatte über das EVG("Europäische Verteidigungsgemeinschaft")-Projekt und damit über die Bewaffnung der Bundesrepublik geführt wurde. Die SPD-Bundestagsfraktion lehnte die EVG zwar ab, *Ollenhauer* betonte aber: „Das bedeutet keine grundsätzliche Ablehnung der Verteidigung eines deutschen Staates überhaupt." Die SPD sei zu einer Verteidigung bereit, so

Ollenhauer weiter, wenn sich die internationale Lage trotz Verhandlungen verschärfen und wenn keine Aussichten auf eine Lösung des
Deutschlandsproblems mehr bestehen würden. Im übrigen schließe die
prinzipielle Bereitschaft der Sozialdemokraten zur Bewaffnung die
Forderung nach demokratischem Aufbau und demokratischer Kontrolle der Truppen ein.
Gegen diese vorsichtige Anpassungspolitik hatte sich auf dem Parteitag eine starke innerparteiliche Opposition formiert, zu deren Wort-
führern *Fritz Rückert* aus Stuttgart und *Willi Birkelbach* aus Frankfurt
gehörten. (*Dittberner*, 1957, S. 91). Diese Opponenten gingen von der
Vorstellung aus, daß durch einen, wie immer gearteten, westdeutschen
Wehrbeitrag der Weg zu einem sozialistischen, von den Machtblöcken
unabhängigen, Deutschland versperrt würde. Die Diskussionen um die
Außenpolitik waren zugleich auch Diskussionen um die Zukunft der
Sozialdemokratischen Partei überhaupt. Denn wenn sich die SPD zur
Mitbestimmung der „Dinge" durchringen würde, so war es klar, daß
dies bedeuten müßte, die eigene Anhängerschaft zu erweitern. Das
schien allein durch eine Anpassung an die Politik der CDU möglich zu
sein, die damals nur von einer Minderheit der Gesamtbevölkerung
einschließlich der SPD-Wähler grundsätzlich abgelehnt wurde. Demgegenüber waren die „linken" Sozialdemokraten jener Zeit offensichtlich bereit, zunächst auf eine Ausweitung der Anhängerschaft durch
Anpassung zu verzichten. Statt dessen wollten sie durch aufklärende
Argumentation langfristig Unterstützung für ihre sozialistische Politik
erhalten.
In dem Maße aber, wie in der Mitte der fünfziger Jahre die außen- und
innenpolitischen Grundlinien der Bundesrepublik feststanden – charakterisiert durch Begriffe wie „Westintegration" und „Soziale Marktwirtschaft" – sah sich die SPD mehr und mehr gezwungen, zu
entscheiden, welchen politischen und organisatorischen Weg sie gehen
wollte. Da eine Vereinigung der beiden deutschen Staaten immer
unwahrscheinlicher wurde, konnte die SPD sich und andere immer
weniger auf die künftige Rolle als Garant des demokratischen Sozialismus eines Gesamtdeutschland vertrösten. Sie mußte ihre politische
Zukunft in der Bundesrepublik suchen. Aufgrund dieser politischen
Sachlage wurde die Partei in der Zeit von 1954 bis 1960 in die schon
von *Kurt Schumacher* prophezeite Parteireform gedrängt.
Der Drang zur Reform beruhte vor allem auf zwei Motiven: Einerseits
waren große Teile der Mitgliederschaft wegen der sich wiederholenden
Niederlagen bei den Bundestagswahlen verzweifelt: „Torschlußpanik
setzte ein", wie *Flechtheim* feststellt (*Flechtheim*, 1965, S. 596).
Insbesondere jene Sozialdemokraten, die in den Ländern und Gemeinden politische Verantwortung trugen, wollten, daß die SPD auch
im Bund Regierungsverantwortung übernehme. Ein großer Teil der

Bundestagsabgeordneten ersehnte die Chance, nach jahrelanger Opposition politisch gestaltend wirken zu könen. Auf der anderen Seite sahen gerade gesellschaftswissenschaftlich orientierte Sozialdemokraten in der beginnenden Automation und in der wachsenden Bedeutung der Atomenergie das Herannahen neuer gesellschaftlicher Realitäten, der „zweiten industriellen Revolution". Darin liege, wie beispielsweise *Otto Stammer* als einer der Wortführer dieser Sozialdemokraten feststellte, „eine Herausforderung des demokratischen Sozialismus". Dieser müsse bestrebt sein, auf der Grundlage umfassender wissenschaftlicher Analysen „Wege zur Gestaltung einer neuen gesellschaftlich-politischen Ordnung zu zeigen." (*Dittberner*, 1969, S. 93).

6. Schwächung der Position Adenauers in der CDU

Innerhalb der CDU war die Position *Adenauers* nach den 1953er Wahlen völlig unangreifbar. Als zum Beispiel auf dem 1954er Parteitag in Köln der Delegierte *Diel* aus Rheinland-Pfalz Zweifel an der umstrittenen Saarpolitik des Kanzlers äußerte, handelte er sich folgende Belehrung durch den Parteitagspräsidenten *Johnen* ein: „In diesem Augenblick, wo die außenpolitische Debatte unseres Parteitages stattfindet, sind die Augen des In- und Auslandes auf uns gerichtet. (Lebhafter Beifall). Darf ich Sie deshalb bitten, darauf zu achten, daß jeder, der spricht, im In- und Ausland gehört wird, und daß jeder falsche Zungenschlag der Politik des Kanzlers und damit der CDU vielleicht ungeheuren Schaden zufügen könnte" (*Dittberner*, 1969, S. 76). In dieser Äußerung kommt die damals noch vorherrschende Meinung über die Aufgabe der Partei und ihrer Organe zum Ausdruck: Sie hatte Zubringerdienste für die Regierung zu leisten; der Parteitag sollte sich jedem Anflug von Kritik am Kanzler enthalten, weil das der Politik der Regierung und der Partei (!) schaden könnte. Dennoch wurde das Eigengewicht der Partei in dem Maße stärker, wie die Politik *Adenauers* sich durchgesetzt hatte und wie das Nachfolgeproblem immer unübersehbarer wurde.

Wie sich die CDU gegen den Willen *Adenauers* zu einer relativ eigenständigen Organistsation entwickelte, wurde besonders deutlich am Verlauf des Stuttgarter Parteitags 1956: Einerseits konnte hier zum erstenmal eine Entscheidung gegen den Willen *Adenauers* durchgesetzt werden. Andererseits verabschiedete der Parteitag ein neues Statut, welches das 1950 beschlossene Delegationsverfahren zu den Parteitagen änderte. Die Zahl der Delegierten wurde nunmehr nach der Zahl der Wählerstimmen und außerdem der Zahl der Mitglieder in den Landesverbänden errechnet. Das war ein Zeichen dafür, daß das

Moment der Mitgliederorganisation im Bewußtsein der CDU an Bedeutung gewonnen hatte.
Für die Partei war der Sturz von *Karl Arnold* in Düsseldorf ein innerparteilich bedeutsames Datum. Um im Falle des Ausscheidens *Adenauers* von einer günstigen Position aus die Nachfolgedebatten beeinflussen zu können, war die CDU Nordrhein-Westfalens bestrebt, *Arnold* zum stellvertretenden Parteivorsitzenden zu wählen. Zu diesem Zweck schlugen die nordrhein-westfälischen Delegierten vor, statt bisher zwei, vier Stellvertretende Parteivorsitzende zu wählen. Gegen diesen Vorschlag war Adenauer, der keine Veränderung in der Führungsstruktur der Union wollte.
Der Konflikt über die Parteispitze zwischen den Delegierten aus Nordrhein-Westfalen und *Adenauer* wurde offenbar, als die Parteitags-Präsidentin, Frau *Rösch,* am 28. April die Beratungen mit den Worten unterbrach: „Ich habe Ihnen nun bekanntzugeben, daß auf Wunsch unseres Ersten Vorsitzenden sofort eine Sitzung des Bundesparteiausschusses stattfindet."
Im Bundesausschuß kämpfte *Adenauer* gegen den kurzfristig eingereichten Antrag aus Nordrhein-Westfalen über die Zusammensetzung des Parteivorstandes. Das Parteitags-Protokoll berichtet, daß schließlich von 126 Stimmberechtigten 35 für und 32 gegen den Antrag gestimmt hätten. Wegen der knappen Mehrheit und der zahlreichen Enthaltungen unterstützte der Ausschuß den Antrag nicht. Die Antragsteller wollten jedoch im Plenum weiterhin für ihre Konzeption eintreten.
Im Plenum meldete sich der Delegierte *Dufhues* aus Westfalen zu Worte und beantragte, die Satzung dahin zu ändern, daß die Partei vier stellvertretende Vorsitzende habe. *Dufhues* sprach *Konrad Adenauer* sein Vertrauen aus und lobte die „staatsmännischen Leistungen dieses einzigartigen Mannes". Er betonte, daß der Bundesparteitag den Mitgliedern und Anhängern der Union gegenüber die Pflicht habe, neben *Adenauer* weitere Persönlichkeiten an die Parteispitze zu stellen.
Die Delegierten waren offensichtlich von den Ausführungen *Dufhues'* stark beeindruckt. Lautlos hörten sie seine Rede an. Zum ersten Mal in der Geschichte der CDU hatte jemand das Tabu gebrochen, in einer öffentlichen Debatte niemals gegen *Adenauer* aufzutreten. Mit 239 gegen 227 Stimmen bei sieben Enthaltungen wurde der Antrag aus Nordrhein-Westfalen schließlich angenommen. Eine Mehrheit der Delegierten hatte gegen *Adenauer* votiert. Das war ein bis dahin undenkbarer Vorgang (*Dittberner,* 1969, S. 78).
Nachdem *Konrad Adenauer* mit der uneingeschränkten Unterstützung durch die CDU im Jahre 1955 die Ratifizierung der Pariser Verträge durchgesetzt hatte und nachdem die Bundesrepublik souveränes Mit-

glied der NATO geworden war, regten sich in der Partei Kräfte, welche bestrebt waren, die Machtfülle des Kanzlers zu beschränken. Man wollte sich nicht mehr auf einen Mann allein verlassen, sondern — auch im Hinblick auf ein mögliches Ausscheiden des alten Mannes — mehrere Politiker an der Parteispitze sehen. So wurden *Karl Arnold, Eugen Gerstenmaier, Kai Uwe von Hassel* und *Jakob Kaiser* die Stellvertreter des Parteivorsitzenden. Noch auf dem Karlsruher Parteitag 1951 war ein Antrag *Johann Baptist Gradls,* bei einem „Ausfall" des Parteivorsitzenden den Nachfolger nur durch einen Parteitag bestimmen zu lassen, nach kurzer Widerrede *Adenauers* mit großer Mehrheit abgelehnt worden (*Dittberner,* 1969, S. 71 f.).

Von seiten der CDU wurde der Wahlkampf 1957 unter der heute schon fast legendären Parole „Keine Experimente" geführt. Die erzielte absolute Mehrheit für die CDU/CSU ließ eine Koalitionsfrage gar nicht erst aufkommen, die CDU/CSU regierte mit der DP als Satelliten allein gegen die Oppositionsparteien SPD und FDP. *Tormin* bezeichnet als das wichtigste Problem der Legislaturperiode „. . . die Regelung der Nachfolge für den inzwischen 81jährigen Bundeskanzler." (*Tormin,* S. 263). Immer häufiger wurde trotz des großen Wahlsieges das „Ende der Ära *Adenauer*" prophezeit, nachdem der erste Bundeskanzler die Grundlagen seiner Politik — Westintegration einer kapitalistischen Bundesrepublik — erfolgreich durchgesetzt hatte. Die Frage des Nachfolgers aber konnte auch nach dem Ausscheiden *Adenauers* aus der Politik bis in die erste Hälfte der sechziger Jahre noch nicht geklärt werden: Als vielberedete und personalisierte „Krise der Union" beschäftigt sie die Partei im Grunde heute noch.

7. Die Anpassung der SPD

Während sich die CDU in der Zeit von 1957 bis 1961 — sowie darüber hinaus — mit ihrer Führungskrise dahinschleppte, machte die Sozialdemokratische Partei sowohl in organisatorischer als auch in inhaltlicher Hinsicht einen Reformprozeß durch. Diese Entwicklungen innerhalb des Parteiensystems sind jedoch eingebettet in einen allgemeinen politisch-gesellschaftlichen Prozeß innerhalb der Bundesrepublik, der durch folgende Vorgänge gekennzeichnet war:
1. Die Internationalisierung der Wirtschaft vor allem als Folge der Mitgliedschaft Westdeutschlands in internationalen Organisationen wurde tatsächlich wirksam.
2. Das Wirtschaftsleben unterlag einem Wandel dadurch, daß sowohl die Produktion als auch deren Organisation stärker nach wissenschaftlichen Erkenntnissen ausgerichtet wurden; systematische Planung der

Produktionsprozesse und Automation hielten ihren Einzug ins Wirtschaftsleben.

3. Die Spaltung Deutschlands in zwei ökonomisch-sozial unterschiedlich strukturierte Staaten war praktisch auch im Bewußtsein der handelnden deutschen Politiker endgültig vollzogen, wofür 1961 der Bau der Mauer ein unübersehbares Symbol wurde. Indem sich die politischen Kräfte einschließlich der Parteien in der Bundesrepublik dieser Tatsache anpaßten und die Existenz des westdeutschen Staates als langfristige Realität akzeptieren mußten, konsolidierten sie politisch-ideologisch das ursprünglich als „Provisorium" bezeichnete Westdeutschland in seiner Staatlichkeit.

Während sich diese bewußtseinsmäßige Integration in die Bundesrepublik für die CDU-Mitgliederschaft in einer – wenn auch zaghaften – Hinwendung zu Problemen des inneren Aufbaus des Staats bei gleichzeitigem Abbau der charismatischen Führerrolle *Adenauers* vollzog, schlug sich dieser Prozeß bei den Sozialdemokraten in einer demonstrativen Anerkennung des Staates einschließlich seiner vertraglichen Bindungen bei gleichzeitiger innerparteilicher Stärkung des Parteivorstandes nieder.

Der Prozeß der Integration der SPD wurde durch das Wahlergebnis von 1957 beschleunigt. 1958 schon kam es zu einer Organisationsreform der Partei. Das Ergebnis dieser Reform war eine Stärkung der SPD-Führungsorgane. Infolge der Wahlniederlage war auch die innerparteiliche Führungsrolle *Ollenhauers* geschwächt. Als 1958 *Herbert Wehner, Willy Brandt* und *Fritz Erler* in den Vorstand gewählt wurden, wurde eine neue innerparteiliche Machtkonstellation sichtbar. Diese Machtkonstellation stellte die politische Basis für die nun ins entscheidende Stadium tretende Programmdiskussion dar. Der Stuttgarter Parteitag von 1958 hatte beschlossen, bis spätestens 1960, also rechtzeitig vor den nächsten Bundestagswahlen, ein Programm zu verabschieden. Der Parteivorstand beauftragte daraufhin eine kleine Kommission mit der Ausarbeitung des Programmentwurfs, den er dann 1959 auf einem außerordentlichen Parteitag in Godesberg vorlegte.

In seinem Godesberger Referat betonte *Ollenhauer*, das Programm solle eine über die Tagespolitik hinauswirkende Grundlage sein. Ein auf marxistischer Gesellschaftsanalyse beruhendes Programm lehnte er ab, weil sich die SPD damit zur politischen Sekte machen würde. Zweck des Programms sei es, Voraussetzungen dafür zu schaffen, daß die SPD die politisch führende Kraft in der Bundesrepublik werden könne. *Fritz Erler* sagte: „Wir kämpfen nicht gegen den Staat, sondern um den Staat, und zwar nicht um einen Staat der fernen Zukunft, nicht erst um den Staat im wiedervereinigten Deutschland, sondern auch und gerade um den Staat in dieser Bundesrepublik, die wir regieren wollen und werden." Um die Macht zu gewinnen, bedürfe es aber der Ausweitung des Wählerpotentials. Auch *Herbert Wehner* wies auf diese Frage hin, als er betonte, daß die Arbeiterschaft zwar den Boden der Partei bilde, mit dem neuen Programm aber auch andere Schichten angesprochen werden sollten. Aus diesem Grunde – so *Wehner* weiter – sei ein allgemeines, oft unpräzises Programm einem solchen mit spezifischen Forderungen angefüllten vorzuziehen. Ziel der Parteiführung war es also, mit dem neuen Programm dem Typ der Volkspartei nach dem Vorbild der CDU um einen großen Schritt näherzukommen. Der Versuch, in neue Wählerschichten einzudringen, ist zu sehen als Reaktion der Partei auf die Beschäftigten-Entwicklung in der Bundesrepublik, wo insbesondere der Anteil der Beschäftigten im tertiären Sektor – also der Anteil der Angestellten und Beamten gegenüber den Arbeitern – anstieg.

Eine nennenswerte innerparteiliche Opposition trat auf dem Godesberger Programmparteitag nicht mehr auf. Nicht vom Vorstand befürwortete Anträge wurden abgelehnt, und in der Schlußabstimmung sprachen sich lediglich 16 der 394 Delegierten gegen die endgültige Fassung des Godesberger Programms aus (*Dittberner*, 1969, S. 97). Möglicherweise ist die Bedeutung des Godesberger Programms für die Entwicklung der SPD häufig insofern überschätzt worden, als angenommen wurde, daß Godesberg jene Zäsur in der Parteigeschichte bedeutet habe, die die Klassen- von der Volkspartei trenne. Tatsächlich ist dieses Programm aber eher als eine Etappe in der Nachkriegsgeschichte der Sozialdemokraten anzusehen. Es ist die Etappe, in der sich die SPD – entsprechend den frühen Vorstellungen *Kurt Schumachers* – dem Typ der Volkspartei nach dem vermeintlichen Modell der CDU anzupassen wünschte, in der sie die von der CDU wesentlich geformte Bundesrepublik akzeptierte und von daher eine legalistische und reformistische Strategie entwickelte. Im Godesberger Programm „bekennt" sich die SPD „zur Verteidigung der freiheitlich-demokratischen Grundordnung", „bejaht die Landesverteidigung" und macht die Formel *Karl Schillers*, „Wettbewerb so weit wie möglich – Planung so weit wie nötig" zur Maxime ihrer Wirtschaftspolitik.

Nach Godesberg konzentrierte sich die SPD auf die Werbung neuer Anhänger. Dieser Trend zeichnete sich bereits auf dem Parteitag 1960 in Hannover ab, der ausschließlich Wahlkampffunktionen im Hinblick auf die 1961er Wahlen erfüllte. Stark beeinflußt von den Werbemethoden der amerikanischen Politik, setzte die SPD nach 1960 die modernen Informations- und Kommunikationsmedien wie Umfrageforschung und Fernsehen ein und orientierte ihr politisches Handeln daran. Im Rahmen dieser Strategie kam es darauf an, in der Öffentlichkeit das Image einer Oppositionspartei abzubauen: Die Partei präsentierte sich als akzeptierter Teil des deutschen Volkes. So entstanden Parolen wie „Wir sind eine Familie". Auch eine Personalisierung der Politik war Teil dieser Strategie: Mit den anderen Parteien setzte man sich weniger inhaltlich als mit der Aufrechnung demoskopisch ermittelter Eigenschaftsprofile der jeweiligen Parteiführer oder Spitzenkandidaten auseinander. Durch die Nominierung des Regierenden Bürgermeisters von Berlin, *Willy Brandt*, zum Kanzlerkandidaten der SPD sollte einerseits dem Trend zur Personalisierung des Wahlkampfes Rechnung getragen, andererseits in der Person des relativ jungen, international geachteten und politische Verantwortung tragenden Politikers die neue Politik der SPD der Öffentlichkeit bewußt gemacht werden. Der Parteivorsitzende *Ollenhauer* schien für diese Aufgabe nicht geeignet zu sein. Eine Abwahl des Vorsitzenden aber hätte das Bild einer geschlossenen Partei gestört. Wie es scheint, konnten sich selbst die innerparteilichen Opponenten nach Godesberg der Losung nach geschlossener Aktion im Hinblick auf die Wahl nicht entziehen. Der Parteitag 1960 hatte sich selber den letzten Satz eines von ihm verabschiedeten „Appells" zu eigen gemacht: „Miteinander – nicht gegeneinander schaffen wir ein freies, geeintes, glückliches deutsches Vaterland in einer freien, friedlichen Welt." Es ist *Wolfgang Abendroth* zuzustimmen, der darauf hinwies, daß in Hannover „die sachlich-politischen Alternative . . . durch die personelle" ersetzt wurde. (*Dittberner*, 1973, S. 99)

8. Das „Ende der Ära Adenauer" und die CDU

Es ist ein merkwürdiger Begleitumstand der Entwicklung des westdeutschen Parteiensystems, daß ausgerechnet in der Phase der organisatorischen und programmatischen Anpassung der SPD an die CDU die bis dahin die CDU so stark beherrschende Führungspersönlichkeit *Konrad Adenauers* immer mehr an Einfluß auf seine Partei verlor. Und es gehört ebenfalls zu dieser Merkwürdigkeit, daß das innerparteiliche „Ende der Ära *Adenauer*" mit dem glänzendsten Wahlsieg der CDU und CSU im Jahre 1957 begann.
Gerade die Parteitage der CDU machten auch der Öffentlichkeit diesen Prozeß deutlich. Schon in Kiel 1958 war die Person des Bundeskanzlers nicht mehr der alles beherrschende Mittelpunkt der Union. Die Partei beschäftigte sich hauptsächlich mit innenpolitischen Themen. Es wurden wenig große Referate gehalten; dafür stand mehr Zeit für Diskussionen zur Verfügung. *Adenauer* erkannte die Situation, und er versuchte, den darauffolgenden Parteitag von 1960 in Karlsruhe bereits auf den Wahlkampf festzulegen, um die Diskussion personeller oder aktuell-politischer Fragen zu vermeiden. Dennoch

kam es in der Frage der Reform der sozialen Krankenversicherung zu einer Kontroverse, an der sich auch *Adenauer* beteiligte. Daß die Machtposition des Kanzlers allmählich abbröckelte, kam in dem Beschluß des Parteitages zum Ausdruck, der Parteivorstand möge künftig aus seiner Mitte einen engeren Vorstand wählen (*Dittberner*, 1973, S. 99 f.).

Die Vorbereitungen zum Wahlkampf 1961 spiegelten schließlich das veränderte innerparteiliche Machtgewicht in der Partei wider: Nunmehr lautete der Wahlslogan: „*Adenauer/Erhard* und die Mannschaft". *Ludwig Erhard*, als „Vater des Wirtschaftswunders" apostrophiert, war von der CDU gegen den Willen *Adenauers* zum „Kronprinzen" erkoren worden.

In dem Maße, in dem die Politik *Konrad Adenauers* – die Errichtung eines bürgerlich-demokratischen westdeutschen Staates mit einer kapitalistischen Wirtschaftsordnung, eingebettet in ein vielfältiges System der vor allem wirtschaftlichen und militärischen Westintegration bei gleichzeitigem Entstehen einer ostintegrierten staatssozialistischen DDR jenseits der ehemaligen Zonengrenze – Wirklichkeit wurde, bröckelte die innerparteiliche Macht- und Prestigefülle *Adenauers* ab, während sich die große Oppositionspartei, die SPD, in diesen westdeutschen Staat voll integrierte und so erst für die CDU zum ebenbürtigen Konkurrenten wurde. Das Werk der CDU-Politik der 50er Jahre, die Bundesrepublik Deutschland, war daher im Innern nicht frei von Widersprüchen politischer, wirtschaftlicher und sozialer Art, und die Zeit nach 1961 zeigt, daß die CDU nicht in der Lage war, diese Widersprüche zu lösen. Sie nutzte die ihr traditionell noch lange bleibende Macht ungenügend für die innere Konsolidierung und wurde schließlich von der SPD aus der Bundesregierung verdrängt mit Hilfe der dritten Partei, der FDP.

9. Die Koalitionsbildung von 1961

Als Oppositionspartei hatte sich die FDP in den Jahren 1957–1961 besonders in außenpolitische Fragen der SPD angenähert, und schon in dieser Zeit wurden einige der Grundlagen der späteren „Ostpolitik" innerhalb der FDP entwickelt. Auch bei der FDP war ein Prozeß zu beobachten, der Ansätze zu einem politischen Eigengewicht der Bundesparteiorganisation stärkte, während zuvor gerade in dieser Partei die Landesverbände die eigentlichen Machtzentren gewesen waren. Im Jahre 1957 läßt sich von einer gewissen Konsolidierung der Partei sprechen. Auf dem FDP-Parteitag des gleichen Jahres wurde *Reinhold Maier* zum Bundesvorsitzenden gewählt und ein Programm verabschiedet, das eine Wirtschafts- und Gesellschaftsordnung anvisierte, die auf „Freiheit der Persönlichkeit, dem Privateigentum und dem Leistungswettbewerb" beruhte. Besitz und Bildung stellten nach wie vor die wichtigste soziale Basis auch der FDP-Mitgliederschaft dar. 1960 wurde *Erich Mende* zum Vorsitzenden der FDP gewählt, der für 1961 eine Koalition mit der CDU/CSU – aber ohne *Adenauer* – anstrebte. Mit dieser Wahlaussage erzielte die FDP mit 12,8 Prozent den bisher größten Wahlerfolg.

Die Wahlen von 1961 wurden so von allen Beteiligten – mit unterschiedlichen Nuancierungen – auch als eine Entscheidung über die Ablösung *Adenauers* aus der deutschen Politik gesehen. Während die FDP jenen Kräften in der CDU Hilfe versprach, die *Adenauer* durch *Erhard* ablösen wollten, setzte die SPD dem greisen Kanzler die personelle Alternative des jungen *Willy Brandt* gegenüber, und innerhalb der CDU wußte man zwar, daß *Adenauer* abgelöst werden müßte, über das Wie und Wann aber bestanden keine klaren Vorstellungen, zumal der Kanzler selber sich mit Energie, List und Tücke gegen eine Ablösung wehrte.

Einigkeit bestand darüber, daß eine Koalition aus CDU, CSU und FDP gebildet werden sollte. Die Ausgangslage für die Verhandlungen war folgende: Die CDU nominierte *Adenauer* als Kanzler, die FDP lehnte *Adenauer* ab und *Strauß* erklärte für die CSU, diese sei für *Erhard*. In dieser Lage zog *Adenauer* erstmals die SPD in die Verhandlungen mit ein. Er wollte damit seine Gegner zum Nachgeben zwingen. Im Überschwang ihrer Anpassungspolitik plädierte die SPD sogar für eine Allparteienregierung, eine „Regierung der nationalen Konzentration". Der FDP-Vorsitzende *Mende* hatte aber nicht die gleiche Manövrierfreiheit wie sein Gegenspieler *Adenauer*, weil er sich von vornherein gegen eine Koalition mit der SPD ausgesprochen hatte. *Adenauer* andererseits gelang es, sich mit dem Konzept der befristeten Kanzlerschaft in der CDU/CSU-Bundestagsfraktion durchzusetzen. Damit stand aber fest, daß *Adenauer* wieder Kanzler werden würde. In dieser Situation proklamierte die FDP eine „neue Lage", da die CDU/CSU *Adenauer* nominiert habe, die Gefahr einer großen Koalition bestehe und *Erhard* die Kanzlerschaft ausgeschlagen habe. Ohne *Mende* als Minister ging die FDP nun doch auf die Koalition ein; dieses Einlenken wurde und wird in der politischen Diskussion als der große „Umfall" der FDP bewertet.

Zwischen der CDU/CSU und der FDP wurde als Novum in der westdeutschen Geschichte ein Koalitionsvertrag abgeschlossen, dessen wichtigste Inhalte die befristete Kanzlerschaft *Adenauers*, der Fortbestand der Koalition unabhängig von der Person des Kanzlers, die Verpflichtung der Fraktionsvorsitzenden auf die Koalition, die Bildung eines Koalitionsausschusses und die Teilnahmeberechtigung der CDU/CSU- und FDP-Fraktionsvorsitzenden an den Kabinettssitzungen waren. Im übrigen wurde ein neuer Sockelbetrag für die Bemessung von Parteifinanzen, der sich zugunsten der FDP auswirkte, vereinbart.

So war das westdeutsche Parteiensystem 1961 zwar in den Grundstrukturen konsolidiert, es befand sich aber zugleich in einer Umbruchsituation: Innerhalb der CDU/CSU war das Führungsproblem ungelöst, die SPD suchte nach einer Konkretisierung ihrer neuen Rolle als reformistische Volkspartei, die FDP mußte sich gegen das Bild einer erpreßbaren Umfallerpartei wehren, während ihr deutlich geworden war, daß eine große Koalition nicht mehr ausgeschlossen werden konnte. Schon aus der inneren Parteienkonstellation heraus waren hier eine Reihe von Konflikten und Wandlungstendenzen angelegt, die im Folgenden vor allem durch ökonomische Krisen und die politische Bewegung der außerparlamentarischen Opposition aktualisiert worden sind.

1961 herrschte in der Bundesrepublik die Meinung vor, die alle Schichten und Gruppen der Gesellschaft integrierende Volkspartei sei der einzig erfolgreiche Typ einer politischen Partei. Sowohl Politiker als auch Publizisten und Wissenschaftler vertraten die These, daß eine Partei, wolle sie möglichst viele Wählerstimmen gewinnen, kein gesellschaftspolitisch ausgefeiltes Programm vorlegen dürfe, sondern mit einem vage umrissenen „Image" in den Wahlkampf ziehen müsse. Eine Identifikation mit bestimmten gesellschaftlichen Interessen sei für den Wahlerfolg einer Partei ebenso hinderlich wie allzu kontroverse politische Diskussionen unter den Mitgliedern. Die weitere politische Entwicklung in der Bundesrepublik hat jedoch gezeigt, daß die Parteien nicht umhin können, sich mit auftretenden politischen, gesellschaftlichen und wirtschaftlichen Konflikten dezidiert auseinanderzusetzen, wenn sie nicht Gefahr laufen wollen, ihre Machtpositionen zu verlieren. Politik und Marketing sind doch nicht identisch, wenn es auch viele Gemeinsamkeiten gibt.

Teilweise über die Darstellung der Entwicklung des Parteiensystems in der Bundesrepublik von 1949 bis 1961 hinausgehend, lassen sich hieraus inplizit dennoch die folgenden Thesen destillieren:

1. In der Zeit von 1949–1961 hat sich das auch heute noch etablierte duale Parteiensystem zweier parlamentarischer Blöcke, die sich organisatorisch in vier Parteien institutionalisiert haben, herausgebildet. Die Hauptparteien der Blöcke sind die CDU/CSU auf der einen und die SPD auf der anderen Seite.

2. Die FDP hat sich in diesem Dualsystem gehalten, weil sie inhaltlich und sozial eine stärkere Integrationskraft hatte als andere „kleine" Parteien; die FDP nimmt im Dualsystem einen sekundären Part als Bestandteil einer der beiden Blöcke ein.

3. Das etablierte Parteiensystem hat u. a. aufgrund der wachsenden ökonomischen Bedeutung des Staates einen großen Machtzuwachs erfahren.

4. Kleinere Parteien, wie die DP oder der BHE, sind dem Integrationssog der CDU/CSU, gezielt oppositionelle Parteien wie KPD und GVP der antikommunistischen Grundstruktur der westdeutschen Nachkriegspolitik zum Opfer gefallen.

5. Die CDU hat sich von einem politisch-organisatorischen Hilfsinstrument der Bundesregierung und ihres Kanzlers *Adenauer* zu einer Mitgliederorganisation mit größerer Eigenständigkeit emanzipiert.

6. Die Auseinandersetzungen in der SPD bewegten sich zwischen den Positionen der Ablehnung der Politik *Adenauers*, um die eigene Option für ein sozialistisches Deutschland offenzuhalten einerseits und der Anerkennung der von *Adenauer* geschaffenen Realitäten mit dem Ziel der Reform andererseits. Die Entwicklung zum Godesberger Programm hin ist die Entwicklung der zunehmenden Dominanz der zweiten Position.

7. Konkurrierende Volksparteien, die mit dem Angebot oberflächendifferenzierter Politik um Wähler werben, beherrschen unser Parteiensystem nicht. Es sind vielmehr integrative Massenparteien, die eigene Organisationen entwickelt haben und sich aufgrund ihrer historischen Herkunft in ihrer ideologischen Grundausrichtung — hier „Demokratisierung", dort „Erhöhung der Effizienz" des politischen Systems — unterscheiden.

8. Das Wirtschaftswunder, d. h. der subjektiv empfundene wirtschaftliche Wohlstand, war die entscheidende Legitimationsgrundlage der erfolgreichen Parteien in der Zeit von 1953–1961. „Demokratie" und „Partizipation" spielten als Legitimationsgrundlage allenfalls eine äußerliche Rolle.

Literatur

Deuerlein, Ernst: CDU/CSU 1945–1957, Beiträge zur Zeitgeschichte, Köln 1957

Dittberner, Jürgen: Die Bundesparteitage der CDU und der SPD von 1946 bis 1968. Eine Untersuchung der Funktionen von Parteitagen, Diss. Wiso-Fak. FU Berlin, Augsburg 1969

Dittberner, Jürgen: Die Parteitage von CDU und SPD; in: Jürgen Dittberner/Rolf Ebbighausen (Hrsg.), Parteiensystem in der Legitimationskrise, Studien und Materialien zur Soziologie der Parteien in der Bundesrepublik Deutschland, Opladen 1973, S. 82 ff.

Fenske, Hans: Strukturprobleme der deutschen Parteiengeschichte, Wahlrecht und Parteiensystem vom Vormärz bis heute, Frankfurt/M. 1974

Flechtheim, Ossip K.: Die Anpassung der SPD: 1914, 1933 und 1959; in: KZfSS, Jg. 17/1965, S. 584 ff.

Flechtheim, Ossip K.: Die Parteien der Bundesrepublik Deutschland, Hamburg 1973

Grebing, Helga: Geschichte der deutschen Arbeiterbewegung, Ein Überblick, München 1966

Huffschmid, Jörg: Die Politik des Kapitals, Konzentration und Wirtschaftspolitik in der Bundesrepublik Frankfurt/M. 1969

Kaack, Heino: Geschichte und Struktur des deutschen Parteiensystems, Opladen 1971

Klink, Dieter: Von Antikapitalismus zur Sozialen Marktwirtschaft, Die Entstehung der ordnungspolitischen Konzeption der SPD von Erfurt (1891) bis Bad Godesberg (1959), Hannover 1965

Parteien in der Bundesrepublik, Bd. 6 der Schriften des Instituts für politische Wissenschaft, Studien zur Entwicklung der deutschen Parteien bis zur Bundestagswahl 1953, Stuttgart/Düsseldorf 1955

Rowold, Manfred: Im Schatten der Macht, Zur Oppositionsrolle der nicht-etablierten Parteien in der Bundesrepublik, Düsseldorf 1974

Tormin, Walter: Geschichte der deutschen Parteien seit 1948, Stuttgart/Berlin/ Köln/Mainz 1966

2. *Alf Mintzel*

Zur Entwicklung des Parteiensystems zwischen 1961 und 1966

Die Darstellung der Entwicklung des Parteiensystems der Bundesrepublik im Zeitraum von 1961 bis 1966 erfordert zunächst eine politisch-historiographische Skizze der wichtigsten Ereignisse dieses auch im weltweiten Maßstabe von Umorientierungen und sich verändernden wirtschaftlichen Bedingungen gekennzeichneten Zeitraums. Mit den wichtigsten historischen Daten wird zunächst die allgemeine Entwicklungsgeschichte der Bundesrepublik kursorisch skizziert. Dann werden die Spezifika der Entwicklung des Parteiensystems in institutioneller und gesellschaftlicher Hinsicht analysiert und näher bestimmt.

Zu den wichtigsten explizit innenpolitischen Ereignissen und Entwicklungen in der Bundesrepublik von 1961 bis 1966 gehören: die Bundestagswahl und Regierungsbildung 1961, der Bau der Berliner Mauer im August 1961, das Ende der sogenannten Ära Adenauer mit der Führungskrise der CDU/CSU, die ‚Spiegel'-Affäre 1962 mit der Folge einer Kabinettsumbildung, die Nachfolge *Ludwig Erhards* im Amte des Bundeskanzlers im April 1963, die Flügelbildungen in der „Fraktionsgemeinschaft der CDU/CSU" in außenpolitischen Fragen in den Jahren 1963/64, bekannt unter den Stichworten „Atlantiker" versus „Gaullisten"; die Bundestagswahl 1965, in der CDU und CSU die absolute Mehrheit knapp verfehlten; die Gründung und anfänglichen Wahlerfolge der NPD als politisches „Krisenprodukt"; die Wirtschafts- und Finanzkrise der Bundesrepublik in den Jahren 1966/ 67 und die Führungsschwäche der Regierung *Ludwig Erhard*; die deutschlandpolitischen Initiativen der SPD und der Versuch eines Redneraustausches zwischen SPD und SED 1966, vor dem Hintergrund der amerikanischen und sowjetischen Entspannungspolitik seit der Kuba-Krise 1962; die alarmierenden Verluste der CDU in Landtagswahlen 1966; das Urteil des Bundesverfassungsgerichtes über die Parteien-Finanzierung vom 19. Juli 1966; der Sturz *Ludwig Erhards* und schließlich die Bildung der Großen Koalition am 1. Dezember 1966.

Diese Stichworte vergegenwärtigen die Vielzahl komplexer, miteinander verketteter Ereignisverläufe und Faktoren, die hier nur in einer

pointierenden Skizze unter Beschränkung auf wenige innenpolitische Hauptlinien und wenige Grundfaktoren dargestellt werden können.
1. Kennzeichnend für diese Periode ist die Auflösung des bürgerlichen
Blocks gegen die SPD. Seit der Zeit des Frankfurter Wirtschaftsrates
für die Bizone bestand in Westdeutschland und in der späteren
Bundesrepublik ein antisozialistischer, gegen SPD und KPD gerichteter Bürgerblock, der in der Geschichte der Bundesrepublik eine
abnehmende Zahl von Parteien einschloß und bis 1961 im wesentlichen auf drei Parteien zusammengeschrumpft war, auf CDU, CSU und
FDP. Nach dem Bundestagswahlergebnis 1961 vereinigte dieser Bürgerblock, soweit er im Deutschen Bundestag vertreten war, 58,2 % der
Stimmen (CDU/CSU: 45,4 %; FDP: 12,8 %) gegen 36,2 % SPD-Stim-
men. Im Zeitraum von 1961 bis 1966 bahnte sich eine entscheidende
Wende an: Diese bisherige ungleichgewichtige bipolare Grundstruktur
des Parteiensystems: einerseits antisozialistischer bürgerlicher Block,
andererseits Sozialdemokratie mit Gruppenbildungen an der linken
Flanke, wurde durch die Anpassungspolitik der SPD in der ersten
Hälfte der sechziger Jahre aufgeweicht, mit der Großen Koalition
kurzfristig außer Kraft gesetzt und später mit der Bildung der
sozialliberalen Koalition gewissermaßen „umgepolt" oder „umgekehrt". Im Zeitraum 1961—1966 befand sich das Parteiensystem
der Bundesrepublik also in einer Phase der Auflösung des bisherigen
Bürgerblocks zugunsten der SPD, die für jede der anderen Parteien
koalitionsfähig wurde.
Kennzeichnend für diesen Vorgang ist, daß sich die vier Parteien des
Deutschen Bundestages seither als „Parteien der Mitte" begreifen und
darstellen. Die bisherige Bipolarität drückt sich nur noch in Standort-
bestimmungen wie „links von der Mitte" oder „linke Mitte" bzw.
„rechts von der Mitte" oder „rechte Mitte" aus. Dieser Prozeß
bedeutete das endgültige Ende der Ära Adenauer. Der Wendepunkt
trat mit dem Sturz *Ludwig Erhards* ein. Er stand im engsten
Zusammenhang mit der Wirtschafts- und Finanzkrise von 1966/67,
die neue staatliche Regulierungs- und Steuermaßnahmen erforderlich
machte. Eine Bewältigung der Wirtschafts- und Finanzkrise schien nur
noch unter Einbeziehung und maßgeblicher Mitwirkung der bisherigen
Oppositionspartei, der SPD, möglich (vgl. S. 176 ff.). Nachdem sich die
SPD inzwischen durch einen tiefgreifenden Kurswechsel gewandelt
hatte und das Image einer „besseren CDU" erworben hatte, bot sie
sich als der „große Helfer in der Not" geradezu an.
2. Durch die Auflösung und zeitweise Außerkraftsetzung der bisherigen bipolaren Grundstruktur des Parteiensystems in einer sich bis
1966 zuspitzenden wirtschaftlichen und politischen Krise, die sich zu
einem Gutteil in der Führungskrise der CDU und CSU manifestierte,

und im Zusammenhang mit der sich nach der Kuba-Krise (1962) anbahnenden amerikanischen und sowjetischen Entspannungspolitik veränderte sich die Parteienkonstellation in der Bundesrepublik auch insofern, als nun rechts und links politische Kräfte freigesetzt wurden und Neuformierungen stattfinden konnten: die NPD und AUD einerseits, die DKP andererseits. Die elektorale Stabilität der vier im Deutschen Bundestag vertretenen Parteien (CDU, CSU, SPD und FDP) wurde hierdurch nicht wesentlich beeinträchtigt, wenngleich die temporären Wahlerfolge der NPD im Jahre 1966 signalisierten, daß das Wählerverhalten in der Bundesrepublik kein unveränderlicher Faktor ist, sondern von gesamtgesellschaftlichen Entwicklungen abhängt, insbesondere von wirtschaftlichen Entwicklungen. Die Wahlerfolge der NPD im Jahre 1966 und die Tatsache, daß diese Partei bei der Bundestagswahl 1969 den Einzug in den Bundestag nur knapp, um 0,7 %, verfehlte, während die „Aktion demokratischer Fortschritt" (ADF) als „linkes" Wahlbündnis nur 0,6 % der Stimmen auf sich vereinigen konnte, machen deutlich, daß im Umpolungsprozeß der Parteienkonstellation Parteien der nationalen Opposition und des nationalistischen Konservatismus zu einem „Krisenproblem" geworden waren und noch nicht die Entstehung und Entwicklung der „Neuen Linken".

Es ist bezeichnend, daß in dieser Situation, etwa seit Mitte der sechziger Jahre, der eigentlich rechtskonservative Charakter der CSU stärker hervortritt. Die CSU übernahm zunehmend eine Sonderrolle im Aktionsbündnis mit der CDU. In einer sich wandelnden politischen Umwelt hielt sie länger an früheren Grundpositionen fest, was ihre bisherige Außen- und Gesellschaftspolitik schärfer konturierte und von der CDU abhob. War sie bisher ihrem eigenen Selbstverständnis nach die „treueste Gefolgschaftspartei" *Konrad Adenauers*, so entwickelte sie sich nun, begünstigt auch durch die ungelöste Führungskrise der CDU, im Aktionsbündnis mit der CDU, in der Fraktionsgemeinschaft ein Eigengewicht, das die Belastbarkeit dieses Bündnisses häufig auf harte Proben stellte. Die CSU hielt am außenpolitischen „Koordinatensystem" *Konrad Adenauers*, so wie sie es verstand, beharrlich fest und versuchte die amerikanische Entspannungspolitik und die sowjetische Koexistenzpolitik zu unterlaufen, weil sie davon überzeugt war, daß die amerikanisch-sowjetische Annäherung entgegen deutschen Interessen in Europa, Entwicklungen begünstigen würde, die die sowjetischen Positionen verbessern könnten. In einer vielschichtiger gewordenen internationalen und innerdeutschen Situation beharrten die „Außenpolitiker" der CSU, mehr als vorsichtig sondierende CDU-Politiker wie *Gerhard Schröder*, auf dem Konzept des christlichen „Bollwerks" Europa als Schutz- und Trutzbündnis gegen die Sowjetunion und deren „Vasallenstaaten" mit allen Implikationen für die Deutschlandpolitik (Nichtanerkennung der DDR, Wiedervereinigung „in Frieden und Freiheit", verstanden als „Freilassung der Zone aus der sowjetisch-kommunistischen Fremdherrschaft", Ablehnung einer deutschen Konföderation, Bewahrung des Alleinvertretungsanspruchs, Festhalten an der Hallstein-Doktrin). Mit ihrer Beharrlichkeit entwickelte sie jene Absorptionskraft für die Gesamtunion bis hin zu rechtsextremistischen Gruppen, während die SPD im Zuge ihrer völligen Integration ihre spezifische Integrationskraft auf der linken Seite zunehmend verlor, was dann nach 1966 mit zu Ansätzen einer Neuformierung sozialistischer und kommunistischer Kräfte führte.

3. Seit Anfang der sechziger Jahre begann sich nicht nur die Parteienkonstellation zu verändern, d. h. das jeweilige Verhältnis der sogenannten etablierten Parteien zueinander, sondern auch die Binnenstrukturen dieser Parteien. Bei CDU und CSU setzte ein langwieriger Prozeß der Reorganisierung und Bürokratisierung ein, der im Falle der CDU freilich erst nach 1969 beschleunigt wurde. Diese je spezifischen, organisations-strukturellen Wandlungserscheinungen wurden von der politischen Wissenschaft bisher nur marginal behandelt. Indes sind die binnenstrukturellen Auswirkungen der staatlichen Parteienfinanzierung, des Urteils des Bundesverfassungsgerichtes vom 19. Juli 1966 über die staatliche Parteienfinanzierung sowie des nach dem Karlsruher Urteil rasch verabschiedeten Parteiengesetzes vom 24. Juli 1967 auf die organisatorische Entwicklung zumindest der „Volksparteien" so gravierend gewesen, daß sie auch in einer kurzverfaßten, dem ersten Überblick dienenden Einführung behandelt werden müssen.

1. Bundestagswahl 1961

Ausgangssituation ist das Ergebnis der Bundestagswahl 1961 (vgl. S. 555). Hier sei nochmals in Erinnerung gebracht:

CDU/CSU und SPD waren zum Bundestagswahlkampf 1961 unter veränderten Bedingungen angetreten. Die SPD hatte 1959 das Godesberger Programm und damit auch einen gesellschaftspolitischen Kurswechsel vollzogen. Dies war ein Vorgang, der unter dem Stichwort der Anpassungspolitik der SPD an die CDU/CSU damals innerhalb und außerhalb der SPD umstritten war. Von seiten der CDU und CSU war die Kursänderung der SPD als taktisches Manöver bezeichnet worden. Von seiten ihres linken Flügels und der nicht in der SPD organisierten Sozialisten war die Kursänderung als eine Anpassung an das kapitalistische System der Bundesrepublik und seine historisch konkrete politische Ausformung in Gestalt des „CDU-Staates" interpretiert und die Entwicklung der SPD von einer „Arbeiterpartei" zu einer „Volks-

partei" verurteilt worden. Diese gewandelte SPD war in den Bundestagswahlkampf mit einem neuen Kanzlerkandidaten gegangen, mit *Willy Brandt.* Dieser war als Regierender Bürgermeister von Berlin durch den Bau der Berliner Mauer und der daraus entstandenen Spannungssituation im August 1961 in den Brennpunkt öffentlichen Interesses gerückt. Bei CDU und CSU hatte sich hingegen schon die interne Führungskrise abgezeichnet, die mit dem Abgang *Konrad Adenauers* von der politischen Bühne auf die Unionsparteien zukam. Obschon *Konrad Adenauer* aus verschiedenen Gründen bereits einen Popularitätsverlust erlitten und inzwischen auch in den eigenen Reihen an Autorität verloren hatte, stellten ihn die beiden Unionsparteien noch einmal als den Kanzler heraus. Allerdings war ihm im Wahlkampf 1961 *Ludwig Erhard* als ,,Kronprinz" zur Seite gestellt worden. Mit dem Zweigespann *Adenauer-Erhard* hatten CDU und CSU gehofft, nochmals die absolute Mehrheit zu erringen. Dieses Ziel war mit 45,4 % der Stimmen nur knapp verfehlt worden.
Auch die FDP, die eine volle Legislaturperiode in der Opposition gestanden hatte, war unter veränderten Bedingungen zum Bundestagswahlkampf 1961 angetreten: Mit der Wahl *Erich Mendes* zum Bundesvorsitzenden waren zwar die Richtungskämpfe mehr überbrückt denn überwunden worden, die Partei hatte aber doch einen neuen Anlauf genommen, .sich als ,,Dritte Kraft", als ,,Partei zweiter Wahl" im Parteiensystem durchzusetzen. Ihr Wahlkampfziel war es gewesen, die absolute Mehrheit der CDU/CSU zu brechen und an einer Koalition ,,mit der CDU *ohne Adenauer*" beteiligt zu werden. Die FDP hatte in der Bundestagswahl 1961 einen Zuwachs von 5,1 % auf insgesamt 12,8 % der Stimmen verbuchen können, war aber bei der Regierungsbildung 1961 ,,umgefallen". Ihr Eintritt in eine Koalition mit der CDU/CSU unter der Kanzlerschaft *Konrad Adenauers* hatte ihr bekanntlich das Odium einer ,,Umfall-Partei" eingebracht.
Die Anpassungspolitik der SPD, der auch die Berlin-Krise von 1961 zugute gekommen war, hatte sich im Wahlergebnis deutlich niedergeschlagen: Mit 36,2 % hatte die SPD ihre Position ausgebaut.
Das Ergebnis der Bundestagswahl 1961 signalisierte als strukturellen Vorgang im Parteiensystem eine weitere Konzentration des Parteiensystems auf die zwei Großparteien CDU/CSU und SPD bei leichter Stärkung der FDP als sog. Dritte Kraft, oder als ,,Partei zweiter Wahl im Dualsystem" (*Dittberner*). CDU, CSU, FDP und SPD hatten insgesamt 94,3 % der Stimmen auf sich vereinigen können. In der politikwissenschaftlichen Diskussion schlug sich dieser Vorgang in den Reflexionen darüber nieder, ob in der Bundesrepublik nun ein Zwei- oder Drei- oder Zweieinhalbparteiensystem in Entwicklung begriffen sei.

2. Die „Spiegel"-Affäre und ihre Folgen

In der „Spiegel"-Affäre und ihren Folgeerscheinungen manifestierten sich schon ein Jahr nach der Bonner Regierungsbildung 1961 die Brüchigkeit des Koalitionsbündnisses und die Führungskrise der CDU/ CSU. Die „Spiegel"-Affäre hatte die Wirkung eines Katalysators für die weiteren Entwicklungen. Ein paar Fakten seien auch zur „Spiegel"-Affäre in Erinnerung gerufen.

In der Nacht vom 26. auf den 27. Oktober 1962 wurden die Räume des Nachrichtenmagazins „Der Spiegel" in Hamburg und Bonn auf Weisung der Bundesanwaltschaft wegen des Verdachts des Landesverrates durchsucht und einige „Spiegel"-Redakteure, darunter *Conrad Ahlers*, festgenommen. Die Aktion war durch eine, angeblich die Staatssicherheit gefährdende, Veröffentlichung des Nachrichtenmagazins über das NATO-Manöver „Fallex 62" ausgelöst worden. Neben Bundeskanzler *Adenauer* wurde *Franz Josef Strauß*, damals skandalbelasteter Verteidigungsminister, wegen seiner Rolle bei der Verhaftung *Conrad Ahlers* in Spanien heftig kritisiert. Weithin bekannte linksbürgerliche und sozialistisch orientierte Intellektuelle und Publizisten erzwangen in einer Front mit FDP und SPD den Rücktritt des Verteidigungsministers. In dieser Front waren zum ersten Mal Konturen eines „Sozialliberalen Lagers" sichtbar geworden. Die FDP nutzte die breite Anti-Strauß-Bewegung, um sich von ihrem „Umfall"-Odium zu befreien und Standhaftigkeit zu demonstrieren. Am 19. November 1962 erklärten die FDP-Minister im Kabinett Adenauer ihren Rücktritt, was auch die CDU und CSU zum Handeln zwang. So stellten daraufhin auch die Kabinettsmitglieder der CDU und CSU ihre Ämter zur Verfügung, um eine Kabinettsumbildung zu ermöglichen. Die Entscheidung über die Demission wurde allerdings auf einen Termin nach der Landtagswahl in Bayern vertagt. Die bayerische Landtagswahl fand am 25. November 1962 statt.

Franz Josef Strauß erklärte am 30. November 1962 den Verzicht auf sein Ministeramt und machte damit den Weg für neue Koalitionsverhandlungen frei. Auch das Ergebnis der Landtagswahl in Bayern, aus der die CSU mit 47,5 % der Stimmen mit großer Mehrheit hervorgegangen war, hat den Sturz von *Franz Josef Strauß* nicht mehr verhindern können. Wohnungsbauminister *Paul Lücke* und der CSU-Abgeordnete *v. Guttenberg* führten Sondierungsgespräche mit *Herbert Wehner*, um die Möglichkeiten einer Koalition mit der SPD abzutasten. Wenn dieser Vorgang auch eher als ein taktischer Schachzug *Adenauers* zu werten war, der die FDP kompromißbereit machen sollte, so hatten diese Sondierungsgespräche insofern große Bedeutung, als damit die bisherige Oppositionspartei zum ersten Mal als möglicher Koalitionspartner anerkannt worden war.

Es kam dann binnen weniger Tage zu einer Kabinettsumbildung, bei der die FDP die Nennung eines Termins für den Rücktritt *Konrad Adenauers* erwirken konnte. *Adenauer* sollte nach den Parlamentsferien im Herbst 1963 zurücktreten. Aber auch in der neuen Koalitionsregierung CDU/CSU und FDP herrschte ein permanenter Spannungszustand. Die FDP drängte zu einer flexibleren Ostpolitik — ein Faktum, das später die sozialliberale Koalition erleichterte. .In der CDU und CSU entwickelten sich Richtungskämpfe über der Frage, ob der deutsch-französischen oder deutsch-amerikanischen Zusammenarbeit erste Priorität einzuräumen sei. Dieser Streit um die NATO- sowie Europa-Konzeption teilte die Unionsparteien in einen Flügel der „Atlantiker" und in einen Flügel der „Gaullisten".

Sowohl das ungeklärte Führungs- und Nachfolgeproblem als auch diese konzeptionellen Auseinandersetzungen führten zu Stimmenverlusten der CDU in der Wahl zum Berliner Abgeordnetenhaus am 17. Februar 1963 und der Landtagswahl in Rheinland-Pfalz am 31. März 1963, wo die CDU ihre 1959 errungene Mehrheit (48,4 %) nicht halten konnte (Stimmenrückgang um 4 %) und die SPD um 5,8 % zunahm. Dieses aktualisierte von neuem die Lösung der Nachfolge-Frage.

3. Der Wechsel im Kanzleramt

Ludwig Erhard wurde am 16. Oktober 1963 zum Bundeskanzler gewählt. Vizekanzler und Minister für gesamtdeutsche Fragen wurde *Erich Mende.* Das Jahr 1963 brachte nicht nur den Wechsel im Bundeskanzleramt, sondern auch eine personelle Zäsur in der Nachkriegsgeschichte der SPD. *Erich Ollenhauer* starb am 14. Dezember 1963. Er hatte seit dem Tode *Kurt Schumachers* 1952 die SPD geführt. Im Februar 1964 wurde *Willy Brandt* zum Bundesvorsitzenden der SPD gewählt und gleichzeitig wieder als Kanzlerkandidat der SPD herausgestellt.

Mit dem Wechsel im Kanzleramt und der Regierungsbildung *Ludwig Erhards* im Jahre 1963 schien zunächst wieder eine Stabilisierung der politischen Führung erreicht, doch schwelten die Richtungskämpfe in den beiden Unionsparteien mehr oder weniger offen weiter. Die Bundestagswahl am 19. September 1965 brachte der CDU einen leichten Anstieg der Stimmen um 2,4 % auf 47,6 %. Sie verfehlte nur knapp die absolute Mehrheit. Die FDP, die sich auf eine Fortsetzung der Koalition mit der CDU/CSU unter *Ludwig Erhard* festgelegt hatte, verlor gegenüber 1961 (12,8 %) beträchtlich und konnte nur 9,5 % der Stimmen auf sich vereinigen. Die SPD erreichte 39,3 % der Stimmen;

sie hatte nur 3,1 % der Stimmen hinzugewonnen. Das Resultat und die Konsequenzen dieser Wahl waren:

— die Vormachtstellung der CDU/CSU blieb vorläufig erhalten, doch zeigte sich auch diesmal, daß die absolute Mehrheit des Jahres 1957 ein Ausnahmefall war;

— der SPD war der Ausbruch aus ihrem Dreißig-Prozent-Turm endgültig gelungen. Die Anpassungspolitik hatte sich als erfolgreich, wenn auch nicht im erwarteten Ausmaß, erwiesen;

— die Konzentration der Stimmen bei den Bundestagsparteien war von 94,3 % (1961) auf 96,4 % gestiegen, wobei der Anteil der Wechselwähler stieg;

— trotz der Stimmenverluste der FDP war abermals deutlich geworden, daß ein reines Zweiparteiensystem, ein Dualsystem ohne Veränderung des Wahlrechtes, nicht zu erwarten war;

— die Regierungsbildung war durch das Wahlergebnis klar vorgezeichnet. Der Wahlsieger Erhard stand als Bundeskanzler so gut wie fest. Er hatte sich während des Wahlkampfes dezidiert für die Fortsetzung der bisherigen Koalition mit der FDP ausgesprochen.

Trotz der Auseinandersetzungen um die personelle Zusammensetzung des neuen Kabinetts kam wieder eine Koalition der CDU/CSU mit der FDP zustande. Doch das Jahr 1966 wurde zum „Krisenjahr": So verzichtete im Dezember 1965 *Adenauer* auf eine erneute Kandidatur für das Amt des Bundesvorsitzenden der CDU. *Erhard* zögerte, *Dufhues* und *Barzel* kamen ins Gespräch. Der Eindruck der Führerlosigkeit der CDU wurde erneut hervorgerufen. Schließlich wurde *Erhard* Bundesvorsitzender, *Barzel* sein Stellvertreter. Zugleich rieten *Adenauer* und *Lübke* Ende 1965/Anfang 1966 in Anbetracht dringend zu bewältigender innenpolitischer Aufgaben und angesichts der internationalen Lage zur Bildung einer Großen Koalition. Am 11. Februar 1966 schließlich veröffentlichte die SED einen offenen Brief an die SPD, in dem sie Gespräche zwischen den beiden „Arbeiterparteien" anbot. Es kam zur Verabredung eines Redneraustausches zwischen SED und SPD, dem die FDP aufgrund ihrer schon Anfang der sechziger Jahre entwickelten deutschlandpolitischen Initiativen zustimmte.

Brachten diese Vorgänge auch neue Bewegung und Konfliktstoffe, so war es doch erst die Wirtschafts- und Finanzkrise, die zum Sturze *Ludwig Erhards* führte. Sie schlug sich in dem Streit um den Bundeshaushalt 1967 nieder.

4. Wirtschafts- und Finanzkrise 1966/67, Zerfall der Regierungskoalition

Die Wirtschafts- und Finanzkrise war durch drei Hauptmomente gekennzeichnet: durch eine wirtschaftliche Rezession und einen damit verbundenen Anstieg der Arbeitslosigkeit im gesellschaftlichen Bereich und durch eine defizitäre Aufblähung des Staatshaushalts, nicht zuletzt aufgrund der Wahlversprechungen 1965, die nun nicht eingelöst werden konnten; außerdem fehlte ein staatliches Instrumentarium, mit dem die Wirtschafts- und Finanzkrise rasch überwunden werden konnte. (vgl. S. 176ff.)
Der Streit, der zum Sturz *Erhards* führte, entzündete sich an Maßnahmen für den Ausgleich des Bundeshaushalts 1967 (es bestand eine Deckungslücke im Bundeshaushalt von über 4 Mrd. DM bei rd. 74 Mrd. Gesamtsumme), der Ende September 1966 vom Kabinett Erhard verabschiedet worden war. Es ging um Streichungen und die Frage der Steuererhöhungen. Die FDP sprach sich gegen die von der CDU/CSU-Fraktion anvisierten Steuererhöhungen aus. Es kam zu einer Verknüpfung der Koalitionsfrage mit der Frage des Bundeshaushalts.
Als die FDP-Bundesminister entgegen ihrer bisherigen Haltung einem Kompromiß zustimmten, der notfalls auch Steuererhöhungen vorsah, wurde die FDP in der Presse erneut als „Umfall"-Partei apostrophiert. Die Bundestagsfraktion der FDP vertrat daraufhin den Standpunkt, daß die FDP dieses Odium keinesfalls wieder verstärken dürfe, und zwang ihre Minister am 27. Oktober 1966 zum Rücktritt. *Erhard* nahm den Rücktritt an und war damit Kanzler eines Minderheitskabinetts geworden.
Zugleich veränderte sich in und mit dieser Regierungskrise die gesamte bundespolitische Situation. Am 10.7.1966 kam es in der Landtagswahl in Nordrhein-Westfalen zu einem „Erdrutsch". Die CDU verlor 3,6 Prozentpunkte und fiel damit auf 42,8 % der abgegebenen gültigen Stimmen zurück. Die SPD stieg hingegen um 6,2 Prozentpunkte auf 49,5 % und hatte damit eine klare Mehrheit errungen. Die CDU verlor 10 Sitze, die SPD gewann 9, wurde stärkste Fraktion und bildete im Dezember 1966 zusammen mit der FDP, die sich von 6,9 % auf 7,4 % hatte verbessern können, die Landesregierung. *Ludwig Erhard* hatte diese „Testwahl" verloren und die Bildung einer sozial-liberalen Regierung in Nordrhein-Westfalen wurde als schwere Niederlage des Bundeskanzlers gewertet.
Nutznießerin der Regierungskrise und der Rezession des Jahres 1966 wurde, wie die Landtagswahlen in Hessen und Bayern zeigten, die 1964 gegründete NPD. In der hessischen Landtagswahl vom 6. November 1966 errang die NPD einen Stimmenanteil von 7,9 % und damit

acht Mandate. Die hessische CDU fiel um 2 Prozentpunkte auf 26,4 %
der Stimmen zurück, die FDP um 1,1 Prozentpunkte auf 10,4 %. Die
SPD konnte mit 51,0 % ihren Stimmenanteil von 1962 (50,8 %) in
etwa halten. Internationale Beachtung fanden kùrz darauf auch die
NPD-Erfolge in Bayern, wo diese rechtsextreme Partei in der Landtagswahl vom 20. November 1966 7,4 % der Stimmen und damit mit
einem Schlag 15 Mandate errang und die FDP (5,1 %) aufgrund der
damaligen bayerischen Zehn-Prozent-Klausel aus dem Bayerischen
Landtag verdrängte. Die NPD-Erfolge lösten internationale Beunruhigung aus. Der führungsschwache Bundeskanzler war den sich kumulie-
renden innenpolitischen Schwierigkeiten, der wirtschaftlichen Rezen-
sion, der Zerrüttung der öffentlichen Finanzen, der steigenden Arbeitslosigkeit und der sich in den NPD-Erfolgen manifestierenden
Legitimationskrise der regierenden Parteien nicht mehr gewachsen. In
dieser Situation traten die Spannungen in der CDU/CSU und in der
FDP-Bundestagsfraktion scharf hervor. Die CSU kündigte der von
Erhard geführten CDU endgültig ihre Gefolgschaft und setzte noch
vor der bayerischen Landtagswahl zum Kanzlersturz an.
Das gefolgschaftsähnliche Verhältnis der CSU zur CDU in der Fraktionsgemeinschaft der CDU/CSU hatte im Grunde nur der Autorität
und Popularität des Bundeskanzlers *Konrad Adenauer* gegolten, dessen außenpolitischen Kurs die Landesgruppe der CSU vorbehaltlos
unterstützt hatte, nicht aber der CDU als Partei. Mit der Aktualisierung der Nachfolger-Frage im Jahre 1963 und der Wahl *Ludwig
Erhards* hatte das in der Gründungsgeschichte und in der Sonderentwicklung der CSU angelegte Spannungsverhältnis zur CDU erneut an
Intensität gewonnen. Dreh- und Angelpunkt der Kontroversen mit der
CDU war damals zunächst „die deutsche Außenpolitik" geworden. Es
hatte sich eine Frontstellung angebahnt, die unter der Formel
„Gaullisten gegen Atlantiker" bekannt wurde.
In außenpolitischen Fragen maßgebende CSU-Politiker, voran *Franz
Josef Strauß, Karl Theodor Frhr. von und zu Guttenberg* und
Friedrich Zimmermann, sahen mit den außenpolitischen Akzent-
setzungen *Gerhard Schröders* das bis dahin gültige „Koordinations-
system" *Konrad Adenauers* außer acht gelassen und „die Fundamente
der Politik" gefährdet. Diese Frontstellung spitzte sich nach der
deutsch-französischen Konferenz vom 2./3. Juli 1964 zu, über deren
Ausgang die „Gaullisten" enttäuscht und besorgt waren. Die „Außenpolitiker" der CSU sahen als treue Gefolgsleute *Konrad Adenauers* in
dem Zusammenwirken der amerikanischen Entspannungspolitik mit
der sowjetischen Koexistenzpolitik die Gefahr des endgültigen Einfrie-
rens des Status quo in Europa. In Fehleinschätzungen dessen, was mit
einer „Europäisierung der Deutschlandfrage" i. S. des französischen
Staatspräsidenten im Rahmen internationaler Entwicklungen über-

haupt zu bewirken und zu erreichen war, favorisierten maßgebende CSU-Politiker das deutsch-französische Bündnis und weckten dadurch den Argwohn, eine deutsch-französische Vormachtstellung in (West-) Europa anzubahnen. Die CSU-Politiker erwarteten von den angelsächsischen Bündnispartnern, insbesondere von den USA, keine offensive Politik mehr gegenüber der UdSSR und setzten nun ihre Hoffnung auf politische Initiativen *Charles de Gaulles.*

In der scharfen Frontstellung gegen den ,,Atlantiker" *Gerhard Schröder,* dessen Außenpolitik als gefährlich abgelehnt wurde, und indirekt gegen Bundeskanzler *Ludwig Erhard,* dem man vorwarf, *Schröders* Außenpolitik zu decken, manifestierte sich ein tiefgreifender Konflikt, der in seiner personalisierten Form nur verdeckte, daß hier alte Grundzüge der CSU-Politik wirkten, die an die Grundfesten des bisherigen politischen und oranisatorischen Aktionsbündnisses CDU/ CSU rührten. Darin lagen zum Teil die ,,außenpolitischen" Faktoren des Sturzes *Ludwig Erhards* begründet. Doch erst mit Ausbruch der großen Wirtschafts- und Finanzkrise im Jahre 1966 wurde in der CSU hinter verschlossenen Türen der offene Aufstand gegen Bundeskanzler *Ludwig Erhard* und sein Kabinett geprobt.

5. Der Sturz Ludwig Erhards

Während der Parlamentsferien 1966 hatte sich unter den CDU- und CSU-Bundestagsabgeordneten die Überzeugung ausgebreitet, daß *Ludwig Erhard* als Bundeskanzler abgelöst werden müsse, wenn CDU/CSU nicht Gefahr laufen wollten, in Bonn aus der Regierungsverantwortung gedrängt zu werden.

Das Bekenntnis zu Bundeskanzler *Ludwig Erhard,* das der Fraktionsführer *Rainer Barzel* zuerst im Fraktionsvorstand und dann am 4. Oktober 1966 in der Sitzung der Fraktionsgemeinschaft der CDU/ CSU herbeiführte, war deshalb lau und wenig überzeugend. Es lautete: ,,Erhard ist und bleibt Bundeskanzler. Wir wünschen die öffentliche Debatte darüber zu beenden."

Schon drei Tage nach dieser Abstimmung in der Fraktionsgemeinschaft der CDU/CSU versuchten *Franz Josef Strauß* und mit ihm mehrere CSU-Politiker, innerhalb der CSU Rückendeckung für einen Kanzler-Sturz binnen 14 Tagen zu erhalten, in der Hoffnung, mit dem Kanzler-Sturz und einem neuen Kabinett den Ausgang der bayerischen Landtagswahl am 20. November 1966 günstig beeinflussen und darüber hinaus die CSU zu einem ,,Kern der Erneuerung" in Deutschland werden zu lassen. In der Landesvorstandssitzung der CSU am 7. Oktober 1966 unmittelbar vor Eröffnung der Landesversammlung der CSU (7. bis 10. Oktober 1966 in München), und am gleichen

Tage, an dem der Bundesvorstand der CDU in einer einstimmig verabschiedeten Entschließung die Erhard-Formel bekräftigte, auf die sich die „Fraktionsgemeinschaft der CDU/CSU" am 4. Oktober geeinigt hatte, drängten *Franz Josef Strauß, Karl Theodor Frhr. von und zu Guttenberg* und andere CSU-Politiker zu einem blitzartigen Kanzler-Sturz. In der Sitzung des Landesvorstandes der CSU am 7. Oktober 1966 erklärte *Franz Josef Strauß* mit der Bitte um „allerstrengste Diskretion":

„Es ist nicht mehr damit zu rechnen, daß sich vor den bayerischen Landtagswahlen der Bundeskanzler in der Lage sieht, etwa eine Reform der Bonner Politik durchzuführen ...."

Sein Vorschlag lautete daher:
„Eine Änderung der derzeitigen Verhältnisse in capite et membris und in der Methode sowie in der Programmgestaltung herbeizuführen und zu erzwingen, um in der Landtagswahl vor der bayerischen Öffentlichkeit auftreten zu können und zu sagen: Als es innerhalb der CDU, innerhalb der Koalition nicht mehr möglich war, haben wir von der CSU aus die entscheidende Wende herbeigeführt. Das erfordert ganz harte Beschlüsse, bei denen alle mitziehen müssen."

Und auf Einwände erwiderte *Strauß:*
„Wir sind nicht mehr dazu zu bringen, sage ich im vollen Ernst und in aller Deutlichkeit, daß wir uns um einer vorgetäuschten Einheit willen hinter alle wesentlichen Einzelheiten, einer im übrigen guten Sache, stellen."

Wie *Strauß* zu einer radikalen Blitz-Lösung, zum Kanzler-Sturz und zur umfassenden Änderung der Politik entschlossen, sekundierte u. a. *Guttenberg* dem Landesvorsitzenden:

„Ich frage: Können wir rechtzeitig handeln? Wenn wir es können, müssen wir es tun; denn dann würde die CSU in Deutschland der Kern der Erneuerungen werden. Meines Erachtens können wir handeln."

Doch die Bonner und Münchener CSU-Prominenz verweigerte *Strauß* am 7. Oktober 1966 die Gefolgschaft. Der Landesvorsitzende sah sich zum Rückzug genötigt.
Am 27. Oktober 1966 ging die FDP in Bonn den Schritt, der im Landesvorstand der CSU vor der bayerischen Landtagswahl zwar auch erwogen, aber nicht mehr zu gehen gewagt worden war: die vier Bundesminister der FDP traten geschlossen zurück und machten das Kabinett *Ludwig Erhard* zu einer Minderheitsregierung. Mit dem Koalitionsbruch und der Kabinettskrise war eine Situation eingetreten, für die *Franz Josef Strauß* Handlungsvollmachten erhalten hatte. Er forderte als Parteiführer und Vorsitzender der Bonner Landesgruppe ultimativ die Ablösung *Ludwig Erhards.* Nun drohte auch die CSU-Landesgruppe mit dem Rückzug der CSU-Bundesminister, um *Ludwig Erhard* zum Rücktritt zu zwingen. Aber erst der Ausgang der

hessischen Landtagswahl, der in Führungskreisen der CSU Schlimmes für den Ausgang der bayerischen Landtagswahl am 20. November 1966 befürchten ließ, brach *Ludwig Erhards* Widerstand. Der neue Bundeskanzler, *Kurt Georg Kiesinger,* für den sich die „Fraktionsgemeinschaft der CDU/CSU" am 8. November 1966 im dritten Wahlgang mit 137 von 244 Stimmen entschied, verdankte seine Wahl letztlich der CSU. CDU und CSU konnten aber ihre hegemoniale Stellung in Bonn trotz des für die CSU unerwartet günstigen Ausgangs der bayerischen Landtagswahl nicht mehr behaupten: Am 1. Dezember 1966 wurde die Große Koalition gebildet.

Der von der CDU/CSU-Fraktion neugewählte Kanzlerkandidat *Kurt-Georg Kiesinger* hatte zunächst versucht, die Koalition mit der FDP wiederherzustellen. Inzwischen hatte aber auch die SPD ein Acht-Punkte-Programm formuliert, das als Verhandlungsgrundlage zunächst für Gespräche mit der FDP dienen sollte und die wichtigsten Forderungen und Vorbedingungen der Sozialdemokraten für einen Eintritt in die Regierung enthielt, sowie die Aufgaben der nächsten Bundesregierung umriß. Die Verhandlungen der SPD mit der FDP scheiterten daran, daß man auf seiten der SPD angesichts der knappen Mehrheitsverhältnisse einer künftigen SPD/FDP-Koalition – beide Parteien hätten im Deutschen Bundestag über eine Mehrheit von sechs Sitzen gegenüber der CDU/CSU verfügt – sowie angesichts der Richtungskämpfe in der FDP vor einer Koalition zurückschreckte. Nach heftigen Kontroversen in den Führungsgremien der SPD hatte die Bundestagsfraktion der SPD, nachdem *Kiesinger* und *Brandt* sich über die Zusammensetzung des Kabinetts geeinigt hatten, die Entscheidung für eine Große Koalition gefällt.

Die Bildung der Großen Koalition bedeutete, wie gesagt, einen Wendepunkt in der Struktur des Parteiensystems der Bundesrepublik. Das Kalkül der in dieser Koalitionsfrage geschlossen agierenden Führungsspitze der SPD ging auf: Die Große Koalition verschaffte der SPD den unschätzbaren Gewinn, auf der Bundesebene zum ersten Mal die Bevölkerung von der Regierungsfähigkeit der „ewigen Oppositionspartei" überzeugen zu können, wenngleich gerade dies innere Auseinandersetzungen brachte und eine breite außerparlamentarische Opposition entstehen ließ.

6. *Binnenstrukturelle Entwicklungstendenzen seit Anfang der sechziger Jahre*

Die heutigen Binnenstrukturen der „großen" Parteien der Bundesrepublik – SPD, CDU, FDP und CSU – unterscheiden sich nicht nur von denen ihrer Vorläufer in der Weimarer Republik, sondern auch

von ihren strukturellen Ausformungen in der (Wieder-)Gründungs-
und Aufbauphase nach 1945. Im Wandlungsprozeß der Parteien spielt
offensichtlich ihre jeweilige parlamentarische Situation und Funktion,
ihre Rolle als Oppositions- oder Regierungspartei, eine retardierende
oder akzelerierende Rolle. Besonders die sechziger Jahre waren bei
allen großen Parteien Jahre wesentlicher binnenstruktureller Veränderungen bzw. Differenzierungen. Dies geschah unter gleichen Rahmenbedingungen: der Gesetzgebung und Jurisdiktion (Verfassung, Urteile
des Bundesverfassungsgerichts, Bundes- und Landeswahlgesetze, Par-
teiengesetze etc.), der Wirtschaftsverfassung und ökonomischen Entwicklungen (privatwirtschaftliche Ordnung, konjunkturelle Vorgänge,
bundesstaatliche Steuerungsmaßnahmen etc.) und unter ähnlichen
ideologischen Grundeinstellungen (Antikommunismus, Westorientie-
rung, spezifische außenpolitische Handlungspräferenzen). Diese Momente bewirkten, daß die strukturellen Entwicklungstendenzen zugleich zu wechselseitiger Anpassung führten.
Eine Triebkraft binnenstruktureller Veränderungen war ohne Zweifel
die von allen Parlamentsparteien zu ihrer eigenen politischen Absicherung und Konsolidierung betriebene staatliche Parteienfinanzierung
(vgl. S. 133 f.), die mit zu ihrer heutigen oligopolistischen Stellung
führte. Die staatliche Parteienfinanzierung erlaubte den großen Parteien den Ausbau ihrer Parteiapparate, die wiederum zur Konsolidierung der Parteiorganisation im weiteren Sinne beitrugen. Diese strukturellen Entwicklungen erhielten schließlich 1967 durch das Parteiengesetz einen einheitlichen bundesgesetzlichen Rahmen, der zwar die
historisch entstandenen Struktureigenschaften der verschiedenen Parteien nicht zerstörte, aber die strukturellen Angleichungstendenzen
zumindest förderte.
Das Parteiengesetz vom 24. Juli 1967, dies sei hier im Vorgriff auf
spätere Entwicklungen betont, war eben nicht nur, überspitzt formuliert, ein Parteien*finanzierungs*gesetz in Reaktion auf das Karlsruher
Urteil vom 19. Juli 1966, sondern lieferte zum Beispiel für CDU und
CSU eine gesetzliche Handhabe zum Abbau noch vorhandener Strukturen der alten Honoratiorenpartei. Das Parteiengesetz löste mit
seinen zwingenden Rahmenbedingungen für die „innere Ordnung" der
Parteien einen weiteren Anpassungsprozeß unter den Parteien des
Deutschen Bundestages aus. Hier sei lediglich auf die Entwicklung von
Arbeitsgemeinschaften und Arbeitskreisen der Parteien seit etwa Mitte
der sechziger Jahre hingewiesen.
Diese binnenstrukturellen Entwicklungs- und Anpassungstendenzen
müssen bei der CDU und CSU sowie bei der SPD zugleich als
Momente gesellschaftlich-politischer und ökonomischer Entwicklungs-
prozesse gesehen werden. Die wirtschaftliche und politische Ent-
wicklung der Bundesrepublik spiegelte sich somit im Parteien-

system (Konzentrations- und Anpassungstendenzen) und in der Binnenstruktur der einzelnen Parteien wider. Gerade die Bedeutungszunahme staatlicher Steuerungsfunktionen für den Wirtschaftsprozeß erforderte von allen Parteien Anpassungsleistungen, die insbesondere von den bürgerlichen Parteien, die vielfach noch den Charakter von Honoratioren-Parteien trugen (die CDU wurde zu Zeiten Adenauers auch als „Kanzler-Wahlverein" bezeichnet), nur schwer erbracht werden konnten. Längerfristige strukturelle Planungen sowie konjunkturelle Steuerungsmaßnahmen und die damit verbundenen Integrations- und Legitimationsprobleme zwangen diese Parteien zum Aufbau effektiver Organisationen, die den Erfordernissen staatlichen „inputs" gerecht wurden und den „output" durch ständige Massenarbeit abzusichern in der Lage waren.

Seit Anfang der sechziger Jahre begannen die bürgerlichen Parteien der Bundesrepublik, wenn auch in einem unterschiedlichen Maße, ihr organisatorisches Instrumentarium den gesellschaftlich-politischen Entwicklungen und institutionellen Rahmenbedingungen anzupassen. So waren sowohl bei CSU als auch bei der CDU die strukturellen Entwicklungstendenzen zu bürokratisierten Massenparteien im Sinne relativ straff organisierter *Mitglieder*parteien *und* Wählergefolgschaftsparteien unverkennbar.

Nach *Konrad Adenauers* Abgang von der politischen Bühne sah sich die CDU vor die Notwendigkeit gestellt, die Parteiorganisation auszubauen, zu straffen und den hierfür nötigen Parteiapparat zu schaffen. Dies geschah im Vergleich mit der CSU mit einer zeitlichen Phasenverschiebung. Doch spätestens Mitte der sechziger Jahre mußte auch die CDU ihrer Parteiorganisation mehr Aufmerksamkeit schenken und neue organisationspolitische Initiativen ergreifen. Zunächst aber kam es über erste Ansätze zu einer „Parteireform" unter dem Bundesgeschäftsführer *Hermann Dufhues* nicht hinaus.

Erst als im Jahre 1967 auch bei der CDU die Position eines Generalsekretärs geschaffen und über den Bundesgeschäftsführer gestellt worden war, begann der weitere Ausbau der Parteiverwaltung und der Parteiorganisation. Hierzu gaben politisch-situative Faktoren – ich greife nun über den hier zu behandelnden Entwicklungsabschnitt hinaus – wie die Bonner Regierungsbildung im Oktober 1969 und die verlorene Bundestagswahl 1972 ebenso Anstöße wie die staatliche Parteienfinanzierung.

Die letzte organisatorische Neugliederung der CDU-Bundesgeschäftsstelle wurde am 1. Juni 1970 als Konsequenz der neuen organisationspolitischen Erfordernisse als Oppositionspartei durchgeführt.

Entwicklung und Situation der SPD unterscheiden sich von den binnenstrukturellen Wandlungen bei den „bürgerlichen" Parteien allerdings insofern, als sie ihrer historischen Entwicklung nach schon von jeher den Charakter einer Massen- und Apparatpartei im Sinne einer *Mitglieder*partei und großen Wählergefolgschaftspartei hatte. Während die „bürgerlichen" Parteien der Bundesrepublik erst in den sechziger Jahren Momente einer Massen- und Apparatpartei modernen Typs auszubilden begannen, verlor die SPD aufgrund ihrer vollständigen Integration in die bürgerliche Gesellschaft ihre frühere Prägung als Massenintegrationspartei der Arbeiterklasse. Sie versuchte ihre parteiinterne und -externe soziale Basis zu erweitern. Dabei lockerten sich die ehemals engen Bindungen der Mitgliederschaft an die Partei.

Ähnlich wie bei den großen „bürgerlichen" Parteien der Bundesrepublik erhielt die Mitgliederschaft eine mehr instrumentell-politische Funktion als „Multiplikator" und organisationstechnische Hilfstruppe.

Auch die im herkömmlichen Sinne bürgerlichen .Parteien, CDU wie CSU, haben erkannt, welche Bedeutung der Mitgliederschaft im Rahmen einer Organisationspolitik zukommt, die auf eine langfristige Herrschaftsabsicherung und -erweiterung der Partei abgestellt ist.

Verallgemeinernd läßt sich über den Umwandlungsprozeß bei sogenannten bürgerlichen Großparteien zu bürokratisierten Massen- und Apparat-Parteien im Sinne von Wählergefolgschaftsparteien *und* Mitgliederparteien sagen: Dieser Umwandlungsprozeß zu bürokratisierten Massenparteien, die über ihre technisch und personell relativ gut ausgerüsteten Apparate auf gesellschaftlich-politischen Entwicklungen einwirken und errungene Herrschaftspositionen auch organisationspolitisch abzusichern und auszubauen suchen, scheint ein charakteristischer und notwendiger, wenn auch langwieriger und komplizierter Entwicklungsvorgang bei den großen konservativen Parteien der Bundesrepublik zu sein. Im hochorganisierten interventionistischen Industriestaat werden die verfassungsmäßig privilegierten und durch Landes- und Bundesgesetze besonders abgestützten Parteien als Honorationenparteien zu einer anachronistischen Erscheinung. Die staatlichen Aufgaben umfassender Daseinsvorsorge und planender Regulierung sozialökonomischer Entwicklungen bei fortschreitender Technisierung und Nutzbarmachung von Technologien im politischen Bereich erfordern auch eine strukturelle Anpassung der Organisation von Großparteien an die gesellschaftlich-politischen Entwicklungen. Auch für große konservative Parteien gilt um den Preis des Machtverlustes, daß sie sich mit einer gewissen Zwangsläufigkeit zu in bürokratischen Betriebsformen organisierten Massenparteien ausgestalten müssen.

Literatur

Blüm, Norbert: Reaktion oder Reform. Wohin geht die CDU (rororo aktuell),
Reinbeck bei Hamburg 1972

Flechtheim, Ossip K. (Hrsg.): Die Parteien der Bundesrepublik Deutschland,
Hamburg 1973

Kaack, Heino: Geschichte und Struktur des deutschen Parteiensystems, Opladen
1971

ders.: „Die Liberalen. Die FDP im Parteiensystem der Bundesrepublik", in:
Richard Löwenthal/Hans-Peter Schwarz: Die zweite Republik. 25 Jahre
Bundesrepublik Deutschland – eine Bilanz, Stuttgart 1974, S. 408–432

Kaltefleiter, Werner: „Wandlungen des deutschen Parteiensystems 1949–1974",
in: aus politik und zeitgeschichte (beilage zur wochenzeitung das parlament),
B 14/75, 5. April 1975, S. 3 ff.

Körper, Kurt J.: FDP. Bilanz der Jahre 1960–1966. Braucht Deutschland eine
liberale Partei?, Köln 1968

Miller, Susanne: Die SPD vor und nach Godesberg (Theorie und Praxis der
Deutschen Sozialdemokratie. Kleine Geschichte der SPD, Bd. 2), Bonn-Bad
Godesberg 1974

Mintzel, Alf: „Die CSU in Bayern", in: Jürgen Dittberner/Rolf Ebbighausen
(Hrsg.): Parteiensystem in der Legitimationskrise. Studien und Materialien
zur Soziologie der Parteien in der Bundesrepublik Deutschland (Schriften
des Zentralinstituts f. sozialwissenschaftl. Forschung der Freien Universität
Berlin, Bd. 24, Opladen 1973, S. 349–426

Wildenmann, Rudolf: „CDU/CSU: Regierungspartei von morgen – oder was
sonst noch?" in: Richard Löwenthal/Hans-Peter Schwarz: Die zweite
Republik. 25 Jahre Bundesrepublik Deutschland – eine Bilanz, Stuttgart
1974

3. Bodo Zeuner

Das Parteiensystem in der Großen Koalition (1966–1969)

Die Entwicklung des westdeutschen Parteiensystems in der Phase der Großen Koalition (im folgenden GK) wird hier unter der methodischen Prämisse dargestellt, daß jedes Parteiensystem in einer entwickelten kapitalistischen Gesellschaft in doppelter Weise mit den ökonomischen Entwicklungstendenzen verknüpft ist: Auf der Ebene des Staatsapparats, zu dessen institutionellen Trägern die Parteien gehören, zeigt sich diese Verknüpfung als diesem Staatsapparat gesetzte Anforderung zur Aufrechterhaltung der Bedingungen möglichst reibungsloser und langfristig gesicherter Kapitalakkumulation; auf der Ebene der Klassen und Schichten, deren Interessen von den Parteien zum Staatsapparat hin vermittelt werden, als Veränderung der sozialen Lage sowie der objektiven und subjektiven Zukunftsperspektiven dieser Klassen und Schichten, die ihren Ausdruck in Struktur und Politik einzelner Parteien und im Parteiensystem finden. Beides zeigt sich in der Periode 1966–1969 z. B. darin, daß ökonomische Krisentendenzen zum einen die Einbeziehung der SPD in die Bundesregierung notwendig machten, andererseits sich als Verunsicherungsbewußtsein im Wahlerfolg der NPD niederschlugen.

Diese Beispiele zeigen aber auch die Grenzen unmittelbar ökonomischer Erklärungen und die Notwendigkeit der Einbeziehung historisch-politischer Faktoren in eine Gesamtanalyse des Parteiensystems: die Möglichkeit einer Großen Koalition ist nur unter Berücksichtigung des Wandels der SPD, der Aufstieg der NPD nur unter Berücksichtigung des in der Nachkriegsgesellschaft aufbewahrten antidemokratischen und faschistischen Potentials zu erklären. Hinzu kommen Wechselwirkungen zwischen der Politik des Staatsapparates und der Klassenbasis der Parteien, die sowohl gesamtgesellschaftlich wie im Rahmen des Parteiensystems selbst stattfinden. Daher scheint es sinnvoll, bei der konkreten Analyse der Entwicklungen im Parteiensystem der Bundesrepublik 1966–69 mit den grundlegenden ökonomischen Tendenzen zu beginnen (1), dann die Reaktionen der Parteien als Teil des Staatsapparates auf diese ökonomischen Tendenzen zu analysieren (2), dann die Veränderungen auf der Ebene der Artikulation und Integration gesellschaftlicher Interessen sowohl als

Folge ökonomisch bedingter Veränderungen der Sozialstruktur als auch als Folge des Agierens der Parteien im Staat zu erklären (also Wahlverhalten, Klassenintegrationsfunktion der Parteien) (3) und schließlich die innerhalb der und zwischen den Parteien ablaufenden Prozesse der Vermittlung von staatsbezogenen und gesellschaftsbezogenen Funktionen (also innerparteiliche Auseinandersetzungen, Veränderungen der Programmatik und der Zielgruppenorientierung, Veränderungen des Verhältnisses der Parteien zueinander) darzustellen (4).

1. Ökonomische Tendenzen

1966 fiel eine Reihe krisenhafter Tendenzen der kapitalistischen Akkumulation zusammen. Die wichtigste Entwicklung lag darin, daß die zyklische Bewegung des Kapitals, die sich in den drei vorangegangenen Abschwüngen lediglich als Verminderung der Wachstumsraten ausgedrückt hatte, diesmal in eine Rezession mit einem Nullwachstum des Bruttosozialprodukts (1967) und Arbeitslosenziffern von bis zu 673 000 (Februar 1967) mündete. Die Ursachen der Krise wurden von der herrschenden Meinung in Parteien und Presse vor allem auf Fehler und Unfähigkeit staatlicher Steuerungsinstanzen, insbesondere der Bundesregierung und der Bundesbank, zurückgeführt; die Krise erschien so als Ausnahme und Betriebsunfall.

Inzwischen kann als gesichert gelten, daß diese Krise als notwendige Folge der in der vorangegangenen Phase, insbesondere seit 1960 erfolgten Überakkumulation von Kapital betrachtet werden muß. Mit Erreichen der Vollbeschäftigung gegen Ende der 50er Jahre waren für die führenden westdeutschen Industriezweige in verstärktem Umfange technologisch fortgeschrittene, arbeitssparende Investitionen notwendig geworden, die zwar zunächst die Arbeitsproduktivität nachhaltig steigerten, sich aber längerfristig als noch stärkeres Wachstum der Kapitalintensität niederschlugen. Das heißt: Jede neue Investition brachte – immer im Durchschnitt – einen geringeren Profit als die bereits in Betrieb befindlichen Produktionsmittel. Dies drückte sich real z. B. in der mangelnden Kapazitätsauslastung der Produktionsmittel aus, die in der verarbeitenden Industrie der BRD von 95 % Ende 1960 auf 88 % Mitte 1966 sank. (*Mandel*, S. 10).

Mit anderen Worten: Es handelte sich um eine klassische Überakkumulationskrise, in der die wachsende organische Zusammensetzung des Kapitals (u. a. der wachsende Anteil von Produktionsmitteln, Roh- und Hilfsstoffen an den Gestehungskosten) zum Fall der Profitrate und damit der Investitionsneigung der Unternehmer führte.

Diese generelle, sich auf die gesamte Wirtschaft erstreckende Überakkumulationskrise fiel zweitens mit Strukturkrisen einzelner Branchen zusammen, die zum Teil, wie im Bergbau, schon seit einigen Jahren anhielten, zum Teil, wie bei Eisen und Stahl, im Jahre 1966 offensichtlich wurden.

Die dritte wichtige Tendenz lag darin, daß der Beginn der Konjunkturkrise mit dem Höhepunkt einer Krise des Staatshaushalts koinzidierte. Hier läßt sich eine ökonomische Entwicklung noch am ehesten auf Fehlhandlungen politischer Akteure zurückführen: Die Regierung *Erhard* hatte vor den Wahlen 1965, zur Zeit der Hochkonjunktur, sowohl Steuersenkungen wie auch Erhöhungen der Staatsausgaben für einige Subventions- und Sozialgesetze beschlossen. Die dadurch entstehenden Etatlücken wurden nach der Wahl durch ein Haushaltssicherungsgesetz notdürftig geschlossen, wobei die Wahlgeschenke zum Teil wieder eingesammelt wurden, das Problem der langfristigen Haushaltsdeckung aber ungelöst blieb. Dieses Problem hat freilich schon wieder objektive Ursachen: In den 60er Jahren zeigte sich, daß einerseits zur Garantie konstanter oder steigender Gewinne höhere Staatsausgaben für Infrastrukturverbesserungen — Bildung, Verkehr, Entwicklung noch-nicht-profitabler Energiequellen und Technologien etc. — notwendig waren, daß andererseits die Regierung nicht in der Lage und auch nicht willens war, die zu diesem Zweck notwendigen Steuererhöhungen, die bei Arbeitskräfteknappheit inflationär oder profitmindernd hätten wirken müssen, durchzusetzen. Als zudem ab Spätsommer 1966 die Staatseinnahmen aufgrund des Konjunkturabschwungs noch zusätzlich schrumpften, erwies sich die Erhard-Regierung als unfähig, ein Konzept zur Haushaltsdeckung zu finden. Dies war der aktuelle Anlaß für die Regierungskrise, die mit der Großen Koalition endete.

Die vierte wichtige Tendenz ist die zur Konzentration und Zentralisation des Kapitals, d. h. zur Vernichtung oder Unterwerfung kleiner und mittlerer Unternehmen durch große Konzerne; eine Tendenz, die in der gesamten Prosperitätsperiode kontinuierlich angehalten hatte, mit der Rezession von 1966/67 aber verschärfte Formen annahm und sich von jener Krise an explosionsartig ausweitete. (Meldepflichtige Fusionen 1958—1966: Insgesamt 231, 1967: 65, 1969: 168, 1970: 305.)

2. Reaktionen des politischen Systems auf die ökonomischen Krisentendenzen

Die ökonomische Krise stellte den Staat vor folgende Probleme:

1. Die Bedingungen für die Profitabilität des Kapitals mußten wiederhergestellt werden, damit eine zur Überwindung der Rezession hinreichende Investitionsneigung der Unternehmer entstand.
2. Dazu mußte die Regierung Instrumente der antizyklischen Konjunkturregulierung entwickeln, die differenziert genug waren, unerwünschte Nebenfolgen eines Konjunkturaufschwungs, etwa Verstärkung der inflationären Tendenzen, möglichst gering zu halten, und die gleichzeitig geeignet waren, im Falle einer Konjunkturüberhitzung umgekehrt gegenzusteuern.
3. Die sozialen Folgen der Krise, insbesondere der Arbeitslosigkeit mußten subjektiv und objektiv erträglich gestaltet, systemoppositionelle Tendenzen innerhalb der Arbeiterklasse mußten vermieden und wenn nötig unterdrückt werden.
4. Da eine Verbesserung der Profitabilität des Kapitals nur unter der Bedingung lohnpolitischen Stillhaltens der Lohnabhängigen während des Aufschwungs erreichbar war, mußten die Gewerkschaften auf eine Niedriglohnpolitik verpflichtet werden.
5. Die Krise der Staatsfinanzen mußte langfristig gelöst werden, wobei einerseits eine zu hohe Staatsverschuldung zu vermeiden war, andererseits genügend Mittel für notwendige Infrastrukturverbesserungen planvoll und über längere Zeiträume hinweg zur Verfügung gestellt werden mußten.

Alle diese Anforderungen an den Staatsapparat machten 1966 die Einbeziehung der SPD in die Bundesregierung notwendig. Dies wurde von der CDU/CSU nach der Auflösung der Koalition durch die der FDP sehr rasch erkannt. Die Union ließ nicht nur ziemlich umstandslos den CDU-Vorsitzenden *Erhard* als Kanzler fallen, sondern unterbreitete der SPD auch zügig ein Koalitionsangebot.
Die wichtigsten Gründe waren

— Die nicht an neoliberalen Ideologien der staatlichen Abstinenz, sondern an keynesianischen Globalsteuerungskonzeptionen orientierte SPD, vertreten durch *Schiller*, schien am ehesten fähig zu sein, das zur Konjunkturregulierung erforderliche Instrumentarium zu schaffen und einzusetzen.
— Nur die SPD als für die Wirtschaftspolitik mitverantwortlicher Regierungspartner war in der Lage, die Arbeiterklasse in der Krise sowohl in ihrer politischen Protestfähigkeit zu blockieren als auch die Gewerkschaften auf lohnpolitisches Stillhalten im Aufschwung zu verpflichten.
— Nur mit der SPD erschien eine grundlegende Straffung, Zentralisierung und planvolle Zielorientierung der staatlichen Ausgabenpolitik möglich, denn nur durch die SPD in der Bundesregierung ließen sich die Widerstände der SPD-regierten Länder und Gemeinden gegen die mit einer Finanzreform verbundenen Kompetenzeinbußen überwinden.
— Zudem wurde die SPD benötigt, um auf der Ebene der staatlichen Institutionen einige Veränderungen vorzunehmen, die prophylaktisch für künftige und

schärfere Krisen die Ausschaltung und Unterdrückung von Systemopposition sicherstellen sollten, insbesondere die Notstandsgesetze, die für Fälle des „inneren Notstands" und für Spannungszustände weitgehende staatliche Repressionsvollmachten vorsahen, und die Einführung des Mehrheitswahlrechts, die system-oppositionellen Parteien jede parlamentarische Wirkungschance auf Dauer nehmen sollte.

Um das Zustandekommen der Großen Koalition zu erklären, müssen an dieser Stelle politische Faktoren einbezogen werden. Die CDU/ CSU befürchtete, daß ein Weiterregieren mit der FDP ihr den Ruf der Schwäche und Inkompetenz eintragen könnte, wozu die nordrhein-westfälischen Landtagswahlen vom Juli 1966 beigetragen hatten. Im größten Bundesland hatte die SPD sich erstmals zur stärksten Partei aufgeschwungen und mit 49,5 Prozent die absolute Mehrheit nur knapp verfehlt. Die während der Bonner Regierungskrise stattfindenden Wahlen in Hessen und Bayern im November 1966 endeten zwar zwischen Union und SPD unentschieden (Hessen: SPD + 0,2 %, CDU − 2,4 %; Bayern CSU + 0,6 %, SPD + 0,5 %); ihr wichtigstes Ergebnis aber, der Einzug der NPD in beide Landtage mit jeweils über 7 % der Stimmen, ließ die Wahlaussichten der CDU/CSU weiterhin unsicher erscheinen und legte die Interpretation nahe, der Wähler wolle eine „starke" Regierung zur Bewältigung der Krise.

Bei der SPD schien der Eintritt in die Koalition mit der CDU/CSU zwar nur logische Konsequenz des von der Parteiführung seit 1959 verfolgten Anpassungskurses zu sein; gleichwohl gab es in Fraktion und Partei starke Widerstände gegen ein Zusammengehen mit der Union. Zwei Arten von Gegenargumenten wurden vorgebracht:

1. Eine Große Koalition führe zur Austrocknung der parlamentarischen Demokratie, zu Proporzwirtschaft, Machtmißbrauch und Verschleierung von Alternativpositionen; dies werde nur radikalen Kräften Auftrieb geben.
2. Wenn die SPD in der gegebenen Krisensituation in die Regierung gehe, dann rette sie nur die CDU/CSU vor dem Offenbarungseid und verbessere deren Wahlchancen. Statt dessen solle die SPD die CDU/CSU weiter abwirtschaften lassen und sich als Vertreter einer grundlegend anderen Politik in der Opposition profilieren − so die Meinung einer Gruppe − oder sie solle eine Koalition mit der FDP anstreben, in der sie den Bundeskanzler stelle und die Regierungspolitik maßgebend bestimmen könne − so die Mehrzahl der Opponenten.

Im November 1966 führte die SPD Koalitionsverhandlungen mit der FDP, wobei es zu einer raschen Einigung in Sachfragen kam, aber das Mißtrauen der SPD hinsichtlich der Koalitionstreue der FDP-Fraktion nicht ausgeräumt werden konnte. Eine sozialliberale Koalition hätte damals nur eine Mehrheit von 6 Stimmen gehabt. Dieses Argument überzeugte letztlich die Mehrheit der SPD-Fraktion von der Notwendigkeit der Großen Koalition, auf die die Mehrheit der Parteiführung

entsprechend ihrer langjährigen Strategie von vornherein festgelegt
war. Die wesentlichen Argumente dieser Mehrheit waren:

— Die Wirtschafts- und Finanzkrise erfordere eine starke Regierung auf breiter
  Basis; die SPD könne sich der Verantwortung nicht entziehen.
— Durch die Große Koalition müsse die CDU/CSU anerkennen, daß die SPD
  eine regierungsfähige Partei sei.
— Die Regierungsbeteiligung gebe der SPD die Möglichkeit, sich für künftige
  Wahlen günstiger zu profilieren.
— Die Regierungsbeteiligung bringe die Möglichkeit, vor allem auf sozialpoliti-
  schem Gebiet Programmpunkte der SPD durchzusetzen.
— Die Koalition mit dem Ex-Nazi *Kiesinger* als Kanzler und dem Ex-Wider-
  standskämpfer *Brandt* als Vizekanzler demonstriere die 20 Jahre nach Kriegsende notwendige nationale Aussöhnung.
— Die von der Großen Koalition geplante Schaffung eines Mehrheitswahlrechts
  werde von der nächsten Wahl an ein Zweiparteiensystem schaffen und damit
  die Verewigung der GK verhindern. (Zusammenfassung nach *Kaack*,
  S. 315—321).

Ende November stimmten SPD-Parteirat und SPD-Bundestagsfraktion
jeweils mit mehr als 2/3-Mehrheit der Abstimmenden für die GK; am
1. Dezember wurde *Kiesinger* mit 356 von 495 Stimmen zum Bundeskanzler gewählt. Das zeigt die Stärke der Opposition gegen die GK in
der SPD: Mindestens 89 Abgeordnete der Koalition, darunter vermutlich die meisten aus der SPD, hatten *Kiesinger* nicht gewählt.
Die Regierungstätigkeit der neuen Koalition konzentrierte sich zu
Anfang auf die bereits genannten ökonomischen Aufgaben. *Kiesinger*
nannte in seiner Regierungserklärung vom 13.12.1966 „vor allem die
Ordnung der öffentlichen Haushalte, eine ökonomisch sparsame Verwaltung, die Sorge für das Wachstum unserer Wirtschaft und die
Stabilität der Währung".
Zur Bekämpfung der Rezession wurde eine konsequent antizyklische
Wirtschafts- und Finanzpolitik betrieben: Mit zwei Eventualhaushal-
ten von insgesamt 7,7 Mrd. DM und gleichzeitigen Abschreibungsver-
günstigungen wurde die Investitionsneigung der Unternehmer stimu-
liert; zugleich wurden in der vom neuen Wirtschaftsminister *Schiller*
etablierten „Konzertierten Aktion", einer regelmäßigen Gesprächs-
runde von Spitzenvertretern der Arbeitgeberverbände, der Gewerkschaften, der Bundesregierung und der Bundesbank, die Gewerkschaften auf lohnpolitisches Stillhalten verpflichtet. Die IG Metall hatte
schon am 1.1.67 einem Tarifvertrag mit 1,9 % tatsächlicher Lohnerhö-
hung zugestimmt; zum 1.4.68 schloß sie einen Tarifvertrag mit
18monatiger Laufzeit ab, der zunächst 4 % und ein Jahr später noch
einmal 3 % bringen sollte. Die Nettolöhne und -gehälter stiegen 1968
gegenüber dem Vorjahr um 5,2 %, die Nettoeinkommen aus Unterneh-
mertätigkeit und Vermögen um 22,0 %, was in den Relationen

ziemlich genau *Schillers* Zielprojektion entsprach. Auf dem Gebiet der
instrumentellen Verbesserung der Konjunkturregulierung war das
„Gesetz zur Förderung der Stabilität und des Wachstums der Wirtschaft" vom 14.6.1967 Kernstück der neuen Wirtschaftspolitik. Es
enthält eine Verpflichtung der Regierung auf das „magische Viereck"
(Preisstabilität, hoher Beschäftigungsstand, außenwirtschaftliches
Gleichgewicht und Wirtschaftswachstum) und gibt der Regierung eine
Reihe bis dahin dem Parlament oder den Bundesländern zustehender
Vollmachten: „Zur Abwehr einer Störung des gesamtwirtschaftlichen Gleichgewichts" kann die Bundesregierung die Kreditaufnahme
der Länder und Gemeinden einschränken, Investitionen bis zu 7,5 %
subventionieren, die Abschreibungssätze erhöhen und die Steuersätze
um 10 % nach oben oder unten verändern, ohne daß dazu ein Gesetz
beschlossen werden muß. Weiterhin ist die Regierung verpflichtet,
jährlich einen Jahreswirtschaftsbericht und zweijährlich einen Subven-
tionsbericht vorzulegen sowie ihre Ausgaben für jeweils 5 Jahre zu planen. Schließlich wird die „konzertierte Aktion" gesetzlich vorgeschrie-
ben. Dieses Gesetz bedurfte, weil es die Haushaltsautonomie der Bundesländer einschränkte, einer Verfassungsänderung (Art. 109); schon
deshalb wäre es ohne die Regierungsbeteiligung der SPD nicht zustan-
degekommen.
Das Konzept der GK zur Lösung oder Regulierung ökonomischer
Krisentendenzen enthielt zwei weitere Projekte von grundlegender
Bedeutung: die langfristige Sanierung der Staatshaushalte bei gleichzeitiger Deckung des Infrastrukturbedarfs durch die Mittelfristige
Finanzplanung (Mifrifi) und die sogenannte „Finanzreform", d. h. die
Anbindung der Einnahmen und Ausgaben der Länder an den Bund
nicht nur in wirtschaftlichen Krisenphasen, sondern permanent.
Die Mifrifi, gesetzlich schon im Stabilitätsgesetz vorgesehen, wurde im
Juli 1967 realisiert: Das Kabinett verabschiedete eine Finanzplanung
für die Jahre 1967 bis 1971, die freilich im wesentlichen auf
Haushaltkürzungen zur Vermeidung weiter anwachsender Defizite,
nicht aber auf eine politische Prioritätensetzung für neue Aufgaben
hinauslief. Die „Finanzreform" mündete in eine 1969 beschlossene
weitere Kompetenzaufweichung der Bundesländer, die jetzt bei einigen „Gemeinschaftsaufgaben", z. B. Hochschulbau, regionale Wirt-
schaftsförderung, auf die Planung der Bundesregierung verpflichtet
werden. Auch dieses Gesetz mußte durch von der Zustimmung der
SPD abhängige Grundgesetzänderungen abgesichert werden.
Insgesamt war die Regierungsbeteiligung der SPD auf der Ebene der
staatlichen Bewältigung der ökonomischen Krisentendenzen in den
wesentlichen Punkten erfolgreich. Es gelang, die aktuelle Rezession zu
überwinden, die Arbeiterklasse sowohl von politischen Protesten als
auch von der militanten, die Profitexplosion störenden Artikulation

ökonomischer Forderungen fernzuhalten; es gelang schließlich, die
Staatsfinanzen mittelfristig zu sanieren, und ein Instrumentarium zu
schaffen, das die Wirtschafts- und Finanzpolitik der Bundesregierung
von parlamentarischen und föderativen Kontrollen und Behinderungen weitgehend befreit und deshalb das Management künftiger ökonomischer Krisenerscheinungen noch einfacher zu machen versprach.
Schon hier muß freilich angemerkt werden, daß der Erfolg dieses
technokratischen Regulierungskonzepts letztlich die in der Dynamik
der ökonomischen und sozialen Entwicklung liegenden Widerspruchs-
potentiale nur verlagern, nicht liquidieren konnte. Zum Beispiel
konnte die Große Koalition das Problem der Notwendigkeit eines
wachsenden Staatsanteils am Sozialprodukt zur Finanzierung von
Infrastrukturreformen nicht lösen — die Mifrifi beschränkte sich auf
eine fiskalische Fortschreibung bisheriger Staatstätigkeiten. Weiterhin
konnte die GK zwar die Gewerkschaftsführungen zum Lohnverzicht
bewegen, sie konnte aber nicht garantieren, daß die Gewerkschafts-
basis in den Betrieben dieser Führung dabei auf Dauer folgen würde.
Schließlich konnte die GK zwar die Rezession erfolgreich überwinden,
sie konnte aber nicht verhindern, daß sich in den Köpfen der
Betroffenen die Krisenerfahrung als Mißtrauen gegenüber der eigenen
Zukunftsperspektive niederschlug und zu politischem Protestverhalten
führte.
Der Prophylaxe gegen in Krisen möglicherweise verschärfte Artikula-
tionen des Klassenwiderspruchs dienten zwei Projekte zur Umstrukturierung der staatlichen Institutionen: die Notstandsgesetze und die
Wahlrechts„reform". Die verfassungsändernden Notstandsgesetze wurden vom Bundestag am 30. Mai 1968 mit 384 Ja- und 100 Nein-Stim-
men bei einer Enthaltung verabschiedet. Sie sahen unter anderem vor,
daß die Regierung bei äußeren und inneren Notständen Grundrechte
unter Ausschaltung des Parlaments — statt dessen wird ein kleiner
Ausschuß als Notparlament tätig — außer Kraft setzen, insbesondere
Dienstverpflichtungen anordnen, Beschlagnahmungen vornehmen und
die Versammlungsfreiheit aufheben kann. Im Falle des „inneren
Notstandes" soll auch die Bundeswehr eingesetzt werden können.
Die Gewerkschaften hatten die Notstandsgesetze kritisiert, aber nicht
durch Massenaktionen bekämpft. Auf Druck des Gewerkschaftsflügels
der SPD waren einige Entschärfungen der ursprünglichen CDU/CSU-
Entwürfe durchgesetzt worden, so z. B. die Nicht-Einschränkbarkeit
der Meinungs- und Pressefreiheit durch die Regierung, der Verzicht
auf ausdrückliche Abschaffung des Streikrechts für Dienstverpflichtete
und die Aufnahme eines Widerstandsrechts — freilich nicht gegen den
Staat, sondern gegen „jedermann", der die verfassungsmäßige Ordnung gewaltsam beseitigen will — in das Grundgesetz (Art. 19,4). Daß
die große Mehrheit der SPD-Fraktion, obwohl sie zum allergrößten

Teil aus Mitgliedern von DGB-Gewerkschaften bestand, im Zweifels-
fall für die Partei — und gegen die DGB-Räson votierte, bedeutete eine
politische Niederlage der Gewerkschaften mit weitreichenden Folgen:
die SPD-Führung konnte fortan sicher sein, daß hinter Drohungen des
DGB bei politischen Fragen wenig stand.
Die Wahlrechtsänderung, Hauptprogrammpunkt und demokratietheo-
retische Rechtfertigung der GK, scheiterte am Widerstand der SPD-
Basis. Geplant war ein „mehrheitsbildendes Wahlrecht" (Regierungserklärung v. 13.12.1966), das die Notwendigkeit von Koalitionen
ausschließen sollte. Von den Koalitionsparteien wurden eine Reihe
von Modellen erörtert, vom einfachen relativen Mehrheitswahlrecht
nach britischem Muster bis zu rein mathematischen Konstruktionen,
bei denen die Mandate nicht nach dem wirklichen Stimmenanteil der
Parteien sondern nach den Proportionen ihrer dritten Potenz verteilt
werden sollten. Der Sinn all dieser Modelle war die Schaffung eines
Zweiparteienparlaments. Dies hätte bedeutet, daß beide Parteien sich
nur noch jeweils auf die „Mitte" der Wähler, auf die zwischen beiden
Parteien Schwankenden, hätten zu konzentrieren brauchen, während
sie „Randwähler", die links von der SPD oder rechts von der
CDU/CSU stehen, kaum noch hätten umwerben müssen, denn die
hätten mangels Alternative ohnehin die ihnen näherstehende große
Partei gewählt. Anders ausgedrückt: Ein solches Wahlsystem hätte
mindestens eine 25 %-Klausel für dritte Parteien bedeutet und damit
die Chancen sozialistischer und kommunistischer Parteien in der BRD
auf parlamentarische Vertretung endgültig zunichtegemacht. Eben
dieser Effekt der Ausschaltung aller „Radikalen" von jeder parlamentarischen Wirkungschance war auf der Seite der CDU/CSU von Anfang
an mit der Wahlrechtsänderung beabsichtigt. Der dafür federführende
CDU-Innenminister *Paul Lücke* formulierte den Zusammenhang von
politischer Krisenprophylaxe und Mehrheitswahlrecht unumwunden:
Die Beibehaltung des Verhältniswahlrechts könne sich als verhängnis-
voller Fehler erweisen, „wenn sich die außen- oder innenpolitische
Lage, oder beide zusammen so entwickeln, daß es in unserer Lage zu
ernsten Krisen kommt. Dann fragt keiner nach den Ursachen dieser
Krisen, sondern dann müssen diese Krisen gemeistert werden, durch
Entscheidungen, die nur eine stabile Regierung treffen kann, die auf
einer klaren Mehrheit gegründet ist." (*Lücke*, 13).
Die SPD zog sich 1968/69 von ihrer beim Eingehen der GK gegebenen
Zustimmung zur Wahlrechtsänderung zurück. In der parteiinternen
Auseinandersetzung hatte der größte Teil des linken Flügels von
vornherein gegen das Mehrheitswahlrecht opponiert, weil seine Chancen innerparteilicher Durchsetzung bei einem zur Mitte hin orientierten Zweiparteiensystem gleich Null gewesen wären. Eine Mehrheit
gegen die Wahlrechtsänderung ergab sich auf dem Nürnberger SPD-

Parteitag aber erst, nachdem der Masse der Parteifunktionäre klargeworden war, wie gering die Chancen der SPD bei der nächsten Bundestagswahl unter jeder Form des Zweiparteienwahlrechts sein würden. Der Parteitag verschob die Wahlrechtsfrage auf die nächste Legislaturperiode, in der sie dann durch die Koalition mit der FDP jede Aktualität verlor.

3. Gesellschaftliche Interessenartikulation

Auf dieser Ebene sind drei wichtige Entwicklungen zu analysieren:
1. Veränderungen im Wählerverhalten: Hier fanden einerseits Umschichtungen *zwischen den Bundestagsparteien* statt, andererseits artikulierte sich im raschen *Stimmenzuwachs der rechtsradikalen NPD* ein Protest der von den ökonomischen Krisentendenzen bedrohten, verunsicherten oder deklassierten Bevölkerungsschichten.
2. In der Industriearbeiterschaft nahm die passive Folgebereitschaft gegenüber der Niedriglohn-Politik der Gewerkschaftsführungen ab: Im Herbst 1969 kam es erstmals in der BRD-Geschichte zu spontanen Streiks in vielen Großbetrieben mit dem Ziel eines gerechteren Anteils am Zuwachs des Sozialprodukts.
3. Innerhalb der Studentenschaft vollzog sich ein grundlegender Bewußtseinswandel, der seinen Ausdruck in der außerparlamentarischen Protestbewegung fand. Die Studentenbewegung erreichte zwar ihre politischen Ziele (z. B. Verhinderung der Notstandsgesetze, „Enteignet Springer") nicht, aber sie entfaltete nachhaltige Wirkungen der Verunsicherung bislang unbefragt akzeptierter politischer und gesellschaftlicher Normen und gab den Anstoß zu Veränderungen von Organisation und Inhalten des Bildungswesens.
Zu 1. Betrachtet man das Wahlverhalten in bezug auf die großen Parteien, so läßt sich langfristig eine klare Tendenz zeigen: Die SPD erweiterte ihren Wähleranteil von 1961 über 1965 bis 1969 insbesondere bei bisher der CDU zuneigenden lohnabhängigen Zwischenschichten, z. T. auch bei den Selbständigen. Das Infas-Institut hat zur Analyse der Wählerbewegung eine Viergruppen-Einteilung entwickelt, die zumindest für die Phase 65 bis 69 interessante Aufschlüsse gibt. Danach hat sich das Wahlverhalten im „traditionell katholischen Bereich" , der 22 % der Bevölkerung umfaßt, kaum geändert: Hier dominiert die CDU/CSU mit 70 % bei beiden Bundestagswahlen, die SPD liegt bei 13 bzw. 16 %. Das gleiche gilt für die „traditionelle Arbeiterschaft", die 30 % der Bevölkerung umfaßt: Sie wählte zu 60 % SPD und zu 25 % bzw. 26 % CDU/CSU. Dagegen hat die SPD in den zwei anderen Bereichen, bei der „traditionellen Mittelschicht" und bei den „Gruppen mit Mehrfachbindungen" ihre Anteile um jeweils 9 %

erhöht − größtenteils auf Kosten der CDU/CSU. Besonders wichtig sind hier die „Gruppen mit Mehrfachbindungen", z. B. katholische Gewerkschafter, Angestellte und Beamte, die zugleich in der Gewerkschaft sind, zur Mittelschicht aufgestiegene Arbeiter. (Nach SPD-Jahrbuch 1968/69, S. 30 in Verbindung mit der von *Kaack*, S. 354 gegebenen Interpretation).

Die Ausweitung der SPD-Wählerbasis auf Mittelschichten vollzog sich allerdings in den 60er Jahren nicht linear. Gerade unter der GK erlitt die SPD in allen sechs Landtagswahlen erhebliche Rückschläge: Sie verlor in Bremen und Baden-Württemberg über 8 % der Stimmen und erreichte lediglich in Schleswig-Holstein einen minimalen Zuwachs von 0,2 %. Die CDU gewann überall leicht hinzu, die FDP hielt im Durchschnitt ihre Position.

Das wichtigste Ergebnis dieser Wahlen aber war die Fortsetzung des Aufwärtstrends der *NPD*. Diese Partei war noch 1966 unmittelbar vor Amtsantritt der GK in die Landtage von Bayern und Hessen eingerückt; 1967 und 1968 schaffte sie dies auch in Rheinland-Pfalz, Schleswig-Holstein, Niedersachsen, Bremen und Baden-Württemberg, und zwar mit steigenden Anteilen: In Bremen im Oktober 1967 mit 8,8 % und in Baden-Württemberg im April 1968 mit 9,8 %. Bei der Analyse der Ursachen für den Aufstieg der NPD muß zwischen strukturellen und aktuellen Faktoren unterschieden werden. (Vgl. *Kühnl* u. a., S. 272 ff.) In bezug auf die strukturellen Ursachen ist festzuhalten, daß die NPD in jeder Hinsicht eine faschistische Partei, eine Nachfolgeorganisation der NSDAP war (und ist). Diese Kontinuität läßt sich sowohl auf der Ebene des Programms − die NPD-Ideologie vereinigt alle traditionellen Elemente des deutschen Faschismus wie Antiliberalismus, Antiintellektualismus, Antimarxismus, Antiparlamentarismus, Verehrung vorindustriell patriarchalischer Werte und hierarchischer Gesellschaftsformen, Rassismus und Fremdenhaß etc., selbst Antisemitismus tritt auf (*Kühnl*, 75 ff.) − nachweisen wie auf der Ebene der politischen Vergangenheit ihrer Führer. Sie orientiert sich in Ideologie und Mitgliederstruktur auch an der gleichen sozialen Basis, die einst Grundlage der NS-Bewegung war: dem „alten Mittelstand" der sich von Großunternehmen und Arbeiterklasse gleichermaßen bedroht fühlenden kleinen Selbständigen in Handwerk, Handel und Landwirtschaft, z. T. auch in akademischen freien Berufen (*Kühnl*, 217 ff.).

Bereits diese Merkmale zeigen, daß es angesichts der Entwicklung in der BRD seit 1949 eher der Erklärung bedarf, warum eine faschistische Partei *erst so spät* Erfolg hatte, als warum sie *überhaupt* reüssierte. Denn insgesamt hatte sich die ökonomische Position des „alten Mittelstandes" und der Kleinunternehmer gegenüber dem Großkapital weiterhin verschlechtert; auf der Ebene der bürokrati-

schen, manageriellen, später auch militärischen Elite hatte 1945 kein
nennenswerter Austausch stattgefunden und auf der Ebene der gesellschaftlichen Normen und politischen Einstellungen waren mindestens
im Bürgertum erste Ansätze einer emanzipativen, demokratischen
Umorientierung rasch durch die Fixierung auf den Antikommunismus
und Autoritarismus des CDU-Staats verdrängt worden.

Die Aktualisierung dieses latent faschistischen Potentials im Wahlverhalten der Jahre 66 bis 68 hängt direkt mit den ökonomischen
Krisentendenzen zusammen. Alle Untersuchungen ergaben, daß die
Neigung zur Wahl der NPD mit dem Gefühl wirtschaftlicher Unsicherheit einherging. (*Kühnl*, 256 ff.) Von diesem ökonomischen Pessimis-
mus waren zu Beginn des NPD-Anstiegs am stärksten die Selbständigen befallen, in und nach der Rezession aber auch in zunehmendem
Maße Arbeiter, insbesondere Arbeiter in Kleinbetrieben ohne gewerkschaftliche Bindung. 1968 kamen immerhin 37,1 % der NPD-Anhän-
ger aus Arbeiterhaushalten; dies entspricht fast genau dem Durch-
schnittsanteil der Arbeiterhaushalte an der Gesamtzahl der Wähler
(*Kühnl*, 237). *Kühnl* u. a. konstatierten für die Arbeiter – und für die
Katholiken – daß „deren Immunität (gegenüber faschistischen Parteien, B.Z.) im Vergleich zur Weimarer Zeit beträchtlich schwächer
geworden ist." (270). Sie führen dies bei den Arbeitern vor allem auf
den Schwund an Klassenbewußtsein, an Vertrauen auf die Kraft
kollektiver und organisierter Vertretung ihrer Klasseninteressen, zurück (270, 361).

In den NPD-Stimmen drückte sich allerdings auch ein Protest gegen den
Immobilismus der GK aus. Das gilt insbesondere für die Landtagswahl
in Baden-Württemberg, in der CDU und SPD, die auch in diesem
Bundesland eine GK bildeten, zusammen 10,1 % verloren, die NPD
mit 9,8 % ihren höchsten Stand erreichte und auch die FDP Stimmen
gewann.

Die Bundestagswahl vom September 1969 setzte die Tendenzen der
Landtagswahlen nicht nur nicht fort, sondern verkehrte sie ins genaue
Gegenteil: die NPD blieb mit 4,3 % unter der 5 %-Grenze, die FDP
verlor 3,7 % und blieb mit 5,8 % nur knapp darüber, auch die
CDU/CSU verlor 1,5% Stimmenanteile, und die SPD war mit +3,4%
der große Gewinner. Das Ergebnis reichte aus, um SPD und FDP eine
regierungsfähige Mehrheit von 12 Mandaten im Bundestag zu sichern.
Diese Umkehrung der Landtagstrends wird in der Literatur auf
folgende Gründe zurückgeführt:

1. Auf die konjunkturelle Krise war eine besonders starke und
scheinbar stabile Hochkonjunktur gefolgt (Wachstumsrate 1969:
8,2 %), die einerseits als Verdienst der Regierung, insbesondere des
Wirtschaftsministers *Schiller,* erschien und vor allem für die SPD zu

Buche schlug, andererseits die ökonomische Unsicherheit, soweit sie nur konjunkturell bedingt war, als Nährboden der NPD abbaute.

2. In der Schlußphase der GK hatten sich die Differenzen zwischen den beiden Regierungsparteien verschärft. Äußerlich manifestierte sich dies vor allem im Aufwertungsstreit zwischen *Kiesinger* und *Schiller;* insgesamt gelang es der SPD, die CDU/CSU als Partei hinzustellen, die notwendige innenpolitische Reformen und notwendige Neuorientierungen in der Ostpolitik blockiere. Diese Polarisierung zwischen den beiden großen Parteien, die eine deutliche Alternative konservativ/reformerisch erkennen ließ, minderte die Chancen der kleinen Parteien und neutralisierte auch die Neigung zur Protestwahl gegen die GK.

3. Die Chance zu einer reformbereiten SPD-Koalition war durch einen Umorientierungsprozeß der FDP zu einer sozialliberalen Position noch stärker ins Bewußtsein der Wähler gedrungen. Die FDP bezahlte ihre Umorientierung mit einem partiellen Austausch ihrer Wählerbasis: An Stelle der Mittelständler, die weitgehend zur CDU/CSU oder zur NPD abwanderten, wurde sie nunmehr verstärkt von Angestellten und Beamten gewählt, von denen allerdings die meisten 1969 direkt zur SPD übergingen. Zusammengefaßt brachte die Wahl 69 folgende Veränderungen in der Wählerbasis der Parteien:

- Die SPD erweiterte ihre Basis vor allem auf Kosten der CDU/CSU bei den Angestellten und Beamten, bei den katholischen Arbeitnehmern in Großstädten und bei den Frauen; sie wurde noch stärker zu einer Partei der Großstädte.
- Die CDU/CSU hielt ihre Position in ländlich-katholischen Gebieten; sie wurde immer noch am stärksten von Angestellten und Beamten gewählt und konnte die Verluste an die SPD zum Teil durch Zugewinn von Selbständigen, die vorher FDP gewählt hatten, kompensieren.
- Die FDP entwickelte sich zu einer bei den mittleren und oberen Schichten der Lohnabhängigen mit der SPD konkurrierenden Partei: Erstmals gab die Mehrheit der FDP-Wähler, die Erst- und Zweitstimmen splitteten, die Erststimme der SPD (vgl. *Kaack*, S. 361).

Zu 2: Im September 1969 streikten 140 000 Arbeiter vor allem in der Stahlindustrie und im Bergbau ohne Unterstützung und gegen den Willen der Gewerkschaften für die Forderung nach Lohnerhöhungen noch vor Ablauf der von den Gewerkschaften im Frühjahr 1968 abgeschlossenen sehr langfristigen und niedrigen Tarifverträge; Hauptmotiv war die Schere zwischen den stagnierenden Löhnen und den explodierenden Gewinnen, die sich in der Hochkonjunktur immer weiter öffnete. Die Streiks waren rein ökonomische Kämpfe: Versuche zur Politisierung wurden von den Streikenden selbst abgewehrt, und Untersuchungen ergaben, daß im Bewußtsein der meisten Streikenden das kapitalistische System keineswegs insgesamt abgelehnt wurde, sondern daß es ihnen nur darum ging, unter den Bedingungen hohen Wirtschaftswachstums einen gerechten Lohnanteil zu erkämpfen (so *J. Bergmann:* „Neues Lohnbewußtsein und Septemberstreiks" in Gewerkschaften und Klassenkampf, Kritisches Jahrbuch 1972, hg. v. *O. Jacobi* u.a., S. 171 ff.). Die Streiks richteten sich auch nicht direkt gegen die Gewerkschaftsführungen oder gar gegen die gewerkschaftliche Organisation überhaupt; sie wurden vielmehr von aktiven Gewerkschaftern, Vertrauensleuten und Betriebsräten getragen und als Korrektur an einer falschen Tarifpolitik der Gewerkschaftsführungen verstanden. Es gelang daher der IG Metall und der IG Bergbau auch ziemlich rasch, die Streikbewegung durch vorgezogene Tarifverhandlungen mit Abschlüssen von 11 % (Stahl) und 10 % (Bergbau) unter Kontrolle zu bekommen.

Gleichwohl hatten die Septemberstreiks eine Reihe kaum zu überschätzender Auswirkungen auf das Verhältnis von sozialer Basis und politischem System:

– Die von den Arbeitern demonstrierte Kampfbereitschaft widerlegte in der bürgerlichen Sozialwissenschaft und auch im Bewußtsein der Parteiführungen weit verbreitete Annahmen über die endgültige Bändigung des Klassenkampfes, harmonistisch-wirtschaftsfriedliches Arbeiterbewußtsein und Unfähigkeit der Arbeiterklasse, eventuelle Unzufriedenheit anders als durch Apathie und Protestwahl-Verhalten zu artikulieren.

– Insbesondere die Kampfform der Betriebsbesetzung und die Forderung nach linearen Lohnerhöhungen durchbrachen wesentliche Prinzipien traditioneller Gewerkschaftspolitik in der BRD und ließen die Möglichkeit einer Annäherung der westdeutschen an die Schärfe der Klassenkämpfe im übrigen Westeuropa aufscheinen.

– Die Grenzen einer Einbindung der Gewerkschaftsführungen in die staatliche Lohnregulierung durch Konzertierte Aktion, Orientierungsdaten etc. war deutlich geworden: Gewerkschaftsführungen, die sich dabei allzusehr von den Interessen ihrer Basis entfernten, verloren die Autorität, ihre Mitglieder an die auf höchster Ebene ausgehandelten Ergebnisse zu binden und machten diese Ergebnisse damit wertlos.

– Innerhalb der DGB-Gewerkschaften wurde die Macht der Führungen und Apparate erschüttert, wenn auch nicht gefährdet. Seit den Septemberstreiks wurde in den Gewerkschaften eine intensive Diskussion über die Organisationsstruktur und die Prinzipien der Tarifpolitik geführt, die allerdings bis heute kaum Strukturveränderungen hervorgebracht hat.

Zu 3: Auf der Ebene der politischen Artikulation gesellschaftlicher Interessen entfaltete in der Phase 1966–69 die Studentenbewegung möglicherweise die nachhaltigsten Wirkungen. Diese Bewegung ist von allen bisher beschriebenen Entwicklungen am wenigsten direkt auf ökonomische Tendenzen zurückzuführen. Zwar spielte auch die Unfähigkeit des Staates, im Infrastrukturbereich Bildung genügend Mittel bereitzustellen – Diskussion über die sogenannte „Bil-

dungskatastrophe" seit Beginn der 60er Jahre –, eine Rolle, insofern
als sie sich in der Überfüllung der Hochschulen niederschlug und
studentische Unzufriedenheit beförderte. Wichtiger war, daß die
Hochschulen noch nach vorindustriellen, feudalen und patriarchali-
schen Prinzipien organisiert waren (Ordinarienherrschaft und Fakultä-
tenzünftlerei), die mit Mitbestimmungsansprüchen von Studenten und
Assistenten konfligierten.

Hinzu kamen allgemeinpolitische Momente der Bewußtseinsbildung,
insbesondere der Krieg der Amerikaner in Vietnam, der bei vielen
Studenten die vorher kaum hinterfragte Gleichsetzung von amerikani-
schem Kapitalismus, westlicher Demokratie, Freiheit und Humanität
zerstörte und über eine zunehmende Identifizierung mit den Kämpfen
und Zielen der Befreiungsbewegungen in der dritten Welt zu einer
kompromißlosen Kritik an Imperialismus und Kapitalismus führte.
Ähnliche Entwicklungen vollzogen sich zur gleichen Zeit auch in den
Studentenbewegungen der USA, Frankreichs und Italiens.
In der BRD trat als weiteres Moment die in der GK gipfelnde
Rechtsentwicklung der SPD hinzu, die auf der Linken mindestens
ideologisch-programmatisch ein Vakuum hinterließ, das der ehemalige
SPD-Studentenverband SDS und marxistische Intellektuelle in seinem
Fördererkreis schon seit Beginn der 60er Jahre auszufüllen versucht
hatten. Die GK trieb auch linksliberal eingestellte Studenten und
Intellektuelle aus Protest gegen das Bonner Herrschaftskartell in das
oppositionelle Lager.
Alle diese Tendenzen hätten freilich nicht ausgereicht, der linken
Opposition der Studenten an den Hochschulen zu einem Massenan-
hang und in der Gesellschaft zu einer Massenwirkung zu verhelfen.
Dies geschah vielmehr durch eine vor allem mit dem Schahbesuch und
der Erschießung des Studenten *Benno Ohnesorg* im Juni 1967 in
Westberlin einsetzende rapide Eskalation von anfänglich durchaus
liberalem und friedlichem Protest, gewaltsamer repressiver Gegenreak-
tion der Autoritäten in Staatsapparat und an den Hochschulen,
schärferem Gegenprotest der Betroffenen, noch schärferer Gegenreak-
tion etc.
Die autoritär-administrative Reaktion dessen, was die Studentenbewegung in ihren Anfängen das „Establishment" nannte, war freilich nur
die eine Seite der fundamentalen Verunsicherung bürgerlicher Normen
durch die „Außerparlamentarische Opposition". Die andere Seite
schlug sich in der antiautoritären Unterminierung dieser Normen
selbst nieder, im Abbau eines autoritären Erziehungsstils in – meist
bürgerlichen – Familien und Schulen, in der Ridikülisierung angemaß-
ter Autorität von Professoren, Richtern, Polizeipräsidenten und Politikern, in der Entwicklung neuer solidarischer und kollektiver Aktions-

und Lebensformen, der Entwicklung von Gegenöffentlichkeit gegen die manipulierte Öffentlichkeit der Medien usw. Höhepunkte der Studentenbewegung waren die massiven Demonstrationen gegen Springer-Zeitungen nach dem Attentat auf *Rudi Dutschke* Ostern 1968 und die Kampagne gegen die Verabschiedung der Notstandsgesetze im Mai 1968, die zugleich zum Wendepunkt der Studentenbewegung wurde.

Der Mißerfolg der Notstandskampagne und die halbherzige Haltung der Gewerkschaften in ihr brachten der sich als revolutionär verstehenden Intellektuellenbewegung ihre eigene Isolierung vom revolutionären Subjekt Arbeiterklasse voll zum Bewußtsein. Diese Selbsterkenntnis führte bei Teilen der Studenten zum Rückgriff auf historische Organisationskonzepte der Arbeiterbewegung, schließlich zur Fraktionierung und zur Aufsplitterung der Studentenbewegung, ohne daß eine der aus ihr hervorgegangenen Gruppen wirklich eine massenhafte Verankerung in der Arbeiterklasse erreicht hätte.

Im Sektor der Bildungspolitik wurden allerdings die Forderungen der Apo reformerisch aufgenommen. Fast alle Bundesländer verabschiedeten neue Hochschulgesetze, mit denen Ordinarienmacht ab- und Mitbestimmungsrechte von Studenten und Mittelbau ausgebaut wurden. Zugleich wurde das Hochschulwesen ausgeweitet, wobei Tendenzen der Einebnung von schichtspezifischen Bildungsbarrieren (Chancengleichheit) mit Tendenzen zu einer Effektivierung des Ausstoßes an qualifizierter Arbeitskraft häufig miteinander in Widerstreit gerieten.

Auf das Parteiensystem wirkte die Studentenbewegung vor allem über die Arbeitsgemeinschaft der Jungsozialisten (Juso) ein. Zwar war nur ein geringer Teil der Aktiven der Studentenbewegung Mitglied der SPD, aber die Thesen und Theorien der Studentenbewegung fielen bei den Jusos, deren aktive Mitglieder selber größtenteils aus Studenten und Hochschulabsolventen bestehen, auf günstigen Boden. Dies wurde auch von der SPD-Führung in Grenzen toleriert, in der Hoffnung, auf diese Weise einen Teil der rebellischen Jugend „weg von der Straße" bringen und integrieren zu können. Schließlich kann auch die Neukonstitution einer kommunistischen Partei, der DKP, 1968 partiell auf die Studentenbewegung zurückgeführt werden: Die traditionell orientierten Kommunisten konnten einerseits von der durch die Studentenbewegung erzeugten Verunsicherung der Bundesregierung in ihrer Repressions- und Verbotspolitik gegen die Linke profitieren; sie glaubten sich andererseits gezwungen, durch Schaffung eines eigenen Organisationsangebots als Partei anarchistischen und sektiererischen Tendenzen innerhalb der von der Studentenbewegung politisierten Intelligenz entgegenzusteuern.

4. Veränderungen im Parteiensystem

Wir haben bisher zunächst die Tendenzen der ökonomischen Entwicklung, dann die daraus auf der Ebene des Staatsapparats ableitbaren Konsequenzen und Problemlösungsversuche und schließlich die Veränderungen der gesellschaftlichen Interessenartikulation beschrieben. Dabei tauchten vielfältige Bezüge zum Parteiensystem auf, die jetzt zusammenhängend dargestellt und um die Elemente der im Parteiensystem entwickelten Eigendynamik erweitert werden sollen.

1. Das Verhältnis zwischen den Parteien.

Am Ende der hier beschriebenen Periode, mit der Bundestagswahl 69 und der Regierung *Brandt/Scheel*, ist eine gleichgewichtige Bipolarität zwischen einem konservativen und einem maßvoll reformerischen Lager erreicht. Auch das maßvoll-reformerische Lager der SPD/FDP ist entschlossen, ökonomische Krisentendenzen und gesellschaftliche Mißstände keinesfalls durch Einschränkungen der „freien Unternehmer-Initiative" zu lösen. Erst recht ist es nicht bereit, eventuellem Widerstand der Unternehmer offensiv, durch Mobilisierung ihrer Anhänger zu begegnen. Vielmehr geht dieses Lager von der Annahme aus, daß sich Reformen im Einklang mit den Unternehmern oder mindestens ohne deren zielbewußten Widerstand durchsetzen lassen, daß es einen gesamtgesellschaftlichen Konsens über „Modernisierung" (SPD) und das Abschneiden alter Zöpfe (FDP) gebe. Auf dieser Modernisierungslinie treffen sich etwa die 1968 vom SPD-Parteitag als Diskussionsgrundlage beschlossenen „Perspektiven" für die 70er Jahre mit der Wahlplattform der FDP von 1969.
Die Ungesichertheit dieser optimistischen Modernisierungs-Ideologie bedeutete zugleich, daß das bei den Wählern erreichte Gleichgewicht des reformerischen und des konservativen Lagers durchaus labil war: Für den Fall des Scheiterns von Reformen oder der Notwendigkeit, Reformen durch Konfliktpolitik durchzusetzen, war nicht abzusehen, ob diejenigen Wähler vor allem aus dem „neuen Mittelstand" der Angestellten, Beamten, Freiberuflichen etc., die der SPD/FDP-Koalition zu ihrer knappen Mehrheit verholfen hatten, bei der Stange bleiben oder zur „bewährten" CDU/CSU zurückkehren würden.
Die von linksliberaler Seite geäußerte Befürchtung, die GK werde ein Dauerherrschaftskartell bilden, trat nicht ein. Vielmehr zeigte sich seit Mitte 1968, daß die Gemeinsamkeit der beiden Partner bei der Lösung wichtiger Probleme erschöpft war: In der Außenpolitik scheiterte die vom SPD-Vorsitzenden und Außenminister *Brandt* angestrebte ostpolitische Umorientierung am Widerstand der CDU/CSU; in der Finanzplanung war eine Einigung über gesellschaftspolitische Prioritä-

ten kaum möglich, und selbst bei Problemen aktueller Krisenregulierung versagte, wie der Aufwertungsstreit von 1969 zeigte, die Handlungsfähigkeit der Regierung. In dieser Situation bot sich 1969 die *FDP* als künftiger Koalitionspartner an. Diese Partei hatte als alleinige Opposition im Bundestag ihre bisherige Funktion als bürgerliche Bereichs-Korrektur-Partei verloren. Als mittelständische Protestpartei gegen die GK erwies sich bei ihrem bisherigen Wählerstamm, den Selbständigen, die NPD als erfolgreicher. Die taktische Umorientierung auf das linksliberale Protestpotential gegen die GK bot sich daher für sie als einziger Ausweg an und wurde von der Parteiführung, in der *Scheel* 1968 den konservativen *Mende* ablöste, bewußt vollzogen. Das Progressivitäts-Image, das sich die FDP z. B. durch Präsentation von Linksliberalen wie *Dahrendorf* und *Maihofer* zu geben suchte, brachte die Partei programmatisch zwangsläufig in die Nähe der SPD. Vom Frühjahr 1969 an legte die Parteiführung sich zunehmend auf die Koalition mit der SPD, die in Nordrhein-Westfalen schon seit 1966 praktiziert wurde, fest. Ihre Zuverlässigkeit als künftiger Koalitionspartner stellte die FDP den Sozialdemokraten durch die fast geschlossene Stimmabgabe für den SPD-Kandidaten *Heinemann* bei der Wahl des Bundespräsidenten im März 1969 unter Beweis. Diese Wahl war auch insofern Demonstration neuer Frontstellungen im Parteiensystem, als der unterlegene Gegenkandidat *Schröder* auch die Stimmen der NPD in der Bundesversammlung erhielt und die CDU/CSU deutlich gemacht hatte, daß die Schützenhilfe der Rechtsradikalen ihren Kandidaten keinesfalls hindern würde, eine eventuelle Wahl anzunehmen.

2. Die innere Entwicklung der Parteien

a) CDU und CSU
Beide Parteien gaben sich in der Phase der GK neue Programme. Die CDU verabschiedete auf dem Berliner Parteitag im November 1968 ein Programm, das vorher ausführlich in den unteren Parteigliederungen diskutiert worden war. Dieser Diskussionsprozeß brachte zwar Tausende einzelner, bei der Endredaktion z. T. verarbeiteter Änderungsanträge, aber – mit Ausnahme der Mitbestimmungsfrage, in der dann die Entscheidung auf Drängen der Sozialausschüsse vertagt wurde – keine grundsätzlichen Differenzen. Insgesamt war das Programm eine Sammlung von Bekenntnissen zu Bewährtem, angereichert mit einigen Konzessionen an „Modernisierungs"-Trends, die aber keine grundlegende Neuorientierung bedeuteten. So heißt es z. B.: „Der Staat muß vorausschauend planen und die soziale Gerechtigkeit verwirklichen. Wir verstehen diese Aufgabe subsidiär." (*Kaack*, 414).

Anders als die CDU bekannte sich die CSU in ihrem einen Monat
später beschlossenen Grundsatzprogramm auch verbal zum Konservatismus: „Die CSU ist auch eine konservative Kraft und gerade
deshalb entschlossen, die Lebendigkeit europäischer Tradition voll zu
entfalten und die großen Reserven europäischen Geistes für die
Zukunft zu erschließen." Dementsprechend ist die Wendung gegen
links — oder gegen das, was die CSU für links hält — im CSU-Programm deutlicher: „Sie stellt sich ... gegen jeden politischen Utopis-
mus und gegen eine totale Technisierung des Lebens, die auf Person
und Freiheit keine Rücksicht nimmt." (*Kaack*, 408).
Während bei den Unionsparteien in der Phase der GK weder programmatische, noch strukturelle oder personelle Wandlungsprozesse größeren Ausmaßes — sieht man von der Wahl *Kiesingers* zum Parteivorsitzenden 1967 ab — festzustellen sind, bewirkte die GK bei der SPD
einen innerparteilichen Politisierungs- und Mobilisierungsprozeß, in
dessen Gefolge sich erstmals seit den 50er Jahren wieder ein linker
Flügel bundesweit herausbildete.
Brennpunkt der innerparteilichen Bewegung war der Nürnberger
Parteitag vom März 1968. Auf ihm stimmten immerhin 129 von 302
Delegierten gegen einen Antrag des Parteivorstandes zur nachträgli-
chen Billigung der GK; in der Frage der Wahlrechtsänderung wurde
der Regierungsflügel überstimmt. Die modernistisch-technokratischen
„Perspektiven", ein Programmentwurf unter der Federführung von
Horst Ehmke, wurden nicht beschlossen, sondern zur weiteren Diskus-
sion an die Parteibasis verwiesen, womit sie gestorben waren.
Die linke Opposition gegen die GK wurde in starkem Maße von
Gewerkschaftern, vor allem aus der IG Metall, so *Erwin Essl* und *Olaf
Radke*, getragen. Dies markiert eine Wendung in der Argumentations-
weise der Gegner der GK: Hatten zu Beginn parteitaktische und
demokratie-theoretische Argumente im Vordergrund gestanden, so wurden jetzt von den GK-Gegnern deutlicher die Nachteile der GK für die
Arbeiterschaft herausgestellt. „Metall"-Chefredakteur *Jakob Moneta*
schrieb am 2.3.1968 in „express international": „Ohne die Große
Koalition, d. h. ohne die SPD als Gefangene der Mitverantwortung in
der Regierung, hätte die CDU/CSU nicht wagen können, der Arbeitnehmerschaft die Opfer aufzubürden, die man ihr tatsächlich aufge-
bürdet hat. Eine starke Belastung der Arbeitnehmer wäre der SPD als
aktive Opposition zugute gekommen ... Die IGM rief ‚Fort mit den
Bankrotteuren' als die Krise ausbrach. Die SPD trat in die Regierung
ein und wurde zum Konkursverwalter des Bankrotts."
Wie stark die Entfremdung zwischen SPD und ihrer Klassenbasis
während der GK geworden war, zeigt sich auch in dem Versuch des
rheinland-pfälzischen DGB-Vorsitzenden *Julius Lehlbach*, eine von
der Parteiführung nicht kontrollierte „Arbeitsgemeinschaft sozial-

demokratischer Gewerkschafter" zu gründen. Zwar scheiterte dieser Versuch am Widerstand des Parteivorstands, er signalisierte jedoch, daß die Funktion der SPD, die Arbeiterklasse in die kapitalistische Gesellschaftsordnung zu integrieren, durch das allzu offene Bündnis mit der politischen Interessenvertretung der Unternehmer in der GK problematisch geworden war.

Die Auflösung der Großen Koalition zugunsten einer sozial-liberalen nach der Wahl von 1968 wurde für die SPD notwendig, um das schwindende Vertrauen der Stammwählerbasis zurückzugewinnen, um die Arbeiterklasse also weiterhin effektiv integrieren zu können. Programmatisches und propagandistisches Mittel dieses Versuchs, die Integrationskraft zurückzugewinnen, war eine Politik des Versprechens all der Reformen, die sich so darstellen ließen, als seien sie bis dahin nur durch die Uneinsichtigkeit der CDU/CSU verhindert worden.

Daß wesentliche Hemmnisse solcher Reformen — unabhängig von Konjunkturlagen und Ressourcen und unabhängig auch von den politischen Intentionen der Parteien — letztlich aus der Struktur der kapitalistischen Gesellschaft resultieren, war die Erfahrung und das Hauptproblem der SPD in der sozialliberalen Koalition.

Literatur

Hartwich, Hans-Hermann: „Konturen einer neuen ökonomischen Politik" in: Zeitschrift für Politik, Jg. 14 (N. F.), 1967, 428—458
Huffschmid, Jörg: Die Politik des Kapitals. Konzentration und Wirtschaftspolitik in der Bundesrepublik, Frankfurt/M. 1969
Kaack, Heino: Geschichte und Struktur des deutschen Parteiensystems, Opladen 1971 (insbesondere S. 305 ff., mit vielen Literatur- und Quellenhinweisen)
Kühnl, Reinhard, Rainer Rilling und *Christine Sager:* Die NPD. Struktur, Ideologie und Funktion einer neofaschistischen Partei, Frankfurt/M. 1969
Lücke, Paul: Ist Bonn doch Weimar? Der Kampf um das Mehrheitswahlrecht, Frankfurt/M.-Berlin 1968
Mandel, Ernest: Die deutsche Wirtschaftskrise. Lehren der Rezession 1966/67, Frankfurt/M. 1969
Schmidt, Eberhard: Ordnungsfaktor oder Gegenmacht. Die politische Rolle der Gewerkschaften, Frankfurt/M. 1971
Seeliger, Rolf (Hg.): SPD — Großer Kompromiß ohne Ende? Zur innerparteilichen Debatte in der SPD um den Koalitionsentscheid 1969. Argumente und Stellungnahmen, München 1969
Sozialdemokratie und Sozialismus heute. Beiträge zur Analyse und Veränderung sozialdemokratischer Politik, Köln 1968

4. Christian Fenner

Das Parteiensystem seit 1969 –
Normalisierung und Polarisierung

1. Eine neue historische Situation

Das Jahr 1969 brachte eine Zäsur in der Entwicklung des (bundes)
deutschen Parteiensystems, und das in zweifacher Hinsicht: Es gelang
der SPD zum erstenmal nach 39 Jahren wieder, die Regierungsführung
zu übernehmen (im März 1930 war der zwei Jahre lang einer großen
Koalition vorstehende Reichskanzler *Müller* zurückgetreten); außerdem hatte es noch nie in der deutschen Geschichte eine Regierungskoalition gegeben, die sich allein aus Sozialdemokraten und Liberalen
zusammensetzte – eine Koalitionskombination, die nur durch eine
fast selbstmörderische Politik der damaligen FDP-Führung unter
Walter Scheel zustande gekommen war. Beide Ereignisse sollten sich
als durchaus problematisch für das parlamentarische Regierungssystem
erweisen, dessen Kennzeichnung doch gerade darin besteht, den
Wechsel der Parteien in der Ausübung der staatlich-politischen Herrschaft durch (Wahl-)Legitimation zu ermöglichen. Aber das, was für
etliche westliche Staaten normal ist, ist in der deutschen Geschichte
mit besonderen Hypotheken belastet.
Dabei meine ich nicht einmal die äußerst knappe Mehrheit von
6 Sitzen, die die SPD (42,7 %/224 Sitze)/FDP (5,8 %/30 Sitze)-Koali-
tion gegenüber der weiterhin als Fraktionsgemeinschaft auftretenden
CDU/CSU erhalten hatte, noch daß die CDU/CSU (46,1 %/242 Sitze)
stärkste Partei geblieben war, was 1969 einige Spekulationen über die
angebliche Verfälschung des „Wählerwillens" ausgelöst hatte. (Nichts-
destoweniger spielten die knappen Mehrheitsverhältnisse eine bedeutende Rolle in der Strategie der CDU/CSU.)
Dieser Beitrag wird sich zu Beginn etwas grundsätzlicher mit der Frage
befassen, warum der Wechsel parlamentarisch-politischer Herrschaft in
der Bundesrepublik eine Polarisierung zweier politischer (Wähler-)
Blöcke hervorrief, die nicht nur der Politik der neuen Koalition
geschuldet war, sondern auch dem Umstand einer „Normalisierung":
1. der Bereitschaft der FDP, mit der SPD zu koalieren,
2. dem Anstieg der Wählerstimmen für die SPD auf einen den linken
Parteien bzw. Partei-Blöcken Westeuropas vergleichbaren Stand.
Die Brisanz der Dialektik von „Normalisierung" und „Polarisierung"
ergab sich daraus – so meine These –, daß ein politisch-legitimatori-
scher Programm-Ziel-Konflikt, der durch die Studentenrevolte zu
einem Problem für die Parteien wurde, die Stellung der Parteien
zueinander schärfer konturierte, als es der Trend der bisherigen

Nachkriegsentwicklung – von den „austauschbaren Volksparteien"
bis hin zur Großen Koalition – erwarten ließ.

1.1 Die FDP Bereitschaft zur Koalition mit der SPD

Noch auf dem Parteitag der FDP 1966 in Nürnberg, wenige Monate
vor Bildung der Großen Koalition, hatte der altliberale Bundestags-
vizepräsident *Thomas Dehler* das Bündnis mit der CDU/CSU beschworen und jeder Koalition mit der SPD eine Absage erteilt. „Die Union
ist nun einmal auf uns angewiesen und soll wissen, daß sie uns
braucht. Sie soll sich dieser Tatsache stets bewußt sein, so, wie wir uns
ihrer bewußt sind. " (*Dehler*). Die alte FDP – 1949 angetreten zur
„Verhinderung des Sozialismus" – erlebte so nochmal eine kurze
Scheinblüte. Die Partei, insbesondere aber ihre Bundestagsfraktion,
war nicht bereit, durch einen Koalitionswechsel die Große Koalition
zu verhindern.
Dafür half die Große Koalition, die politische Umorientierung und
strukturelle Umgestaltung der FDP vorzubereiten. Die (ungeliebte)
Oppositionsrolle, wie auch die Konkurrenz der NPD, zwangen die
Partei, die durch die Rezession 1966/67 und die Studentenunruhen
thematisierten Probleme aufzunehmen: die Bildungspolitik, das Wahlrecht, die Notstandsgesetzgebung, die Deutschlandpolitik, die Demokratisierung der Gesellschaft: „Neue Formen direkter Demokratie
müssen dem Bürger mehr Einfluß geben." (vgl. „Praktische Politik für
Deutschland – Das Konzept der FDP", die sog. Nürnberger Wahlplattform)
In diesem Klima gewannen Jungdemokraten und Linksliberale an
Boden. 1968 mußte *Mende* den Parteivorsitz an *Walter Scheel* abgeben, und 1968 deutete sich der „neue Kurs" (*Dahrendorf*) auch in der
Umschichtung der Berufsstruktur der Mitglieder und der Wählerschaft
an: der Mitgliederanteil der Selbständigen in der Partei ging zwischen
1965 und 1967 von 31 auf 22 %, der Anteil der (höheren) Beamten
von 15 auf 8 % zurück, die Zahl der Angestellten dagegen stieg von 25
auf 40 %. Wie zur Bestätigung stieg bei den Landtagswahlen 1968 in
Baden-Württemberg der Anteil der städtischen FDP-Wähler deutlich
an, während die Partei in ihren Traditionsgebieten auf dem Lande
Verluste einstecken mußte.
Wie schmal allerdings der Weg war, auf dem sich die Partei bewegte,
zeigten die nur nach heftigen Diskussionen in der Bundestagsfraktion
durchgesetzte Wahl von *Gustav Heinemann* (SPD) zum Bundespräsidenten und, 1969, das schlechteste Bundestagswahlergebnis, das die
Partei jemals erreichte (5,8 %). Insbesondere die Gruppe der Selbständigen (der „alte" Mittelstand) und Landwirte, die die FDP bis dahin
als antiklerikales Oppositionsfilter zur CDU/CSU betrachtet hatten,

kehrten der Partei den Rücken, ohne daß sie einen Ausgleich in
anderen Wählergruppen, bei Facharbeitern, im „neuen" Mittelstand,
bei Jugendlichen und Studenten finden konnte. Allerdings war am
Wahlverhalten deutlich abzulesen, daß die verbliebenen Wähler eine
Koalition mit der SPD bevorzugten: „Während 1961 und 1965 die
überwiegende Mehrheit der inkonsistenten FDP-Wähler (1961 = 2/3;
1965 = 3/4) ihre Erststimme der CDU/CSU gab, jedoch nur jeweils rd.
1/4 der SPD, wählten 1969 rd. 2/3 der inkonsistenten FDP-Wähler
mit ihrer Erststimme SPD, und nur noch etwas weniger als 1/3
CDU/CSU. 1972 unterstützten schließlich 9 von 10 inkonsistenten
FDP-Wählern einen SPD-Kandidaten." (Parteiinterne Studie des IPK,
S. 23)
Doch diese neue Koalitionspräferenz von SPD- und FDP-Wählern darf
nicht vergessen lassen, daß nicht nur ein Teil der Wähler und der
Mitglieder die neue Situation 1969 noch nicht „begriffen" hatte.
Auch für einige der FDP-Abgeordneten war das Bündnis mit der SPD
keineswegs eine selbstverständliche Sache. Es traten nicht nur mehrere
leitende Geschäftsführer und ganze Kommunalfraktionen, sondern
auch Bundestagsabgeordnete zur CDU/CSU über, um die Koalition
zum Platzen zu bringen. Hier hatte sich der organisationsstrukturelle
Konservatismus der Partei „gerächt". Die alten ‚verdienten' Abgeordneten waren auf die vorderen Listenplätze bei der Kandidatenaufstellung gelangt. Die neuen Progressiven dagegen blieben wegen des
schlechten Wahlergebnisses auf ihren hinteren Listenplätzen liegen.
Dabei hatten sich die von der Parteiführung gewählten Werbeparolen
der FDP eher an den Vorstellungen der letzteren orientiert. Die
Ambivalenz von konservativen Mandatsträgern und progressivem Programm bewegte offenbar auch die potentiellen FDP-Wähler. So
scheiterte die FDP bei den Landtagswahlen 1970 in Niedersachsen, im
Saarland und in Schleswig-Holstein an der 5 %-Hürde.
Außerdem darf man nicht vergessen, daß die soziale Grundstruktur
und die damit verbundene Interessenlage bei der FDP weiterhin (also
auch bei den Mitgliedern) von Selbständigen, Freiberuflichen und
(leitenden) Beamten und Angestellten geprägt waren und werden. Daß
diese sozialstrukturelle Komponente noch überproportional durch das
politische Gewicht der Minister und von Teilen der Fraktion verstärkt
wird, macht die FDP eher zu einer „Gelenkpartei" zwischen SPD und
CDU/CSU, als daß man sie eindeutig als sog. Blockpartei dem
SPD-Lager zuschlagen könnte, wie es das propagandistische Bild vom
„Steigbügelhalter des Sozialismus" im konservativen Lager glauben
machen möchte. „Gelenkpartei" soll heißen, daß der von der sozioökonomischen Struktur der Partei bestimmte Interessensektor sozialstrukturell eher „rechts" (s. der Dispositionsfaktor in Gestalt der leitenden Angestellten) angesiedelt ist, also näher bei der CDU/CSU liegt,

während der politische „Wertsektor" (Emanzipation, Strafrecht, Bildung etc.) eher ins Lager der Sozialdemokraten reicht. Insofern könnte man die FDP auch als „bürgerliche Linke" bezeichnen (vgl. Th. Schiller, S. 122-145, bes. S. 137 ff.).

Dennoch sollte man es nicht gering achten, daß der sich Ende der 60er Jahre ankündigende programmatische Richtungswechsel 1971 seinen Niederschlag in den „Freiburger Thesen", dem neuen Parteiprogramm nach dem „Berliner Programm" von 1957, fand. „Wir stehen heute am Anfang der zweiten Phase einer von der bürgerlichen Revolution ausgehenden Reformbewegung auch in der Gesellschaft, wie sie nicht zuletzt in den tiefgreifenden und nachhaltigen Bewußtseinsveränderungen der weltweiten Jugendrevolte sich ankündigt." (Freiburger Thesen, S. 58) *Werner Maihofer* verdeutlichte das − ebenso wie der zu früh verstorbene Generalsekretär *K.-H. Flach* − und stellte das Programm in eine historisch-politische und theoretische Verbindung zur uneingelösten Revolution von 1848 und zur Sozialdemokratie: „Aus der zweifachen geschichtlichen Erfahrung tritt der moderne demokratische und soziale Liberalismus ein für eine umfassende und entschlossene *Reform des Kapitalismus durch Demokratisierung und Liberalisierung der Gesellschaft* aus demselben liberalen Gedanken der Menschenwürde und Selbstbestimmung, aus dem auch die Liberalisierung und Demokratisierung des Staates hervorging."

Obwohl niemand heute in der FDP diese Aussagen ausdrücklich revidieren kann, zeigt die praktische Politik, daß in heiklen „System"-Fragen (Investitionslenkung, Eigentum, Steuerpolitik, Berufsbildung, aber auch Renten) die Partei gegenüber der SPD und den Gewerkschaften als wirksamer Filter auftritt. Am deutlichsten wurde das in der − 650 Groß-Unternehmen betreffenden − Mitbestimmungsfrage. Mitte Dezember 1975 einigte sich die Koalition auf einen Kompromiß, in dem sich die FDP „weitgehend durchgesetzt" hat (*Der Spiegel* 45/75) und in dem „das Kapital das letzte Wort" behalten hat (Schlagzeile der *Frankfurter Rundschau* v. 10. 12. 1975). Die „fast einstimmige" Zustimmung der Unionsfraktion zum Mitbestimmungsentwurf der Koalition (Schlagzeile der FAZ v. 13. 12. 75) macht denn auch die zur CDU/CSU reichende Gelenkfunktion der FDP deutlich. Daß die Partei in der SPD-Koalition inhaltlich-strukturell stärker ist als in einer Koalition mit den Unionsparteien, wird solange große Bedeutung haben, wie eine absolute Mehrheit der SPD nicht möglich ist. Die Klage der Arbeitgeber vor dem BVerfGericht wurde zwar im März 1979 zurückgewiesen, aber der Urteilsspruch bedeutet dennoch die verfassungsrechtliche Festschreibung der Letztentscheidung des Kapitals bzw. der Anteileignerseite, die auch „in letzter Verantwortung das Unternehmensinteresse formuliert" (FAZ, 23. 6. 79 „Die Wirkungen des Urteils der leisen Töne").

1.2 Die Normalisierung des sozialdemokratischen Wählerstimmenanteils

Der in der unerwartet raschen Umorientierung der FDP sichtbar werdende langfristige Sozialstrukturwandel (Zunahme der Beamten und Angestellten sowie der Dienstleistungsberufe seit 1950 von 20 % auf rd. 43 % der Erwerbstätigen 1978) hatte im Programmangebot der FDP einen neuen Kristallisationskern gefunden. Die darüber hinaus bedeutsame Information, daß die FDP-Wähler dieses sogenannten neuen Mittelstands einer Koalition mit der SPD 1972 den Vorzug gaben, ließ zum erstenmal in der deutschen Geschichte die Möglichkeit einer Alleinregierung der SPD in den Bereich des Denkbaren geraten, eine Situation, die sozialdemokratische Parteien anderer Länder schon 25, 30, ja 40 Jahre früher erlebt hatten. Die durch den Sozialstrukturwandel eigentlich „fällige" Veränderung des Wählerverhaltens hätte auch Deutschland die seit ca 50 Jahren in den westlichen Demokratien zu beobachtende Pattsituation zwischen „bürgerlichen" und „sozialistischen" Wählerblöcken (wieder) bescheren müssen. Gewiß, auch die anderen westeuropäischen Sozialdemokratischen Parteien haben bisher noch nie einen — wie die Engländer sagen — „fullhearted consent" für ihre Politik erringen können, wie ihn etwa die CSU in Bayern mit ca. 2/3 der Wähler erreichen konnte; und das, obwohl in fast allen westeuropäischen Ländern der Anteil der „objektiv" abhängig Beschäftigten die 2/3-Marke schon vor 50 Jahren überschritten hatte.

Aus einem historischen Rückblick und Vergleich geht hervor — darin sind sich etliche Sozialwissenschaftler einig —, daß sich die Grundstruktur des Parteiensystems vom Kaiserreich, in der Weimarer Republik, über den Nationalsozialismus bis heute grundsätzlich nicht verändert hat (auch wenn sich die Organisations- und Verhaltensformen der jeweils zuzuordnenden Parteien, insbesondere durch die Ausweitung des Wahlrechts, verschoben haben).

Zur Illustration dieser strukturellen Konstanz des Parteiensystems ist es besonders anschaulich, auf die 20jährige ungewöhnliche „Asymmetrie" — das starke Übergewicht der „bürgerlichen" Parteien — im westdeutschen Parteiensystem hinzuweisen. Wenn man nämlich den seit 1953 festzustellenden durchschnittlichen Zuwachs von 3,5 Punkten für die SPD vornehmlich auf „langfristig wirksame sozialstrukturelle Tendenzen" zurückführen will, wie das z. T. so unterschiedliche Politologen wie *Wolfgang Abendroth* und *Peter Haungs* tun, so „vergißt" man bei solcher Interpretation regelmäßig, daß SPD (und USPD) bei den Wahlen zur Nationalversammlung 1919 37,9 bzw. 7,6, zusammen also 45,5 % der Stimmen eines um 2 Mill. kleineren Elektorats erhalten haben (abgesehen von der Tatsache, daß damals nur ca 65—68 % der Erwerbstätigen „abhängig Beschäftigte" waren, heute dagegen 85 %). Selbst im Rechtsdruck bei den Wahlen zum 1. Reichstag 1920 konnte die politisch und sozialstrukturell „linke" Achse des Parteiensystems (SPD 21,7; USPD 17,9; KPD 2,0) noch 41,6 % der Stimmen erhalten, ein Ergebnis, das die SPD allein erst 1969 knapp wieder erreichte. Und 1972 errang die SPD mit 45,8 % einen „normalen", anderen westeuropäischen Parteien vergleichbaren Stimmenanteil — und doch kaum mehr als 1919. Daß, wie das Wahlergebnis von 1976 zeigt, die „Normalität" eher bei ca. 42 % liegt, verweist zum einen auf die größere „Rechtslastigkeit" des deutschen Parteiensystems, zum zweiten aber auch darauf, daß die SPD sich damit abfinden müssen wird, kaum jemals die absolute Mehrheit zu erreichen. Allerdings darf man die Normalisierung des SPD-Wahlergebnisses nicht allein quantitativ betrachten. Das verbietet schon die recht unterschiedliche Zusammensetzung selbst der SPD-Wähler von 1969 und 1972. Hatte das Gewicht der Angestellten und Beamten gegenüber der SPD-Kernwählerschaft, den Facharbeitern, 1969 erheblich zugenommen, so mußte die SPD 1972 gerade Wähler aus dem „neuen" Mittelstand an die FDP abgeben („Schillerwähler"). Doch sie konnte diesen Verlust durch die Zunahme von bisherigen (Arbeiter-) Nichtwählern, katholischen Arbeitern, Jugendlichen und Frauen erheblich kompensieren. Dabei ist sehr interessant, daß das 72er Wahlergebnis von einer Partei erreicht wurde, in der der Anteil der Arbeiter-Mitglieder schon in die Minderheit gegenüber Angestellten und Beamten geraten war. Hatte der Anteil an den jährlichen Neuaufnahmen 1967 bei den Arbeitern noch bei ca 45 % gelegen — was ihrem Anteil an der Erwerbsbevölkerung entsprach —, so ging er seither kontinuierlich zurück, während der Anteil der Beamten und Angestellten stieg. 1973 gliederten sich die rd. 955 000 Mitglieder wie folgt: ca 27 % waren Arbeiter, 31 % Beamte und Angestellte, 5 % Freie Berufe und Selbständige, 10 % Hausfrauen, 13 % Rentner, der Rest: Lehrlinge, Schüler, Studenten und „keine Angabe" (vgl. *Schmollinger*, S. 7). Die Diskrepanz zwischen der hohen Zustimmungsbereitschaft der Arbeiter bei den Wahlen 1972 und ihrer Repräsentanz in ‚ihrer' Partei wird noch deutlicher, wenn man in Erinnerung ruft, daß die Selektion von Arbeitern auf den einzelnen Delegationsstufen (Parteitage, Fraktionen, Regierungen) immer größer wird.

Offensichtlich ist es schwer, den Wahlerfolg der SPD 1972 eindeutig auf den sozialen Strukturwandel zurückzuführen, d. h. daß die These vom „Strukturwandel" (= hin zu einer „Gesellschaft der Lohnabhängigen") nicht mehr allein vom traditionellen Bild der SPD als Partei der manuellen Arbeiter ausgehen kann. Der Wandel der SPD zur „Partei der Arbeitnehmer" ist insofern nur konsequent. Er kennzeichnet den Übergang von der Defensivposition der strukturell unterdrückten Klasse zum Anspruch, – im zunehmenden Prozeß ökonomischer und politischer Vergesellschaftung – diesen selbst zu steuern und über entsprechend qualifiziertes „Steuerungspersonal" zu verfügen.

Es wäre also verfehlt, den hohen Wahlsieg der SPD deswegen zu bedauern, weil „falsche Repräsentanten" ihn herbeigeführt haben. In fast allen entwickelten Industriegesellschaften haben heute die Beamten und (öffentlichen) Angestellten den Anteil der Arbeiter an der Erwerbsbevölkerung erreicht oder gar übertroffen. Daß ihre Ausbildung und „Abkömmlichkeit" sowie ihre Aufgeschlossenheit für das „Öffentliche Interesse" sie zu neuen „Prototypen einer ‚politischen Klasse'" (*P. Haungs*, S. 21) prädestiniert, mag Gefahren in sich bergen. Ob aber daraus der Schluß gezogen werden darf, daß diese „politische Klasse" ein soziales Eigeninteresse notwendig entwickeln wird, ist deshalb zu bezweifeln, weil die unterschiedliche Parteizugehörigkeit sie zwingt, auf Programm und Struktur ihrer jeweiligen Parteien Rücksicht zu nehmen. Ebensowenig wie die 281 gewerkschaftlich organisierten Mitglieder des 7. Bundestages quer durch die Fraktionen die volle Mitbestimmung durchsetzen, ebensowenig können die 42 % Beamten im Bundestag (47 % bei der SPD; 39 % bei der CDU; 26 % bei der FDP) gemeinsam Widerstand gegen einen in der öffentlichen Meinung geforderten „Abbau ihrer Privilegien" entfalten. Und wie schon angedeutet: Der soziale Strukturwandel der SPD-Mitgliederschaft hat nicht verhindert, daß zum erstenmal seit 1961 der Anteil der Arbeiter am Wahlklientel der SPD wieder zugenommen hat. Wem und welchen Ereignissen verdankt also die SPD die „Normalisierung" ihres Stimmenanteils?

2. *Normalisierung und Polarisierung oder: Warum verlor die CDU/CSU die Bundestagswahl 1972?*

2.1 Eine neue gesamtgesellschaftliche Konstellation

Das Neue am Verhalten der FDP(-Führung) 1969, ihre Bereitschaft, mit der SPD eine Koalition gegen den numerischen Sieger CDU/CSU zu bilden, gab den Anstoß zur Polarisierung zweier *politischer* Blöcke, und deren politisierender Mobilisierungsimpuls (400 000 neue Mitglieder kamen von 1969 bis 1972 in die SPD!) führte zu einem Sieg der SPD/FDP-Koalition, den sie nach allen bisherigen Erfahrungen der empirischen Wahlforschung eigentlich nicht hätte erringen dürfen. (*D. Roth*, S. 260)

Die Frage lautet: Warum führte der im parlamentarischen System normale Wechsel politischer Herrschaft zur Polarisierung auch und gerade außerhalb des Parlaments? Die herrschende Theorie vom Vorhandensein zweier gleichwertiger und gleichgewichtiger „Volksparteien", die durch ihre jeweilige Ablösung (in diesem Fall mit Hilfe

der FDP) in der Regierungsmacht einen eingebauten „Innovations-
bonus" (Auffrischung des Führungspersonals; vgl. *W. Kaltefleiter,*
1975 S. 4) für den Fortschritt der gesamten Gesellschaft funktional
zum Tragen bringen, kann diese Frage nur schwer beantworten.
Trotz aller Integrationszwänge, denen die Parteien im ökonomischen
und politischen (Wert-)System unterliegen und denen sie in ihrer
propagandistischen Ausrichtung auf Erhaltung des Gesamtsystems
nachkommen müssen, gibt es unterschiedliche Interessen, Programme,
Mitglieder und Wähler; ein jeweils vom Kern her unterscheidbares
„soziales Hinterland", das nicht nur die Integrationsleistung, -richtung
und -qualität der jeweils herrschenden Parteien bestimmt. So kann ein
Regierungswechsel durchaus als kumuliertes „Ergebnis" von langfristig sozialstrukturellen Wandlungen, mittelfristig ökonomischen
Strömungen und eines kurzfristig politisch und sozialpsychologisch
bestimmten Klimas betrachtet werden. Die durch die Mehrheit der
Stimmen legitimierte politische Macht, mit dem Auftrag zu regieren,
braucht sich nicht nur darin zu erschöpfen, eine „Sache" gut oder
besser zu machen. Politisch legitimierte Macht kann auch zur Durchsetzung größer gewordener sozialer Macht − etwa der Gewerkschaften
− eingesetzt werden. Vice versa drohen dann den bisher übermächtigen Gruppen soziale Machteinbußen. (vgl. dazu *K. O. Hondrich*) Das
heißt, die mit den verschiedenen Parteien verknüpften sozialen Strukturen mit ihren unterschiedlichen sozialen und ökonomischen Mäch-
tigkeiten gewinnen dann eine andere Qualität, wenn ihre soziale
Macht bzw. ihre langfristigen Ansprüche durch die Erringung legiti-
mierter politischer Herrschaftspositionen im Staat verstärkt werden.
Vor diese Situation sah sich die CDU/CSU 1969 gestellt, als sie die
Regierungsmacht verlor.
Die veränderte politische und gesellschaftliche Gesamtkonstellation
war in den Jahren 1966−1969 vorbereitet worden. Man kann diese
Phase als Umbruchzeit und „Wendepunkt" charakterisieren, als Zeit
der „politisch-normativen" Legitimationskrise, die mit dem überraschenden Regierungswechsel 1969 und der Bestätigung der Koalition
1972 zunächst behoben schien. Der politische Herrschaftswechsel und
seine unerwartete Bestätigung läßt sich − so meine These − nur sehr
bedingt auf ökonomische Ursachen, die gewöhnlich zu recht als Haupt-
erklärungsmuster für den Wechsel von Parteipräferenzen herangezogen
werden und die auch *Bodo Zeuner* in diesem Band betont (S. 185),
zurückführen. Das wird deutlich, wenn man sich die Wählerreaktion
auf die ökominische Krise 1966/67 und 1974 ff. im Kontrast zum
Wahlverhalten 1969, 1972 und 1976 ansieht.
1965 hatten CDU/CSU und FDP mit 57,1 % der Stimmen einen
sicheren Wahlsieg errungen. Der konjunkturelle Höhepunkt hatte im
Jahresdurchschnitt einen realen Anstieg des Bruttosozialprodukts von

4,8 % erbracht. 127 000 Arbeitslosen standen 490 000 offene Stellen gegenüber. Neun Monate später hatte sich das Bild gewandelt. In der „Bundestagsnachwahl" hatte die SPD die Landtagswahlen in NRW mit 49,5 % der Stimmen gewonnen. Sie gewann gegenüber der Bundestagswahl 1965 6,9 % hinzu, nachdem sie da schon 5,3 % mehr gegenüber der Bundestagswahl 1961 erreicht hatte. Die CDU verlor 4,3 % gegenüber der Bundestagswahl 1965. Das „Krisenbarometer" Landtagswahl hatte die regionale Strukturkrise im Kohlebergbau „systemgerecht" in Oppositionsstimmen umgesetzt.

Aber das „systemgerechte" Verhalten blieb vorerst die Ausnahme. Denn die 1966 allgemein einsetzende Rezession kulminierte mit dem vorläufigen Höhepunkt einer Rechtsentwicklung in der Bundesrepublik (Formierte Gesellschaft, Notstandsgesetzgebung, Nationalismus, etc.) und begünstigte in den folgenden Landtagswahlen in Hessen und Bayern nicht mehr die SPD, sondern führte zu aufsehenerregenden Gewinnen der rechtsextremen NPD. Diese Entwicklung, unterstützt durch die Haltung der FDP, weder Steuererhöhungen für den Bundeshaushalt 1967 zuzustimmen, noch eine Koalition mit der SPD auf Bundesebene einzugehen, führte zur Großen Koalition von CDU/CSU und SPD. Und die Große Koalition, die auf der Seite der SPD-Linken, der liberalen Presse und der studentischen Linken als Höhepunkt der autoritären Entwicklung begriffen wurde, vergrößerte die schon latent vorhandene Unruhe. Sie trug nicht unerheblich dazu bei, daß zur ökonomischen Krise auch noch eine Krise der Legitimation politischer Herrschaft hinzukam. Die normativ-politische Krise, inkarniert in der Studentenrevolte, dauerte auch über den 1968/69 wieder erreichten ökonomischen Boom (Wachstumsraten 7,3 bzw. 8,2 %) an. Die SPD konnte − außer in Schleswig-Holstein − nirgendwo bis zur Bundestagswahl 1969 Stimmen gewinnen. Aber die NPD erreichte 1968 bei den Landtagswahlen in Baden-Württemberg mit fast 10 % der Stimmen ihren höchsten Wahlerfolg, der wohl primär eine politisch-psychologische Reaktion auf die „Osterunruhen" darstellte.

2.2 Polarisierung

Als wichtigstes Moment dieser linken Kritik der 60er Jahre erscheint mir ihr allmählicher Umsetzungsprozeß in die makropolitischen Strukturen: der „Protest der Intellektuellen" konkretisierte sich in den Aktionen radikaldemokratischer und sozialistischer Hochschulgruppen. Deren Wirksamkeit multiplizierte sich, weil ihre theoretischen Vorstellungen von der Notwendigkeit der Demokratisierung der Hochschulen in einen plausiblen Zusammenhang mit der Struktur- und

Selbstverständniskrise der deutschen Gesellschaft gebracht wurden (s. *Fenner* 1977). Die Forderung nach neuen Kooperationsformen, Demokratisierung des Entscheidungsprozesses in den Universitäten, stand denn auch am Anfang der immer mehr Bereiche erfassenden Demokratisierungsdebatte. Die gesellschaftliche Relevanz der Forderungen ergab sich dadurch, daß Demokratisierung als expansiver normativer Zielbegriff mit einer öffentlich festgestellten Knappheit (Bildungsnotstand) zusammentraf. Im kleinsten gemeinsamen Nenner trafen die Demokratisierungsforderungen in der Studentenschaft auf traditionelle Emanzipationsforderungen der liberalen und sozialdemokratischen Parteien. Der nach den Osterunruhen 1968 (Dutschke-Attentat, Anti-Springer-Demonstrationen, Antinotstands-Kampagne) sich verstärkende publizistische Klimawechsel (*Kaltefleiter* 1970, S. 61/62) trug dazu bei, die Bilder der beiden Parteien der Großen Koalition in der Öffentlichkeit eindeutig zu polarisieren. Rechnete man Eigenschaften wie „große Erfahrung", „Sicherung des Vorhandenen", der CDU/CSU zu, so „Fortschritt" und „neue Ideen" der SPD. Die SPD-Führung hatte teilweise innerparteiliche und außerparlamentarische Kritik aufgenommen (Nürnberger Parteitag 1968; auch die sog. „Perspektiven für die 70er Jahre" als erster grober Vorläufer des Langzeitprogramms bzw. Orientierungsrahmens '85). Zum erstenmal seit Eintritt in die Große Koalition ging die Mitgliederbewegung wieder steil nach oben. All das, sowie die Popularität des „Vaters" des wirtschaftlichen Booms *Karl Schiller*, erbrachte denn auch einen 3,5-Punkte-Gewinn für die SPD, trotz der spontanen Streiks kurz vor der Wahl. Die allgemeine Aufbruchsstimmung war es denn wohl auch, die trotz der von vielen SPD-Politikern gewünschten Fortführung der Großen Koalition *Willy Brandt* veranlaßte, eine Koalition mit dem großen Verlierer, der FDP, zu wagen.

Schon die Regierungserklärung *Brandts* mußte auf die CDU/CSU provozierend wirken. „Mehr Demokratie wagen" brachte auf einen Nenner, was sich an Unbehagen und Wünschen in den drei Jahren Großer Koalition angesammelt hatte: die Themen der Studentenrevolte waren perzipiert worden. Bereits Mitte 1968 waren in entscheidenden Bereichen der Publizistik und bei anderen „Meinungsführern" (vgl. dazu die Allensbacher IfD Umfrage 1235) als Hauptproblemfelder der Innen- und Außenpolitik vordringlich die Themen genannt worden, die sich auch in der Regierungserklärung fanden. In einer Mannheimer „Eliten"-Studie von 1968, einer Befragung „führender Positionsträger", favorisierten 51 % die SPD/FDP-Koalition und stellten „Bildungsreform" und „Demokratisierung" sowie die „Ostpolitik" an die Spitze der zu bewältigenden Probleme (*R. Wildenmann*, 1971 S. 57/8). Das war um so erstaunlicher (und für die CDU/CSU um so ärgerlicher), als der Eliten-Sample doch eher konservative

Meinungen vermuten ließ. Vor diesem Hintergrund wird verständlich, warum das Selbstbewußtsein der Regierung – trotz ihrer knappen Mehrheit – so groß war. Das warme Reformklima, das diese Regierung begünstigt hatte, schien einen großen Handlungsspielraum zu gewähren, da auch der Widerstand der „Meinungsführer" relativ niedrig angesetzt werden konnte.

2.3 Der neue Trend und die CDU/CSU

Zwar hatte auch die CDU Ansätze gemacht, programmatische Antworten auf die neu gestellten Fragen zu geben, so 1967 die an das Ahlener Programm der CDU erinnernde „Offenburger Erklärung" der Sozialausschüsse und der Ende 1967 vorgelegte *Entwurf* des „Berliner Programms". Doch insgesamt standen die CDU und – noch mehr – die CSU der durch die Studentenrevolte versinnbildlichten Kritik verständnislos gegenüber. Schon die ablehnende Haltung der CDU/ CSU gegenüber der APO und ihre Ambivalenz gegenüber der NPD, mit deren Stimmen sie beinahe ihren Bundespräsidentenkandidaten *Schröder* gegen *Heinemann* 1969 durchgebracht hätten, deuteten das an. *Kurt Sontheimer* hat das in der Aktualisierung seines Buches „Antidemokratisches Denken in der Weimarer Republik" gesehen: „Die in den letzten Jahren erfolgte Strapazierung der Idee des Rechtsstaats als legales Instrumentarium zur Bekämpfung unliebsamer Minderheiten und zur Aufrechterhaltung einer gegebenen Ordnung hat vergessen lassen, daß der Rechtsstaat der Staat der garantierten bürgerlichen Freiheiten und nicht in erster Linie ein Instrument der Machtsicherung ist. Wenn Bundeskanzler *Kiesinger* in der Jugenddebatte des Bundestages vom 9.2.1968 betonte, daß wir in einem freien Lande leben, und dann hinzufügte: ,Wir leben aber auch in einem Rechtsstaat . . .', so war mit diesem ,aber auch' die in unserem Staatsbewußtsein nach wie vor wirksame Entgegensetzung von Freiheits- und Rechtsstaatsgedanken angedeutet." (S. 343/4)
Angesichts der neueren Entwicklung in der Bundesrepublik kann man diesen Worten geradezu prophetischen Charakter zuschreiben. Damals jedoch lag die „WELT" nicht ganz falsch, als sie die CDU warnte, sie stünde vor der Gefahr, „aus der Epoche hinausgeworfen zu werden . . ."; denn es bereitete der Partei offensichtlich Mühe, sich auf die veränderte Konfliktlage und die neuen Fragenkomplexe einzustellen. Sie begriff nicht, daß mit der scheinbaren Bewältigung der ökonomischen Krise 1966/67 durch die Große Koalition, durch keynesianische Konjunkturankurbelung, durch die Verabschiedung von Stabilitäts- und Notstandsgesetzen die normativ-politische Krise, die in der Studentenrevolte Ausdruck fand, noch nicht überwunden war. Die Bereitschaft von SPD und FDP, die „Impulse der jungen Genera-

tion" („Perspektiven") aufzunehmen, hat zwar zur Integration des größten Teils der APO beigetragen; und damit hatte das Parteiensystem 1969 seine Funktionstüchtigkeit erwiesen. Doch sollte sich die Integration der Linken — insbesondere in Gestalt der Jungsozialisten und der Jungdemokraten — in der Folgezeit als schwere Belastung für die Koalition in doppelter Hinsicht darstellen, wenn sie auch zunächst den außergewöhnlichen Wahlsieg 1972 sichern half. Diese paradoxe Situation ist nur zu erklären durch das Verhalten der CDU/CSU in der Opposition.

Anstatt sich mit programmatischen Alternativen zu profilieren (der Berliner Prorgrammentwurf wurde in sehr abgemilderter Form auf dem Parteitag 1971 in Düsseldorf zum Programm erhoben), sahen CDU und CSU ihre Chance allein darin, ihre Mehrheit im Bundesrat auszuspielen und die Landtagwahlen als „Hebelfunktion" für die Veränderung der Mehrheitsverhältnisse im Bundestag zu nützen. Die relativ starke Stellung im Parlament (46,1 % der Stimmen) und der Blick auf 4,3 % NPD-Stimmen als langfristig ansprechbares und verfügbares Mehrheitspotential ließen diese Strategie nicht aussichtslos erscheinen. Zwar scheiterte 1972 das Mißtrauensvotum noch, aber es führte immerhin zu vorzeitigen Neuwahlen, und das Ziel, die FDP als schwachen Punkt der Koalition aus den Landtagen „hinauszukatapultieren" (*Kiesinger*), erfüllte sich dreimal.

Besonderen Stellenwert aber nahm im CDU/CSU-Konzept die Wiederbelebung antisozialistischer Ressentiments ein (die SPD betreibe den Ausverkauf Deutschlands, etc.). Da Bundeskanzler *Brandt* der Ostpolitik Priorität einräumte, so daß den Jungsozialisten ein breites Diskussions- und Betätigungsfeld für innenpolitische Reformforderungen blieb, konnte das Antisozialismussyndrom an Brisanz gewinnen. Vor allem die von den Jungsozialisten aufgenommenen „systemfremden" Elemente, die aus der Studentenrevolte herrührten und eine gewisse Eigendynamik entwickelten, wurden zum bevorzugten Angriffspunkt der CDU/CSU. So wurden die Jungsozialisten über die gemeinsame Wurzel „Studentenrevolte" in die Nachbarschaft der kommunistischen Studentenparteien (KPD, KPD/ML, etc.), aber auch der 1968 mit schweigender Zustimmung der Großen Koalition gegründeten DKP gerückt. Und die Ostpolitik galt so als folgerichtige Ergänzung einer Politik, an deren Ende eine ‚andere Republik', wie sie die Jusos angeblich anstrebten, wartete. Nach einer Analyse des CDU-nahen Politologen *Werner Kaltefleiter*: „Die Außenpolitik ist am wenigsten umstritten; offensichtlich weil die von der Bundesregierung verfolgte Außenpolitik am leichtesten im Sinne der Systemveränderer interpretierbar ist. In der Gedankenwelt der Dogmatiker (= Jusos. C.F.) hat die Außenpolitik zunächst die Funktion des Flankenschutzes. Nach dieser Vorstellung ist die Loslösung aus dem

westlichen Bündnissystem die Voraussetzung für eine interne System-
veränderung. Die erstrebte außenpolitische Einordnung in das System
der sozialistischen Staaten wird aber auch erst für möglich gehalten,
wenn zuvor die internen Systemveränderungen durchgesetzt sind."
(S. 26)

Diese Argumentationsstrategie war zwar parlamentarisch erfolgreich
(immerhin verlor die Koalition bis zum Ende der Legislaturperiode
(1972) 10 Abgeordnete), doch in den Augen der Mehrheit der Wähler
nicht überzeugend. Obwohl seit dem Frühjahr 1970 eine negative wirtschaftliche Entwicklung erwartet wurde und die Inflation voranschritt
– 1971 kam es zu spontanen Streiks, die mit 4,5 Mill. verlorenen
Arbeitstagen einen Sonderfall in der bundesdeutschen Geschichte
darstellen – und obwohl ein großer Personalverschleiß die Regierungstätigkeit der Koalition kennzeichnete, der Höhepunkt war der Rücktritt des Wirtschafts- und Finanzministers *Schiller*, gelang es der
Oppostion nicht, diese – gewöhnlich Gewinn verheißenden – Faktoren in einen Wahlsieg umzusetzen. Ermuntert durch die Wahlsiege in
den Landtagswahlen, konzentrierten sich CDU und CSU auf die
parlamentarische „Korrektur" des Betriebsunfalls von 1969. Vom
Austausch des Parteivorsitzenden – *Kiesinger* war im Hinblick auf
eine mögliche Koalition mit der FDP nicht mehr tragbar – bis zum
Mißtrauensvotum wurden alle Möglichkeiten ausgeschöpft. Doch mit
dem außerparlamentarischen Solidarisierungseffekt, den insbesondere
das Mißtrauensvotum auslöste, hatte niemand gerechnet; daß Arbeiter
zur Unterstützung des parlamentarisch bedrängten Kanzlers *Willy
Brandt* demonstrierten, war in der Bundesrepublik neu. Konstruktives
Mißtrauensvotum, Auflösung des Bundestages und Fraktionswechsel
waren auch die in der Umfrageforschung meist genannten – und der
CDU/CSU zugeschriebenen – „unerfreulichen" Ereignisse im Gegensatz zu der von 70 % der Befragten als „erfreulich" eingestuften
Ostpolitik. (*R. Zülch*, in *Kaltefleiter*, 1973, S. 71) Das gescheiterte
Mißtrauensvotum und die damit einhergehende negative Einschätzung
des Kanzlerkandidaten der CDU/CSU *Rainer Barzel*, der Glaube, die
Koalition sei durch parlamentarische „Machenschaften" geschwächt
und an ihrer Arbeit gehindert worden und solle daher noch eine
Chance bekommen, auf der einen Seite und die erfolgreiche Hochstili-
sierung der Ostpolitik (Paraphierung des Grundvertrages mit der DDR
kurz vor der Wahl) zur symbolischen Bündelung aller progressiven
(auch der nicht durchgeführten) Reformwerke auf der anderen Seite
haben der SPD 1972 zu dem größten Wahlsieg ihrer Geschichte verholfen (45,8 %; FDP 8,4 %, CDU/CSU 44,9 %).

So richtig es ist, daß die Arbeiter überdurchschnittlich zu diesem
Erfolg beigetragen haben –, ohne das entschiedene Eintreten und die
Mobilisierungsfähigkeit (Wählerinitiativen, offenes Bekenntnis zu SPD

und FDP und ein bestimmtes Maß bewußter Polarisierung) der Gruppen, „die wirtschaftliche Fragen nicht mehr für zentral und politische Parteien nicht mehr für unfehlbar halten" (*Kaase*, 1973 S. 170), wäre dieser Sieg nicht zustande gekommen. Daß die Angststrategie der CDU/CSU (und ihrer anonymen „Förderergesellschaften"), ihre Warnung vor dem „Sozialismus" und die Beschwörung der „Stabilität" 1972 nicht zum Tragen kamen, würde die von *A. Maslow* vorgetragene Theorie bestätigen, daß „in entwickelten Gesellschaften die alten Sicherheitsbedürfnisse durch die Wünsche nach Beteiligung, Gemeinschaft und Selbstverwirklichung abgelöst werden" (nach *Kaase*, ebda.). Die Zusammenfassung dieser Bedürfnisse im Schlagwort „Demokratischer Sozialismus" — ein Begriff, den die SPD noch niemals in einem Wahlkampf offen verwendet hatte (vgl. dazu *Fenner*) — schien auf eine Verschiebung im Parteiensystem hinzudeuten: SPD und FDP als Parteien der „Aufsteiger" und eines (gemäßigten) sozialen Wandels, CDU und CSU als Parteien sozialer Stagnation, gekennzeichnet durch den weit überproportionalen Anteil von Selbständigen und Landwirten bei den Wählern und unter ihren Mitgliedern. Aufgrund dieser Konstellation prognostizierte der Soziologe *R.M. Lepsius*, daß „von der CDU/CSU die Gefahr eines neuen Klassenkampfes beschworen wird, womit eine Ordnungskonzeption aktiviert wird, die dem alten Mittelstand naheliegt . . ." (PVS, 14. Jg. 1973, S. 308; s. u.). — Doch dieser von kurzfristigen politischen ‚issues' und Emphase bestimmte Wahlsieg 1972 hatte nicht genügend Substanz.

3. Der verschleuderte Sieg

Warum hat die neue Regierung, die „innere Reformen" auf ihr Panier geschrieben und dafür mehr öffentliche Unterstützung, als man normalerweise erwarten könnte, bekommen hatte, die „ungewöhnliche Chance verpaßt, Spuren einer neuen Freiheit in Deutschland" zu hinterlassen? Gewiß war das auch, wie *Dahrendorf* die Frage selbst beantwortet, die Folge eines politisch „kläglichen Versagens". (*R. Dahrendorf*, S. 746/7) Es ist aber auch die Folge der Grenzen politischen Handelns, das zwar von einem überwältigenden Wahlsieg legitimiert war, aber weder über konkrete Handlungsanweisungen noch Mobilisierungsfähigkeiten verfügte, um strukturellen Schwierigkeiten z. B. im ökonomischen Bereich angemessen begegnen zu können. Es ist aber auch die Folge eines permanenten "recall" der Wähler bei Kommunal- und Landtagswahlen, deren kurzfristige Gunstschwankungen — verstärkt durch die Reaktion der Massenmedien — ein vielleicht allzu sensibles Meßgerät für die Erkundung der Praktikabilität von Reformen darstellt.

Bereits in ihrer ersten Legislaturperiode hatte die sozialliberale Koalition negative Erfahrungen über die Durchsetzbarkeit von gesellschaftspolitischen Reformen (Berufsbildungsgesetz, Hochschulrahmengesetz, Aufbau eines politischen Planungssystems, etc.) gesammelt. Dabei waren diese Fehlschläge eher noch dem Handeln der gegnerischen Akteure (Unternehmerverbände, konservative Presse) zuzuschreiben, die mit ihren langen außerparlamentarischen Armen bis in die Parlamentsfraktionen der Regierungskoalition hineinreichten und eine gesellschaftspolitische Konfrontationsstrategie nicht zuließen. Selbstverständlich stellte auch der Bundesrat eine institutionelle Schranke dar. Seine zunehmende Bedeutung wird allein daran deutlich, daß mit Beginn der sozialliberalen Koalition der Streit um die Zustimmungsbedürftigkeit von Gesetzen, und damit der Streit um die Rolle des Bundesrates überhaupt, immer mehr zugenommen hat. Seinen vorläufigen Höhepunkt fand dieser Streit bei der Verabschiedung der Polenverträge. Obwohl nach Art. 73 des Grundgesetzes die Außenpolitik „ausschließlich" Sache des Bundes ist, versuchten die CDU/CSU-regierten Länder, über den Bundesrat das gesamte Vertragswerk abzublocken, da das mit den Verträgen gekoppelte Rentenabkommen die Verwaltungstätigkeit der Länder berührt. Eine noch größere Bedeutung erhielt der strategische Hebel Bundesrat nach dem überraschenden Regierungswechsel in Niedersachsen, da sich die Mehrheit zugunsten der CDU/CSU von 21:20 nun auf 26:15 erhöhte und die mögliche Zustimmung der Länder Saarland und Niedersachsen zum Polenabkommen mit deutlichen Angeboten an die FDP verknüpft wurde, einen Wechsel der Koalitionen einzuleiten. Um so wichtiger wäre es für die Koalition gewesen, bewußt mit Hilfe der Wähler den Bundestagswahlsieg praktisch zu verlängern, um die Bundesratsmehrheit der CDU/CSU-regierten Länder zu brechen.

Genau das aber mißlang aus mehreren Gründen. Da war einmal die Schwierigkeit, die allgemeine Zustimmungsbereitschaft der *Koalitions*wähler in entsprechend dauerhafte Macht umzusetzen; ein Vorhaben, das schon angesichts des spezifischen Gewichts der FDP auf große Schwierigkeiten gestoßen wäre – und schließlich gestoßen ist. So konzentrierte sich die „Verarbeitung" des Wahlerfolges fast ausschließlich auf die innerparteiliche Auseinandersetzung innerhalb der SPD. Dabei wurde das Bewußtsein eher von der antizipierten Hoffnung auf eine mögliche absolute Mehrheit 1976 getragen, denn von den nun deutlicher zutage tretenden Unterschieden zum merkwürdig ruhig gewordenen Koalitionspartner FDP.

Die Doppelstrategie der Jungsozialisten: Machtpositionen *in* der Partei zu erringen, ohne die Mobilisierung potentieller Wähler und Mitglieder in den Städten und Gemeinden durch konkrete Interessenvertretung zu vernachlässigen – d. h. unter Umständen auch gegen das kommunale SPD-Establishment − hatte sich doch eher auf die Partei beschränkt. Daß eine Partei, die die ‚Demokratisierung aller Lebensbereiche' fordert, im Prinzip zu diesem Konflikt stehen muß, das gestand das damalige Parteivorstandsmitglied, der ‚Alt-Linke' *Peter v. Oertzen* in der innerparteilichen Auseinandersetzung den Jusos zu. Daß aber die Abgrenzungsgefechte der Erben der Studentenrevolte, der „Antirevisionisten" gegen die „Stamokap-Anhänger", der „Revolutionäre" gegen die Volksfronttheoretiker, die Diskussionen einer Regierungspartei bestimmten, das mobilisierte nicht nur die erschreckte liberale Presse, sondern auch die Gegenkräfte in der Partei. An der Entstehung des Langzeitprogramms wird der Fehler der Juso-Strategie deutlich. (So erstaunt es kaum, daß 1974 in Umfragen SPD-Wähler die Junge Union leicht positiver bewerteten als die Jusos; 1972 hatten noch 35 % der Befragten den Einfluß der Jusos als „zu gering" bezeichnet − s. Kaltefleiter 1977, S. 24.)

3.1 Innerparteiliche Auseinandersetzung in der SPD

Auf dem Parteitag 1970 in Saarbrücken hatte es die Linke durchgesetzt, ‚ein langfristiges qualifiziertes gesellschaftspolitisches Programm' zur Realisierung des demokratischen Sozialismus zu erarbeiten. Als der Vorsitzende dieser Kommission *Helmut Schmidt* die Ergebnisse der Arbeit als Entwurf 1972 der Öffentlichkeit vorstellte, gab es neben der prinzipiellen Kritik an langfristiger Planung von „rechts" auch heftige Kritik von den Jusos. Doch das Erstaunliche geschah: Auf dem Parteitag 1973 in Hannover akzeptierte die Mehrheit wesentliche Kritikpunkte der Jusos (Wachstumsproblematik, Investitionskontrolle, Grundwertediskussion), die darüber hinaus auch gewichtige personelle Erfolge bei der Besetzung des Parteivorstandes verbuchen konnten. Anstatt nun diesen Erfolg zu konsolidieren, hatte ein Teil der Jusos nichts Besseres zu tun, als ein „konsequent sozialistisches" Langzeitprogramm anzukündigen.
Als dann noch der Versuch des Parteivorstands, durch die Gründung einer „Arbeitsgemeinschaft für Arbeitnehmerfragen" (AfA) die „schweigende Mehrheit in der SPD das Sprechen zu lehren", mißlang, weil die AfA zunächst eher nach links als zur Parteirechten tendierte, kreidete eine einflußreiche Zeitung der SPD-Führung an, daß es ihr „kaum noch gelinge, die Basis zu mobilisieren", − wie das gemeint war, macht der Nachsatz deutlich: „was als Gegenmacht gegen die Jusos gedacht war, wurde zu einer weiteren ‚antikapitalistischen' Kampfgruppe". (DIE ZEIT vom 9.11.73) Die theoretische Diskussion hatte sich ohne Rücksicht auf die schweigende „Basis" in und außerhalb der Partei verselbständigt. Jede „marxistische" Äußerung einer noch so kleinen Untergliederung wurde ungefiltert der Parteifüh-

rung zur Last gelegt — und zwar nicht nur von denjenigen, die für das ungefilterte Weitergeben der Konflikte Verantwortung trugen. Immer häufiger war von der FDP, die ohnehin als Koalitionspartei gezwungen ist, sich gegenüber dem größeren Partner zu profilieren, zu hören, daß sie nicht an der Durchsetzung des ‚demokratischen Sozialismus‘ interessiert sei. Bezeichnenderweise unterlag Innenminister *Maihofer* — damals Symbol der reformerischen FDP — bei den Vorstandswahlen auf dem Hamburger Parteitag 1974, wenn auch knapp, Wirtschaftsminister *Friderichs*.

Auf welch tönernen (Wähler-)Füßen der SPD-Sieg 1972 gestanden hatte, wurde spätestens dann spürbar, als das verwirrende Bild der Parteiaktivitäten keinen Halt mehr fand in einem festen Rahmen einer positiven Wirtschaftslage. Denn als plötzlich im Zuge der sogenannten Energiekrise Ende 1973 (weltwirtschaftliche) strukturelle Schwierigkeiten im ökonomischen Bereich den Glauben an die Handlungsfähigkeit der politischen Akteure schwinden ließ, als Inflation, steigende Arbeitslosigkeit und Streiks im Öffentlichen Dienst voll perzipiert waren, mußte die SPD empfindliche Wahlniederlagen einstecken — wohlgemerkt: die SPD, nicht die besonders für „die Wirtschaft" zuständige FDP. Die hohe Wahlenthaltung traditioneller SPD-Wähler läßt allerdings auch den Schluß zu, daß diese Wähler von der Profillosigkeit der SPD enttäuscht waren. Die Verluste kamen direkt der CDU/ CSU zugute, teilweise aber auch der FDP, die es denn auch schaffte, bis zu den Bundestagswahlen 1976 in alle drei Landtage zurückzukehren, aus denen sie infolge ihres Positionswechsels 1969 herausgefallen war.

Als indirekte Folge der Häufung innerparteilicher Krisen und allgemeiner ökonomischer Krisenfurcht konnte der Rücktritt von *Willy Brandt* nach Bekanntwerden der Guillaume-Affaire nicht mehr richtig überraschen. Der Kanzlerwechsel von *Willy Brandt* zu *Helmut Schmidt* im Frühsommer 1974 sowie der gleichzeitige Wechsel von *Walter Scheel* auf den Präsidentensitz signalisierten auch der Bevölkerung das Ende grundlegender Reformbereitschaft. Die Ablösung des „führungsschwachen" *Willy Brandt* durch *Helmut Schmidt* erfüllte die gleiche Funktion wie die Ablösung von *Ludwig Erhard* durch die Große Koalition; nur mit dem Unterschied, daß die Krise 1966/67 der Zündfunke und Katalysator einer grundlegenden Reformbereitschaft gewesen war, deren exponiertesten Vorreitern acht Jahre später der Boden unter den Füßen weggezogen wird. Nach einer Infas-Umfrage vom Juni 1974 war der Anteil derer, die „grundlegende Reformen" für nötig hielten, von 42 % im Herbst 1968 (!) auf 23 % gesunken, entsprechend erhöhte sich die Zahl der Reformgegner von 34 auf 54 % (s. dazu *Fenner* u. a. 1978).

3.2 Die Reaktion von CDU/CSU

Diese deprimierenden Zahlen eineinhalb Jahre nach einem Wahlsieg, der als Auftrag zur Verwirklichung der „inneren Reformen" gedeutet werden konnte, sind natürlich nicht nur Ergebnis des inneren Streits der SPD oder der bisher schwersten ökonomischen Krise. Sie sind auch das Ergebnis einer nach den 72er Wahlen geänderten Strategie der CDU/CSU. Die traditionell parlamentarisch orientierte Union lernte insoweit aus der Niederlage, als sie es vermied, aus der Mitte der Fraktion eine alternative Regierungsmannschaft zu bilden, die sich hauptsächlich im parlamentarischen Schlagabtausch profilieren sollte. Die CDU mauserte sich binnen kurzer Zeit zur (Massen-) Mitgliederpartei (heute sind es ca. 675 000 Mitglieder) mit einem schlagkräftigen durchorganisierten Apparat. Sie holte nach, was die CSU (166 000 Mitglieder) in Bayern erfolgreich vorexerziert hatte.Die Wahl des neuen Parteivorsitzenden *Helmut Kohl* sowie des sich sozial-konservativ gebenden Generalsekretärs *Kurt Biedenkopf* und die Bestellung einer Grundsatzkommission unter *Richard von Weizsäcker* können nur dahin interpretiert werden, daß die CDU die Herausforderung — insbesondere der SPD — annehmen mußte. Die Herausforderung hieß, die von der SPD ausgehende Dynamik abzufangen, die diese Partei mit ihren ersten Antworten auf die „stille Revolution" der gesellschaftlichen Wertorientierungen (*R. Inglehart*) im Orientierungsrahmen '85 an den Tag gelegt hatte; nach *Kaase* hatten bei der Wahl 1972 besonders die Gruppen positiv reagiert, die an mehr Partizipation und weniger an alten Sicherheitsbedürfnissen interessiert waren (s. o. S. 207). Seit 1973 versucht *Kurt Biedenkopf*, eine „freiheitliche" Alternative zum demokratischen Sozialismus zu formulieren, nicht ohne Bedauern darüber, daß die ‚neue Linke die politische Sprache besetzt halte' und damit die CDU daran hindere, „ihre eigene Position autonom und damit unabhängig vom politischen Gegner zu beschreiben". (DIE ZEIT, Eine Strategie für die Opposition, 16.3.73) Selbst in ihrem vorläufigen Endergebnis, der „Mannheimer Erklärung" 1975 (der Entwurf für ein neues Grundsatzprogramm), sind die Themen der kritischen Sozialwissenschaften verarbeitet. Von den Grenzen des Marktes, des Wachstums, des Pluralismus, der Grundlagen der gesellschaftlichen Macht ist die Rede; das Problem der Partizipation taucht ebenso auf wie die Wiederentdeckung einer „neuen sozialen Frage" („Wie kann der einzelne seine nicht organisierbaren und nicht konfliktfähigen Interessen in und gegenüber mächtigen Verbänden mit Hilfe des Staates durchsetzen?" zit. nach *W. Dettling*, S. 12/13).
Daß die CDU diese (programmatische) Anpassungsstrategie an die „Mitte" nicht durchhalten konnte, hing in immer größerem Maße vom Verhalten ihrer Schwesterpartei CSU ab. Gestützt auf ihre außeror-

dentlichen Wahlerfolge als konsequent konservative Partei, versuchte sie, der CDU eine harte Konfrontationsstrategie aufzuzwingen, was sich dann auch im Wahlkampf 1976 und danach bestätigte (s. u.). Deshalb auch dauerte die heftige Auseinandersetzung um den Kanzlerkandidaten für das Wahljahr 1976 bis Mitte Juni 1975, ehe *Kohl* schließlich widerwillig auch von *Strauß* und der CSU akzeptiert wurde. Die auf dem Hamburger Parteitag 1973 ansatzweise formulierten Reformen sind unter dem Druck der CSU zurückgenommen worden. So charakterisiert eine Schlagzeile der *Frankfurter Rundschau* vom 7.1.1976 die Rücknahme des Hamburger Beschlusses zur staatlichen Aufsicht über die Lehrlingsausbildung zu Recht mit den Worten: „Union gegen grundlegende Reform".

Es zeigte sich, daß Zeiten ökonomischer Krisen und möglicher sozialer Spannungen in der Bundesrepublik noch weniger Reformbereitschaft wecken — ja sogar Ansätze zu einer Reform-Konkurrenz seitens der CDU wieder zunichte machen können —, als es in Zeiten der Konjunktur wie 1968 und 1972 möglich schien. Die Frage bleibt nur, wer normalerweise in Konjunkturzeiten jene „politische Spannung" zu erzeugen hilft, die die Parteien zwingt, Reformen durchzuführen. Es ist eine der überraschendsten Erfahrungen seit der Wahl 1969, daß die politische Polarisierung von Parteien, Wählern und öffentlicher Meinung nicht unbedingt zum Nachteil der SPD geraten muß. Solange diese Polarisierung für die SPD einigermaßen kalkulierbar bleibt, kann die Partei ein relativ großes Stück aus dem Kuchen der „breiten Mitte" herausschneiden, ohne daß der immer mürbe Rand abfällt. Die Strategie vornehmlich auf den Rand zu richten, ist unfruchtbar, da jenseits des Randes bekanntlich nichts mehr ist. Auf welch schwankendem Boden sich die SPD da befindet, machte eine SPIEGEL-Umfrage (16/74, S. 44) deutlich, in der nach der Selbsteinstufung der „politischen Grundrichtung" der Anhänger aller im Bundestag vertretenen Parteien gefragt wurde: 53 % der CDU/CSU-, 49 % der SPD- und 75 % der FDP-Anhänger zählen sich zur „breiten Mitte". Was das hinsichtlich der politischen Werthaltung bedeutet, zeigt dasselbe Umfrageergebnis, das auf dem Höhepunkt der innerparteilichen Auseinandersetzungen in der SPD 1974 bekannt wurde. Danach sind 55 % der Koalitionsanhänger, die sich zur „breiten Mitte" rechnen, zum Parteiwechsel zur CDU/CSU motiviert, „wenn eigentumsfeindliche Tendenzen um sich greifen", wie es bei den Jusos zu hören sei (SPIEGEL 16/74, S. 44).

Und doch wäre es verfehlt, wollte man behaupten, daß der SPD nichts anderes übrig bleibe als das an demoskopischen Zahlen orientierte Kleinbeigeben vor den Schwankungen der öffentlichen Meinung, die sich seit der „Tendenzwende" 1974 feststellen lassen; immerhin zeigte die oben zitierte Umfrage auch, daß 43 % aller Wähler (47 % der Wech-

selwähler und 61 % der politisch interessierten Meinungsträger) der
Koalition „mangelnden Mut" vor unpopulären, aber auch konflikt-
bewußten Entscheidungen vorwarfen. (Das Verhalten der SPD beim —
von der CDU unterstützten — Volksbegehren gegen die „kooperative
Schule" 1978 in NRW gab diesem Vorwurf Nahrung. Ca. 30 % der
Wahlberechtigten hatten sich gegen die Einführung ausgesprochen —
ein Grund für die Landesregierung, dieses Votum „des (?) Bürgers"
kommentarlos hinzunehmen anstatt selbst die Gelegenheit zu nutzen,
durch Mobilisierung ihrer potentiellen Wahlklientel für einen Volksentscheid ein „realignment" unter der Alternativparole „Für mehr
gleiche Bildungsfreiheit" herbeizuführen.)
Mit anderen Worten: Die Konfliktfähigkeit und der Wille einer Partei,
sich als „parteiische" Interpretationsinstanz für ihre (potentiellen)
Wähler zu behaupten, gehören genauso zum Charakteristikum einer
Parteidemokratie wie die Bereitschaft, sich auf Konsensbildungspro-
zesse einzulassen, ohne dabei ihre Grundidentität aufzugeben. Und da
weder kurzfristige ökonomische Nutzenkalkül-Überlegungen noch die
Führungspersonen die Bestimmungsgründe der ganz großen Mehrheit
(insbesondere der Stammwähler) sind (*W. Tschirner,* in: Entscheidung
ohne Klarheit, S. 121), kann ein Grund für die allenthalben konstatier-
te „Staatsverdrossenheit" auch darin vermutet werden, daß die „Parteien in der Regierung" ohne Not eine Staatsparteien-Attitude annehmen, die sich fast ausschließlich an einer diffusen „Mitte" orientiert,
was noch durch ein „Volkskanzler"-Gebahren verstärkt wird. Diese
Haltung aber erzeugt genau das, was sie zu vermeiden beabsichtigt:
„single-issue-Parteien" und Bürgerinitiativen, die sich nicht permanent
vereinnahmen lassen wollen von einer Verpflichtung auf das Ganze
(„Modell Deutschland"). Je mehr sich dann die traditionellen Parteien
auch die „neuen Themen" symbolisch-additiv und aus wahltaktischen
Überlegungen zu eigen machen, ohne zugleich die Inkonsistenzen mit
ihren „alten Programmen" zu thematisieren, um so unglaubwürdiger
werden sie, zumal sie, wie *Uwe Thaysen* schreibt, ihre ursprüngliche
Bereitschaft, Mitwirkungsrechte einzuräumen, einschränken. Das gilt
vornehmlich für SPD und FDP (s. Kalkar); CDU und CSU hatten
weniger „Reformeuphorie" zurückzunehmen. Die allgemeine Rücknahme von Beteiligungsrechten ist beispielhaft an der Willensbildung
um ein Verbändegesetz nachweisbar. (Es war u. a. vorgesehen, auch
Bürgerinitiativen Zugang zu Informationen, öffentliche Förderung,
Beteiligung an Anhörungen und (Verwaltungs-)Klagebefugnis zuzu-
gestehen; vgl. *Thaysen,* S. 32.)
Obwohl die von Bundeskanzler *Helmut Schmidt* betriebene — und
durch die Weltwirtschaftskrise erzwungene — Konsolidierungspolitik
gegen Ende der Legislaturperiode kaum noch große Sachauseinander-
setzungen zuließ, spitzte sich der Wahlkampf 1976 zur bisher schärf-

sten rhetorischen Polarisierung zu; schon im Landtagswahlkampf 1975 in NRW hatte die durch Indiskretionen bekannt gewordene Sonthofener Rede von *Franz-Josef Strauß* (18./19.11.1975 – s. Schluß) eine Konfrontation „Freiheit oder Sozialismus" nach dem Muster „je schlimmer desto besser" ahnen lassen. Diese hatte zwar bei der Landtagswahl 1976 in Baden-Württemberg den Erfolg der CDU zumindest nicht geschmälert, führte aber insgesamt zur Mobilisierung des *politischen* Blocks von SPD- und FDP-Wählern in NRW und bei der Bundestagswahl 1976, die sich, auch was die Wahlbeteiligung betraf (90,7 %), noch einmal wie ein letztes Aufbäumen der Reformwilligen ausnahm. Weder die ökonomische Krise noch die hohe Arbeitslosenziffer (1976 ca. 1,4 Mill.) noch die terroristischen Aktivitäten hatten erkennbare Folgen für die etablierten Parteien (s. *H. Rattinger*); die Kategorie der „Sonstigen" erreichte mit 0,9 % ihren niedrigsten Stand. Wie die Tabelle zeigt, konnte die SPD/FDP-Koalition sogar ihre „Schwächeanfälle" bei den Landtagswahlen z. T. wieder wettmachen: Tabelle der aggregierten LTW-Ergebnisse 1974-76 im Vergleich zur BTW 1972 und 1976:

	CDU/CSU	SPD	FDP	Sonst.
BTW 1972	44,9	45,8	8,4	1,0
LTW 1974-76	49	39,9	6,9	4,2
BTW 1976	48,6	42,6	7,9	0,9
Mandate 1976	243	214	39	

4. Die Bundestagswahlen 1976 – Normalisierung des politischen Patts, aber strukturelles Ungleichgewicht

Einige Wahlforscher hatten nach der Bundestagswahl 1972 eine „neue Asymmetrie" im Parteiensystem erkennen wollen, die die CDU/CSU in eine ähnliche Minderheitenposition drängen würde, wie sie die SPD zwanzig Jahre lang erdulden mußte. Insbesondere der Erststimmenanteil der SPD von 48,9 % (hauptsächlich hervorgerufen durch das Stimmensplitting der FDP-Wähler) verleitete dazu, von einer potentiellen Mehrheitsposition der SPD zu sprechen. Aber die sehr sensible Reaktion der FDP auf die Richtungskämpfe in der SPD hatte schon sehr früh (1973!) gezeigt, daß man die FDP – und ihre Wähler – keineswegs als Verfügungsmasse für die SPD oder gar als „Blockpartei" bezeichnen durfte, und insofern hat sich natürlich auch kein „alternierendes Parteiensystem" nach englichem Muster herausgebildet, wie es den Wunschvorstellungen der Vertreter eines angeblich stabilitätsfördernden Mehrheitswahlrechts vorschwebt (*Hermens, Kaltefleiter* u. a.). Der vordergründige Blick auf die – gewiß nicht zu unterschätzende –

parteipolitische Konstellation, die mit einiger Sicherheit auch über 1980 hinaus dauern wird, beachtet viel zu wenig die strategisch und ideologisch-interessenmäßig starke Position der FDP in einer SPD-Regierung. So war das Wahlprogramm in Antizipation der FDP-Position als Koalitionsprogramm angelegt, wie *Hans Koschnick* ein Jahr später bedauerte. Gerade im entscheidenden ökonomischen Bereich gehen von der FDP konsensuelle Zwänge aus, die die von der CDU/CSU vertretenen Interessen an technokratisch orientierter „effizienter Kapitalverwertung" mit der Bewahrung primär eigentumsorientierter Interessen auch in der sog. Linkskoalition sichern.

Die starke Affinität des Bundeskanzlers, der SPD-Kabinettsmitglieder und der Mehrheit der SPD-Bundestagsfraktion zu einer wachstumsorientierten Politik, wie sie die FDP-Minister *Friderichs* und *Lambsdorff* vertreten (haben), garantiert denn auch die faktische Definitionsmacht der FDP (gegenüber allen Demokratisierungsansprüchen der SPD) für diesen Bereich. *Uwe Thaysen* (S. 37) spricht sogar davon, daß die Ära *Schmidt* „insgesamt eine Wiederannäherung an politische Grundorientierungen der CDU" gebracht habe.

Obwohl auch in der Wahl 1976 die Erststimmenpräferenz der FDP-Wähler für die sozialliberale Koalition sichtbar wurde (ca. 30 % SPD, 8 % CDU und gut 60 % FDP), geht die Korrekturfilterfunktion zur „Mitte" der FDP also weit über das hinaus, was sie gegenüber der CDU/CSU dargestellt hat (Antiklerikalismus, liberalere Rechtspositionen etc.) und wohl auch wieder darstellen müßte. Die marktwirtschaftliche Wächterfunktion trennt die FDP kaum von der CDU und noch weniger von der CSU (s. staatliche Verschuldungspolitik, Rentensanierung und Steuerpolitik). Allein die weitere Ausformung der „Liberalität" (Datenschutz, Justizpolitik, Kontrolle des Verfassungsschutzes aber auch z. B. die Psychatriereform − s. dazu *Hildebrandt/ Dalton*) könnte für die CDU/CSU langfristig ein Problem darstellen, wenn sie wieder Regierungsparteien werden wollen. Die sozialstrukturellen Verstärkungstendenzen hin zum „neuen Mittelstand" bieten der FDP eine „objektive Möglichkeit" (*Max Weber*), sich als „modernere" Partei im Kapitalismus zu profilieren. (So stiegen von 1970 bis 1978 die Zahlen der *Angestellten* von 7,8 auf 8,6 Mill., der Beamten von 1,9 auf 2,2 Mill., gleichzeitig sanken die Arbeiter von 12,5 auf 10,7, die Selbständigen von 2,7 auf 2,4, die mithelfenden Familienangehörigen von 1,7 auf 1,2 Mill.). *Kohl, Geißler, Kiep* u. a. hatten das durchaus erkannt. Der bis heute andauernde, aber vorläufig durch die Kanzlerkandidaten-Nominierung von *Franz-Josef Strauß* zugunsten der CSU entschiedene Streit zwischen CDU und CSU ist Ausdruck dieses Dilemmas, doch die spezifisch starke Stellung der CSU in Bayern (s. *Mintzel*) verführt sie dazu, ihr Erfolgsrezept auch der CDU andienen zu wollen, obgleich diese sich in ganz anderen sozialstrukturellen Gegebenheiten bewegen muß. Die CSU verhindert damit die „Aufgabe" des deutschen (christlichen) Konservativismus, seine große Wählerklientel an den Prozeß gesellschaftlicher (Werte-)Modernisierung heranzuführen.

Das war mithin auch der Kern des Beschlusses der CSU-Fraktion in Kreuth, die Fraktionsgemeinschaft mit der CDU aufzukündigen. Dieses Problem überlagerte die Bildung der zweiten Regierung *Schmidt* und ließ das Rentendebakel, den Rücktritt von Minister *Arendt* und die knappe Mehrheit bei der Kanzlerwahl (nur 250 von möglichen 253 Stimmen) fast vollständig vergessen. Die während der Regierungsverhandlungen geführten Gespräche der FDP in Niedersachsen und an der Saar mit der CDU (*Genscher*: „Auflockerung") hatten den doppelten Effekt, der die zentrale Stellung der FDP nochmals unterstrich (man möchte beinahe sagen, sie sei die „stärkste Partei"): Zum einen dienten die Gespräche dazu, den Forderungen der FDP bei der Regierungsbildung Nachdruck zu verleihen, zum anderen waren sie der − durchaus erfolgreiche − Versuch, gegenüber der CSU auf die Koalitionsmöglichkeit von CDU und FDP hinweisen zu können und damit der Konfrontationsstrategie, wie sie *Strauß* bis heute gegenüber der FDP wünscht, entgegenzutreten. 1976 zumindest mußte *Strauß* sich noch beugen, die Fraktionsgemeinschaft wurde wiederhergestellt.

Für die FDP allerdings bedeuteten die aus „staatspolitischen Gründen", wie es so schön heißt, abgeschlossenen Koalitionen einen Bruch ihrer Wahlversprechen. Prompt fiel die Partei bei den Landtagswahlen 1978 in Niedersachsen wieder unter die 5 %-Hürde − ein Ereignis, das auch nicht dadurch relativiert wird, daß zu gleicher Zeit der weiter links stehende Landesverband Hamburg nicht wieder in die Bürgerschaft zurückkehrte. (Es spricht wohl einiges für die These, daß sich die FDP in der Koalitions- und Programmfrage noch weniger Inkonsistenz leisten kann als die großen Parteien, zumal man die FDP heute als eine bewußt ihre Gewichte setzende „rationale Systempartei" (*Th. Schiller* 1977) kennzeichnen muß, deren Handlungsweise im Bund sich also stärker auf die Landtagswahlen auswirkt. 41 % perzipierten denn auch in einer Umfrage die Auflockerungsstrategie als „Unzuverlässigkeit": In der Frage Kalkar zeigte sich die Inkonsistenz bereits in der Konfrontation *Lambsdorff* gegen „Umweltschutz", aber auch die *Maihofer/ Traube*-Affaire bewies nicht das „in dubio pro libertate"; und: die FDP hatte sich 1978 stark gemacht für die „Anti-Terror-Gesetze", die sie nun 1979 wieder abschaffen möchte.)

5. *Die Unbeweglichkeit des Parteiensystems − alte Antworten auf neue Fragen*

Die dritte Legislaturperiode zeichnet sich, was die Landtagswahlergebnisse bis 1980 angeht, durch eine bemerkenswerte Konsolidierung des sozial-liberalen Wählerlagers aus, die auch nicht durch das Ausscheiden der FDP in Niedersachsen, Hamburg und NRW beeinträchtigt wird; allerdings verhinderten die „Grünen" in Schleswig-Holstein eine mögliche Regierungsübernahme durch die Koalition. Die wilden Ausschläge von 1974 wurden korrigiert, und auch die Ergebnisse der Bundestagswahl 1976 wurden kaum unterschritten. Trotzdem schaffte die Koalition es damit nicht, die für die Wiederwahl von Bundespräsident *Scheel* nötige Mehrheit in der Bundesversammlung zu gewinnen, so daß *Carl Carstens* von der CDU/CSU im Mai 1979 zum neuen Bundespräsidenten gewählt werden konnte (s. Tab. S. 227).

Treffend läßt sich die Stabilität des Parteiensystems in der dritten Legislaturperiode mit einem Zitat von *Ralf Dahrendorf* charakterisieren: „Es ist kein Zufall, daß rechte Sozialdemokraten die konsequentesten Konservativen in der Politik der Gegenwart sind. Während sogenannte konservative Parteien nach Grundsatzprogrammen suchen, nach einer neuen Sittlichkeit oder auch der radikalen Rückkehr zu den Werten von gestern, kommen rechte Sozialdemokraten nicht nur mit einem Minimum an Programm, sondern sogar mit einem Minimum an Regierung aus: sie lassen die vorherrschenden Annahmen der Wirtschafts- und Gesellschaftspolitik unbestritten, kümmern sich im übrigen um law and order und um die Verwaltung des Bestehenden." (1979, S. 147)

Nun waren zwar die ökonomischen Grunddaten kaum dazu angetan, kostspielige Reformvorhaben der sozialliberalen Koalition fortzuführen, doch hieße es einem ökonomischen Determinismus aufsitzen, wollte man das Verhalten der Regierung nur als „sachnotwendige Reaktion" begreifen. Seit 1976 hat sich die wirtschaftliche Situation trotz leichten Wachstums nicht übermäßig verändert. Die Zahl der Arbeitslosen schwankt um die Millionengrenze, die Inflationsrate steigt wieder beschleunigt − trotz der Zurückhaltung der Gewerkschaften bei Lohnabschlüssen −, die Vermachtung der Märkte (insbesondere der Energiewirtschaft) läßt Preiswettbewerb kaum zu, so daß die Gewinne der Unternehmen zum erstenmal seit zehn Jahren die Lohnquote unter 70 % drückten, die geringeren Steuereinnahmen führten zu einer Verschuldung des Staates, die Renten und Sozialversicherung zu einem Dauerproblem gemacht hat. „Der kumulierende

Gesamtbetrag der von 1975-1979 eingerichteten Steuerentlastungspro-
gramme beläuft sich auf ca. 55 Mrd. DM; das Volumen staatlicher
Ausgabenprogramme auf ca. 20 Mrd. DM. Damit dominierte eine Kon-
junktur- und Wachstumspolitik, die auf die indirekte Wirkung gesamtwirtschaftlicher Nachfragestimulierung setzte . . ." (*R. Hickel*, in:
Neue Gesellschaft 6/79, S. 542; daß man das Problem der Arbeitslosigkeit ernsthafter und erfolgreicher anpacken kann, zeigen Schweden
und Österreich, hier sogar erfolgreich in Wählerstimmen umgesetzt –
vgl. *Hankel*, FR 16. 6. 79).

Wie richtig *Dahrendorf* (vgl. S. 217) mit seiner Charakterisierung
liegt, läßt sich in den letzten drei Jahren für fast alle Politikbereiche
sowie an programmatischen Äußerungen zeigen. Von der SPD – wie von
den Jusos – war kaum Bemerkenswertes zu vernehmen; interessant ist
eigentlich nur, wie sich die beiden (bzw. drei) „bürgerlichen" Parteien
zu diesem sich etablierenden „sozialdemokratischen Konsensus" verhalten. Wie eben schon angedeutet, kann man deren Position beschreiben als Versuch, einerseits die rechten Sozialdemokraten gegenüber
ihrem linken Flügel zu integrieren (FDP) und andererseits die verlorene Autorität in Staat, Betrieb, Schule und Familie wiederherzustellen
und durch vages Reden von der Sinnfrage in der „Gemeinschaft" politisch reaktionäres Machtstreben zu verschleiern (Union). Sie bieten
also keine Innovation, sondern setzen – wie der Regierungswechsel zu
den Konservativen in England zeigt –, überspitzt gesagt, auf ein einzi-
ges Mittel: den Markt (s. letzter Abschnitt). Der Ausfall der Sozialdemokratie als bisher quasi ins System eingebaute Innovationsinstanz
der „systemisch" unbefriedigten Ansprüche von Minderprivilegierten
führt daher zu den vielfältigen Aktivitäten der Bürgerinitiativen, der
Grünen, der Umwelt- und Bunten Parteien. Sie zielen auf „Neue Werte", auf eine andere Lebensqualität, wie sie die SPD immerhin in ihren
Grundwertepapieren von 1977 und 1979 auch formuliert hatte, nehmen der SPD und der FDP Stimmen weg und stellen in Antizipation
eines verminderten Wachstums den industriegesellschaftlichen Konsens
von Gewerkschaften und Unternehmen, von Regierung und Opposition in Frage. In der Auseinandersetzung um Umweltschutz, Ökolo-
gistenbewegung, Energiefrage und Wirtschaftswachstum haben sich
alle vier Parteien für den Ausbau von Atomkraftwerken ausgesprochen,
auch wenn die Sicherheitsklauseln bei SPD und FDP etwas stärker betont werden und es in der SPD bemerkenswerte Minderheiten (*Epplers*
Energievorschläge wurden von ca. 40 % der Delegierten auf dem Berliner Parteitag 1979 gestützt) gibt.

Die „law and order"-Position wurde durch die Ermordung von Richtern
Industriellen und Bankiers durch extremistische Linke und durch den
Sympathisantenvorwurf seitens der CDU/CSU gegenüber führenden

Leuten der SPD und FDP gestärkt, zumal man sich unter dem Druck der Terroristen zu ad hoc-Maßnahmen hinreißen ließ, die auf starke rechtsstaatliche Bedenken gestoßen sind und auch in der Koalition heute wieder in Frage gestellt werden. Der Extremistenerlaß, die illegalen Praktiken des Verfassungsschutzes, die Änderung der §§ 88 a und 130 a des StGB, das Extremistenurteil des BVerfG v. 22. 5. 1975, das Kontaktsperregesetz führten zur Einschüchterung von Systemkritikern. Erst der Wechsel im Innenministerium von *Maihofer* zu seinem ehemaligen Staatssekretär *Baum* brachte eine bemerkenswerte liberale Wende — ein Beweis dafür, daß politische Führung mehr sein kann und muß als die Loyalität eines (noch so liberalen) Ministers gegenüber „seinen" Ministerialbeamten.

So charakterisiert die neueste „Shell-Studie" (S. 10/11) die seit 1973 eingetretene Entwicklung denn auch mit folgenden Sätzen: „Sinkendes Interesse an der Politik . . . generelle Tendenz zur Anpassung an die bestehenden Verhältnisse. Jeder zweite hält es für sinnvoll, lieber nicht in Schule und Beruf zu sagen, was man denkt, weil man dadurch Nachteile haben kann. Das Meinungsklima in der Bundesrepublik ist unter einem — so empfundenen — wachsenden Leistungsdruck disziplinierend geworden . . . Die Mehrheit (93 %) sieht im Konsum, im gehobenen Lebensstandard und im Leistungsprinzip . . . die geeignete Lebensperspektive, sie bejaht den technischen Fortschritt. Nur 7 % lassen sich als Kritiker der Konsumgesellschaft einstufen."

6. Die Koalition und die (grünen) Protestparteien

Fast die Hälfte aller Bundesbürger würde nach einer Umfrage 1978 die Gründung einer Umweltpartei begrüßen, ein Viertel wäre sogar bereit, sie zu wählen (*R. Wildenmann*, in: Capital H. 8 u. 9/1978). Nach der konkreten Wahlabsicht gefragt, entschieden sich allerdings 98 % für die etablierten Parteien. Diese offenkundige Diskrepanz erklärt, warum sich die Union bisher faktisch nur symbolisch zu den Ökologisten geäußert hat, während SPD und FDP glauben, mit konkreten Umweltschutzgesetzen den Ökologisten als Wahlkonkurrenten das Wasser abgraben zu können. Umgekehrt ist erstaunlich, daß die Ökologisten bisher kaum die Umweltschutzgesetzgebungstätigkeit der Koalition gewürdigt haben. Die Gründe dafür liegen tiefer, als daß man sie mit den Mechanismen des Parteienwettbewerbs erklären könnte. Obwohl zur Zeit keine direkten Bedrohungen für die Parteien des „Industriesystems" zu erwarten sind, möchte ich noch ein paar kurze Hinweise geben, warum die „Grünen", die Ökologisten und Bürgerinitiativen zu einem Dauerproblem für SPD (und FDP) werden können.

SPD und FDP – von ihrer Programmatik her die emanzipatorischen Parteien – haben schon am Anfang ihrer Regierungszeit eine gesellschaftkritische Strömung postmaterieller Werte (*Inglehart*) aufgenommen (s. S. 207), die im Zeichen ökonomischer Sorglosigkeit auch von vielen Bürgern mitgetragen worden ist (der Wunsch nach einer neuen „Lebensqualität", nach Selbst- und Mitbestimmung etc.). Die ökonomische Krise seit 1974 ließ bei beiden Parteien diese „neuen Werte" wieder in den Hintergrund treten. Die Sorge um die materiellen Werte (Einkommen, Renten, Arbeitsplätze) steht seitdem eindeutig wieder im Vordergrund. Doch die Vertreter ökologischer Werte im weiteren Sinne (s. das Programm der BBU) sind in beiden Parteien weiter präsent; insbesondere Jugendliche, Studenten und Teile des Öffentlichen Dienstes, die „soziale Rollen innehaben, die längerfristige Perspektiven fordern, als für politische und industrielle Entscheidungsträger praktikabel sind" (*N. Watts*), stoßen auf die Interessen der im eigentlichen Produktionssektor Tätigen, die sich postindustrielle Werte (noch) nicht leisten können. Der Widerstand gerade der Gewerkschaften z. B. gegen *Epplers* „Alternativ-Szenarium" macht dieses Dilemma deutlich. Das traditionell gesellschaftliche Denken der Sozialdemokratie stößt hier auf Partialinteressen, die sich von einer Verminderung des Wachstums kaum etwas erhoffen können. Arbeiter finden sich denn auch nur selten bei den „grünen" Parteien, die aber dennoch Protest-Symbole eines neuen gesellschaftlichen Denkens darstellen, das zur permanenten Herausforderung für SPD (und FDP) werden kann. Eine gewisse Bestätigung erfuhr diese Einschätzung durch die Wahlerfolge der Grünen, Bunten und Alternativen Listen nicht nur bei den Wahlen in den Stadtstaaten Hamburg, Bremen und Berlin, sondern auch durch den Einzug der Grünen mit 6 Mandaten (5,3 %) in den Landtag des Flächenstaates Baden-Württemberg: der „grünste" Landesverband der SPD sank gegenüber der vorangegangenen Wahl sogar noch von 33,3 auf 32,5 %. Bei den Wahlen an der Saar und in NRW konnten sie allerdings diese Erfolge nicht wiederholen.

Im Gegensatz dazu geben die rechten Abspaltungen von der SPD Andeutungen von der Schwere des Konflikts, der sich darin ausdrückt, daß gerade die Privilegierteren nach Steuererleichterungen rufen. Die Kritik am Großverbraucher Staat ist auch ein Zeichen des Mangels an gesellschaftlichem Problembewußtsein. So konnte auch die Bürger- bzw. Steuerprotestpartei des ehemaligen SPD-Mitglieds *Fredersdorf* voll in das strategische und taktische Kalkül der CSU integriert werden: CDU und CSU hatten „den Steuerprotest ideologisch vorbereitet und ihn als eigene Partei überflüssig gemacht" (*Raschke*); die Unterstützung einer Steuerprotestpartei durch die CSU kann daher nur als taktischer Versuch, künstlich Bewegung ins Parteiensystem zu bringen, angesehen werden – insbesondere nachdem *Strauß* es geschafft hatte, durch seine Kanzlerkandidatur die CSU faktisch als Bundespartei zu etablieren. (Der sonst von dieser Seite immer gegen die „Linke" erhobene Vorwurf, mutwillig Konflikte zu erzeugen, fällt — auch nach den bekannt gewordenen Planspielen, die Einheitsgewerkschaft zu spalten — damit auf die CSU zurück.) Da der dadurch mit der CDU programmierte Konflikt (Sozialausschüsse) sich auch gegen bestimmte programmatische Vorstellungen der CDU richtete, die Teil ihrer 1973 begonnenen Anpassungsstrategie waren, soll hier zuletzt auf das neue Grundsatzprogramm der CDU eingegangen werden, um die für unser Parteiensystem vielleicht entscheidenden Unterschiede im konservativen Lager wenigstens kurz zu kennzeichnen.

7. Das erste Grundsatzprogramm der CDU — bereits Makulatur?

Die Tatsache, daß sich die CDU, angeregt durch die Reformperiode 1968 - 1973, ein Grundsatzprogramm erarbeitet hat, ist für eine konservative Partei durchaus bemerkenswert. Das 1978 in Ludwigshafen beschlossene Programm wurde in erstaunlicher Offenheit und mit großer innerparteilicher Beteiligung diskutiert, nachdem schon die Mannheimer Erklärung zur „Neuen sozialen Frage" 1975 als Gegenpart zum Orientierungsrahmen '85 der SPD fast einstimmig verabschiedet worden war. (Vgl. das Nachziehen der FDP in ihren Kieler Thesen von 1977, 1. Abschnitt, These 3.) Aber ähnlich wie der OR '85 diente diese eher der innerparteilichen Befriedigung des linken Flügels, der es von da an in der CDU — wie auch in der SPD — zunehmend schwerer hatte, seinen Einfluß geltend zu machen. Der siebenjährige Entstehungsprozeß führte denn auch zu Akzentverschiebungen, die exemplarisch am opportunistischen Verhalten des ehemaligen Generalsekretärs *Kurt Biedenkopf* 1973-1977 abzulesen sind. Zwar wurde der programmatische Bündnispartner *Heinrich Geißler* (ÖTV-Mitglied und Sozialausschüßler) 1977 noch sein Nachfolger, doch *Biedenkopfs* Wende zum konservativen „Neo-Liberalen" richtete sich nun gegen die von *Geißler* vertretene sozial-konservative Linie (und endete schließlich in der Befürwortung der Kanzlerkandidatur von *Strauß*).
Obwohl das „christliche Verständnis vom Menschen" als „Identitätskern der Partei" bezeichnet wird, heißt es, daß sich „aus christlichem Glauben kein bestimmtes politisches Programm ableiten" ließe (Ziff. 5). Das Programm übernimmt die (sozialdemokratische) Grundwertetrias „Freiheit, Solidarität und Gerechtigkeit". Der personale Freiheitsbegriff wird zentral mit der eigenen Leistungsfähigkeit „als wichtigster Quelle der Lebenskraft" verbunden: „Es gilt daher, persönlichen Leistungswillen und Initiative anzuerkennen und zu fördern." (Ziff. 19; vgl. die Kieler Thesen, 1. Abschnitt, These 2.) Gegen den traditionellen Solidaritätsbegriff der SPD verknüpft das CDU-Pro-

gramm „Solidarität" auffallend häufig mit dem anti-gesellschaftlichen Begriff der Gemeinschaft, die sich nach Ansicht der CDU vor allem dann erfüllt, wenn sie „auch zwischen Machtungleichen und Interessengegnern" gilt (Ziff. 25) — eine Aussage, der im OR '85 direkt widersprochen wird. War im „Entwurf" noch von „Chancengleichheit" die Rede, so steht nun — zur Legitimation bestehender Ungleichheit — „Chancengerechtigkeit" im Programm, die nicht „in Sachen Gleichheit mißinterpretiert werden" könne (*H. Laurien*). Im Widerspruch zur obigen Aussage (Ziff. 5) wird das „geistige Fundament" der sozialen Marktwirtschaft in „der zum Menschenbild des Christen gehörenden Idee der verantworteten Freiheit" geortet. Soziale Marktwirtschaft ist also nicht nur Mittel zum Zweck der Wohlstandsvermehrung, sondern ein absoluter Wert; *Biedenkopf* plazierte den bis zur ökonomischen Selbstaufgabe gehenden rhetorischen und damit ideologischen Satz ins Programm: „Wir würden für die Soziale Marktwirtschaft auch dann eintreten, wenn sie weniger materiellen Wohlstand hervorbrächte als andere Systeme." (Ziff. 69) Deshalb werden marktwirtschaftliche Fehlentwicklungen auch eher „politischen Fehlentscheidungen" angelastet als ihren immanenten Gesetzmäßigkeiten. Das Programm setzt eindeutig auf Wirtschaftswachstum zur Lösung gesellschaftlicher Probleme. Demokratisierung gesellschaftlicher Teilbereiche kommt nicht in den Blick (hier findet sich allerdings ein Gegensatz zu den Kieler Thesen der FDP). Das Staatsverständnis schwankt zwischen dem starken „law and order"-Staat (gegen die inneren „Staatsfeinde") und dem Nachtwächterstaat, der die Beweislast für die Notwendigkeit neuer Aufgaben trägt (Ziff. 116). Insgesamt fehlt dem Programm eine kritische Bestandsaufnahme bundesdeutscher Wirklichkeit; es ist antithetisch an den Sozialliberalismus gebunden und versucht, mit der Rückkehr zu einem sozialen „Ordo-Liberalismus" alte Instrumente zur Bewältigung neuer Fragestellungen bereitzustellen — die berühmte Sinnfrage löst sich dann dadurch, daß sich „Leistung wieder lohnen muß".

Das Programm soll eine Balance zwischen den sozialreformerischen Sozialausschüssen und konservativen und neo-liberalen Positionen halten, doch scheint die Position der Sozialreformer („Neue soziale Frage", Ziff. 98-107) durch die nunmehr faktische Definitionsmacht der CSU deutlich in Frage gestellt. In den von *Strauß* vorgetragenen „Regierungsschwerpunkten" hat die „Neue soziale Frage" keine Priorität, die statt dessen der Steuerentlastung der Wirtschaft und dem Abbau staatlicher Kreditaufnahmen eingeräumt wird. Die vorgesehene Rückführung der sog. Staatsquote von 47 auf 40 Prozent des BSP (zu unterscheiden vom engeren Staatsverbrauch, der nur 21 % ausmacht) kann nur die (umverteilenden) Transferzahlungen, die Kranken-, Arbeits- und Sozialversicherung meinen. Stärker als die CDU lehnt die CSU die Gesamtschule als Regelschule ab und möchte das dreigliedrige Schulsystem festschreiben. Die Ostpolitik soll mehr vom „Geben und Nehmen" bestimmt sein, zumal „Aufweichung" gegenüber den Staaten des „realen Sozialismus" die Position der Linken stärken könnte. Als unnachsichtige „law and order"-Partei „bekämpft die CSU unerbittlich alle Feinde dieses Staates" (CSU-Programm, Ziff. 2,8), was schon heute sichtbar ist in symbolischen Haltungen gegenüber präsumptiven Linken: Bayern trat aus der „Deutschen Gesellschaft für Friedens- und Konfliktforschung" aus, und Bayern meinte im Bundesrat, die Kriegsdienstverweigerer, die ihre Grundrechte in Anspruch nehmen, mit der Verlängerung des Zivildienstes bestrafen zu müssen (die Soldaten leisten den „wahren Friedensdienst").

Auch wenn die CSU/CDU — wie man jetzt wohl gewichten muß — die Wahl nicht gewinnen sollte, so hat die Sonthofen-Kreuther Konfrontationsstrategie zumindest die objektive Wirkung auf das Parteiensystem, die 1969 eingetretenen Linksverschiebungen wieder rückgängig zu machen. Das ist nicht monokausal gemeint, sondern nur Ausdruck dafür, wie das Zusammentreffen von „objektiven" ökonomischen Daten und „subjektiven" Parteistrategien im Verbund mit den konservativen Medien („Tendenzwende") Verschiebungen im öffentlichen Meinungsklima erzeugt, die sich zwar kaum in großen Wählergewinnen niederschlagen, aber doch insgesamt zur Rücknahme von Reformansprüchen, zu Demobilisierung und Apathie (Wahlenthaltung), zu Privatismus und Einschüchterung (in den Funkhäusern, der Streit um den NDR) beigetragen haben. (Dazu den erhellenden Vortrag vom Leiter der Planungsabteilung im Bundeskanzleramt Albrecht Müller „Die Orientierungsfrage in der politischen Planung", abgedr. in FR v. 10. 4. 80).

So erscheint heute die SPD als eine Art „Kanzlerwahlverein" — ein Bild übrigens, das durch die Zuspitzung der weltpolitischen Lage (Iran, Afghanistan, Olympia-Boykott u.a.m.) und das geschickte „staatsmännische" Agieren von Bundeskanzler Helmut Schmidt noch kräftige Konturen gewonnen hat. So glaubhaft und notwendig diese Politik der Friedenssicherung auch ist, eine ungleich größere Bedeutung für die Entwicklung und Legitimation des Parteiensystems (und hier der SPD) werden die innen- und gesellschaftspolitischen Probleme haben, was auch daran abzulesen ist, daß außenpolitische Ereignisse kaum Einfluß auf Veränderungen der Wählerpräferenzen haben. Noch immer haben wir ja Regierungen, die ihr Mandat letztlich der Parteienwahl verdanken. *Parteien*wahl verlöre ihren Sinn, wenn sie keine Identifikationsmöglichkeiten insbesondere für ihre Kernwähler mehr böte. Die Eigendynamik, die die Regierungsperspektive vermittelt, ist daher eine Gefahr für die SPD, als Legitimationsinstanz für „den kleinen Mann" auszufallen; z. B. wenn aus dem von einer SPD-Arbeitsgruppe für das Wahlprogramm ausgearbeiteten „Sozialpolitischen Programm" vom Kanzleramt alle allzu sozialdemokratischen Profilierungsversuche im Hinblick auf den Partner FDP gestrichen werden (s. Spiegel 17/1980, S. 57-62).

Eine offene Diskussion über die Schwierigkeiten, vor die die westlichen Demokraten in den nächsten Jahren gestellt sein werden, wird kaum möglich sein, zumal alle programmatischen Offensiven seitens der SPD unter das Einigkeitskuratel gegen *Strauß* gestellt werden. Es ist das Beklagenswerte der deutschen „Politischen Kultur", daß ein Mann wie *Strauß*, der schon „unbedenklich mit den Rechtsradikalen ging" (*Th. Ellwein*, S. 199), von unseren Konservativen zur Führung berufen wird zu einer Zeit, in der bereits ein stark integrierender „rechter sozialdemokratischer Konsens" (*Dahrendorf*) herrscht. Offensichtlich geht selbst der unseren Konservativen zu weit. So scheint es mir legitim und pflichtgemäß, den Ausblick auf unser Parteiensystem mit einem Zitat aus der Sonthofener Rede des Kanzlerkandidaten *Strauß* zu schließen:

„Erstens kann man jetzt überhaupt kein Rezept empfehlen, ohne sich in große politische Schwierigkeiten zu begeben und zweitens ist das Bewußtsein der Öffentlichkeit noch nicht so stark schockiert, daß sie bereit wäre, die Rezepte, die wir zur langsamen Heilung der Krise für notwendig halten, in Kauf zu nehmen (...) Zur Taktik jetzt: Nur anklagen und warnen, aber keine konkreten Rezepte etwa nennen (...) Lieber eine weitere Inflationierung, weitere Steigerung der Arbeitslosigkeit, weitere Zerrüttung der Staatsfinanzen in Kauf nehmen, als das anzuwenden, was wir für notwendig halten ... Es muß also eine Art Offenbarungseid und ein Schock im öffentlichen Bewußtsein erfolgen... Aus der Landespolitik kommt nur eine Emotionalisierung der Wähler, die betrifft die Schulpolitik. Alles was damit zusammenhängt, Schulpolitik, Berufsschulpolitik oder Berufsausbildung, Universitätspolitik usw. dann noch Fragen der inneren Sicherheit, soweit sie Landesfragen sind. Aber die vielen nüchternen harten Fragen der Landespolitik, also der Strukturpolitik, der Regionalpolitik usw. ... all das macht nicht die Wahlergebnisse von morgen aus, sondern die Emotionalisierung der Bevölkerung, und zwar die Furcht, die Angst und das düstere Zukunftsbild sowohl innenpolitischer wie außenpolitischer Art.(...)
Wir müssen die Auseinandersetzung hier im Grundsätzlichen führen. Da können wir nicht genug an allgemeiner Konfrontation schaffen. Ich kenne ja diese Stichworte: Wir kämpfen für die Freiheit, gegen den Sozialismus, für die Person, gegen das Kollektiv, für ein geeinigtes Westeuropa, gegen eine sowjetische Hegemonie über ganz Europa. Da muß man die anderen immer identifizieren damit, daß sie den Sozialismus und die Unfreiheit repräsentieren, daß sie das Kollektiv und die Funktionärsherrschaft repräsentieren, daß ihre Politik auf die Hegemonie der Sowjetunion über Westeuropa hinausläuft. Daß es bei den anderen eine ganze Menge von Leuten gibt, die das nicht wollen, soll uns nicht daran hindern, unter einem Übermaß an Objektivität zu leiden und das hier zu sagen ...
Dieses Europa kann nicht gesund werden, wenn die Bundesrepublik nicht wieder

wirtschaftlich, gesellschaftlich, politisch, militärisch ein Stabilitätsfaktor erster Ordnung wird. Wenn das von der Bundesrepublik ausgeht. Das kann aber nur ausgehen ... wenn die Krise so stark wird, daß aus der Krise ein heilsamer Schock erwächst und damit der Bereitschaft, die Konsequenzen aus dieser Zeit tatsächlich auf sich zu nehmen."

Wenn Worte einen Sinn haben ...

Literatur

Auf der Suche nach dem mündigen Wähler, Die Wahlentscheidung 1972 und ihre Konsequenzen, Hrsg. *v. D. Just* und *L. Romain,* Schriftenreihe der Bundeszentrale für Politische Bildung, H. 101, Bonn 1974
Dahrendorf, Ralf: Lebenschancen, Frankfurt/M. 1979
Dettling, Warnfried: Die CDU nach Mannheim, in: Beilage zur Wochenzeitung DAS PARLAMENT vom 25. 7. 75
Ellwein, Thomas: Das Regierungssystem der Bundesrepublik Deutschland, Opladen 1973
Entscheidung ohne Klarheit, Anmerkungen und Materialien zur Bundestagswahl 1976, Hrsg. v. *D. Just* und *P. Röhrig,* Schriftenreihe der Bundeszentrale für Politische Bildung, Bd. 127, Bonn 1978
Fenner, Christian: Demokratischer Sozialismus und Sozialdemokratie, Frankfurt/M./New York 1977
Fenner, Christian u. a.: Unfähig zur Reform?, Köln/Frankfurt 1978
Die *Freiburger Thesen* der Liberalen (Karl-Hermann Flach, Werner Maihofer, Walter Scheel), Reinbek 1972
Haungs, Peter: Legitimationsprobleme in der Parteiendemokratie in der Bundesrepublik, in: Civitas, Sozialwissenschaftliches Jahrbuch 1975, S. 11-39
Hildebrandt, Kai und Dalton, *Russell J.:* Die neue Politik, in: Wahlsoziologie heute (Hrsg. v. Max Kaase), Sonderheft der PVS, 18. Jg., H. 2/3, 1977, S. 230-256
Hondrich, Karl-Otto: Demokratisierung und Leistungsgesellschaft, Stuttgart etc. 1972
Inglehart, Ronald: The Silent Revolution, Princeton 1977
IPK (Institut für Planung und Kybernetik), Die Bundestagswahl 1972 – Ihre Bedeutung für die FDP, Bonn-Bad Godesberg, März 1973 (Serie A-18)

Kaase, Max: Determinanten des Wahlverhaltens bei der Bundestagswahl 1969, und: *H. D. Klingemann/F. U. Pappi:* Die Wählerbewegungen bei der Bundestagswahl 1969, in: PVS, 11. Jg., H. 1, 1970

Kaase, Max: Die Bundestagswahl 1972; Probleme und Analysen, in: PVS, 14. Jg., H. 2, 1973 (dort weitere Abhandlungen zur Bundestagswahl 1972 von F. U. Pappi, M. Berger, H. D. Klingemann, D. Roth, W. Gibowski)

Kaltefleiter, Werner: (et al.) Im Wechselspiel der Koalition (= Verfassung und Verfassungswirklichkeit) Jahrbuch 1970, Teil 1, Köln etc. 1970

Kaltefleiter, Werner: Zwischen Konsens und Krise. (=Verfassung und Verfassungswirklichkeit) Jahrbuch 1973, Teil 1, Köln etc. 1973

Kaltefleiter, Werner: Wandlungen des deutschen Parteiensystems 1949-1974, in: Beilage zur Wochenzeitung DAS PARLAMENT vom 5. 4. 1975

Kaltefleiter, Werner: Vorspiel zum Wechsel, Eine Analyse der Bundestagswahl 1976, Bonn 1977

Das *Parteiensystem* der Bundesrepublik nach der Bundestagswahl, in: Der Bürger im Staat, hrsg. v. der Landeszentrale für Politische Bildung Baden-Württemberg, 23. Jg., H. 1, Stuttgart 1973

Raschke, Joachim: in: Detlef Murphy u. a.: Protest, Grüne, Bunte und Steuerrebellen, Reinbek 1979

Rattinger, Hans: Auswirkungen der Arbeitsmarktlage auf das Ergebnis der Bundestagswahl 1976, in: PVS, 20. Jg., H. 1, 1979, S. 51-70

Schiller, Theo: Wird die FDP eine Partei?, in: W. D. Narr (Hrsg.): Auf dem Weg zum Einparteienstaat, Opladen 1977

Schmollinger, Horst: Abhängig Beschäftigte in Parteien der Bundesrepublik: Einflußmöglichkeiten von Arbeitern, Angestellten und Beamten, in: „Zum Nachdenken" Nr. 55 (Hrsg. Landeszentrale für Politische Bildung), Wiesbaden 1974

„Shell-Studie". Die Einstellung der jungen Generation zur Arbeitswelt und Wirtschaftsordnung 1979, Jugendwerk der Deutschen Shell, Hamburg 1980

Sontheimer, Kurt: Antidemokratisches Denken in der Weimarer Republik, Studienausgabe mit einem Ergänzungsteil ‚Antidemokratisches Denken in der Bundesrepublik', München 1968

Thaysen, Uwe: Grenzlinien der Regierbarkeit 1974-1979, in: Beilage zur Wochenzeitung DAS PARLAMENT vom 19. 5. 1979

Watts, Nicholas: Gesellschaftspolitische Bedingungen der Umweltbewegung im internationalen Vergleich, in: Zeitschrift für Parlamentsfragen, 10. Jg., H. 2, 1979, S. 170 ff.

Wildenmann, Rudolf: Germany 1930/1970, The Empirical Findings, in: Sozialwiss. Jahrbuch für Politik, hrsg. v. R. Wildenmann, Bd. 2, München 1971, S. 13-60

Ergebnisse aller Wahlen von 1974 bis 1980

		S-Holst.	Saar	Rhdl.Pf.	N.R.W.	NS	Hessen	Hamb.	Bremen	Bayern	Ba-Wü	Berlin
CDU bzw. CSU	LTW 74/76	50,4	49,1	53,9	47,1	48,8	47,3	40,6	33,8	62,1	56,7	44,0
	BTW 76	44,1	46,2	49,9	44,5	45,7	44,8	35,9	32,5	60,0	53,3	–
	LTW 78/80	48,3	44,0	50,1	43,2	48,7	46,0	37,6	31,9	59,1	53,4	44,4
	EW 79	47,8	46,4	49,2	45,8	45,8	44,8	36,9	32,7	62,5	52,3	–
SPD	LTW 74/76	40,1	41,8	38,5	45,1	43,1	43,2	44,9	48,8	30,2	33,3	42,7
	BTW 76	46,4	46,1	41,7	46,9	45,7	45,7	52,6	54,0	32,8	36,6	–
	LTW 78/80	41,7	45,4	42,3	48,4	42,2	44,3	51,5	49,4	31,4	32,5	42,6
	EW 79	43,8	43,9	41,1	44,6	44,7	45,4	52,2	53,0	29,2	34,3	–
FDP	LTW 74/76	7,1	7,4	5,6	6,7	7,0	7,4	10,9	12,9	5,2	7,8	7,2
	BTW 76	8,8	6,6	7,6	7,8	7,9	8,5	10,2	11,8	6,2	9,1	–
	LTW 78/80	5,7	6,9	6,4	4,9	4,2	6,6	4,8	10,7	6,2	8,3	8,1
	EW 79	5,2	5,8	6,4	5,8	5,3	6,2	6,3	8,3	4,7	8,1	–
Sonstige (NPD, DKP etc.)	LTW 74/76	2,3*	1,7	2,0	1,1	1,0	2,1	3,6	3,8	2,5	2,2	6,1
	BTW 76	0,7	1,1	0,8	0,8	0,7	1,0	1,3	1,5	1,0	1,0	–
	LTW 78/80	1,8*	0,8	1,1	0,4	0,7	1,1	1,5	1,4	1,4	0,4	1,2
incl. Grüne	EW 79	3,2	3,9	3,3	3,8	4,2	3,6	4,6	6,0	3,6	5,3	–

* davon jeweils 1,4 für SSV

IV. Sozialer Wandel und soziale Basis
der Parteien

Horst W. Schmollinger/Richard Stöss
Sozialstruktur und Parteiensystem

1. Die soziale Basis

Die Gesellschaft der Bundesrepublik hat sich im Laufe der letzten drei Jahrzehnte ökonomisch und sozial erheblich gewandelt. Dieser Wandel, der auch von den Parteien − wie von der politischen Ordnung insgesamt − mitgeprägt wurde, hat aber zugleich die Parteien und das Parteiensystem selbst verändert. Ein Moment dieses Prozesses, die Entwicklung des Verhältnisses von Sozialstruktur und Parteien in der Bundesrepublik, soll in der vorliegenden, eher deskriptiven Analyse hervorgehoben werden und das auch, um den in der Parteienforschung wie in der Politik ständig gebrauchten Begriff „Volkspartei" zu problematisieren.

Die Entwicklung der sozialen Basis von Parteien kann natürlich nur anhand der wenig differenzierten Daten nachgezeichnet werden, die die Parteien − und hier wiederum nur CDU, FDP und SPD − über die berufliche Gliederung ihrer Mitglieder herausgeben. Dabei entsteht zunächst das Problem, daß die Berufsgruppen-Zugehörigkeit über die tatsächliche Lage eines Menschen nur annähernd Auskunft gibt, denn sie sagt beispielsweise wenig über seine Stellung im Produktionsprozeß oder über Bewußtseinsinhalte aus. Ein weiteres Problem ergibt sich aus der Struktur der vorhandenen Datenbasis: Bei der Zusammenfassung verschiedener Berufe treten erhebliche Unschärfen auf. So sind in der Berufsgruppe der Arbeiter neben Facharbeitern auch An- und Ungelernte vertreten, und in der Kategorie Selbständige finden sich neben Großunternehmern auch Handwerker und Einzelhändler. Schließlich sei darauf verwiesen, daß Vorwahlbefragungen über die Wahlabsicht oder Nachwahlbefragungen über die gewählte Partei auch methodisch problematisch sind, so daß die in Umfragen erhobenen Daten über das Wahlverhalten einzelner Bevölkerungsgruppen nur *in ihrer Tendenz* aussagekräftige Anhaltspunkte liefern können. Dennoch gibt das vorliegende Datenmaterial Auskunft über wichtige sozialstrukturelle Veränderungen innerhalb der Wähler- und Mitgliederbasis der drei großen Parteien.

Die Graphik macht auf den sozialstrukturellen Wandel der westdeutschen Gesellschaft aufmerksam: Die Bedeutung der Land- und Forstwirtschaft für die Beschäftigten-Struktur hat zwischen 1950 und 1977 abgenommen, während sich der Dienstleistungssektor ausgeweitet hat. Im produzierenden Gewerbe und im Bereich Handel und Verkehr sind nur geringfügige Veränderungen eingetreten. Diese Entwicklungen hatten Rückwirkungen auf die berufliche Gliederung der Erwerbstätigen:

Erwerbstätige nach Wirtschaftsbereichen und Stellung im Beruf (in %)

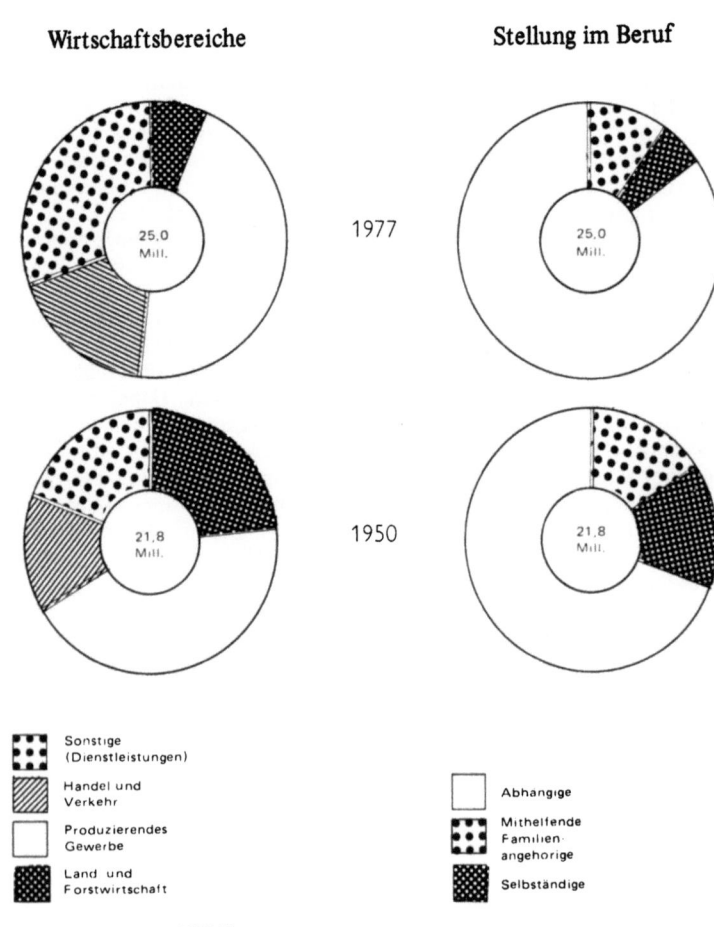

Wirtschaftsbereiche   Stellung im Beruf

1977

25,0
Mill.

25,0
Mill.

1950

21,8
Mill.

21,8
Mill.

- Sonstige (Dienstleistungen)
- Handel und Verkehr
- Produzierendes Gewerbe
- Land und Forstwirtschaft

- Abhängige
- Mithelfende Familienangehörige
- Selbständige

Statistisches Bundesamt 780244

So gingen die Anteile der Selbständigen von 14,7 % auf 8,9 % und der
mithelfenden Familienangehörigen von 14,4 % auf 4,3 % zurück, was
wohl hauptsächlich auf die abnehmende Zahl der Landwirte, der mittelständischen Unternehmer und der Kleinhändler zurückzuführen ist.
Auch der Anteil der Arbeiter sank von 50,9 % auf 42,8 %. Auf der anderen Seite verdoppelten sich die Beschäftigtenanteile der Beamten
(von 4,0 % auf 8,6 %) und der Angestellten (von 16,0 % auf 35,3 %).
Ein für die Entwicklung der Bundesrepublik wichtiger Trend geht
nicht aus dieser Graphik hervor: die Ausweitung des öffentlichen
Dienstes. Zwischen 1960 und 1970 wuchs die Zahl der insgesamt im
(unmittelbaren) öffentlichen Dienst Beschäftigten — überproportional
zum Wachstum der Bevölkerung — von 2,8 auf 3,3 Millionen, also um
etwa 500 000 Personen. Dies entspricht einer Zuwachsrate von nahezu einem Fünftel gegenüber dem Stand von 1960. Je nach Berech-
nungsverfahren absorbierte 1968 das System öffentlicher Dienstleistungen 15—20 % des westdeutschen Arbeitsmarkts. (Alle Angaben
nach: *Ellwein/Zoll*, Berufsbeamtentum — Anspruch und Wirklichkeit,
Düsseldorf 1963.)
Der erhebliche Rückgang des ,,alten" besitzenden Mittelstandes, das
Anwachsen des ,,neuen" Mittelstandes[1] (Management, Techniker,
Ingenieure usw.), die Zunahme der ,,staatlichen Lohnarbeiter" (Arbeiter, Angestellte und Beamte im öffentlichen Dienst) und schließlich
der leichte Rückgang der Arbeiter brachten für die verschiedenen
Parteien spezifische Probleme, die hier kurz angedeutet werden sollen.
In der SPD stellen die Arbeiter nach wie vor einen beträchtlichen Teil
der Mitgliederschaft, auch wenn ihre Bedeutung stark gesunken ist.
Diese Abnahme war erheblich höher, als es nach der sozialstrukturellen Entwicklung der BRD zu erwarten gewesen wäre. Berücksichtigt
man nur die berufliche Gliederung der neu in die Partei Eingetretenen,
wird dies noch deutlicher: Waren noch 1960 55,7 % der neuen
Mitglieder Arbeiter, so verminderte sich dieser Anteil 1972 auf
27,6 %.
In der Wählerschaft allerdings war bis zum Jahre 1972 eine entgegen-
gesetzte Tendenz zu beobachten: Bei Wahlen entschieden sich immer
mehr Arbeiter für die SPD. Da gleichzeitig die Arbeiter-Wähler der CDU
abnahmen, kann vermutet werden, daß die unternehmerfreundliche

---

1 Obwohl die Begriffe ,,alter Mittelstand" und ,,neuer Mittelstand" in diesem
Beitrag verwendet werden, ist darauf hinzuweisen, daß diese Unterscheidung
höchst problematisch ist. *Annette Leppert-Fögen* (Die deklassierte Klasse,
Frankfurt am Main 1974, S. 19) bemerkt, daß der ,,alte Mittelstand durch die
kapitalistische Produktion niedergerungen" worden sei, während der sogenannte neue Mittelstand seine ,,soziale Existenz umgekehrt einer bereits
fortgeschrittenen Stufe der kapitalistischen Entwicklung" verdanke.

Tab. 1: *Berufliche Gliederung der Mitglieder der SPD im Zeitverlauf* (in Prozent)

	1930	1952	1956/1957	Ende 1966	Oktober 1968	1973	15. Juni 1975	1977
Arbeiter	59,48	45	40	32	34,5	26,43	27	28
Angestellte	10,02	17	} 14	19	20,6	21,93	24	24
Beamte	3,95	5		8	9,9	8,96	10	10
Selbständige	4,57	12	6	5	5,2	4,83	5	5
Landwirte	–	2	1	–	–	0,36	0	0
Rentner	4,64	12	25	18	24,2	13,35	11	10
Hausfrauen	17,13	7	14	16	4,3	9,92	10	11
In Ausbildung	0,20	–	–	1	0,9	6,84	8	9
Keine Angabe	–	–	–	–	0,5	6,62 }	} 5	} 3
Restgruppe/Sonstige	–	–	–	1	–	0,76 }		
Insgesamt	99,99	100	100	100	100,1	100,00	100	100

Tab. 2: *Beruf des Haushaltsvorstandes und Wahlentscheidung für die SPD bei Bundestagswahlen im Zeitverlauf* (in Prozent)

Von 100 befragten …	haben im Jahre …. die SPD gewählt					
	1953	1961	1965	1969	1972	1976
Arbeitern	48	56	54	58	66	52
Beamten und Angestellten	27	30	34	46	50	46
Selbständigen	11	14	18	17	23	30
Landwirten	4	8	–	16	10	16
Insgesamt	30	36	39	46	52	46

Politik der Christdemokraten die offenkundig vor allem konfessionelle Bindung von Arbeitern an die CDU/CSU destruierte. Den Höhepunkt dieser Entwicklung bildete die politisch stark polarisierte Bundestagswahl 1972. Während sich die Unionsparteien ungeschminkt als Sachwalter besitzbürgerlicher Interessen präsentierten, trat die SPD deutlicher denn je als Arbeitnehmer-Partei auf und gewann so etwa zwei Drittel der Stimmen der Arbeiterwähler. Mit der Verschärfung der ökonomischen Krise, dem Abflauen der Reformeuphorie und dem Kanzlerwechsel von Willy Brandt zu Helmut Schmidt (Juni 1974) kehrte dieser Trend freilich um. Bei der Bundestagswahl 1976 konnte die CDU ihre Wählerverluste bei den Arbeitern wieder ausgleichen. Die Wählerschaft der SPD setzt sich nun etwa zu fast gleichen Teilen aus Arbeitern und Beamten/Angestellten (nach Umfrageergebnissen im Jahre 1976: ca. 43 % bzw. 47 %) zusammen, und innerhalb ihrer Mitgliederschaft verfügt die Gruppe der Beamten/Angestellten über ein leichtes Übergewicht gegenüber den Arbeitern. Unter den SPD-Funktionären schließlich dominieren die Angestellten und Beamten: Im Juni 1977 beispielsweise setzten sich die Funktionäre (Vorsitzende, Stellvertreter, Kassierer, Beisitzer) in den Unterbezirken aus den Angehörigen folgender Berufsgruppen zusammen: Arbeiter 7,5 %, Beamte 34,8 %, Angestellte 47,1 % (Bretschneider S. 58). Dies bedeutet den nahezu vollständigen Ausschluß der Arbeiter von den mittleren und höheren Führungspositionen der Partei zugunsten der Beamten/Angestellten, die zwar nur ein Drittel der Mitgliederschaft der SPD stellen, die Partei politisch aber fest in ihrer Hand halten.

Tab. 3: *Berufliche Gliederung der Mitglieder der CDU im Zeitverlauf* (in Prozent)

	1955	1956/ 1957	31. Dez. 1964	Oktober 1968	September 1973	1976
Arbeiter	15	10	14,63	13,1	11	11
Angestellte	18	38	19,80	16,9	26	27
Beamte	9		10,94	15,8	13	13
Selbständige	38	39	37,10	32,8	28	26
Rentner	7	5	–	14,2	6	5
Hausfrauen	13	7	–	6,6	8	10
In Ausbildung	–	–	–	0,5	5	6
Sonstige	–	–	17,53	–	–	1
Restgruppe	–	–	–	–	3	2
Insgesamt	100	99	100,00	99,9	100	101

Tab. 4: *Beruf des Haushaltsvorstandes und Wahlentscheidung für die CDU/CSU bei Bundestagswahlen im Zeitverlauf* (in Prozent)

Von 100 befragten ...	haben im Jahre ... die CDU/CSU gewählt					
	1953	1961	1965	1969	1972	1976
Arbeitern	35	36	42	39	27	42
Beamten und Angestellten	49	50	54	45	33	41
Selbständigen	53	62	58	75	62	62
Landwirten	58	77	92	72	82	79
Wahlberechtigten	45	50	52	48	36	45

Die programmatische Öffnung der SPD gegenüber bürgerlichen Schichten in den Jahren 1958-60 hat sich mithin im Sinne der Initiatoren des neuen Kurses bezahlt gemacht: Die Sozialdemokratie konnte aus allen sozialen Bereichen neue Wähler und Mitglieder gewinnen. Daß damit gleichzeitig der innerparteiliche Einfluß ihrer traditionellen Arbeiterbasis schwand, führte bislang nicht — vermutlich wegen der engen Verzahnung von Partei und Gewerkschaften — zu größeren Konflikten oder gar zu einem Loyalitätsentzug.

Auch in der sozialen Basis der CDU vollzogen sich Veränderungen. Mit dem stetigen gesellschaftlichen Bedeutungsverlust der (insbesondere mittelständischen) Selbständigen, also auch der Landwirte, reduzierte sich der Anteil dieser für die politische Gestalt der Partei maßgeblichen Gruppe an der Gesamtmitgliederschaft, während der Anteil der Beamten/Angestellten zunahm. Unter den Inhabern von Parteiämtern sind die Arbeiter unterrepräsentiert, während die Beamten hier doppelt so stark vertreten sind wie in der Mitgliederschaft der Partei insgesamt. In der Gruppe der kommunalen Mandatsträger der CDU haben die Selbständigen ein deutliches Übergewicht. Arbeiter sind auch hier unterrepräsentiert. Die CDU ist die Wahlpartei der Selbständigen und Landwirte. Trotz nach wie vor hohem Wähleranteil in der Gruppe Beamte/Angestellte war hier die SPD seit 1969 erfolgreicher in der Stimmenwerbung. So ist auch das Rekrutierungsfeld der CDU schmaler geworden. Als hauptsächliche Wähler-Reserve bleiben ihr — wie auch der FDP — die (so dreifach umworbenen) bürgerlichen Mittelschichten. Bei der Bundestagswahl 1976 gelang es ihr, nach der Wahlniederlage von 1972 verlorenes Terrain unter den Beamten/Angestellten (und bei den Arbeitern) wiederzugewinnen.

Die CSU hingegen verstand es, durch eine Politik des vorsichtigen und
geplanten Wandels der bayerischen Wirtschaftsstruktur sich ihre
spezifische soziale Basis weithin zu erhalten und quantitativ bei
Mitgliedern und Wählern auszubauen.

Tab. 5: *Berufliche Gliederung der Mitglieder der CSU*
      (in Prozent)

	1970/74		1976	
Arbeiter	16		14	
Angestellte	19		20	
Beamte	13		12	
Selbständige	15 ⎫ 35		16 ⎫ 31	
Landwirte	20 ⎭		15 ⎭	
Rentner	9		7	
Hausfrauen	4		5	
in Ausbildung	2		4	
Sonstige	2		1	
Keine Angaben	–		6	
	100		100	

Die Mitgliederstruktur der CSU ist im Unterschied zur CDU vom
bäuerlichen und handwerklichen Mittelstand sowie von kleinen und
mittleren Unternehmern geprägt. Daneben ist der Anteil der Arbeiter
in der CSU höher als in der CDU, was wohl damit erklärt werden
kann, daß zum einen die konfessionellen Bindungen in Bayern stärker
sind als in den übrigen Bundesländern, und daß zum anderen Arbeiter
wegen der erst nach 1945 einsetzenden Wandlung Bayerns vom Agrar-
zum Industrieland früher selbst in der Landwirtschaft oder in mittelständischen Betrieben tätig waren oder daß sie noch heute Neben-
oder Zuerwerbslandwirte sind.
Der starke Bedeutungsverlust des Besitzmittelstandes in der Gesellschaft der BRD nach 1945 hat aber vor allem die Mitgliederschaft der
FDP einem tiefgreifenden Wandel unterzogen.
Ursprünglich rekrutierte die FDP vor allem protestantische Landwirte, kleine und mittlere Unternehmer, Handwerker und Händler. Doch
infolge der ökonomischen Auszehrung des Besitzmittelstandes fühlte
sich die FDP wohl zu Recht existentiell bedroht und profilierte sich
in den sechziger Jahren erfolgreich gegenüber der Gruppe der Angestellten und Beamten, insbesondere gegenüber dem „neuen" Mittel-

stand. Und in den siebziger Jahren nahm der Anteil der Mitglieder, die
sich in Ausbildung befanden, und der der Frauen erheblich zu, wie der
Sprung in der Gruppe „Sonstige" in Tabelle 6 zwischen 1971 und 1977
zeigt. So gelang es der Partei, ihre Basis nahezu vollständig auszuwech-
seln. Programmatische Umorientierung und Wechsel der Mitgliederschaft bedingten einander, und hier zeigt sich die enge Verflochten-
heit von sozialer Basis, Programm, Praxis und einer Führungsschicht
mit einer neuen konzeptionellen Orientierung der Partei: Auf dem
Freiburger Parteitag 1968 ging die Parteiführung endgültig an *Scheel,
Mischnick* und *Genscher* über; drei Jahre später wurden die „Freiburger Thesen" verabschiedet. Dieser soziale und politische Wandel der
FDP begünstigte nicht nur das Ende des „CDU-Staates" (1966 kündigte die Partei – noch unter Führung von *Erich Mende* – die Koalition
mit der CDU), sondern ermöglichte auch die Annäherung an die SPD
und mündete 1969 schließlich in der sozialliberalen Koalition, die das
Ausscheiden des extrem nationalliberalen Flügels (*Mende, Bahner,
Zoglmann* u. a.) aus der Partei nach sich zog.

Tab. 6: *Berufliche Gliederung der Mitglieder der FDP im Zeitverlauf*
(in Prozent)

	1965	1967	1971	1977
Arbeiter	14	14	4,9	5
Angestellte	25	40	32,7	30
Beamte	15	8	19,6	14
Selbständige	31	22	27,4	19
Landwirte	5	6	3,7	–
Sonstige	11	10	11,7	32
Insgesamt	101	100	100,0	100

Tab. 7: *Beruf des Haushaltsvorstandes und Wahlentscheidung für die
FDP bei Bundestagswahlen im Zeitverlauf* (in Prozent)

Von 100 befragten ...	haben im Jahre ... die FDP gewählt					
	1953	1961	1965	1969	1972	1976
Arbeitern	4	5	2	1	6	5
Beamten und Angestellten	14	18	10	7	17	12
Selbständigen	20	23	19	8	13	8
Landwirten	12	13	8	4	8	5
Wahlberechtigten	10	11	7	4	11	8

Gerade am Beispiel der FDP zeigt sich, daß ideologische, programmatische sowie politisch-praktische Akzentuierungen und Modifikationen der Parteien einerseits und Veränderungen ihrer sozialen Basen andererseits einander bedingen. Dieser Bedingungszusammenhang von politischem und sozialem Wandel der Parteien gewinnt bei politisch-strategischen Überlegungen im Hinblick auf Wähler-Resonanz und politische Durchsetzungskraft erhebliche Bedeutung. Dies zeigte sich bei der CDU nach der Bundestagswahl 1972, als sich die führenden Unions-Politiker – anders als 1969 – darum bemühten, strategisch orientierte Konsequenzen zu ziehen. Die Analysen der Wahlniederlage, wie sie beispielsweise Sozialwissenschaftler der Konrad-Adenauer-Stiftung geliefert hatten, gingen von einer neuerlichen „Asymmetrie" im Parteiensystem der Bundesrepublik aus. In deutlichem historischem Rückbezug zur Phase des Bürgerblocks beschworen sie die Gefahr einer nunmehr möglich erscheinenden dauerhaften Bindung von SPD und FDP, die zu einer absoluten Mehrheit der SPD führen könnte. Als Ursache einer solchen Entwicklung begriffen sie eine veränderte gesellschaftliche Grundströmung, die „Entscheidung zur Modernität", die sich schon bisher negativ für die CDU/CSU ausgewirkt habe. Träger dieser Grundströmung waren nach ihren Analysen die „urbanisierten Mittelschichten", deren absehbare Zunahme in der Bevölkerung als Ergebnis struktureller wirtschaftlicher Veränderungen der Bundesrepublik prognostiziert wurde. Auch wenn diese Einschätzung in den Unionsparteien weithin nicht akzeptiert wurde, so wurden die „urbanisierten Mittelschichten" unter wahlstrategischen Gesichtspunkten doch zur bevorzugten Zielgruppe der CDU.

Die mit dieser Zielgruppen-Orientierung beginnende Modernisierungs-Diskussion hatte in der CDU bald auch personelle Folgen: Im Mai 1973 wurde Carl Carstens als Nachfolger Rainer Barzels zum Vorsitzenden der CDU/CSU-Fraktion im Bundestag bestimmt, und einen Monat später wählten die Delegierten des CDU-Parteitages Helmut Kohl zu ihrem neuen Vorsitzenden und Kurt Biedenkopf zum Generalsekretär der Partei. Diese personellen Veränderungen und die von Biedenkopf rasch in Angriff genommene Reorganisation des Parteiapparates hatten das politisch-strategische Ziel, das städtische und Besitzbürgertum von FDP und SPD sowie die katholischen Arbeiter von der SPD zurückzugewinnen. Auch die politisch-strategischen Überlegungen von SPD und FDP zielten auf eine Stabilisierung ihrer jeweiligen sozialen Basis. Dies führte freilich in Anbetracht des politisch-sozialen Wandels der FDP zu einer nun auch zwischen den Koalitionsparteien aufkommenden Konkurrenz um gleiche Zielgruppen.

In einem für die FDP erarbeiteten Strategie-Konzept wurde sie als eine Partei eingeschätzt, die im Vergleich mit anderen Parteien „an der Spitze der Gesellschaft" stehe. Diese Einschätzung bezog sich auf die überdurchschnittlichen Zugewinne der Partei bei den vergangenen Bundestagswahlen unter Beamten, unter Wählern mit hohem Bildungsgrad und unter beruflichen Aufsteigern. Die taktische Konzeption, die aus dieser Interpretation erarbeitet wurde, zielte auf einen kalkulierten Konflikt gegenüber der „Arbeitnehmer-Strategie" der SPD.

Damit hatte die FDP, deutlicher als in der ersten Regierung der sozialliberalen Koalition, ihre Position als liberales Gegengewicht zur Sozialdemokratie formuliert. Diese korrigierende Funktion zeigte sich insbesondere im Jahre 1973. Die FDP wendete sich gegen politische Orientierungen der SPD-Linken (ihr Kern: die Jungsozialisten), die 1973, auf dem Hannoveraner SPD-Parteitag, das politische Profil des Koalitionspartners zu akzentuieren schienen: Forderungen nach Investitions-Kontrolle, weiterer Reform gesellschaftlicher Teilbereiche und einer programmatisch eindeutigen Festlegung der SPD auf einen „Demokratischen Sozialismus".

Es war freilich weniger das Verdienst der FDP, daß derlei Zielsetzungen sich in der SPD nicht durchsetzen konnten. Die Energiekrise im Herbst des Jahres 1973 sowie steigende Inflationsraten und Arbeitslosenziffern ließen die Finanzierung der angestrebten Reformen unmöglich erscheinen. Die wachsende Beunruhigung über die wirtschaftliche Entwicklung war eine Ursache der Sympathieverluste, die Willy Brandt hinnehmen mußte. Die andere war, daß es ihm immer weniger gelang, die unterschiedlichen Auffassungen über Perspektiven der sozialdemokratischen Politik — auch im Hinblick auf die Koalitionsproblematik — in seiner Partei zu integrieren. In der Sicht seiner Kritiker zeigte sich dies zum einen in den um die Juso-Forderung nach einem „sozialistischen Aktionsprogramm" entbrennenden innerparteilichen Kontroversen. Zum anderen warfen sie ihm vor, er fliehe in die Außenpolitik und biete wenig konkrete Lösungsmöglichkeiten für die anstehenden innenpolitischen Probleme. Die Aufdeckung der Guilleaume-Affaire und damit die Entdeckung, daß es einem DDR-Spion gelungen war, bis in den persönlichen Bereich des Kanzlers vorzudringen, war so nur noch ein Anlaß für seinen Rücktritt.

Der am 16. Mai 1974 entschiedene Kanzlerwechsel von Willy Brandt zu Helmut Schmidt war eine Folge des raschen Sympathieverfalls der SPD seit den Bundestagswahlen. Er markiert auch, um es pointiert zu formulieren, das Ende der sozialdemokratischen Reformpolitik. Ein Indiz dafür war, daß jene Minister, die in ihren Ressorts eine Politik der Reformen vertreten hatten, aus ihren Ämtern entlassen wurden: Forschungsminister Ehmke, Wissenschaftsminister von Dohnanyi und Entwicklungsminister Eppler. Mit der Regierungsübernahme Schmidts begann auch eine neue Phase der SPD-Politik. Bedingt durch die immer schärfer hervortretende Krise und durch die Wahlverluste bei den Landtagswahlen zwischen 1974 und 1976, in denen vor allem die eben

erst gewonnenen Beamten- und Angestellten-Wähler die Partei verlie-
ßen, orientierte sich die SPD immer stärker an der Person des Bundeskanzlers, der die Wählerbasis unter den sich abwendenden lohnabhängigen Mittelschichten sichern sollte.
Ein ähnlicher Wandel vollzog sich in der FDP. Zunächst hatte aber
auch sie sich mit den — formal von ihr unabhängigen, tatsächlich jedoch als ihre Jugendorganisation fungierenden — auf Reformen drängenden Jungdemokraten auseinanderzusetzen. Doch wie in der SPD,
so kam auch bei der FDP die Abwendung von der reformpolitischen
Orientierung im Gefolge der Wirtschaftskrise. Sie drückte sich darin
aus, daß auf dem Hamburger Parteitag der FDP im Jahre 1974 der
,,Vater der Freiburger Thesen", Werner Maihofer, bei den Vorstandswahlen dem eher zum Wirtschafts-Liberalismus neigenden Wirtschaftsminister Friderichs, wenn auch nur knapp, unterlag. Friderichs wirtschaftspolitische Strategie hatte sich deutlich von den in Freiburg an-
gekündigten Reformen unterschieden. Er plädierte für
— Steigerung der privaten Investitionen über Investitionszulagen
— Gewinnsteigerung
— Abgabeneindämmung und Erhöhung der Abschreibungssätze
und damit für eine Wirtschaftspolitik, die deutlich für die Steigerung
der Unternehmergewinne als angeblich notwendige Voraussetzung für
das angestrebte Wachstum der Wirtschaft eintrat. So kehrte die Par-
teitags-Mehrheit zu Positionen zurück, die große Teile der Parteibasis
mit den Freiburger Thesen längst als überwunden betrachteten.
Inzwischen war die politische Entwicklung in der Bundesrepublik jedoch deutlich von der Politik der Unionsparteien dominiert. Bis zum
Herbst 1974 war der ,,Modernisierungsstrategie" — bei der sich im
übrigen die Jugendorganisation der Parteien, die Junge Union, besonders hervortat — des auf den Rückgewinn der lohnabhängigen Mittelschichten und der katholischen Arbeiter orientierten Flügels der CDU
kaum öffentlich widersprochen worden. Und das auch, weil sich dieses Konzept in den Landtagswahlen 1974 in deutlichen Positionsver-
besserungen der CDU niedergeschlagen hatte. Nach der bayerischen
Landtagswahl vom Oktober 1974 änderte sich dies freilich. Bei dieser
Wahl erreichte die CSU mit einem Anteil von 62,1 % an den abgegebenen gültigen Zweitstimmen einen überragenden Erfolg. In einer wenige
Wochen nach der Wahl — im November 1974 — von Franz Josef Strauß
gehaltenen Rede wurden wesentliche Strategie-Momente der CSU
deutlich. Strauß wertete den spektakulären CSU-Wahlsieg als Indiz dafür, daß politische Konfrontation, Obstruktion und die offensive Vertretung konservativer Ideologien geeignetere Mittel seien, die Wählerschaft zurückzugewinnen als eine auf Annäherung und Bündnisfähigkeit gerichtete Politik.
Anders war das Konzept der Mehrheit der CDU. Auf dem Mannheimer

Parteitag im Juni 1975 konnte sich Helmut Kohl, gestützt auf ein in-
nerparteiliches Bündnis von Sozialausschüssen, Frauenvereinigung und
Junger Union mit dem von Kurt Biedenkopf ausgearbeiteten Programm, der „Mannheimer Erklärung", durchsetzen. Kern dieser Erklärung war die Formulierung einer „neuen sozialen Frage":
„Wie kann der einzelne seine nicht organisierbaren und nicht konfliktfähigen Interessen in und gegenüber mächtigen Verbänden mit Hilfe des Staates durchsetzen?" (Manfred Delling, S. 12)

In ihrer programmatischen Erklärung erkannte die CDU die Notwendigkeit, mehr als bisher als Partei der Arbeitnehmerschaft auftreten zu
müssen, um so Teile der verlorenen Wählerschaft wiederzugewinnen.
Mit der „neuen sozialen Frage" sprach die CDU unter den Lohnabhängigen vor allem die nicht gewerkschaftlich gebundenen Arbeitnehmer sowie gesellschaftliche Randgruppen und Unterprivilegierte an,
die von der Krise besonders stark betroffen waren, wie Hilfsarbeiter,
Frauen, jugendliche Arbeitslose, Rentner und andere mehr. Mit dieser
Position konnte sich die CDU-Mehrheit auch erhoffen, die Bündnisfähigkeit gegenüber der FDP zu erhalten.
Schon Ende des Jahres 1975 verstärkte sich jedoch das Gewicht des
Unionsflügels, der eher das Konzept einer Konfrontation verfolgte.
Dies zeigt nicht nur die Zurücknahme der Teile der in Mannheim beschlossenen programmatischen Erklärung, die staatliche Steuerungsmaßnahmen in der Wirtschaft forderten, sondern auch die Annulie-
rung des früheren CDU-Beschlusses zur staatlichen Aufsicht über die
Lehrlingsausbildung. Auch der beständig zunehmende Einsatz der
Bundesratsmehrheit ist ein Hinweis auf die sich wandelnde Grund-
stimmung in den Unionsparteien. Dieser Wandel war auch bedingt
durch die Festlegung der FDP auf die Fortführung der Koalition mit
der SPD bei Erreichen eines entsprechenden Wahlergebnisses. Damit
hatte sich zumindest der Teil des CDU-Konzepts als aussichtslos erwiesen, der auf die Bündnisfähigkeit gegenüber der FDP gezielt hatte.
Die Wende der CDU-Taktik, die sich so schon Ende 1975 abgezeichnet hatte, war nach den Landtagswahlen in Baden-Württemberg im
Frühjahr 1976 vollzogen. Dort hatte sich die Parole „Freiheit statt
Sozialismus" bewährt.
Das im März 1976 verabschiedete Grundsatzprogramm der *CSU* war
im wesentlichen ein Ausdruck der zunehmenden Polarisierung zwischen den Unionsparteien einerseits und den Sozialliberalen andererseits. Doch zugleich war es auch Ausdruck der besonderen Stellung
der CSU im Parteiensystem der Bundesrepublik. Noch stärker wurden
in ihm die christlichen, konservativen und nationalen ideologischen
Grundpositionen als die politische Hauptstoßrichtung betont. Es war
jedoch zugleich auch − Ergebnis der Rolle der CSU als dominierende

bayerische Landespartei – von den bayerischen Verhältnissen geprägt. Dies zeigte sich etwa in der Forderung nach einer „bewußt gesellschaftsgestaltenden Politik", die ganz besonders der „Erhaltung und Stärkung des Mittelstandes", der „gesamtwirtschaftlichen Ausgeglichenheit" und der „gesamtgesellschaftlichen Stabilität" dienen sollte. In diesem Programm wurde die in Bayern schon bewährte CSU-Politik deutlich. Ein dauerhafter, gegen den sozialdemokratischen Teil der Arbeiterbewegung gerichteter Gesellschaftspakt zwischen großindustriellen und mittelständischen Kräften sollte das politische System der Bundesrepublik unter konservativem und antisozialistischem Vorzeichen stabilisieren. Diesem Konzept entsprach die Parole „Freiheit statt Sozialismus", die zur gemeinsamen Parole der Unionsparteien im Wahlkampf 1976 wurde.

Nach den erheblichen Sympathieverlusten der SPD bis 1974, nach ihren Wahlniederlagen in den Ländern, schien es so als habe sich die SPD als Partei längst aufgegeben. Im Zentrum des Wahlkampfes stand nicht ihre Programmatik und auch nicht ein erkennbar perspektivisches Konzept. Im Zentrum stand vielmehr Bundeskanzler Schmidt, der sich weniger als Sozialdemokrat, sondern eher als über den Parteien stehender „Macher" darstellte, der um der Stabilität des „Modells Deutschlands" willen Kanzler bleiben müsse.

Aber auch die Unionsparteien hatten sich auf keine werbewirksame Wahlkampfführung einigen können. Zwar hatten sie neben der Interpretation ihrer Parole „Freiheit statt Sozialismus" die eminenten wirtschaftlichen Probleme thematisiert, aber auch bei CDU und CSU stand ihr Kanzlerkandidat, Helmut Kohl, im Vordergrund des Wahlkampfes. Die FDP schließlich stellte sich auf bewährte Weise als Korrektiv im sozialliberalen Regierungsbündnis dar.

Anders als 1972 gab es im Wahlkampf 1976 kein kontroverses Sachproblem, das die Wähler hätte mobilisieren können. Im Gegenteil: Es bestand zwischen den beiden „Wähler-Lagern" Einmütigkeit über die wichtigsten Probleme.

Bei dieser Konstellation war auch das Ausmaß der Polarisierung und Mobilisierung im Wahlkampf geringer als vier Jahre zuvor. Daß dies womöglich zu Lasten der SPD gehen könnte, zeichnete sich schon in Vorwahlumfragen ab. Sie hatten zum Ergebnis, daß die Distanz der SPD-Wähler zu anderen Parteien geringer geworden war. Der Verzicht auf die Formulierung von Perspektiven zu inzwischen weithin erkannten Problemen wie Umweltschutz, Anwendung von Atomenergie und Bürgerbeteiligung hatte nicht nur Auswirkungen auf das Wahlergebnis, sondern führte auch zur Trennung eines Teils der ehemals sozialliberal orientierten Reformbewegung von SPD und FDP.

Die SPD verlor die Wahl: Sie erreichte mit einem Anteil von 42,6 % an den abgegebenen gültigen Zweitstimmen ein um 3,2 Prozentpunkte geringeres Ergebnis als 1972. Dies war die Folge eines Wählerverlusts von etwa einer Million. Demgegenüber gewannen die Unionsparteien 3,7 Prozentpunkte hinzu und wurden mit einem Zweitstimmenanteil von 48,6 % wieder zur stärksten Fraktion. Die Position der CSU wurde durch ihr im Schnitt besseres Wahlergebnis dabei gestärkt. Auch die FDP verlor an Stimmen. Mit einem Anteil von 7,9 % erreichte sie 0,5 Prozentpunkte weniger als 1972. Damit hatte die SPD gegenüber der Vorwahl 17 und die FDP 2 Mandate eingebüßt, während CDU und CSU 19 gewannen. Die SPD war also auf ihr Wahlergebnis von 1969 zurückgefallen.

Das für die Bundesebene festgestellte Ergebnis variiert regional allerdings sehr deutlich. In eher katholischen Ländern und Regionen ohne traditionell sozialdemokratisch gebundene, homogene Arbeitermilieus verlor die SPD überdurchschnittlich. In katholischen Regionen mit traditionell sozialdemokratischen Milieus, wie beispielsweise im Saarland und in Nordrhein-Westfalen, entsprachen die Verluste der SPD dem Bundesdurchschnitt. Im protestantischen Norden dagegen behauptete sie ihre Position. Dort waren denn auch die Gewinne der CDU niedriger als andernorts.

Die so angedeuteten regionalen Unterschiede und die Veränderungen zwischen 1972 und 1976 lassen erkennen, daß die Konfessionszugehörigkeit für die Wahlentscheidung wieder bedeutsam wurde. – Die SPD verlor vor allem jene Bevölkerungsgruppen, die trotz gelockerter Kirchenbindung noch immer ihrer ursprünglich christlich-konservativen Wertorientierung zuneigten. Sie konnten 1976 nicht mehr mobilisiert werden. Dies führte vor allem in der Gruppe der Arbeiter zu erheblichen SPD-Verlusten. Überraschend dabei ist, daß Facharbeiter sich nahezu gleich stark für die SPD und CDU/CSU entschieden. Auch unter den Beamten und Angestellten ging der Einfluß der SPD zurück. In diesen Gruppen gewann die CDU allerdings nicht nur von der SPD, sondern auch von der FDP Stimmen hinzu.

Die sozialstrukturellen Veränderungen fielen also bei diesen Wahlen weniger ins Gewicht: Die Parteien hatten – in unterschiedlichem Ausmaß – zu ihren früheren Wählern zurückgefunden. Sicher, diese Feststellung ist vereinfacht und trifft für die SPD am deutlichsten, für die CDU/CSU eher und für die FDP am geringsten zu. Sie macht aber die wesentlichen Veränderungen im Wahlverhalten deutlich:

– Der geringen inhaltlichen, auf Probleme hin orientierten politischen Polarisierung entsprach die geringe soziale Polarisierung der Wählerschaft.
– Der Mangel an parteipolitisch akzentuierten Interpretationshilfen zur Beurteilung der gegenwärtigen Situation und deren Verknüpfung mit spezifischen politischen Perspektiven reduzierte die Möglichkeit der Parteien, ihre Wählerschaft zu stabilisieren (SPD und

mit Einschränkungen auch FDP) oder mehr zu erreichen, als ihre früheren Verluste auszugleichen (CDU).

Für eine Partei gilt dies freilich kaum: für die CSU. Sie hatte es nicht nur verstanden, Politikbereiche wählermobilisierend anzusprechen; sie hatte darüber hinaus — zumindest über ein Negativbild — ihre antisozialistische Perspektive verdeutlicht. Und in Bayern hatte sich dieses Konzept bei Wahlen in der letzten Zeit immer bezahlt gemacht. Ausgehend von der Annahme, daß eine konsequent betriebene, ideologisch zureichend abgesicherte Konfrontationspolitik auch den „Nordlichtern" Erfolg gebracht hätte, versuchte Franz Josef Strauß, seine politische Linie mit dem überraschenden Vorstoß der Aufkündigung der Fraktionsgemeinschaft mit der CDU durchzusetzen. Doch der Kreuther Beschluß vom November 1976 ließ sich in seiner ursprünglichen Intention nicht halten. Denn er führte zum einen zur Solidarisierung der CDU mit Helmut Kohl, und zum anderen weckte er Kritik im eigenen Lager. Doch konnte die CSU ihre Position in der Fraktionsgemeinschaft auch nach der Rücknahme der Spaltungsdrohung verbessern. Die gerade in der CSU immer wieder angedeutete Möglichkeit einer Ausdehnung als bundesweite vierte Partei ist ein weiterer Ausdruck ihres Bemühens, über eine parteipolitische Polarisierung vor allem der FDP Wähler zu entziehen, um so die sozialliberale Koalition abzulösen.

Mit der Nominierung von Strauß zum Kanzlerkandidaten der Unionsparteien gelang es der CSU, ihre Schwesterpartei auf ihr Konzept zu verpflichten. Daß die Strauß'sche Strategie für die Zerstörung der Wählerbasis der sozialliberalen Koalition — die Stabilisierung von Bürger-Angst (Rezession, Inflation) und -Sehnsucht (Law and Order) — von der zunächst widerstrebenden CDU schließlich doch hingenommen wurde, verweist nicht nur auf die konzeptionelle Schwäche des sozialkonservativen Flügels der Union; es zeigt zugleich die Labilität des Gefüges der Union, die noch immer Züge einer Honoratioren-Partei trägt.

Die Tragfähigkeit dieses Konzepts wird freilich nicht nur von den Parteien der sozialliberalen Koalition mitbestimmt werden.Sie wird auch abhängen von der Fähigkeit des (etablierten) Parteiensystems auf Problemlagen zu reagieren, die aus der Wirtschaftskrise und ihren politisch-ideologischen Folgen resultieren: auf die heterogene Ökologie- und Partizipationsbewegung, aber auch auf den unter jugendlichen Großstädtern wachsenden Trend zur Flucht aus herkömmlichen Politik-Bereichen. Diese Bewegungen fordern insbesondere SPD und FDP heraus. Denn es sind — wie es das Wahlverhalten bei den Europa-Wahlen und den Landtagswahlen seit 1978 zeigte — insbesondere jüngere großstädtische Wähler aus der Gruppe der protestantischen Angestell-

ten und Beamten mit hohem Bildungsniveau, die „Grüne Listen"
gewählt haben. Was das Parteiensystem im Hinblick auf die soziale Basis der Parteien
prägt, sind jedoch nicht nur die signifikanten Unterschiede ihrer Mit-
glieder- und Wählerstrukturen bzw. die Konkurrenz um gleiche Zielgruppen oder ihre spezifische Integrationskraft. Prägend wirken auch
die Gemeinsamkeiten, die aus dem Verhältnis der Parteien zum Staat
herrühren.

Der Anteil der im öffentlichen Dienst Beschäftigten ist in der Mitgliederschaft aller Parteien im Vergleich zur Bevölkerung überdurchschnitt-
loch hoch. Dieses Übergewicht des öffentlichen Dienstes wird noch
deutlicher, wenn man die innerparteilichen Strukturen in die Betrachtung einbezieht: Die Führungsgremien aller Parteien werden, wenn auch
in unterschiedlichem Ausmaß, von dieser Gruppe dominiert. Die soziale
Nähe der Parteiführer auf regionaler und zentraler Ebene zu den Beamten und Angestellten im öffentlichen Dienst ist nicht nur auf karrierebe-
dingte Ursachen zurückzuführen. Sie ist vor allem in der doppelten, widersprüchlichen Funktion staatstragender Parteien in parlamentarisch-
demokratischen Ordnungen zu sehen. Diese Parteien haben einerseits
die legitimationsbeschaffende Verbindung zwischen Staat und Gesellschaft aufrechtzuerhalten, sie haben andererseits aber auch die Autonomie des Staates gegenüber den divergierenden Klassen, Gruppen und Interessen zu gewährleisten, weil nur ein autonomer Staat seien – allgemeinen und auf den gesamtgesellschaftlichen Reproduktionsprozeß[2]
bezogen – notwendigen ökonomischen und politisch-rechtlichen Funktionen wahrnehmen kann.

Reduzierte innerparteiliche Demokratie ist also notwendig, damit
staatstragende Parteien ihre Funktion überhaupt erfüllen können. Der
innerparteiliche Widerspruch zwischen legitimationsbeschaffender sozialer Vielfalt der Mitglieder- und Wählerbasis und der den Staatsfunktionen adäquaten sozialen Homogenität und organisationsinter-
nen Autonomie von Parteiführungen („Oligarchisierung") zeigt sich
parteispezifisch an verschiedenen strukturellen und sozialen Momenten: Hierzu zählen die Periodizität innerparteilicher Wahlen, der

---

2 Unter Reproduktion verstehen wir den Prozeß der ständigen Erneuerung und
Erweiterung der Existenzbedingungen einer Gesellschaft. Hierzu zählen in
erster Linie die Produktion, da „jede Nation verrecken würde, die ... für einige Wochen die Arbeit einstellte" (*Marx*), und die gesellschaftlichen Verhältnisse, die die Menschen miteinander bei der Produktion eingehen. Diese
Produktions- bzw. Eigentumsverhältnisse bilden eine organische Einheit mit
den politisch-rechtlichen und ideologisch-kulturellen Verhältnissen. Die politischen Institutionen und Prozesse erfüllen also eine notwendige und spezifische Aufgabe für die Sicherung der Existenz einer Gesellschaft.

Zwang zum Kompromiß und die Tabuisierung des imperativen Mandats ebenso wie die Gleichartigkeit von Qualifikationsanforderungen für Staats- und Partei-Funktionen sowie die Notwendigkeit beruflicher Abkömmlichkeit von Mandatsträgern.

Die Probleme, die sich aus diesen gemeinsamen sozialstrukturellen Merkmalen aller Bundestagsparteien ergeben, sind für die einzelnen Parteien wiederum recht verschieden. Beispielsweise wirken sich diese für Lohnarbeiter besonders restriktiven Bedingungen innerhalb einer Partei, deren Basis stark von der Arbeiterschaft geprägt ist, anders aus als in einer bürgerlichen Partei. Der überdurchschnittlich hohe Rückgang der Arbeiter an der Parteimitgliederschaft der SPD ist sicher auch auf diese indirekte Disziplinierung, die sich langfristig entpolitisierend auswirken muß, zurückzuführen. Und ein Vergleich mit den Zahlen über Neueintritte in den Deutschen Gewerkschaftsbund läßt die Vermutung zu, daß die Arbeiter in wachsendem Ausmaß eher in den Gewerkschaften eine Möglichkeit für politische Betätigung sehen als in den Parteien.

Die bisher erläuterten Thesen beziehen sich im wesentlichen auf die Bundesparteien. Es ist nur natürlich, daß sich die Verhältnisse in den jeweiligen Regionalorganisationen, je nach ökonomischer und sozialer Struktur und nach regional-spezifischen Entwicklungen, differenzierter darstellen. So waren beispielsweise Mitte der fünfziger Jahre etwa 52 % der Mitglieder im industriereichen SPD-Bezirk Westliches Westfalen Arbeiter, im eher agrarischen Südbayern (ohne München) immerhin noch 36 %, im Verwaltungs- und Dienstleistungszentrum Berlin (West) dagegen nur 26 %. Hier, wo die SPD traditionell fest verankert ist und mit Ausnahme eines Jahres (Ende 1953 bis Anfang 1955) ständig den Regierungschef stellte, betrug der Mitgliederanteil von Beamten und Angestellten im öffentlichen Dienst hingegen 20 %, in Südbayern aber nur 9 %. Daß bei langjährigen Oppositionsparteien die Verflechtung mit dem öffentlichen Dienst sehr viel geringer ausgebildet ist als bei langjährigen Regierungsparteien, zeigt auch ein Beispiel aus der CDU für das Jahr 1975: In Rheinland-Pfalz sind 17 % der CDU-Mitglieder Beamte, in Hamburg aber nur 7 %. Schon diese wenigen Beispiele machen deutlich, daß die soziale Basis einer Partei auch regionalspezifisch differenziert ist.

Im ersten Abschnitt dieses Bandes (siehe S. 13) ist auf die Notwendigkeit der Unterscheidung zwischen sozialer und territorialer Basis bereits hingewiesen worden; die Tatsache, daß bestimmte sozioökonomische „Landschaften" entsprechende Verhältnisse in und zwischen den dort ansässigen Parteien hervorbringen, erhärtet die vielfach in Zweifel gezogene These vom engen Zusammenhang ökonomischer und politischer Verhältnisse.

2. *Kritik der „Volkspartei"*

Der Hinweis auf signifikante sozialstrukturelle Unterschiede in der
Basis der drei Bundestagsparteien führte zwangsläufig zu einer Proble-
matisierung des Begriffs der Volkspartei. Diese Diskussion hatte
keineswegs nur akademischen Charakter: Schon aus der Tatsache, daß
sich viele Parteien seit dem Entstehen der parlamentarischen Demokratie in Deutschland mit der Bezeichnung Volkspartei drapierten
und daß der Wandel der SPD von einer Arbeiter- zu einer angeblichen
Volkspartei einer (heftig umstrittenen) Strategie zur Machteroberung
folgte, verweist auf den eminent politischen Charakter dieser Diskussion. Aber auch unsere bisherigen Ausführungen über die doppelte
Funktion von staatstragenden Parteien zwingen zu einer Bestimmung
des analytischen Werts und der politischen Zweckmäßigkeit des
Begriffs der Volkspartei.

Der Begriff „Volk" ist ideologisch stark belastet. Je nachdem, von
welchem Standpunkt aus er benutzt worden ist, änderte sich seine
inhaltliche Bedeutung. Wenn die Liberalen den Begriff benutzten,
dann geschah dies in einem antiabsolutistischen Sinne, der das
Individuum als souverän erachtete. Der liberale Begriff der Volkspartei knüpfte allerdings nicht an das Naturrecht an, sondern eher an
einen *sozialen* Volksbegriff, der sich gegen die autoritär Herrschenden
richtete und auf die demokratische Republik abzielte. Freilich implizierte dieser Begriff eine Interessenidentität zwischen Arbeitern und
demokratischem Bürgertum. Die Emanzipation der Arbeiterklasse aus
dem Schoß des demokratischen Bürgertums (siehe S. 25) − *August
Bebel* und *Wilhelm Liebknecht* beispielsweise kamen aus der linksliberalen Sächsischen Volkspartei − beweist, daß der ideologische Gehalt
des Begriffs wenigstens damals erkannt worden ist.

Im konservativen und später auch faschistischen Sprachgebrauch
wurde Volk im Sinne von Volksgemeinschaft verwendet. Dahinter
verbarg sich die (idealistische) Vorstellung einer zwar sozial differenzierten, aber in dieser Differenziertheit doch organischen und natürli-
chen Ordnung, in der jeder auf dem ihm zugewiesenen Platz dem
Ganzen dient. Interessenpluralismus oder gar Klassenkampf waren,
weil die Volksgemeinschaft zerstörend, verpönt. Der Begriff der
Volkspartei richtete sich hier also letztlich auch gegen die Massen-
oder Klassenkampfpartei und zielte seinem ideologischen Gehalt nach
tendenziell auf die Beseitigung von Parteien überhaupt. Die Verwendung des Begriffs in Parteinamen (z. B. DNVP) sollte den Organisationen die für die Machtausübung in der Massendemokratie notwendigen
zusätzlichen Wählerschichten zuführen und gleichzeitig den Klassencharakter der Partei verschleiern.

Volkspartei bezeichnete also keinen parteiensoziologisch-analytischen Befund, sondern ein politisches Konzept. Die Sozialdemokratie nannte sich im Görlitzer Programm (1921) „Partei des arbeitenden Volkes in Stadt und Land", womit kaum eine soziale Realität gemeint war, sondern die Zuversicht, daß sie die Interessen der Abhängigen, aller „körperlich und geistig Schaffenden" vertrete. Zielten die Arbeiterparteien insgesamt auf einen Einbruch in die Wählerschaft der bürgerlichen Parteien, so wetteiferten die vielen bürgerlichen Parteien und Splittergruppen in der Weimarer Republik ihrerseits vornehmlich um Stimmen in ihrem eigenen Lager.

Durch die Zulassungspolitik der Alliierten ist nach 1945 einer Neuauflage der politisch-organisatorischen Zersplitterung entgegengewirkt worden. Diese von der Mehrzahl der bürgerlichen Politiker auch begrüßte Konzentration im Parteiensystem führte zwangsläufig dazu, daß sich auf der Basis des politischen Katholizismus sowie des Liberalismus zwei große Parteien bildeten, die sich auf eine breite soziale Basis stützten. Das Sozialprofil der CDU-Mitgliederschaft glich 1949 weitgehend dem der westdeutschen Bevölkerung.

Als sich seit dem Beginn der 50er Jahre auch die Sozialdemokratie intensiv um die Gewinnung der Mittelschichten bemühte, haben Sozialwissenschaftler dies zum Anlaß genommen, um insgesamt von einer Entwicklung der großen Parteien zu Volksparteien zu sprechen. *Otto Kirchheimer* stellte einen solchen Trend schon Anfang der 50er Jahre für die Parteien aller westlichen Demokratien fest. Dabei führte er zunächst den Begriff der „Allerweltspartei" (catch-all-party) ein, wobei er vor allem von der nordamerikanischen Entwicklung ausging. Diese Allerweltspartei ist erstens dadurch gekennzeichnet, daß sie auf dem Boden der bestehenden und von ihr grundsätzlich akzeptierten Ordnung der parlamentarischen Demokratie mit allgemein gehaltenen Aktionsprogrammen alle Schichten der Bevölkerung anspricht und bei Wahlen um die größtmögliche Anzahl von Stimmen in Konkurrenz zu anderen Allerweltsparteien kämpft. Sie verzichtet zweitens auf die Orientierung ihrer Aktionsprogramme und ihrer Praxis an ideologisch fundierten Konzeptionen oder an längerfristigen Einschätzungen in bezug auf die künftige gesellschaftliche Entwicklung. Sie betreibt vielmehr eine kurzfristige, pragmatische Politik, die vor allem auf künftige Wahlerfolge ausgerichtet ist. Drittens dient die Allerweltspartei – immer noch nach *Kirchheimer* – vorrangig der Kandidatenauslese und -aufstellung für öffentliche (Wahl-)Ämter und sorgt für den Konsens unterschiedlicher gesellschaftlicher Gruppen und Interessen. Die Diskussion der *Kirchheimer*schen Thesen über die Allerweltspartei, die er später auch als „echte Volkspartei" bezeichnet hat, wurde vor allem auch in der Bundesrepublik geführt. Denn diese Thesen trafen hier auf wesensverwandte Deutungsmuster der ökonomischen und politischen Entwicklung der BRD, die mit Begriffen wie „klassenlose Gesellschaft", „nivellierte Mittelstandsgesellschaft", „technischer Staat", „Entideologisierung" beschrieben worden waren. Volkspartei schien in einer so gedeuteten Gesellschaft nicht mehr nur politische Intention, sondern empirisch erfahrbare Wirklichkeit zu sein. Und bis in unsere Tage findet sich nicht nur der Anspruch (wenigstens von SPD und CDU/CSU), sondern auch die Behauptung, tatsächlich Volkspartei zu sein. Allenfalls wird selbstkritisch vermerkt, daß man dieser oder jener gesellschaftlichen Gruppe künftig noch mehr Aufmerksamkeit zu widmen habe.

Im folgenden soll nun die These begründet werden, daß der Begriff „Volkspartei", dessen ideologischer Gehalt schon angedeutet worden ist, als analytische Kategorie für die Sozialwissenschaften wenig nützlich ist, weil er reale gesellschaftliche Verhältnisse eher verschleiert als erhellt.

Eine Implikation des Begriffs von der Volkspartei trifft sicherlich — wenn auch modifiziert — auf die Parteien in der Bundesrepublik zu: es gibt keine „Klassenparteien" mehr, also auch keine Partei, die ausschließlich die Bourgeoisie organisiert; und es gibt in diesem Sinne auch keine Arbeiterpartei. Aber es bestehen — wie die Entwicklung der sozialen Basen gezeigt hat — eben doch Parteien, die sich schwergewichtig auf relativ homogene, unterschiedliche soziale Basen stützen, was den Begriff „Volkspartei" zusätzlich problematisch erscheinen läßt.

Auch die Behauptung der „Entideologisierung" ist fraglich, wenn man sich beispielsweise die unterschiedlichen Grundpositionen der Parteien zur Mitbestimmung vor Augen führt. Dieses aktuelle politische Problem veranschaulicht nämlich, wie stark die Stellungnahmen der „Volksparteien" von den unterschiedlichen ideologischen Voraussetzungen und den in ihrer sozialen Basis jeweils vorherrschenden Schichten geprägt sind. Wenn sich also „Volks"-Parteien — wie differenziert im einzelnen auch immer — voneinander unterscheiden, dann treffen die im Begriff Volkspartei enthaltenen Annahmen nicht zu. Eine noch tiefer gehende Kritik an diesem Begriff muß bei der ihm zugrundeliegenden Annahme ansetzen, daß alle in einer Gesellschaft vorfindlichen Gruppen und Interessen grundsätzlich miteinander vereinbar sind, daß sie sich in beliebiger Kombination in Volksparteien zusammenfinden können. Diese Annahme übersieht aber die historisch gewachsenen, ökonomischen, sozialen und politischen Widersprüche und Konfliktlagen und die dadurch geprägten Bewußtseinsstrukturen. Indem die Verfechter der Volkspartei-These die exzeptionelle wirtschaftliche Situation, in der diese These entwickelt worden ist, unkritisch verabsolutieren, sind sie blind gegenüber der Krisenhaftigkeit des Kapitalismus und der damit zusammenhängenden periodischen Verschärfung gesellschaftlicher (Klassen-)Konflikte, die in der Regel auch zur Polarisierung im Parteiensystem führen.

Nun darf eine Partei, wie schon häufig erwähnt, nicht nur unter dem Aspekt ihrer sozialen Basis betrachtet werden. Es muß vielmehr auch gefragt werden, inwieweit der Begriff Volkspartei die innerparteiliche Situation und das Verhältnis einer Partei zum Staat reflektiert und inwieweit er ihr Programm und ihre Praxis zutreffend charakterisiert. Unsere Resultate zeigen deutlich, daß die an der Basis einer Partei vorhandenen Gruppen und Interessen sich keineswegs chancengleich innerhalb der Organisation durchsetzen und Programm oder Praxis beeinflussen können. Dies würde auch, wir haben uns oben (vgl. S. 244 f.) um die Begründung dieser These bemüht, der (doppelten) Funktion von Parteien widersprechen. Der Widerspruch zwischen Führung und Basis, häufig als Oligarchisierung charakterisiert (*Robert Michels* hat in diesem Zusammenhang bereits 1911 ein „ehernes Gesetz der Oligarchie" formuliert), resultiert schließlich in erster Linie aus der Stellung der Partei innerhalb der (an eine ökonomische Ordnung gebundenen) politischen Ordnung. Auf die damit verbundenen spezifisch sozialstrukturellen Implikationen bei den großen Parteien in Westdeutschland haben wir schon verwiesen.

Wenn der Begriff „Volkspartei" analytisch überhaupt einen Sinn haben kann, dann den, daß er auf die Notwendigkeit einer sozial ausreichend breit gefächerten Legitimation staatlicher Politik hinweist, zu der gerade die (staatstragenden) Parteien beizutragen haben. Diese Notwendigkeit, und das gilt es sich stets vor Augen zu halten, ergibt sich aber gerade aus der Tatsache, daß staatliche Politik eben nicht die Resultante der vielen Einzelwillen sein kann, da sie im Rahmen des kapitalistischen Reproduktionsprozesses bestimmte Aufgaben wahrnimmt und in ihrer Tätigkeit an die ökonomischen Reproduktionsbedingungen gebunden ist. (Die gegenwärtige Entwicklung in der Bundesrepublik beweist dies anschaulich!) Insofern wäre der Begriff der Massenlegitimationspartei eher gerechtfertigt als der der Volkspartei.

Dabei gilt es aber zu berücksichtigen, daß Legitimation ein sozialer Prozeß ist, in dem neben Parteien auch Verbände, Gewerkschaften und weitere gesellschaftliche Organisationen (z. B. Bürgerinitiativen) ihren Platz haben. Die Legitimation staatlicher Macht erfolgt im wesentlichen durch das Parteiensystem insgesamt, also nicht durch einzelne Massenlegitimationsparteien. Diese können nämlich bei der Integration einzelner sozialer Gruppen bzw. Interessen versagen. Ein derartiges Versagen kann, führt es zu erheblichen Legitimationsdefiziten, zur Gründung besonderer (kleiner) Parteien führen, die sich eben dieser Gruppen bzw. Interessen annehmen. Der BHE als Interessenpartei der Vertriebenen in der Bundesrepublik ist ein Beispiel für die Neubildung von Parteien aufgrund von Defiziten in der Funktionserfüllung von Massenlegitimationsparteien.

Und ein weiterer Gesichtspunkt muß bei der Verwendung des Begriffs Massenlegitimationspartei beachtet werden: Legitimation ist der Ausdruck eines bestimmten Verhältnisses zwischen Staat und Klassengesellschaft, das die Notwendigkeit der Autonomie des Staates gegenüber der Klassengesellschaft einerseits, den Rückbezug staatlicher Tätigkeit auf die Gesellschaft andererseits zum Inhalt hat. Legitimation schafft also staatliche Autonomie und verhindert zugleich eine Verselbständigung des Staates gegenüber der Gesellschaft.

Aus der deutschen Geschichte kennen wir nun auch Staatsformen, die sich gegenüber der Gesellschaft insgesamt verselbständigt haben: Der faschistische Staat beispielsweise diente nicht nur (wie auch der bürgerlich-demokratische Staat) der ökonomischen Reproduktion des Kapitalismus, er war darüber hinaus politisch das Instrument einer Klasse oder auch Klassenfraktion und diente daher gleichzeitig der Unterdrückung der anderen gesellschaftlichen Gruppen, hauptsächlich aber der Arbeiterklasse. Die Vermittlungsprozesse zwischen Staat und Gesellschaft sind also in faschistischen Herrschaftssystemen andere als in parlamentarisch-demokratischen und wiederum andere als in sozialistischen Systemen.

Die vielfach irreführenderweise als Volksparteien bezeichneten Parteien sollten — vor allem wegen ihrer *Funktion* in parlamentarisch-demokratischen Ordnungen — genauer als *demokratische Massenlegitimationsparteien* apostrophiert werden, wobei der Zusatz „demokratisch" nicht an idealistischen Demokratiekonzepten oder gar an dem Postulat der Identität von Regierenden und Regierten (*Abendroth*) orientiert ist, sondern sich auf den Doppelcharakter von Legitimation in parlamentarisch-demokratischen Systemen bezieht. Dieser Doppelcharakter birgt nämlich ein antidemokratisches Element in sich: die Gewährleistung von staatlicher Autonomie und — auf die Parteien bezogen — von Autonomie der Parteiführungen gegenüber der Parteibasis führen zu erheblichen Einschränkungen demokratischer Prinzipien, die freilich im kapitalistischen Reproduktionszusammenhang systemadäquat sind. Demokratie findet im Kapitalismus ihre Grenzen.

Schließlich dürfen bei der Verwendung des Begriffs „demokratische Massenlegitimationspartei" die Besonderheiten der historischen Tradition, sozialen Verankerung und der politischen Zielsetzung der unterschiedlichen Parteien nicht übersehen werden; war es doch im Grunde genommen das Fehlen schroffer Trennungslinien im Hinblick auf die Zusammensetzung der Mitglieder- und Wählerbasis sowie auf die programmatische Zielsetzung und die politische Praxis zwischen den im Bundestag vertretenen staatstragenden Parteien, das zur Entstehung des geschichtlichen Mythos von der Volkspartei beigetragen hat.

Erst unter Einbeziehung der ökonomischen und sozialen Entwicklung einer Gesellschaft, des Wandels ihrer politischen Ordnung und der Veränderungen im politischen Kräfteverhältnis der Klassen können die grundlegenden gesellschaftlichen Antagonismen in einem Parteiensystem erkannt und in ihrer spezifischen Ausprägung erklärt werden. Eine stabile parlamentarische Demokratie als politische Ordnung einer Gesellschaft setzt einen *Basiskonsens* zwischen den Klassen über die wichtigsten ökonomischen und politischen Verhältnisse voraus. Dieser Basiskonsens wird solange Bestand haben, wie die einzelnen Klassen annehmbare Reproduktionsbedingungen in der Gesellschaft vorfinden. Da ein Basiskonsens stets Kompromißwilligkeit und Kooperation der gesellschaftlichen Großgruppen voraussetzt, ist seine Existenz geradezu an das Fehlen schroffer Trennungslinien zwischen den Großgruppen gebunden. Und dennoch verfolgen sie im Rahmen des bestehenden Basiskonsenses ihre klassenspezifischen Ziele. Dies zeigte sich nicht nur bei der Entstehung des Basiskonsenses für die Westzonen (1945–1949), sondern auch immer dann, wenn Elemente dieses Basiskonsenses von einzelnen Gruppen in Frage gestellt wurden, so beispielsweise das Eigentumsrecht bei der Debatte um die Mitbestimmung oder um die Bodenreform. Die Existenz demokratischer Massenlegitimationsparteien signalisiert daher nicht das Ende der Klassengesellschaft, sondern eine spezifische historisch bedingte Form der Lösung von Klassenwidersprüchen, die wiederum bestimmte politische Organisationsformen voraussetzen.
Eingedenk dieser drei inhaltlichen Präzisierungen scheint es uns sinnvoll, den wenig nützlichen, ideologisch befrachteten und irreführenden Begriff der Volkspartei durch den der demokratischen Massenlegitimationspartei zu ersetzen. Er entspricht in der hier entwickelten Bedeutung der eingangs (siehe S. 15 f.) getroffenen Feststellung, daß Parteien als Teil eines Parteiensystems gesehen werden müssen, das wiederum in den größeren Zusammenhang einer politischen und ökonomischen Ordnung eingebettet ist.

Literatur

Blanke, Bernhard, Ulrich Jürgens und Hans Kastendiek: Kritik der Politischen Wissenschaft. Analysen von Politik und Ökonomie in der bürgerlichen Gesellschaft, 2 Bde., Frankfurt/New York 1975 (insbes. Kap. 16 bis 19).

Bretschneider, Michael: Mitgliederzahlen der Parteien und ihre räumliche Verteilung 1977, Berlin 1978.

Fürstenberg, Friedrich: Die Sozialstruktur der Bundesrepublik Deutschland. Ein soziologischer Überblick, Köln und Opladen 1967.

Kirchheimer, Otto: Parteistruktur und Massendemokratie in Europa, in: Archiv des öffentlichen Rechts, 79. Jg. 1953/54, S. 301 ff.

Ders.: Der Wandel des westeuropäischen Parteiensystems, in: Politische Vierteljahresschrift, VI. Jg. 1965, S. 20 ff.

Lepsius, Rainer M.: Parteiensystem und Sozialstruktur: Zum Problem der Demokratisierung der deutschen Gesellschaft, in: *Wilhelm Abel* u. a. (Hrsg.), Wirtschaft, Geschichte und Wirtschaftsgeschichte, Festschrift zum 65. Geburtstag von *Friedrich Lütge,* Stuttgart 1966, S. 371 ff.

Raschke, Joachim: Innerparteiliche Opposition. Die Linke in der Berliner SPD, Hamburg 1974, S. 13–42.

Schmollinger, Horst W.: Abhängig Beschäftigte in Parteien der Bundesrepublik: Einflußmöglichkeiten von Arbeitern, Angestellten und Beamten, in: Zeitschrift für Parlamentsfragen, 5. Jg. 1974, S. 58 ff. Mit einer Ergänzung für die CSU nachgedruckt in: Hessische Landeszentrale für politische Bildung (Hrsg.), zum nachdenken, Nr. 55, Wiesbaden 1974.

Schmollinger, Horst W./Richard Stöss: Bundestagswahlen und soziale Basis politischer Parteien, in: PROKLA. Zeitschrift für politische Ökonomie und sozialistische Politik, 6. Jg. (1976), H. 25 u. 7. Jg. (1977), H. 26.

Auswahl-Bibliografie

Die Zusammenstellung der folgenden Publikationen soll zur weiter-
führenden Lektüre anregen. Sie hält sich deshalb nicht eng an die
Struktur des vorliegenden Bandes, sondern verweist auch auf Fragestellungen, die· in den Beiträgen oftmals nur kursorisch behandelt
worden sind. Es ist die Intention der Bibliografie, durch die Präsentation weniger ausgewählter Titel einen Überblick über wesentliche
Entwicklungen des Parteiensystems, einzelner Parteien und spezieller
Momente der Parteienforschung zu geben.

I. Allgemeine einführende Darstellungen des deutschen Parteiensystems

1. Historische Überblicks-Darstellungen

Bergsträsser, Ludwig: Geschichte der politischen Parteien in Deutschland, völlig
überarbeitet und herausgegeben von *Wilhelm Mommsen*, München/Wien
[11]1965.

Die bürgerlichen Parteien in Deutschland. Handbuch der Geschichte der bürgerlichen Parteien und anderer bürgerlicher Interessenorganisationen vom
Vormärz bis zum Jahre 1945 in zwei Bänden, hrsg. v. einem Redaktions-
kollektiv unter der Leitung von *Dieter Fricke*, Bd. 1: Berlin 1968, Bd. 2:
Berlin 1970.

Die deutschen Parteien im Überblick. Von den Anfängen bis heute, hrsg. v. *Walter Schlangen*, Königstein/Ts. 1979.

Fenske, Hans: Strukturprobleme der deutschen Parteiengeschichte, Wahlrecht
und Parteiensystem vom Vormärz bis heute, Frankfurt/M. 1974.

Grebing, Helga: Geschichte der deutschen Parteien, Wiesbaden 1962.

Matthias, Erich und Rudolf Morsey (Hrsg.): Das Ende der Parteien, Düsseldorf
1960.

Neumann, Sigmund: Die deutschen Parteien. Wesen und Wandel nach dem
Kriege, Berlin 1932. [Eine Neuauflage ist 1965 in Stuttgart unter dem Titel:
„Die Parteien der Weimarer Republik" erschienen.]

Nipperdey, Thomas: Die Organisation der deutschen Parteien vor 1918, Düsseldorf 1961. (Beiträge zur Geschichte des Parlamentarismus und der politischen Parteien, Bd. 18.)

Ritter, Gerhard Albert (Hrsg.): Die deutschen Parteien vor 1918, Köln 1973.

Tormin, Walter: Geschichte der deutschen Parteien seit 1848, Stuttgart [3]1968.

Treue, Wolfgang: Die deutschen Parteien. Vom 19. Jahrhundert bis zur Gegenwart, Frankfurt/M. 1975.

2. Politikwissenschaftlich-soziologische Einführungen

Jäger, Wolfgang (Hrsg.): Partei und System. Eine kritische Einführung in die Parteienforschung, Stuttgart 1973.

Kaack, Heino: Geschichte und Struktur des deutschen Parteiensystems, Opladen 1971.

Kirchheimer, Otto: Parteistruktur und Massendemokratie in Europa, in: Archiv des öffentlichen Rechts, 79. Jg. 1953/54, S. 301 ff.

Kirchheimer, Otto: Der Wandel des westeuropäischen Parteiensystems, in: Politische Vierteljahresschrift, 6. Jg. 1965, S. 20 ff.

Leibholz, Gerhard: Strukturprobleme der modernen Demokratie, Karlsruhe 1958.

Lenk, Kurt und Franz Neumann (Hrsg.): Theorie und Soziologie der politischen Parteien, Neuwied/Berlin 1968.

Rechtliche Ordnung des Parteiwesens, Probleme eines Parteiengesetzes. Bericht der vom Bundesministerium des Innern eingesetzten Parteienrechtskommission, Frankfurt/M. 1957.

Stammer, Otto und Peter Weingart: Politische Soziologie, München 1972 [S. 162–182].

3. Spezielle Fragestellungen

Bilstein, Helmut, Hartmut Hohlbein und Hans-Ulrich Klose: Jungsozialisten – Junge Union – Jungdemokraten. Die Nachwuchsorganisationen der Parteien in der Bundesrepublik, Opladen 1971.

Dittberner, Jürgen: Die Bundesparteitage der CDU und der SPD von 1946 bis 1968. Eine Untersuchung der Funktionen von Parteitagen, Diss. FU Berlin, Augsburg 1969.

Dübber, Ulrich: Parteifinanzierung in Deutschland. Eine Untersuchung über das Problem der Rechenschaftslegung in einem künftigen Parteiengesetz, Köln/Opladen 1962.

Greven, Michael: Parteien und politische Herrschaft. Zur Interdependenz von innerparteilicher Ordnung und Demokratie in der BRD, Meisenheim am Glan 1977.

Lohmar, Ulrich: Innerparteiliche Demokratie. Eine Untersuchung der Verfassungswirklichkeit politischer Parteien in der BRD, Stuttgart 1963.

Pappi, Franz Urban: Parteiensystem und Sozialstruktur in der Bundesrepublik, in: Politische Vierteljahresschrift, 14. Jg. 1973, S. 191 ff.

Pütz, Helmuth: Innerparteiliche Willensbildung. Empirische Untersuchung zum bildungspolitischen Willensbildungsprozeß in der CDU, Mainz 1974.

Raschke, Joachim: Innerparteiliche Opposition. Die Linke in der Berliner SPD, Hamburg 1974.

Schmollinger, Horst W.: Abhängig Beschäftigte in Parteien der Bundesrepublik: Einflußmöglichkeiten von Arbeitern, Angestellten und Beamten, in: Zeitschrift für Parlamentsfragen, 5. Jg. 1974, S. 58 ff. [Mit einer Ergänzung für die CSU nachgedruckt in: Hessische Landeszentrale für politische Bildung (Hrsg.), zum nachdenken, Nr. 55, Wiesbaden 1974.]

See, Hans: Volkspartei im Klassenstaat oder Das Dilemma der innerparteilichen Demokratie, Reinbek bei Hamburg 1972.

Varain, Heinz Josef: Parteien und Verbände, Köln 1964.

Auf dem Weg zum Einparteienstaat, hrsg. v. *Wolf-Dieter Narr,* Opladen 1977.

Zeuner, Bodo: Innerparteiliche Demokratie, in: Zur Politik und Zeitgeschichte, Nr. 33/34, Berlin 1969.

Zeuner, Bodo: Kandidatenaufstellung zur Bundestagswahl 1965. Untersuchungen zur innerparteilichen Willensbildung und zur politischen Führungsauslese, Den Haag 1970.

II. Die Parteien der Bundesrepublik

1. Dokumenten-Sammlungen

Flechtheim, Ossip K.: Dokumente zur parteipolitischen Entwicklung in Deutschland seit 1945, 9 Bde., Berlin 1963—1971.

Hergt, Siegfried (Hrsg.): Parteiprogramme. Grundsatzprogrammatik und aktuelle politische Ziele von SPD, CDU, CSU, FDP, DKP, NPD. Einführung von *Hans Kremendahl,* Opladen [8]1975.

Hergt, Siegfried (Hrsg.): Ergänzungsband Parteiprogramme. Orientierungsrahmen der SPD, Mannheimer Erklärung der CDU, Parteienfinanzierung 1974, Leverkusen-Opladen 1975.

Pulte, Peter (Hrsg.): Politische Jugendorganisationen. Programmatik, Beschlüsse, Forderungen und Thesen von Jungsozialisten, Junger Union, Jungdemokraten, Leverkusen-Opladen 1975.

2. Überblicks-Darstellungen

Deutsches Institut für Zeitgeschichte (Hrsg.): Die westdeutschen Parteien. Ein Handbuch, Berlin 1966.

Dittberner, Jürgen und Rolf Ebbighausen (Hrsg.): Parteiensystem in der Legitimationskrise. Studien und Materialien zur Soziologie der Parteien in der Bundesrepublik Deutschland, Opladen 1973. (Schriften des Zentralinstituts für sozialwissenschaftliche Forschung der Freien Universität Berlin, ehem. Schriften des Instituts für politische Wissenschaft, Bd. 24.)

Flechtheim, Ossip K. (Hrsg.): Die Parteien der Bundesrepublik Deutschland, Hamburg 1973.

Huster, Ernst-Ulrich, Gerhard Kraiker, Burkhard Scherer, Friedrich-Karl Schlotmann und Marianne Welteke: Determinanten der westdeutschen Restauration 1945—1949, Frankfurt/M. [3]1975.

Jung, Harald und Eckart Spoo (Hrsg.): Das Rechtskartell. Reaktion in der Bundesrepublik, München 1971.

Kaltefleiter, Werner: Wirtschaft und Politik in Deutschland. Konjunktur als Bestimmungsfaktor des Parteiensystems, Köln/Opladen 1966.

Lieberam, Ekkehard: Bundestagsparteien im politischen Machtmechanismus der BRD, Frankfurt/M. 1974.

Murphy, Detlef / Frauke Rubart / Ferdinand Müller / Joachim Raschke: Protest. Grüne, Bunte und Steuerrebellen. Ursachen und Perspektiven, Reinbek bei Hamburg 1979.
Narr, Wolf-Dieter: CDU-SPD. Programm und Praxis seit 1945, Stuttgart 1966. Parteien in der Bundesrepublik. Studien zur Entwicklung der deutschen Parteien bis zur Bundestagswahl 1953, Stuttgart/Düsseldorf 1955 (Schriften des Instituts für politische Wissenschaft, Bd. 6.)
Rowold, Manfred: Im Schatten der Macht. Zur Oppositionsrolle der nicht-etablierten Parteien in der Bundesrepublik, Düsseldorf 1974.
Schäfer, Gert und Carl Nedelmann (Hrsg.): Der CDU-Staat. Analysen zur Verfassungswirklichkeit der Bundesrepublik, 2 Bde., München 1967.
Scheer, Hermann: Parteien contra Bürger. Die Zukunft der Parteiendemokratie, München 1979.
Schmidt, Ute und Tilman Fichter: Der erzwungene Kapitalismus. Klassenkämpfe in den Westzonen 1945—1948, Berlin 1971.

3. CDU/CSU

Bertsch, Herbert: CDU/CSU demaskiert, Berlin 1961.
Blüm, Norbert: Reaktion oder Reform. Wohin geht die CDU?, Reinbek bei Hamburg 1972.
Buchheim, Karl: Geschichte der Christlichen Parteien in Deutschland, München ²1966.
Deuerlein, Ernst: CDU/CSU 1945—1957. Beiträge zur Zeitgeschichte, Köln 1957.
Focke, Franz: Sozialismus aus christlicher Verantwortung. Die Idee eines christlichen Sozialismus in der katholisch-sozialen Bewegung und in der CDU, Wuppertal 1978.
Geiß, Imanuel und Volker Ullrich (Hrsg.): Fünfzehn Millionen beleidigte Deutsche oder Woher kommt die CDU? Beiträge zur Kontinuität der bürgerlichen Parteien, Reinbek bei Hamburg 1971.
Heidenheimer, Arnold J.: Adenauer and the CDU. The Rise of the Leader and the Integration of the Party, Den Haag 1960.
Koch, Hans-Gerhard und Hans-Dieter Bamberg: CDU/CSU. Verhinderte Staatspartei, Starnberg 1974.
Kraiker, Gerhard: Politischer Katholizismus in der BRD. Eine ideologiekritische Analyse, Stuttgart 1972.
Mintzel, Alf: Die CSU. Anatomie einer konservativen Partei 1945—1972. Mit einem Vorwort von *Otto Stammer*, Berlin 1975. (Schriften des Zentralinstituts für sozialwissenschaftliche Forschung der Freien Universität Berlin, ehem. Schriften des Instituts für politische Wissenschaft, Bd. 26.)
Mintzel, Alf: Geschichte der CSU. Ein Überblick, Opladen 1977.
Pridham, Geoffrey: Christian Democracy in Western Germany. The CDU/CSU in Government and Opposition 1945-1976, London 1977.
Prinz, Franz S. J.: Kirche und Arbeiterschaft. Gestern, heute, morgen, München/Wien 1974.
Pütz, Helmuth: Die Christlich-Demokratische Union, Bonn 1971.

Schwering, Leo: Frühgeschichte der Christlich-Demokratischen Union, Recklinghausen 1963.

Schönbohm, Wulf: CDU. Portrait einer Partei, München 1979.

Wieck, Hans-Georg: Christliche und Freie Demokraten in Hessen, Rheinland-Pfalz, Baden und Württemberg 1945/46, Düsseldorf 1958. (Beiträge zur Geschichte des Parlamentarismus und der politischen Parteien, Bd. 10.)

Wieck, Hans-Georg: Die Entstehung der CDU und die Wiedergründung des Zentrums im Jahre 1945, Düsseldorf 1953. (Beiträge zur Geschichte des Parlamentarismus und der politischen Parteien, Bd. 2.)

4. DP, GB/BHE

Meyn, Hermann: Die Deutsche Partei, Düsseldorf 1965. (Beiträge zur Geschichte des Parlamentarismus und der politischen Parteien, Bd. 29.)

Neumann, Franz: Der Block der Heimatvertriebenen und Entrechteten 1950–1960, Meisenheim am Glan 1968.

5. FDP

Bertsch, Herbert: Die FDP und der deutsche Liberalismus 1789–1963, Berlin 1965.

Gutscher, Jörg Michael: Die Entwicklung der FDP von ihren Anfängen bis 1961, Meisenheim am Glan 1967.

Kaack, Heino: Die FDP. Grundriß und Materialien zu Geschichte, Struktur und Programmatik, Meisenheim am Glan[2] 1978.

Körper, Kurt J.: FDP. Bilanz der Jahre 1960–1966, Köln-Lindenthal 1968.

Zülch, Rüdiger: Von der FDP zur F.D.P. Die dritte Kraft im deutschen Parteiensystem, Bonn 1972.

6. Nationalistische und neofaschistische Parteien

Bartsch, Günter: Revolution von rechts? Ideologie und Organisation der Neuen Rechten, Freiburg im Breisgau 1975.

Frederik, Hans (Hrsg.): NPD. Gefahr von rechts?, München 1966.

Jenke, Manfred: Verschwörung von rechts? Ein Bericht über den Rechtsradikalismus in Deutschland nach 1945, Berlin 1961.

Jenke, Manfred: Die Nationale Rechte. Parteien, Politiker, Publizisten, Berlin 1967.

Kühnl, Reinhard, Rainer Rilling und Christine Sager: Die NPD. Struktur, Ideologie und Funktion einer neofaschistischen Partei, Frankfurt/M. 1969.

Niethammer, Lutz: Angepaßter Faschismus. Politische Praxis der NPD, Frankfurt/M. 1969.

Richards, Fred H.: Die NPD. Alternative oder Wiederkehr?, München 1967.

Rechtsradikalismus im Nachkriegsdeutschland. Studien über die „Sozialistische Reichspartei" (SRP), Berlin 1957 (Schriften des Instituts für politische Wissenschaft, Bd. 9).

Tauber, Kurt P.: Beyond Eagle and Swastika. German Nationalism Since 1945, 2 Bde., Middletown 1967.

7. SPD

Abendroth, Wolfgang: Aufstieg und Krise der deutschen Sozialdemokratie, Frankfurt/M. 1964.

Behr, Wolfgang: Sozialdemokratie und Konservatismus. Ein empirischer und theoretischer Beitrag zur regionalen Parteianalyse am Beispiel der Geschichte der Nachkriegsentwicklung Bayerns, Hannover 1969.

Brauns, Hans Jochen, Urs Jaeggi, Klaus Peter Kisker, Axel Zerdik und Burkhard Zimmerman: SPD in der Krise. Die deutsche Sozialdemokratie seit 1945, Frankfurt/M. 1976.

Fenner, Christian: Demokratischer Sozialismus und Sozialdemokratie. Realität und Rhetorik der Sozialismusdiskussion in Deutschland, Frankfurt/New York 1977

Flechtheim, Ossip K.: Die Anpassung der SPD: 1914, 1933 und 1959, in: Kölner Zeitschrift für Soziologie und Sozialpsychologie, 17. Jg. 1965, S. 584 ff.

Freyberg, Jutta v./Georg Fülberth/Jürgen Harrer u. a.: Geschichte der deutschen Sozialdemokratie 1863-1975, Köln 1975.

Grebing, Helga: Geschichte der deutschen Arbeiterbewegung. Ein Überblick, München [6] 1975.

Huster, Ernst-Ulrich: Die Politik der SPD 1945-1950, Frankfurt/M. 1978.

Kaden, Albrecht: Einheit oder Freiheit. Die Wiedergründung der SPD 1945/46, Hannover 1964.

Miller, Susanne: Die SPD vor und nach Godesberg, Bonn-Bad Godesberg 1974.

Moraw, Frank: Die Parole der „Einheit" und die Sozialdemokratie, Bonn-Bad Godesberg 1973.

Narr, Wolf-Dieter/Hermann Scheer/Dieter Spöri: SPD − Staatspartei oder Reformpartei?, München 1976.

Osterroth, Franz/Dieter Schuster: Chronik der deutschen Sozialdemokratie. Band III: Nach dem Zweiten Weltkrieg, Berlin/Bonn[2] 1978.

Pirker, Theo: Die SPD nach Hitler. Die Geschichte der Sozialdemokratischen Partei Deutschlands, 1945−1964, München 1965.

8. KPD, DKP, SEW

Abendroth, Wolfgang, Helmut Ridder und Otto Schönfeldt (Hrsg.): KPD-Verbot oder Mit Kommunisten leben, Reinbek bei Hamburg 1968.

Bärwald, Helmut: Deutsche Kommunistische Partei. Die kommunistische Bündnispolitik in Deutschland, Köln 1970.

Bilstein, Helmut (Hrsg.): Organisierter Kommunismus in der Bundesrepublik Deutschland DKP-SDAJ-MSB Spartakus, Opladen 1972,[3] 1975

Brünneck, Alexander v.: Politische Justiz gegen Kommunisten in der Bundesrepublik Deutschland 1949-1968, Frankfurt a.M. 1978.

Kluth, Hans: Die KPD in der Bundesrepublik. Ihre politische Tätigkeit und Organisation 1945−1956, Köln 1959.

KPD 1945–1965. Abriss. Dokumente. Zeittafel, Berlin 1966.

Mannschatz, Gerhard und Josef Seider: Zum Kampf der KPD im Ruhrgebiet für die Einigung der Arbeiterklasse und die Entmachtung der Monopolherren 1945–1947, Berlin 1962.

Müller, Werner: Die KPD und die „Einheit der Arbeiterklasse", Frankfurt/New York 1979.

Staritz, Dietrich: Der ‚Eurokommunismus' und die DKP, in: Die Linke im Rechtsstaat. Band 2: Bedingungen und Perspektiven sozialistischer Politik von 1965 bis heute, Berlin 1979, S. 133 ff.

Sywottek, Arnold: Deutsche Volksdemokratie. Studien zur politischen Konzeption der KPD 1935–1946, Düsseldorf 1971.

Waldman, Eric: Die Sozialistische Einheitspartei Westberlins und die sowjetische Berlinpolitik, Boppard am Rhein 1972.

9. Sozialistische und kommunistische Gruppen

Karl, Frank D.: Die K-Gruppen, Bonn 1976.

Langguth, Gerd: Die Protestbewegung in der Bundesrepublik Deutschland 1969-1976, Köln/Gütersloh 1976.

Richert, Ernst: Die radikale Linke von 1945 bis zur Gegenwart, Berlin 1969.

Ryschkowsky, Nikolaus J.: Die linke Linke, München/Wien 1968.

Seeliger, Rolf: Die außerparlamentarische Opposition, München 1968.

10. Parteien in der DDR

Förtsch, Eckart: Die SED, Stuttgart 1969.

Hermes, Peter: Die Christlich-Demokratische Union und die Bodenreform in der Sowjetischen Besatzungszone Deutschlands im Jahre 1945, Saarbrücken 1963.

Krippendorff, Ekkehart: Die Liberal-Demokratische Partei Deutschlands in der Sowjetischen Besatzungszone 1945/48, Düsseldorf o. J.

Kuhlbach, Roderich und Helmut Weber: Parteien im Blocksystem der DDR. Funktion und Aufbau der LDPD und der NDPD, Köln 1969.

Hoffmann, Wolfgang: Versuch und Scheitern einer gesamtdeutschen demokratischen Partei 1945–1948, Berlin 1965.

Mattedi, Norbert: Gründung und Entwicklung der Parteien in der Sowjetischen Besatzungszone Deutschlands 1945–1949, Bonn/Berlin 1966.

Staritz, Dietrich: Die National-Demokratische Partei Deutschlands 1948–1953, Diss. FU Berlin 1968.

Stern, Carola: Porträt einer bolschewistischen Partei, Köln 1957.

III. Das westeuropäische Parteiensystem

Die politischen Parteien in Westeuropa. Geschichte – Programm – Praxis. Ein Handbuch, hrsg. v. *Joachim Raschke,* Reinbek bei Hamburg 1978.

Stammen, Theo: Parteien in Europa. Nationale Parteiensysteme – Transnationale Parteienbeziehungen – Konturen eines europäischen Parteiensystems, München 1977.

Verzeichnis der Abkürzungen

ADAV	Allgemeiner Deutscher Arbeiterverein
ADF	Aktionsgemeinschaft Demokratischer Fortschritt
ADGB	Allgemeiner Deutscher Gewerkschafts-Bund
AfA	Arbeitsgemeinschaft für Arbeitnehmerfragen
Antifa	Antifaschismus
APO	Außerparlamentarische Opposition
AUD	Aktionsgemeinschaft Unabhängiger Deutscher
BCSV	Badische Christlich-Soziale Volkspartei
BdD	Bund der Deutschen
BFD	Bund Freies Deutschland
BHE	Block der Heimatvertriebenen und Entrechteten
BHKP	Bayerische Heimat- und Königspartei
BP	Bayernpartei
BVP	Bayerische Volkspartei
CDU	Christlich Demokratische Union Deutschlands
CDUD	Christlich-Demokratische Union Deutschlands
CSU	Christlich-Soziale Union
CSVD	Christlich-Sozialer Volksdienst
CVP	Christliche Volkspartei [Saar]
DAF	Deutsche Arbeitsfront
DB	Deutscher Block
DBD	Demokratische Bauernpartei Deutschlands
DDP	Deutsche Demokratische Partei
DFP	Deutsche Fortschrittspartei
DFP	Deutsche Freisinnige Partei
DFU	Deutsche Friedens-Union
DG	Deutsche Gemeinschaft
DGB	Deutscher Gewerkschaftsbund
DHP	Deutsch-Hannoversche Partei
DKP	Deutsche Kommunistische Partei
DKP	Deutsche Konservative Partei

DNVP	Deutschnationale Volkspartei
DP	Deutsche Partei
DRP	Deutsche Rechtspartei
DRP	Deutsche Reichspartei
DSP	Deutsche Staatspartei
DVP	Deutsche Volkspartei
DVS	Demokratische Vereinigung des Saarlandes
ERP	European Recovery Program (Marshall-Plan)
FDP	Freie Demokratische Partei
FVP	Fortschrittliche Volkspartei
FVP	Freie Volkspartei
GB/BHE	Gesamtdeutscher Block/Block der Heimatvertriebenen und Entrechteten
GDP	Gesamtdeutsche Partei
Gestapo	Geheime Staatspolizei
GK	Große Koalition
GVP	Gesamtdeutsche Volkspartei
IfD	Institut für Demoskopie (Allensbach)
IG	Industriegewerkschaft
IGM	Industriegewerkschaft Metall
Juso	Jungsozialisten in der SPD
Komintern	Kommunistische Internationale
KP	Kommunistische Partei Saar-Nahe
KPD	Kommunistische Partei Deutschlands
KPD/ML	Kommunistische Partei Deutschlands (Marxisten-Leninisten)
KPD-O	Kommunistische Partei Deutschlands-Opposition
KPF	Kommunistische Partei Frankreichs
KPI	Kommunistische Partei Italiens
KZ	Konzentrationslager
KZfSS	Kölner Zeitschrift für Soziologie und Sozialpsychologie
LDP	Liberal-Demokratische Partei
LDPD	Liberal-Demokratische Partei Deutschlands
Mifrifi	Mittelfristige Finanzplanung

NDPD	National-Demokratische Partei Deutschlands
NPD	Nationaldemokratische Partei Deutschlands
NLP	Nationalliberale Partei
NLP	Niedersächsische Landespartei
NS	Nationalsozialismus
NSDAP	Nationalsozialistische Deutsche Arbeiterpartei
OSS	Organisation of Strategic Services
PV	Parteivorstand
SA	Sturmabteilung
s. a.	siehe auch
SAP	Sozialistische Arbeiterpartei
SBZ	Sowjetische Besatzungszone
SDS	Sozialistischer Deutscher Studentenbund
SED	Sozialistische Einheitspartei Deutschlands
SFG	Sozialistische Freie Gewerkschaft
SMAD	Sowjetische Militäradministration in Deutschland
Sopade	Sozialdemokratische Partei Deutschlands (im Exil 1933—1945)
SPD	Sozialdemokratische Partei Deutschlands
SPS	Sozialdemokratische Partei des Saarlandes
SRP	Sozialistische Reichspartei
SS	Schutz-Staffel
SSV	Südschleswigsche — Vereinigung
SSW	Südschleswigscher Wählerverband
SVD	Sozialistische Volkspartei Deutschlands
US	United States (of America)
USPD	Unabhängige Sozialdemokratische Partei
WAV	Wirtschaftliche Aufbau Vereinigung
Z	Zentrum (Deutsche Zentrumspartei)
ZK	Zentralkomitee

Register

Sachregister

Dieses Register dient dem Auffinden von Sachverhalten, die im unmittelbaren Zusammenhang mit den Parteien stehen. Es enthält nicht nur *Haupt*stichworte sondern auch *Neben*stichworte, die einzelnen Parteien zugeordnet sind. Begriffe, für die ein Hauptstichwort fehlt, müssen deshalb unter den Nebenstichworten (z.b. „Ostpolitik" unter: SPD, FDP) gesucht werden.
Die Stichworte sind entsprechend ihrer Wortfolge (also nicht nach dem ersten Hauptwort des Begriffs) geordnet. Nur der bestimmte bzw. unbestimmte Artikel bleibt unberücksichtigt.

Die Autoren:

Jürgen Dittberner, Prof. Dr. rer. pol., Hochschullehrer an der Fachhochschule für Verwaltung Berlin, Lehrbeauftragter am Fachbereich 15 der Freien Universität Berlin

Christian Fenner, Dr. phil., Assistenz-Professor am Fachbereich 15 der Freien Universität Berlin

Niels Kadritzke, Dr. phil., Lektor beim Rotbuch Verlag

Alf Mintzel, Dr. phil., Assistenz-Professor am Zentralinstitut für sozialwissenschaftliche Forschung der Freien Universität Berlin

Horst W. Schmollinger, Dr. phil., Assistenz-Professor am Zentralinstitut für sozialwissenschaftliche Forschung der Freien Universität Berlin

Dietrich Staritz, Dr. rer. pol., Privat-Dozent am Fachbereich 15 der Freien Universität Berlin

Richard Stöss, Dr. phil., Wissenschaftlicher Mitarbeiter am Zentralinstitut für sozialwissenschaftliche Forschung der Freien Universität Berlin

Bodo Zeuner, Prof. Dr. phil., Hochschullehrer am Fachbereich 15 der Freien Universität Berlin

Gegenwarts kunde

**Gesellschaft
Staat
Erziehung**

Zeitschrift für Gesellschaft, Wirtschaft, Politik und Bildung

Herausgegeben von Prof. Dr. Walter Gagel, Hagen; Prof. Dr. Hans-Hermann Hartwich, Hamburg; Prof. Wolfgang Hilligen, Gießen; Dr. Willi Walter Puls, Hamburg. Zusammen mit Staatsrat Helmut Bilstein, Hamburg; Dr. Wolfgang Bobke, Wiesbaden; Prof. Dr. Karl Martin Bolte, München; Prof. Friedrich-Wilhelm Dörge, Bielefeld; Dr. Friedrich Minssen, Frankfurt; Dr. Felix Messerschmid, München; Prof. Dr. Hans-Joachim Winkler, Hagen.

Gegenwartskunde ist eine Zeitschrift für die Praxis der politischen Bildung ebenso wie für den politisch allgemein interessierten Leser. Sie veröffentlicht Aufsätze, Materialzusammenstellungen, Kurzberichte, Analysen und Lehrbeispiele zu den Hauptthemenbereichen der politischen Bildung: Gesellschaft – Wirtschaft – Politik. Sie informiert und bietet darüber hinaus dem Praktiker der politischen Bildung unmittelbar anwendbares Material.

„Die didaktische Relevanz der Gegenwartskunde ergibt sich nicht nur aus der Zielsetzung, problembewußte Analysen des gegenwärtigen Geschehens in Gesellschaft, Wirtschaft und Politik zu bieten, die in jeder Nummer mit geradezu bewunderns-werter Exaktheit realisiert wird, sondern auch aus ihrer Singularität auf dem deutschen Zeitschriftenmarkt. Zu dieser Weite der Perspektive kommt die unbestreitbare Aktualität der Beiträge in Vorausspielung und Reaktion." (Informationen für den Geschichts- und Gemeinschaftskundelehrer)

„Sie (GEGENWARTSKUNDE) hilft dem interessierten Lehrer, in wichtigen Fachbereichen auf dem neuesten Informationsstand zu bleiben: sie unterstützt den Lehrer, der die notwendige Auseinandersetzung mit aktuellen, teilweise kontroversen Themen nicht scheut und sie erfolgreich bestreiten will; sie ist geeignet, den Blick zu schärfen für Notwendigkeit und Ausmaß gesellschaftlicher Veränderung und einen realistischen und dynamischen Demokratiebegriff; sie liefert vor allem neben Anregungen didaktischer Art eine Fülle guten Materials, das nicht nur der Information des Lehrers dient, sondern auch teilweise im Arbeitsunterricht unmittelbar verwendet werden kann."
(Der Bürger im Staat)

Gegenwartskunde erscheint vierteljährlich Jahresabonnement DM 28,–, für Studenten gegen Studienbescheinigung und Referendare DM 22,40. Einzelheft DM 8,–, jeweils zuzüglich Versandkosten.

Leske Verlag + Budrich GmbH

Studienbücher zur Politik